संगीत का इतिहास
और
भारतीय नवजागरण की समस्याएँ

संगीत का इतिहास
और
भारतीय नवजागरण की समस्याएँ

डॉ. रामविलास शर्मा

प्रस्तुति

डॉ. विजय मोहन शर्मा

वाणी प्रकाशन

वाणी प्रकाशन
ज्ञान के विविध आयामों के प्रकाशक

वाणी प्रकाशन का 'लोगो' विख्यात चित्रकार मक़बूल फ़िदा हुसेन की कूची से

वाणी प्रकाशन, 4695, 21-ए, दरियागंज, नयी दिल्ली-110002
वाणी प्रकाशन, अशोक राजपथ (पटना कॉलेज के सामने), पटना (बिहार)

SANGEET KA ITIHAS AUR BHARTIYA
NAVJAGRAN KI SAMASYAYEN

by Dr. Ramvilas Sharma

Presentation by Dr. Vijay Mohan Sharma

Music/History/Literature

ISBN : 978-93-5000-229-2

प्रथम संस्करण

मूल्य : 425/-

वाणी प्रकाशन

फोन : 0091#11#23273167, 23275710

फैक्स : 0091#11#23275710

वेबसाइट : www.vaniprakashan.in

ई-मेल : vaniprakashan@gmail.com

vani_prakashan@yahoo.com

विशाल कौशिक प्रिंटर्स द्वारा दिल्ली-110093 में मुद्रित

हर कला का अपना माध्यम होता है।

हर कला का अपना स्थापत्य होता है, अपनी चित्रमय व्यंजना होती है।

संगीत का माध्यम नाद है।

नाद ऐसी संवेदनाओं को जगा सकता है, जिन तक अन्य कलाओं की पहुँच मुश्किल है।

–रामविलास शर्मा

भूमिका

रामविलास जी की संगीत में गहरी रुचि थी। यह रुचि एक साधारण लेखक आलोचक वाली रुचि नहीं थी, गहरे पैठ कर मोती लाने वाली रुचि थी। जिस समय वह संगीत सुन रहे होते थे, उनका पूरा ध्यान सिर्फ संगीत की ओर ही रहता था। वह उसमें डूबकर उसका आनन्द लेते थे।

जिस समय वह लिख रहे होते थे, उनका रेडियो बन्द रहता था। नियत समय पर काम बन्द करके रेडियो लगाया जाता था, –समाचार अथवा संगीत के विशेष कार्यक्रम सुनने के लिए। ये विशेष कार्यक्रम होते थे संगीत सम्बन्धी वार्ताएँ, लोक संगीत के कार्यक्रम, ऐसे कार्यक्रम जिनमें राग विशेष के बारे में बताया जाता था अथवा संगीत का अखिल भारतीय कार्यक्रम।

उन्होंने जब यह निश्चय कर लिया कि वे जीवन में हिन्दी साहित्य की सेवा करेंगे और इसे समृद्ध बनाएँगे तो सबसे पहले उनके मन में विचार आया नाटक लिखने का। उन्होंने कई नाटक लिखे भी; कुछ अन्य के लिखे नाटकों में अभिनय भी किया। दुर्भाग्यवश उनके लिखे नाटकों में से अधिकांश अब उपलब्ध नहीं हैं। नाटककार के लिए संगीत का ज्ञान आवश्यक है, यह सोचकर रामविलास जी ने लखनऊ के संगीत विद्यालय में दाखिला ले लिया। मौखिक गायन के साथ-साथ वायलिन बजाना सीख रहे थे, लेकिन किन्हीं कारणों से वह अपनी संगीत शिक्षा पूरी नहीं कर पाए। संगीत के बारे में सोचना, उस पर प्रयोग करना–जैसे बीमारी में संगीत सुनने से मरीज़ पर क्या असर होता है, उन्होंने अन्त तक नहीं छोड़ा।

अन्य विषयों के साथ-साथ रामविलास जी ने वेदों का गहन अध्ययन किया था। जो लोग वेदों को पूजा-पाठ और मात्र कर्मकाण्ड की पुस्तकें मानते हैं, उन्होंने इसका कुछ और मतलब लगाया। रामविलास जी ऋग्वेद को दार्शनिक काव्य का अनुपम ग्रन्थ मानते थे और उसमें चित्रकारी, नृत्य और संगीत के सूत्रों को रेखांकित करते थे। वे कहते थे कि चित्रकला से प्रभावित होने वाले कवि अनेक देशों में रहे हैं, उन पर काफी लिखा भी गया है, लेकिन स्थापत्य से प्रभावित होने वाले कवि कम रहे हैं और उन पर लिखा भी बहुत कम गया है। ऋग्वेद के कवियों

ने जो भवन देखे थे, उनके स्थापत्य से वे प्रभावित हुए थे। इन भवनों का वर्णन उन्होंने अपने सूक्तों में किया है।

इसके अलावा, उनकी सूक्त रचना पर भी स्थापत्य का प्रभाव दिखाई देता है। जाहिर है कि भवन निर्माण की तरह साहित्य और कविता में भी स्थापत्य होता है।

रामविलास जी साहित्य को इतिहास और समाज शास्त्र से जोड़कर देखते थे। भाषा विज्ञान में भी वह ऐतिहासिक और सामाजिक भाषा विज्ञान में अधिक रुचि रखते थे। वे मानते थे कि कोई भी भाषा परिवार अपनी मूल विशेषताएँ एकान्त में विकसित नहीं करता। इसलिए किसी भी भाषा परिवार के उद्भव और विकास का अध्ययन अन्य भाषा परिवारों के उद्भव और विकास से अलग रखकर नहीं करना चाहिए। भारत भाषा तत्त्वों का आयात केन्द्र ही नहीं रहा वह इन तत्त्वों का निर्यात केन्द्र भी रहा है। उनका कहना था, भाषा तत्त्वों के साथ-साथ लोक संगीत और लोक संस्कृति का प्रसार भी होता है।

भाषा का प्रसार लोक संस्कृति से कैसे होता है, इसका उदाहरण उन्होंने कुछ संगीत रूपकों से दिया, जो श्रीधर पाठक के 1910 के लिखे निबन्ध पर आधारित था।

रामविलास जी मानते थे कि शास्त्रीय संगीत का जन्म लोक संगीत से हुआ है और विभिन्न देशों के लोक संगीतों में समानता से यह भी सिद्ध होता है कि इन देशों के निवासियों में लम्बे समय से पारस्परिक सम्बन्ध रहा है। आचार्य बृहस्पति के एक लेख 'हंगरी रूस और मंगोलिया के संगीत पर भारतीय प्रभाव' का हवाला देकर, वे बताते हैं कि हंगरी का संगीत वहाँ के लोक संगीत से जुड़ा था और उसमें भारतीय राग सुनाई पड़ते थे। इसी प्रकार रूस के लोक संगीत में उन्हें भारतीय राग 'सिन्दूरा' के दर्शन हुए। आर्मीनिया में जब उन्होंने लोक गीतों पर आधारित एक विशेष कार्यक्रम सुना, तो उन्हें आभास हुआ कि हमारे अनेक राग उन लोक गीतों में मचल रहे हैं। वादक प्रायः उसी शैली से स्वरावलियों का विस्तार कर रहे थे, जिस प्रकार से हम लोग करते हैं। इसी प्रकार उन्होंने ईरानी संगीत पर हिन्दुस्तानी और कर्नाटकी दोनों संगीत शैलियों के प्रभाव के बारे में लिखा है।

धूर्जटी प्रसाद मुखर्जी के एक लेख का हवाला देते हुए रामविलास जी ने कहा है कि इससे रवीन्द्र संगीत सम्बन्धी बहुत सी प्रचलित धारणाएँ खण्डित हो जाती है। उपासना के लिए रवीन्द्रनाथ ने ब्राह्म संगीत रचा जिसमें शास्त्रीय संगीत का अनुसरण कठोरता से किया जाता है। क्रमशः इसमें इन्द्रिय बोध ने प्रवेश किया और इससे उसका रूप बदल गया।

रवीन्द्रनाथ ने मूलतः 8 रागों से काम लिया था। वे थे—तोड़ी, भैरवी,

आसावरी, सारंग, पूर्वी, इमनी, मल्लार और केदार। लेकिन इनमें वह बहुत ही सूक्ष्म परिवर्तन करते थे। मालकौंस और बागेश्वरी में उन्होंने कुछ गीत रचे थे। लेकिन ऐसे बहुत कम राग थे जिनमें उन्होंने कोई-न-कोई गीत न रचा हो। जिस राग से कोई दूसरा मिलता-जुलता हो, उससे वे उसे मिला देते थे। इस तरह वह भैरवी को आसावरी और तोड़ी से मिलाते थे, पूर्वी को इमन से मिलाते थे और केदार को हम्मीर से। बाद में वह कभी-कभी बाउल और कीर्तन के स्वर भैरवी में मिला देते थे। रवीन्द्रनाथ ने नया काम यह किया कि शास्त्रीय बन्दिशों में बाउल, भटियाल और कीर्तन के स्वर मिलाये। लोक संगीत तो हमेशा ही विद्यमान था और वह शास्त्रीय संगीत को प्रभावित करता रहा था।

रामविलास जी मानते थे कि उत्तर भारत में व्यापारिक पूँजीवाद का उत्कर्षकाल साहित्य और विभिन्न कलाओं का उत्कर्षकाल भी है। अन्य कलाओं की अपेक्षा संगीत का उन दिनों साहित्य से घनिष्ठ सम्बन्ध रहा। उन दिनों, अनेक सन्तों ने व्यापक सामाजिक उद्देश्य के लिए संगीत का विकास और प्रसार किया। इसलिए रामविलास जी मानते थे कि साहित्य के साथ संगीत के इतिहास का अध्ययन आवश्यक है।

हिन्दी प्रदेश में यह नवजागरण अमीर खुसरो से शुरू होता है। जिसे शास्त्रीय संगीत कहा जाता है, उसका जन्म लोक संगीत में हुआ था। इस प्रसंग में स्वरों के नामकरण, सप्तक में षड़ज और ऋषभ, पंचम और धैवत की स्थिति का इतिहास रोचक है। भारतीय साहित्य में श्रुतियों से स्वर का सम्बन्ध और स्वर से स्थान का सम्बन्ध सैद्धान्तिक दृष्टि से विचारणीय है।

जिसे हिन्दुस्तानी संगीत कहते हैं, वह हिन्दी भाषी जनता का जातीय संगीत है। दिल्ली की गद्दी पर बैठने वालों का धर्म इस्लाम था पर जातीयता के विचार से वे हिन्दुस्तानी थे। जो तुर्क, अरब, ईरानी, पठान भारत में आए, वे यहाँ की प्रादेशिक जातियों में घुल-मिल गये। संगीत की बन्दिशें ब्रजभाषा में हैं। इन्हें हिन्दू-मुसलमान दोनों गाते थे। तथाकथित मुश्तर्का ज़बान उर्दू का कहीं पता न था। कुछ विद्वान, तुर्क आक्रमणकारियों को प्रगतिशील सिद्ध करने के लिए, संगीत के विकास का श्रेय उन्हें देते हैं।

रामविलास जी के अनुसार भारत में नवजागरण की समस्याएँ साहित्य तक सीमित नहीं हैं, उनकी परिधि में दर्शन, विज्ञान, प्रौद्योगिकी, स्थापत्य, शिल्प, चित्र, नृत्य, संगीत आदि ललित कलाएँ भी आती हैं। आचार्य बृहस्पति के एक लेख का हवाला देते हुए वे कहते हैं, संगीत कला कभी जनता की सहचरी रही होगी, फिर वह सामन्तों और नरेशों के हाथ की कठपुतली हो गई। सामन्त युग के बन्धनों से काव्यकला मुक्त हो गई, पर संगीत कला उन्हीं पुराने बन्धनों में फँसी

हुई है। काव्यकला की मुक्ति में आलोचना की महत्त्वपूर्ण भूमिका थी, किन्तु संगीत के क्षेत्र में उसी तरह आलोचना का विकास नहीं हुआ। यहाँ आचार्य बृहस्पति का सामन्त-विरोधी दृष्टिकोण रामचन्द्र शुक्ल के दृष्टिकोण से मिलता-जुलता है। उनका दृष्टिकोण स्वागत योग्य है, उसके अनुरूप संगीत का परिष्कार और विकास किया जाए तो इससे संगीत के अलावा साहित्य को, तथा व्यापक स्तर पर हमारी संस्कृति को लाभ होगा।

रामविलास जी के इन्हीं विचारों व धारणाओं को विस्तार देते हुए उन्हीं के लेखन से सामग्री लेकर प्रस्तुत पुस्तक तैयार की गई है।

परिशिष्ट स्वरूप रामविलास जी के संगीत प्रेम, उनके परिवार के नाटक प्रेम, उनके चित्रकला प्रेम तथा उनके 95 वें जन्मदिवस के उपलक्ष्य में आयोजित संगीत समारोह की रिपोर्ट जोड़ दी गई है जिसमें श्री श्याम बैनर्जी का भाषण विशेष रूप से उल्लेखनीय है।

आशा है केवल संगीत प्रेमियों के लिए ही नहीं, अन्य पाठकों के लिए भी पुस्तक रोचक और उपयोगी सिद्ध होगी।

डॉ. विजय मोहन शर्मा

अनुक्रम

1. मार्क्सवाद और ऋग्वेद

आजकल मैं वेदों का अध्ययन कर रहा हूँ। इस वजह से कुछ लोग मेरे ऊपर आरोप लगाते हैं कि मेरे विचारों में बदलाव आया है, लेकिन उन्हें उस समय बड़ा दुःख होगा, जब मेरी नयी पुस्तक छप कर आएगी। इस पुस्तक में मार्क्सवाद और वेद दोनों की चर्चा है। जिन लोगों ने मार्क्सवाद और वेदों का अध्ययन नहीं किया है या कम-से-कम मेरी तरह नहीं पढ़ा है, उनकी समझ मुझसे भिन्न होगी।

मैं समझता हूँ कि मार्क्सवाद मानव संस्कृति का विकास है। अगर मानव संस्कृति में ऋग्वेद महत्त्वपूर्ण है तो वहाँ से जो धारा निकली है, उसका कहीं-न-कहीं तो मार्क्सवाद से स्पर्श होना चाहिए। मार्क्सवाद मेरे लिए केवल मार्क्स-एंगेल्स का चिन्तन नहीं है। यह केवल राजनीतिज्ञों का चिन्तन नहीं है। हम एक भौतिकवादी दर्शन लेकर चलते हैं। उसे मार्क्सवाद नाम दे दिया गया। मार्क्सवाद नाम हटाकर उसे भौतिकवादी दर्शन कहा जा सकता है। जैसे भारत का भौतिकवाद है। उसमें अनेक शाखाएँ रही हैं। परस्पर भिन्न शाखाएँ रही हैं जैसे 'नियतिवाद'। आजकल के बहुत से वैज्ञानिक 'नियतिवादी' होते हैं। मार्क्स और एंगेल्स पर भी 'नियतिवाद' का प्रभाव है। यह 'नियतिवाद' गौतम बुद्ध के समय से हमारे यहाँ चल रहा है और यह भौतिकवाद का एक रूप है। दूसरा रूप है आकस्मिकतावाद, यानी संसार में सब कुछ पहले से निश्चित नहीं होता, बल्कि चीजें आकस्मिक रूप से घटित होती हैं। 'चान्स' का तत्त्व इसमें भूमिका निभाता है, यह भी एक तरह का भौतिकवाद है। ऋग्वेद में कई तरह की दार्शनिक धाराएँ मिलेंगी, जिनको भौतिकवाद ही कहा जाएगा। अगर किसी को यह शब्द नापसन्द हो तो इसके बदले मैं 'यथार्थवाद' शब्द प्रयोग करना चाहूँगा। जैसे, यह संसार कैसे बना। एक दृष्टि यह है कि यह संसार असत् से पैदा हुआ। 'असतः सत् अजायत।' देवों के पहले जो युग था, उस समय असत् से सत् की उत्पत्ति हुई। यह एक स्थिति है। दूसरी स्थिति यह है कि सृष्टि के पहले न सत् था, न असत्। केवल अन्धकार था।

इस पर निराला जी का गीत याद आता है। 'कौन तम के पार रे, कह'। तो वहाँ अन्धकार जैसे अन्य तत्त्व, जल और वायु हैं। ये धाराएँ उपनिषदों में आगे चलकर विकसित हुईं। इस तरह इतने तरह का भौतिकवाद हमारे यहाँ था।

दरअसल, मानव इतिहास में ऐसा होता है कि बड़े महत्त्वपूर्ण विचार सामने आते हैं और फिर दब जाते हैं। फिर किन्हीं अनुकूल स्थितियों में वे अंकुरित हो जाते हैं तथा अपनी महत्त्वपूर्ण भूमिका निभाते हैं। इसीलिए मार्क्सवाद और ऋग्वेद में कोई विरोध नहीं है। ऋग्वेद को अगर कोई धर्मग्रन्थ या कर्मकाण्ड समझता है तो समझा करे। मेरे लिए तो वह दार्शनिक काव्य का अनुपम ग्रन्थ है। मैं उसे इसी रूप में लेता हूँ।

2. वैदिक काल में चित्रकारी और नृत्यसंगीत

रेखाओं और वृत्तों के बिना रथ का निर्माण नहीं हो सकता। रेखाओं और वृत्तों के ज्ञान के बिना भवनों का निर्माण नहीं हो सकता और चित्रकारी भी नहीं हो सकती। ज्यामिति का ज्ञान स्थापत्य, रथकार के शिल्प और चित्रकला–सबके लिए आवश्यक है। रथ के पहिये में अरा लगे होते हैं। अरा सीधी रेखाओं जैसे होते हैं और पहिया वृत्ताकार होता है। इस तरह रथ के शिल्पी को वृत्त और सीधी रेखाओं, दोनों से वास्ता था। वैदिक कवियों के सामान्य ज्ञान के अन्तर्गत ये चीज़ें थीं। सृष्टि सूक्त में जो तिरछी किरण फैलती है, वह वास्तव में अव्यक्त प्रकृति को दो भागों में बाँट देती है। इसलिए कवि पूछता है–इसके नीचे क्या था और उसके ऊपर क्या था? (10.129.5) ग्रिफिथ ने अनुवाद किया है–

"ट्रांसवर्सली वाज़ देयर सेवरिंग लाइन एक्सटेंडेड, ह्वाट वाज़ अबव इट देन, एण्ड ह्वाट बिलो इट?"

जब रश्मि अर्थात् रेखा प्रकृति को दो हिस्सों में बाँट देती है, तब यह प्रश्न युक्तिसंगत होता है कि उसके ऊपर क्या था और उसके नीचे क्या था। एक रास्ता सीधा है और दूसरा रास्ता टेढ़ा है। कवि कहता है–"मैं इस मार्ग से नहीं जाऊँगा, यह मार्ग बहुत दुर्गम है। इसलिए मैं **तिरश्चता पार्श्वात् निर्गमाणि**–तिरछे बाजू से निकलूँगा।" (4.18.2) अपनी भाषा में आज हम जिसे तिरछा कहते हैं, वह वैदिक भाषा में **तिरश्च** था। इसका उल्टा है **ऋजु**, सीधी राह ऋजु है, **ऋजवः पन्था**–सीधे मार्ग। (10.85.23) चक्र गोलाकार होता है। उसके पहले वृत्त विशेषण लगा देते हैं। **चक्रं न वृत्तम्**–गोलाकार पहिये के समान। (4.31.4) रेखाओं और वृत्तों के द्वारा असीम आकाश के फलक पर कवि कल्पना से कालचक्र का चित्र बनाते हैं। विष्णु **वृत्तं चक्रं न**–गोल पहिये की तरह काल को घुमाते हैं। काल में चौरानवे अवयव हैं। चक्र घुमाने के साथ **विमिमानं**–वह काल को नापते भी हैं। जो चौरानवे अवयव हैं, उन्हें सायण ने गिनाया है। ग्रिफिथ ने अपने अनुवाद में विलसन का उल्लेख किया है, जिन्होंने सायण की बात मानते हुए उन अवयवों

का उल्लेख किया है। उसी रीति से सातवलेकर काल के चौरानवे अवयव बताते हैं। एक सम्वत्सर, दो अयन–उत्तरायण, दक्षिणायन, पाँच ऋतु, बारह मास, चौबीस पक्ष–शुक्ल एवं कृष्ण, तीस दिन-रात, आठ याम, बारह मेष, वृश्चिक आदि राशियाँ–कुल योग चौरानवे। सातवलेकर के अनुसार इन सभी अवयवों को सूर्य घुमाता है। जिस प्रकार गोल चक्र घूमता रहता है, उसी प्रकार सूर्य की प्रेरणा से ये सभी कालावयव स्वयं घूमते रहते हैं। इस प्रकार यह सूर्य काल का नियामक है। (1.155.6)

चित्रकला का सीधा सम्बन्ध आँखों से है। आँखें सूर्य देखती हैं। सूर्य के कारण संसार देखती हैं, प्रकाश देखती हैं और अन्धकार भी देखती हैं। वैदिक कवि प्रकाश का वर्णन बहुत बार करते हैं। सूर्य उनका प्रिय देवता है। इसके साथ ही वे अन्धकार का उल्लेख भी करते हैं। बहुधा अन्धकार और प्रकाश दोनों का चित्र एक साथ उपस्थित करते हैं। सूर्य उदय हो रहा है, वह **विश्वचक्षा**–सारे संसार को देखनेवाला है। साथ ही **मित्रस्य वरुणस्य चक्षुः देवः**–वह देव मित्र और वरुण का चक्षु है। सूर्य उदय होने पर अन्धकार समेटता है–**यः चर्म इव तमांसि समविव्यक्**–"जो चमड़ों की तरह अन्धकारों को समेटता है, वह उदय हो रहा है।" (7.63.1) चमड़ेवाले बिम्ब से पता चलता है कि कवि-कल्पना में चक्षु-बोध के साथ स्पर्श-बोध मिला हुआ है, प्रगाढ़ अन्धकार को मानो कवि छू सकता है। सूर्य अन्धकार को वैसे ही समेटता है जैसे कारीगर चमड़ा समेटता है। सूर्य उगता है, रात्रि को काले वस्त्र की तरह–**असितं वस्म**–फाड़ देता है। रात्रि वस्त्र के समान है, इससे भी अन्धकार की प्रगाढ़ता सूचित होती है। उसी मन्त्र में दूसरा बिम्ब है–सूर्य की किरणें **अन्तः अप्सु तमः चर्म इव** जैसे जल में चमड़ा भिगोते हैं, वैसे ही समुद्र में अन्धकार को डुबो देती हैं। (4.13.4) यहाँ भी चक्षु-बोध के साथ स्पर्श-बोध जुड़ा हुआ है।

चित्र में केवल रेखाएँ और वृत्त हो सकते हैं, केवल अन्धकार और प्रकाश का वैषम्य हो सकता है और बहुत-से रंग भी भरे जा सकते हैं। देव या मनुष्य का चित्र बनाते समय इनके शरीर के साथ वस्त्रों में रंग भरा जा सकता है। मरुत् बादलों के संग दिखाई देते हैं। पृष्ठभूमि में काले बादल रहते हैं। अग्रभाग में सोने के मुकुट पहने स्वयं प्रकाशमान और हाथों में चमकीले अस्त्र लिए हुए घोड़ों पर सवार मरुत् कल्पित किये जाते हैं। उनके कन्धों पर ऋष्टि नाम के भाले जैसे अस्त्र हैं, पैरों में कड़े हैं, वक्ष पर सुनहला रुक्म नाम का आभूषण चमकता है। भुजाओं पर अग्नि के प्रकाश जैसी बिजलियाँ चमकती हैं और सिर पर सुवर्ण के शिरस्त्राण हैं। (5.54. 11) **श्रिये**–सौन्दर्य के लिए वे शरीर पर **वाशीः** आयुध धारण किये हैं। (1.88.3) अपने रूप के प्रति, अपनी शक्ति के प्रति वे सचेत हैं। **स्वयं महित्वं पनयंत**–अपने

बड़प्पन की स्वयं प्रशंसा करते हैं। (1.87.3) कवि मरुतों से कहता है, तुम्हारे रथों में विद्यमान कोष हम पर धन की वर्षा करने लगते हैं। (1.87.2) ये कोष बादल हैं और वे जो धन बरसाते हैं, वह जल है। मरुतों के अश्व **अरुण** और **पिशंग**–लाल और भूरे रंगों के हैं। (1.88.2) कवि गोतम को लगता है कि मरुत् उनके सामने हैं, **पश्यन्**–उन्हें देखते हुए, **गोतमः** कवि गोतम स्तुतियों से उनकी वन्दना करते हैं। (1.88.5)

ब्रह्मांड को फलक बनाकर रेखाओं और वृत्तों के द्वारा एक कवि जहाँ काल-चक्र का चित्र बनाता है, वहाँ दूसरा कवि उषा के द्वारा समस्त अन्तरिक्ष और द्युलोक को प्रकाश और रंगों से भर देता है। कहता है–"किरणों से द्युलोक को भर देती दै तथा शुद्ध प्रकाश से प्रिय विस्तीर्ण अन्तरिक्ष को भी भर देती है।" (4.52.7) सभी मरुत् एक ही वय के हैं, उनमें कोई बड़ा छोटा नहीं है। सभी युवा हैं और उनके साथ गण शब्द का प्रयोग होता है। वे गण सदस्य हैं। उसी तरह स्त्रियों के भी गण होते थे। उषा को एकवचन में भी सम्बोधित किया जाता है और अनेक उषाओं का उल्लेख भी होता है। कवि कहता है "जिसके साथ ऋभुओं के कार्य हुए वह उषा इनमें पुरानी कौन-सी और कहाँ है? **यत्र उषसः शुभ्रा शुभं चरन्ति**–जब तेजस्वी उषाएँ शोभा प्रकट करती हैं, तब नित्य नवीन होने पर भी सदृश होने से कौन नूतन और कौन पुरानी है, इसका पता नहीं चलता।" (4.51.6) इसी सूक्त में कवि आगे कहता है, "वे ही उषाएँ समान एक रंग-रूपवाली अनेक रंगों से युक्त होकर संचार करती हैं। विशाल अन्धकार को ढँक देती हैं और तेजस्वी शरीरों से, शुद्ध प्रकाशों से चमका देती हैं।" (4.51.9) कवि को उषा का प्रकाश और रात्रि का अन्धकार एक साथ दिखाई देता है। पूर्व दिशा से प्रकाश अन्धकार में से ऊपर आ रहा है। प्रकाश फैलानेवाली द्युलोक की पुत्रियाँ उषाएँ लोगों के लिए मार्ग बना रही हैं। (4.51.1) उषाएँ प्रकाश को अन्धकार से बाहर लाने के लिए पूर्व दिशा के द्वार खोलती हैं। (4.51.2) उषा, अन्धकार को घेरकर, प्रकाश को प्रकट करती है। (1.92.4)

अन्य कलाओं के साथ नृत्य कला का भी विकास हुआ था। कुछ स्त्रियाँ पेशेवर नृत्यांगना भी रही होंगी। उषा की तुलना नर्तकी से की गई है। वह सुन्दर रंग-बिरंगे वस्त्र धारण करती है। और **वक्षः अप ऊर्णुते**–अपना वक्ष खोल देती है। (1.92.4) यह कार्य सामान्य स्त्रियों का नहीं है। नृत्यांगनाएँ नृत्य करते हुए अपना वक्ष भी दिखाती होंगी, इसी की ओर संकेत है। **योषा जारस्य चक्षसा वि भाति**–उसका प्रेमी है सूर्य और उसके प्रकाश से वह विशेष प्रकाशित होती है। (1.92.11) जार का उल्लेख अन्य मन्त्र में भी है, **जार इव आचरन्ती**–वह प्रेमी के पास जाती है और उसे फिर कभी छोड़ती नहीं है। (7.76.3) उषाएँ अपनी किरणें आकाश के छोर तक **व्यंजते**–चित्रित करती हैं। (7.79.2) ग्रिफिथ के

अनुवाद में, 'दे पेण्ट देयर ब्राइट रेज़ ऑन द स्काइज़ फ़ार लिमिट्स'–उषाओं के माध्यम से कवि इस तरह पूरे आकाश पर चित्रकारी करता है। यद्यपि उसका फलक विशाल आकाश है, पर उसकी दृष्टि धरती पर भी रहती है। उषा जहाँ-जहाँ अपना रंगीन प्रकाश फैलाती है, वहाँ-वहाँ मनुष्यों के आवास भी दिखाई देते हैं। (7.76.2)

उषाएँ नृत्य करती हैं। ऋग्वेद में अनेक देवियाँ हैं, परन्तु उनमें किसी को नृत्य करते नहीं बताया गया है। ऐसा लगता है, वैदिक काल में स्त्रियों की अपेक्षा पुरुष ही अधिक नृत्य करते थे। अनेक देव नृत्य करते हैं। इनमें सबसे बड़े हैं इन्द्र, इनको एक पंक्ति में दो बार–**नृतो**–नाचनेवाले कहकर सम्बोधित किया गया है। (1.130.7) अश्विनी देव भी **नृतू**–करनेवाले हैं। (6.63.5)

सृष्टि के आरम्भ में केवल जल था–उससे देवों ने नृत्य करते हुए सूर्य को उत्पन्न किया। "जिस समय, हे देवो, तुम इस जल में उत्तम रीति से स्थित हुए, तब नाचते हुए **नृत्यतां इव** मोद करते हुए तुम्हारा **तीव्रः रेणुः अपायत** दुस्सह अंशभूत एक–आदित्य ऊपर आया।" (10.72.6) यह रेणु क्या है? व्याख्याकार वालिस के अनुसार यह रेणु परमाणु है। ग्रिफिथ ने उनका कथन उद्धृत किया है। 'द गॉड्स आर सेड टु हैव किक्ड अप इन डांसिंग ऐटम्स ह्विच फॉर्मूड द अर्थ'–परमाणुओं से धरती बनी और ये परमाणु देवों के नृत्य के दौरान इधर-उधर बिखराये गये। देव यहाँ प्रकृति की शक्तियाँ हैं। उनके परस्पर आघात-प्रतिघात से यह संसार रचा गया और उसका सबसे छोटा घटक रेणु अथवा परमाणु है। अमूर्त चित्रकला की तरह यहाँ देवों का नृत्य भी लगभग अमूर्त है, इसलिए कि देव प्रकृति की शक्तियाँ हैं। जिस समय वे नृत्य करते हैं, उस समय पृथ्वी संक्रमण की अवस्था में है, अव्यक्त रूप छोड़कर वह व्यक्त रूप धारण कर रही है। देव नृत्य करते हैं, इसका अर्थ है मनुष्य भी नृत्य करते हैं। एक मन्त्र में इसका स्पष्ट उल्लेख है। "जीवित मनुष्य मृत बन्धुजनों से घिरकर न रहें। आज हमारा पितृमेध यज्ञ कल्याणकर हो। तदनन्तर हम उत्तम दीर्घायुष्य धारण करनेवाले होकर **नृतये हसाय प्राञ्चः अगाम**–नृत्य और हास्य आनन्द के लिए पूर्व दिशा की ओर मुख करके, आगे के मार्ग पर बढ़ें।" (10.18.3)

सम्भव है, पुरुषों के साथ स्त्रियाँ भी नाचती हों। एक सूक्त में उन पाषाणों की स्तुति की गई है, जिनसे सोम तैयार किया जाता है। उन्हें देव रूप में कल्पित किया गया है। उनके पूर्वज पर्वत हैं। उनके अजर-अमर और सदा निरोग रहने की कामना की गई है। कवि कहता है–"अपने शब्दों से **पृथिवीं अघोषयन्तः स्वसृभिः अनर्तिषुः**–गर्जनाओं से पृथ्वी को पूरित करते हुए भगिनीस्वरूप अँगुलियों के साथ प्रसन्नता से नाचते हैं।" (10.94.4) यहाँ जिन भगिनियों का उल्लेख है,

वे गोत्र की कन्याएँ हो सकती हैं। पाषाण पुरुषरूप है, अँगुलियाँ नारी रूप हैं, दोनों मिलकर प्रसन्नता से नाचते हैं। **अनर्तिषुः**–इस शब्द का प्रयोग अगले मन्त्र में भी किया गया है। नृत्य धरती तक सीमित नहीं है। प्रकृति में अन्यत्र भी नृत्य हो रहा है। "उत्तम रीति से गिरनेवाले पत्थर अन्तरिक्ष में सतत शब्द करते हैं। मृगों के स्थान में गमनशील कृष्ण मृगों के समान, सूर्य की श्वेत किरण के समान, वे जलबिन्दु नाच रहे हैं।" (10.94.5) पाषाण नृत्य करते हैं और उनका शब्द पृथ्वी में गूँजता है, इससे प्रतीत होता है, लोग नाचते हुए गाते बजाते भी थे। क्या नृत्य में अभिनय का अंश भी था? इन्द्र को बार-बार नृत्य करनेवाला कहा गया है। या तो कवि-कल्पना में वह नृत्य करते हुए युद्ध करते थे या नृत्य में युद्ध की क्रियाएँ दिखाते थे। एक मन्त्र में **नृतमान** शब्द का प्रयोग किया गया है। सायण के भाष्य में **नृतमान** का अर्थ किया गया है–**नृत्यन्**–नाचते हुए। कवि इन्द्र से कहता है–"पूज्य ओज और **नृम्णानि** अन्य बल तुझमें ही हैं। **नृतमानः अमर्तः** वह अमर देवता हैं और नृत्य करते हैं।" (5.33.6) मोनियर विलियम्स ने **नृम्ण** का अर्थ शक्ति अथवा बल किया है। बल और बल के कार्य दोनों एक दूसरे के बहुत समीप हैं। जिन बलों का उल्लेख यहाँ किया गया है, वे सम्भवतः इन्द्र के कार्य हैं। ये कार्य नृत्य द्वारा प्रदर्शित किये जाते हैं अथवा नृत्य करते हुए सम्पन्न किये जाते हैं।

नृत्य में ताल और गति का कितना ध्यान रखा जाता था, यह बताना कठिन है। परन्तु ऋग्वेद के रचनाकार समय से लेकर छन्द के अक्षरों तक नापने की कला में बहुत कुशल थे। छन्द रचना पर उन्होंने जो कुछ कहा है, उस पर ध्यान दें तो यह विश्वास हो जायेगा कि वे नृत्य और संगीत में भी गति के नियन्त्रण पर ध्यान देते थे। एक मन्त्र में सम्भवतः ऋषियों के मण्डलाकार नृत्य की ओर संकेत है–

नेमिं नमन्ति चक्षसा मेषं विप्रा अभिस्वरा–

नेमि पहिए का वह ऊपरी भाग है जो गोलाकार है और जिसमें अरा फँसे होते हैं। सायण ने **नेमि** का अर्थ नमनशील किया है। उनका अनुसरण करते हुए सातवलेकर ने लिखा है–"बुद्धिमान लोग दर्शन से और स्तुति से–**नेमिम्**–नम्र और **मेषम्**–स्पर्द्धाशील इन्द्र को नमस्कार करते हैं।" (8.97.12) इन्द्र अपनी नमनशीलता के लिए विख्यात नहीं हैं। वह स्पर्द्धाशील हैं, उद्धत हैं। ग्रिफिथ ने जो अनुवाद किया है, वह सही मालूम होता है। उन्होंने लिखा है–

"द होली सेजेज़ फॉर्म ए रिंग, लुकिंग एण्ड सिंगिंग टु द रैम" ग्रिफिथ के अनुवाद में बालखिल्य सूक्तों को अलग रखा गया है। इसलिए यहाँ सूक्त की संख्या 86 है।

कल्पनाशील स्तोता यदि इन्द्र को देखते हुए वृत्त बनाकर गाते थे, तो सम्भव है वे इसी तरह मण्डलाकार नृत्य भी करते हों। **अभिस्वरा** में सामान्य स्तुतिपाठ

का भाव नहीं है, गाने का भाव है। एक मन्त्र में मरुतों को **अभिस्वतारः** कहा गया है। सातवलेकर ने इसका अर्थ किया है–"सुन्दर स्तोत्र गान करनेवालों के समान वे सुशब्दवाले हैं। वे रथचक्र के अरों के समान एक नाभि या बन्धुता में बँधे हैं।" (10.78.4) सम्भव है, कवि-कल्पना में वे मण्डल बनाकर गाते हों। बाजे बजने के लिए **स्वराति** शब्द का प्रयोग किया गया है। **अव स्वराति गर्गरः**–"गर्गर शब्दवाले बाजे बज रहे हैं।" (8.69.9)

ऋग्वेद में देवों की प्रशस्तियाँ हैं, इन प्रशस्तियों में उनकी वीरता का वर्णन है। गर्गरवाले मन्त्र से लगता है, ऐसी प्रशस्तियाँ युद्धभूमि में वीरों के लिए रची जाती थीं और गाई जाती थीं। मन्त्र का पूरा अनुवाद सातवलेकर के अनुसार इस प्रकार है–"गर्गर शब्द वाले बाजे बज रहे हैं तथा दस्तान चारों ओर शब्द कर रहे हैं। धनुष की डोरियाँ भी चारों ओर शब्द कर रही हैं। ऐसे समय–**इन्द्राय ब्रह्म उद्यतं**–इन्द्र के लिए स्तोत्र कहो।" ब्रह्म शब्द का यह मूल अर्थ प्रतीत होता है। युद्ध-भूमि के लिए वीर की प्रशंसा में जो काव्य रचा जाता था, वह ब्रह्म कहलाता था। फिर इस ब्रह्म का प्रयोग देवों के लिए होने लगा। युद्ध के समय दुन्दुभि बजायी जाती थी। इस वाद्य से युद्ध का विशेष सम्बन्ध था। कवि दुन्दुभि से कहता है–"पृथ्वी को और द्युलोक को अपने जयघोष से घोषित कर। दूर से भी अति दूर रहनेवाले हमारे शत्रुओं को दूर कर।" (6.47.29) **निःष्टनिहि दुरिता बाधमानः** "पापियों का नाश करता हुआ तू अत्यन्त बड़ा शब्द कर।" (6.47.30) यहाँ स्तन् क्रियामूल का वही अर्थ है, जो बादल के गरजने का है।

बकुर नाम का एक बाजा था। "उस सोम को अँगुलियाँ हिलाती हैं–**बाकुरं दृतिं धमन्ति**–तेजस्वी दीखनेवाले इस सोम का रस निकालती हैं।" अनुवाद में बाजे का उल्लेख नहीं है, परन्तु अन्य मन्त्र में **दृतिं** का अर्थ उन्होंने चमड़े की थैली किया है। उस मन्त्र में धमति के स्थान पर ध्माता रूप है–**यत् ध्माता दृति न**–"जब वायु से भरपूर भरी चमड़े की थैली के समान।" (7.89.2) अश्विनी देवों के लिए कहा गया है–**दस्युं बकुरेण धमन्ता**–यहाँ भी धमन्ता में बकुर बजाने का भाव है, सातवलेकर ने अर्थ किया है–"शत्रु को तीक्ष्ण हथियार से विनष्ट करते हुए।" (1.117.21) *वैदिक इण्डेक्स* के लेखकों ने कहा है–"आर्यों के लिए अश्विनी देवों ने बकुर बजाकर दस्युओं को भगा दिया।" (*वैदिक इण्डेक्स*, खण्ड 2, पृ. 58) बकुर के लिए उनका कहना है–दृति के साथ यह विशेषण के रूप में प्रयुक्त हुआ है। दोनों शब्दों का अर्थ है–एक प्रकार का बाजा, जो हवा भरकर बजाया जाता था–ए विण्ड इन्स्ट्रूमेण्ट ऑफ सम काइण्ड। (*वैदिक इण्डेक्स*, खण्ड 2, पृ. 65) एक मन्त्र से यह संकेत मिलता है कि देवस्थानों के पास बाजा बजाया जाता था। यम के स्थान के लिए कहते हैं–"जो देवों ने निर्माण किया हुआ है,

ऐसा कहा जाता है। यही नियन्ता यम का निवास स्थान है। यह नाड़ी नाम का वाद्य यम की प्रसन्नता के लिए बजाया जाता है और यह यम स्तुतियों से घोषित किया जाता है।" (10.135.7) यहाँ देवमान देवस्थान है। या तो कवि ने कल्पना की कि यमलोक में यम का मन्दिर है या यम का मन्दिर पृथ्वी पर था। इसी का उल्लेख उसने यहाँ किया है। जिसे देवमान कहा जाता है, वह यम का सदन है–**इयं नाड़ीः अस्य धम्यते**–यह नाड़ी नाम का वाद्य बजाया जाता है। धम्यते में वही क्रियामूल है, जो धमन्ति, ध्माता आदि रूपों में पहले देखा गया है। यह नाड़ी भीतर से पोली है, उसे फूँककर बजाया जाता है। मन्दिर के पास शहनाई बजाने का यह पूर्व रूप है। वन में बड़ी आवाज़ करनेवाले जीव हैं और बहुत छोटी आवाज़ करनेवाले भी। "जोर से बड़ी आवाज़ से शब्द करनेवाले प्राणी के समीप–**चिच्चिकः यत् उपावति**–जब ची शब्द करनेवाला प्राणी प्राप्त होता है, उस समय मानों–**आघाटिभिः इव धावयन्**–वीणा के स्वरों के समान स्वरोच्चारण करके अरण्य देवता का यशोगान करता है।" (10.146.2) आघाटि मंजीरे जैसा वाद्य है; *वैदिक इण्डेक्स* के अनुसार वह नृत्य के साथ बजाया जाता था। (खण्ड 1, पृ. 53) पक्षियों के स्वरों की तुलना उससे की गई है। एक बाजा कर्करि नाम का था। पक्षी का स्वर सुनकर कवि को इस बाजे की याद आती है। पक्षी से कहता है–"तू ऊपर उठते हुए कर्करि बाजे के समान बोलता है।" (2.45.3)

एक बाजा वाण नाम का था। मरुतों के लिए कवि कहता है–"**वाणं धमन्तः**–वाण बाजा बजाकर–**रण्यानि चक्रिरे**–रमणीय गानों का सृजन किया।" (1.85.10) मरुत् वाण बजाते हैं, साथ ही गान का सृजन करते हैं, इससे संकेत यह मिलता है कि लोग गाते हुए साथ में बाजा भी बजाते थे। एक अन्य मन्त्र में सेम के प्रसंग में कहा गया है–**सखायः** मित्ररूप याजक **वाणं** वाद्य को **प्रवदन्ति** बजाते हैं। (9.97.8) एक अन्य मन्त्र में कहा गया है–ऋषि सोभरि के सुवर्णमय रथ के आसन पर **गोभिः** स्वरों के साथ अर्थात् गानों सहित–**वाणः अज्यते**–वाण नामक बाजा बजाया जाता है।" (8.20.8) यहाँ गो शब्द स्वरों के लिए प्रयुक्त हुआ है और इस मन्त्र से इस धारणा की पुष्टि होती है कि लोग गाने के साथ बाजा भी बजाते थे। इस मन्त्र में मरुतों को–**गो बन्धवः**–गो के बन्धु कहा गया है। **गो** का अर्थ यदि स्वर अथवा गीत है, तो मानना होगा, संगीत से मरुतों का विशेष सम्बन्ध था। एक मन्त्र में वाण की सप्त धातुओं का उल्लेख है–**वाणस्य सप्तधातु** (10.32.4)। इस पर *वैदिक इण्डेक्स* की टिप्पणी है–"द ऋग्वेद क्लियरली रिफर्स टु द सेवेन नोट्स, धातु ऑफ द इन्स्ट्रूमेण्ट" (खण्ड 2, पृ. 283) उसी टिप्पणी में आगे बताया गया है कि स्वरों के लिए **वाणी** शब्द का प्रयोग भी होता था, परन्तु सम्भव है कि **वाणी** का प्रयोग छन्दों के लिए भी होता हो। (उपर्युक्त)

एक मन्त्र में छन्दों और गीतों को नापने की बात कही गई है। "गायत्र से अर्क को नापा जाता है, अर्क से साम को नापा जाता है, त्रिष्टुभ् से वाक् को नापा जाता है–**वाकेन वाकम्**–वाणी से वाणी को नापा जाता है। दो पाद और चार पादों वाले अक्षरों से–**सप्त वाणीः विमते**–सात प्रकार की वाणी नापी जाती है।" (1.164.24) छन्द तो बहुत-से थे, स्वर सात ही थे। वाणी के साथ बार-बार यदि सप्त विशेषण का प्रयोग हो तो समझना चाहिए, यहाँ स्वरों की चर्चा की गई है–**एकं गर्भं दधिरे सप्तवाणीः**–सात वाणियाँ एक गर्भ धारण करती हैं। यह गर्भ है अग्नि। सात स्वरों में अग्नि व्याप्त है, इसलिए उसे सात वाणियों का गर्भ कहा। (3.1.6) वैसे तो अग्नि ब्रह्माण्ड में व्याप्त है, परन्तु उसका विशेष सम्बन्ध वाणी से है, इसलिए उसे सात स्वरों में व्याप्त कहा गया। अग्नि की ज्वालाएँ–**आ मातरा विशुः सप्त वाणीः**–"आकाश-पृथ्वीरूप माता-पिता और सात वाणियों में सर्वत्र फैल जाती है।" (3.7.1) इन्द्र वरुण के लिए कहते हैं, तुम्हारे लिए–**सप्त वाणीः**–सात छन्दोंवाली स्तुतियाँ सोमरस की धार को दुहती हैं। (8.59.3) यहाँ सप्त वाणी सात स्वर हो सकती हैं। सोमरस तैयार करते समय लोग गीत गाते थे, इस क्रिया की ओर यहाँ संकेत हो सकता है। जैसे अग्नि स्वरों में प्रवेश करता है, वैसे ही सोम उनमें व्याप्त है। सोम से कहते हैं–**तू वाणीषु अन्तः**–"स्तुतियों के अन्दर उत्तम रीति से रह।" (9.82.4) सोमरस पात्र में गिरता है तो उससे मधुर शब्द होता है। कवि को सात स्वर याद आते हैं। मीठा रस भेड़ के बालों की बनी छलनी से पात्र में जाकर गिरता है–**सप्त ऋषीणां वाणीः अभि नूषत**–"सात ऋषियों की वाणी सोमरस की स्तुति करती है।" (9.103.3) यहाँ सप्त ऋषि सप्तक के सात स्वर ही हैं। इन्द्र के प्रसंग में–**स्तुभा सप्त विप्रैः**–सात विप्रों–ऋषियों द्वारा प्रशंसित यहाँ भी सात विप्र सात स्वर ही होंगे। (1.62.4) एक मन्त्र में कहा गया है–**सप्त एकां दुहन्ति**–सात ऋत्विज मिलकर एक का ही दोहन करते हैं।" (8.72.7) यहाँ सात ऋत्विज सात स्वर हैं और जिस एक का दोहन करते हैं, वह उन सातों में व्याप्त अग्नि है। इसके आगे कहा गया है, "उनके बीच में–**द्वा पंच सिन्धोः तीर्थे स्वरे अधि उप सृजतः**–दो और पाँच नदियों के तीर्थ स्थान पर ऊँचे स्वर में अग्नि का स्तोत्र गान करके अन्यों को प्रेरित करते हैं।" (उपर्युक्त) इससे ऐसा प्रतीत होता है कि सप्तक के सात स्वर दो भागों में बाँटे गए थे। पहले दो स्वर और बाद के पाँच स्वर और जहाँ इनका सन्धि स्थल है, वहाँ गायक अपना स्वर ऊँचा कर देते थे।

ऋग्वेद में गायकों और कवियों के गायन का उल्लेख बार-बार हुआ है। इन्द्र के प्रसंग में कहते हैं–**गायत्रिणः त्वा गायन्ति**–"गायक तेरे गुण-वर्णन का स्तोत्र गाते हैं।" (1.10.1) **गायत्राः** "स्तुति गाने में कुशल हम तेरी स्तुति गाते हैं।"

(8.1.7) जो गाने में कुशल है, वह गायत्र है। जो छन्द बहुत गाया जाता था, उसे गायत्री नाम दिया गया। पक्षी गाता है। उससे कहते हैं–**उद्गातेव शकुने साम गायसि**–उद्गाता के समान, हे पक्षी, तू साम गाता है। (2.43.2) साम एक प्रकार का गीत हुआ, जो गीत गाता है उसे उद्गाता कहा गया।

कवि और गायक के लिए *ऋग्वेद* में अनेक शब्दों का प्रयोग हुआ है। इनमें एक है–**रेभ**। *वैदिक इण्डेक्स* के अनुसार प्रशस्ति गायक को रेभ कहते हैं। जैसे सप्तक के लिए **सप्त ऋषयोः** का उल्लेख हुआ है, वैसे ही वाणी के प्रसंग में **सप्त रेभा** का उल्लेख है। "इस प्रकार की उस वाणी को उन्होंने गायत्र्यादि छन्दों में स्तुतिरूप किया।" (10.71.3) सात रेभो ने अर्थात् सात स्वरों ने गायत्री आदि छन्दों में स्तुति रूप लिया। आशय यह है कि गायत्री आदि छन्दों में सात स्वरों का प्रयोग किया जाता था। *वैदिक इण्डेक्स* के अनुसार प्रशस्ति गायक को **जरितृ** भी कहा जाता था। (खण्ड 1, पृ. 78) गीत के लिए गातु और गाथा शब्दों का व्यवहार होता था। (खण्ड 1, पृ. 224) गाथा किस तरह का गीत था, यह इस मन्त्र से मालूम होता है–"हे कण्वो (अर्थात् कण्व गोत्र के ऋषियो) शीघ्रता से काम करनेवाले इन्द्र के सोम पान से उत्पन्न उत्साह में किये गये कार्यों का वर्णन–**गाथया प्रवोचत**–गाथा के रूप में गाओ।" (8.32.1) किसी वीर के कर्मों का वर्णन गाथा में किया जाता था और उसे गायक गाते थे। इन्द्र को **गाथश्रवसम्** कहा गया है, जिसका यश सर्वत्र गाया जाता है। (8.2.38) जो गाथाएँ गाता है, वह **गाथिन्** है–**गाथिनः इन्द्रं इत् बृहत् अनूषत**–गायक इन्द्र का ही बड़ा गान करते हैं। (1. 7.1) प्रशस्ति गीत के लिए एक शब्द है उक्थ–**इन्द्राय शस्तं उक्थं भूत्**–"इन्द्र के लिए प्रशंसनीय स्तोत्र गाया जावे।" (3.53.3) **उक्थं मदश्च शस्यते**–"आनन्ददायक स्तोत्र गाये जाते हैं।" (4.49.1) जैसे गाथा गानेवाला गाथिन्, वैसे ही उक्थ गानेवाला उक्थिन्–**उक्थिनः अनुष्टूवन्ति**–स्तोतागण इन्द्र की प्रशंसा करते हैं। (8. 15.6) इन्द्र के लिए कहते हैं–**उक्थिनः नरः त्वा स्वरन्ति**–"गायक नेतागण तेरा ही यशोगान करते हैं।" गाने के लिए क्रियारूप **स्वरन्ति** और गायकों के लिए **उक्थिनः**। (8.33.2) प्रशस्ति गीत के लिए बहुत-से शब्दों का व्यवहार किया जाता था। एक मन्त्र में–**काव्यं, वचः, उक्थं, शंस्यं, ब्रह्म, गिरः**–इतने शब्दों का व्यवहार किया गया है–**ब्रह्मवाहसे**–उसी स्तुति को प्राप्त करनेवाले इन्द्र के यश को–**गिरः वर्धन्ति**–स्तुतियों से बढ़ाते हैं। (5.39.5) सम्भव है, इन गीत-रूपों में भेद रहा हो, परन्तु लगभग समानार्थी इतने शब्दों के व्यवहार से यह तो ज्ञात होता ही है कि काव्य और संगीत की समृद्ध परम्परा वैदिक काल में थी। कुछ मन्त्र उच्च स्वर में गाये जाते थे। वसिष्ठ गोत्र के ऋषियों से कवि कहता है–**वसिष्ठाः** वसिष्ठ लोगो, **यत् शक्वरीषु बृहता रवेण**–शक्वरी ऋचाओं में बड़े आलापों के स्वर से, साम

गान से इन्द्र में बल धारण करो। (7.33.4) यज्ञ में एक स्तोता ऋचा पढ़ता है–**त्वः शक्वरीषु गायत्रं गायति** और दूसरा शक्वरी ऋचाओं में गायत्री छन्द में साम का गान करता है। (10.71.11) एक मन्त्र में ऋचाओं और साम गीतों में भेद किया गया है। जो जागता है अर्थात् साधना से अपनी प्रतिभा को जगाये रखता है, ऋचाएँ उसकी कामना करती हैं और साम गीत उसके पास आते हैं। (5.44.14) कुछ लोग साम गीत गाने के विशेषज्ञ होते थे। पक्षी गाता है। कवि कहता है, वह इस तरह गाता है, जैसे–**सामगा**–साम गीत गानेवाला गाता है। (2. 43.1)

3. भारतीय दर्शन और नाट्यशास्त्र

3.1 शरीर विज्ञान और नाट्यशास्त्र

अन्तर्वस्तु के विचार से *चरक संहिता* और *नाट्यशास्त्र* में अनेक समानताएँ हैं। इनके अतिरिक्त संरचना के विचार से भी उनमें अनेक समानताएँ हैं। इनमें कुछ आकस्मिक हो सकती हैं परन्तु सभी का आकस्मिक होना असम्भव जान पड़ता है। *चरक संहिता* में आयुर्वेद के उद्भव का यह कारण बताया गया है–**विघ्नभूता यदा रोगाः प्रादुर्भूता शरीरिणाम्**–मनुष्यों में जब विघ्नरूप रोग उत्पन्न हो गये, तब उन्हें दूर करने के विचार से महर्षिगण एक स्थान पर एकत्रित हुए। (पृ. 7) *नाट्यशास्त्र* के अनुसार सतयुग बीत जाने पर त्रेतायुग में मनुष्य काम और लोभ के वशीभूत हुए, ईर्ष्या, क्रोध आदि से अभिभूत हुए, तब उन्हें मनोरंजन के साथ सदाचार सिखाने के लिए *नाट्यशास्त्र* की रचना की गई। (1/4) चरक संहिता के अनुसार आयुर्वेद की रचना सबसे पहले ब्रह्मा ने की। (पृ. 6) *नाट्यशास्त्र* की रचना भी ब्रह्मा ने की। (1/1) *चरक संहिता* के अनुसार ब्रह्मा के रचे हुए आयुर्वेद का ज्ञान दक्ष और अश्विनी कुमारों से होता हुआ इन्द्र के पास पहुँचा और उनसे भरद्वाज ने उसका ज्ञान प्राप्त किया। (पृ. 7) ब्रह्मा ने *नाट्यशास्त्र* रचने के बाद इन्द्र से कहा कि अब इसके अनुसार प्रयोग करो। (1/7) *चरक संहिता* में चिकित्सा विज्ञान के ग्रन्थ को वेद कहा गया है। ऋषियों ने भरद्वाज से प्रजा का हित करने वाले मनुष्यों को दीर्घ आयु देनेवाले वेद को ग्रहण किया। (पृ. 11) *नाट्यशास्त्र* को *नाट्यवेद* (1/3) और पाँचवाँ वेद (1/5) कहा गया है। आयुर्वेद और *नाट्यशास्त्र* दोनों का घनिष्ठ सम्बन्ध *अथर्ववेद* से है। *चरक संहिता* में कहते हैं, "यदि कोई प्रश्नकर्ता वैद्य से यह प्रश्न करे कि *ऋग्वेद, सामवेद, यजुर्वेद* और *अथर्ववेद*–इन चारों वेदों में आयुर्वेद शास्त्रज्ञाता वैद्य किस वेद का उपदेश करता है तो चारों वेदों में से अपनी भक्ति *अथर्ववेद* में बतलाये। क्योंकि *अथर्ववेद* स्वस्ति-अयन, बलि, मंगल, होम आदि कार्यों द्वारा चिकित्सा की बातें कहता है।"

(पृ. 447) *नाट्यशास्त्र* में बतलाया गया है कि नाटक में पाठ्य अंश *ऋग्वेद* से आया, गीतवाला अंश *सामवेद* से, अभिनय का अंश *यजुर्वेद* से और रसों को *अथर्ववेद* से लिया गया। (1/6) जिस सीमा तक *नाट्यशास्त्र* में रस सिद्धान्त महत्त्वपूर्ण है, उस सीमा तक इस शास्त्र का घनिष्ठ सम्बन्ध *अथर्ववेद* से प्रमाणित होता है। *अथर्ववेद* में रस का कोई सम्बन्ध नाट्य अथवा काव्य से नहीं है। वह ओषधियों, वनस्पतियों आदि का रस है। शरीर को पुष्ट करने वाला है, रोग को दूर करनेवाला है। रस की मूल धारणा *नाट्यशास्त्र* में रूपान्तरित हुई है। *अथर्ववेद* में मरुत ओषधियों में रस सींचते हैं। (4.27.2) रस ओषधियों का जलांश है। (4. 4.5) दीर्घायु प्राप्त करने के साथ रस का उल्लेख किया गया है। आयुष्य से उत्कर्ष प्राप्त कर, दीर्घायु से युक्त हो–**ओषधीनां रसेन उत्**–ओषधियों के रस से उन्नति प्राप्त कर। (3.31.10) कुछ ओषधियों का रस उग्र होता है, उनके रस का पेय बनाया जाता है। (6.16.1) अन्न में भी रस होता है, जो हमारे अन्न के रस को बिगाड़ता है उसके नाश की कामना की गई है। (8.4.10) शण और जंगिड़ नाम की ओषधियाँ रोग दूर करती हैं। इनमें से एक वन से प्राप्त होती है और दूसरी खेती से उत्पन्न ओषधियों के रसों से बनाई जाती है। (2.4.5) अन्न के साथ अलग से भी रसों का उल्लेख है। (19.31.4) ये रस अन्न के रस हो सकते हैं, स्वतन्त्र वनस्पतियों के रस भी हो सकते हैं। हर द्रवणशील पदार्थ रस हो सकता है। किन्तु कुछ मन्त्रों से ऐसा प्रतीत होता है कि द्रवणशील पदार्थों का आन्तरिक तत्व रस है। जलों के **शिवतमः रसः** अत्यन्त कल्याणकारी रस का उल्लेख किया गया है। (1.5.2) जलों के रस के लिए कहते हैं–मधुरता से परिपूर्ण तृप्ति करनेवाला तीव्र रस जीवन और तेज के साथ मुझे प्राप्त होवे। (3.13.5) जलों के रस ओषधियों से संयुक्त हो जावें। (4.15.2) यहाँ भी जलों के आन्तरिक तत्त्व की ओर संकेत है। रस शरीर के लिए पुष्टिकारक है। देवों से प्रार्थना है कि "इस मनुष्य के लिए पार्थिव शरीर के ऐश्वर्य सम्बन्धी रस और बल के अन्दर से प्राप्त होने वाला दीर्घ आयुष्य और तेज देवें।" (2.29.1) स्त्री के लिए प्रार्थना है कि वह रस से पुष्ट हो। (6.78.1) रस शरीर के भीतर भी हैं, उनसे शरीर पुष्ट होता है। उनके क्षीण होने पर शरीर नष्ट हो जाता है। जो साररूप रस का हरण करने के लिए नये जन्मे बालक को भी पकड़ती है, वह बीमारी सन्तान को खा जाती है। (4.17.3)

कविता या बातचीत लोगों को अच्छी लगे तो वह सरस मानी जाती है। अच्छी न लगे तो उसे नीरस कहा जाता है। वैसा ही भेद रस के सम्बन्ध में *अथर्ववेद* में किया गया है। *अथर्ववेद* की तुलना में रस के स्वादिष्ट होने का उल्लेख *ऋग्वेद* में अधिक किया गया है। रस वनस्पतियों में होता है। सोमरस के

ऊपर पूरा सूक्त है—यह रस **सोम्य** है—सोम से निकाला जाता है। (9.67.8) यह रस **मद्यः** आनन्द देनेवाला है। (9.38.5) वह **स्वादुः मधुपेयः**—पीने में मीठा और सुस्वादु है। (6.44.21) अन्न में भी रस होता है। *ऋग्वेद* में एक सूक्त अन्न पर है—**रसानां स्वाद्याः**—अन्न के रस खानेवाले पुष्ट शरीर के होते हैं। (1.187.5) ओषधियों और वनस्पतियों का रस मन और शरीर को पुष्ट करनेवाला है, यह धारणा *अथर्ववेद* में है, *ऋग्वेद* में है। परन्तु रस का आस्वाद विशेष रूप से आनन्ददायक है, इस धारणा पर *ऋग्वेद* में अधिक बल दिया गया है। *नाट्यशास्त्र* के रस सिद्धान्त का स्त्रोत *अथर्ववेद* के अतिरिक्त *ऋग्वेद* भी हो सकता है। *ऋग्वेद* में रस शब्द का व्यवहार जल के लिए भी किया गया है, सम्भवतः उसकी मधुरता के कारण—**गिरेः रसाः**—पर्वत अथवा बादल के रस मनुष्य को तृप्त करते हैं। (8. 49.2)

चरक संहिता और *नाट्यशास्त्र* दोनों ग्रन्थों का विशेष सम्बन्ध *अथर्ववेद* से स्वीकार किया गया है। इस समानता के अतिरिक्त दोनों ग्रन्थों में और भी समानताएँ हैं। *नाट्यशास्त्र* के रचनाकार भरतमुनि हैं—**मुनीनां भरतो मुनिः**। (1/3) नाट्यवेद का ज्ञान भरतमुनि से ऋषियों तक पहुँचा। इन्द्र ने ब्रह्मा से कहा, नाट्यवेद के ग्रहण करने, धारण करने तथा प्रयोग करने की देवताओं में सामर्थ्य नहीं है। (1/8) जो काम देवता न कर सकते थे, वह ऋषि कर सकते थे। ऋषिगण इस नाट्यवेद को ग्रहण, धारण तथा प्रयोग करने की सामर्थ्य रखते हैं। (उपर्युक्त) इसी तरह *चरक संहिता* में जो ज्ञान भरद्वाज ने इन्द्र से प्राप्त किया, उसे ऋषियों ने प्रचारित किया। इनमें एक ऋषि आत्रेय हैं। *चरक संहिता* के पहले श्लोक में ही इनका उल्लेख है—"दीर्घ जीर्वनीय नामक अध्याय की व्याख्या कर रहा हूँ, ऐसा भगवान आत्रेय ने कहा।" (पृ. 1) एक आत्रेय *नाट्यशास्त्र* में भी हैं। जब *नाट्यशास्त्र* के विज्ञाता भरतमुनि अपने पुत्रों के बीच स्थित थे, तब महात्मा तथा जितेन्द्रिय आत्रेय आदि मुनिगण भरतमुनि के सम्मुख उपस्थित हो, उनसे विनयपूर्वक प्रश्न करने लगे। (1/2) सम्भव है कि ये दोनों आत्रेय एक ही गोत्र के रहे हों और उनका सम्बन्ध चिकित्सा विज्ञान तथा *नाट्यशास्त्र* से रहा हो। *नाट्यशास्त्र* के उद्‌भव के बारे में जो कथा कही गई है, उसमें कुछ ऐतिहासिक तथ्यों की झलक देखी जा सकती है। देवता जो काम नहीं कर सकते, उसे ऋषियों ने किया। इससे संकेत यह मिलता है कि समाज के उच्चवर्ग के लोग नाट्यकला से दूर रहते थे। उनसे भिन्न बुद्धिजीवियों ने इस कला को सँभाला। नाटक आरम्भ होने पर असुर विघ्न उपस्थित करते हैं।

एक बार सारे अभिनेता मूर्च्छित हो जाते हैं। इन्द्र आकर उनकी रक्षा करते हैं। समाज के कुछ लोगों द्वारा नाट्यकला का इतना विरोध हुआ कि भरत को प्राणरक्षा

के लिए ब्रह्मा के पास जाना पड़ा। कहते हैं, "तब पुनः इन्द्रध्वज महोत्सव के अवसर पर नाट्याभिनय के प्रस्तुत किए जाने पर अविशिष्ट वे विघ्न मेरा वध करने का निश्चय कर फिर त्रास उत्पन्न करने लगे। तब उन दैत्यों के उद्योग को विघ्नकारक जानकर मैं अपने सभी पुत्रों के साथ (पुनः) ब्रह्मा जी के सम्मुख उपस्थित हुआ।" (1/20) यह विघ्न अमूर्त कल्पनाएँ नहीं हैं, वे मानवीय हैं इसीलिए भरत को लगता है कि ये मेरा वध करेंगे। इससे अनुमान किया जा सकता है कि भरत ने नाट्यकला कितने विरोध का सामना करते हुए विकसित की होगी। भरतपुत्र सब अभिनेता हैं, जिनके साथ भरत नाटक करते हैं। विघ्नों से रक्षा करने के लिए नाट्यगृह का निर्माण किया गया। इससे समझना चाहिए कि आरम्भिक नाटक खुले मैदानों में खेले जाते होंगे। आगे चलकर नाट्यगृहों का निर्माण हुआ। लक्ष्य करने की बात यह है—नाट्यगृह मंचन की आवश्यकताओं को ध्यान में रखकर निर्मित नहीं किया गया, विघ्नों से रक्षा करने के लिए उसका निर्माण हुआ। ब्रह्मा ने भरत से कहा, नाटक में कौशिकी वृत्ति भी शामिल करो। उसका सम्बन्ध श्रृंगार रस से था। भरत ने कहा, इस कौशिकी वृत्ति का स्त्री पात्र के बिना अभिनय नहीं किया जा सकता। (1/13) इससे दो बातें सिद्ध होती हैं, पहले नाटकों में श्रृंगार रस नहीं था अथवा उसकी प्रधानता नहीं थी। दूसरी बात यह कि आरम्भ में स्त्री पात्र या तो थे नहीं या उनका अभिनय पुरुष ही करते थे। *नाट्यशास्त्र* के पहले अध्याय का उद्देश्य यह बताना है कि इस शास्त्र का जन्म कैसे हुआ, इसके साथ ही नाटक का जन्म कैसे हुआ, यह दिलचस्प बात भी बताई गई है। ब्रह्मा ने भरत से कहा, इस समय इन्द्र का ध्वज महोत्सव चल रहा है। इस महोत्सव में नाट्यवेद का भी प्रयोग किया जाये। (1/15) "उस ध्वज महोत्सव में, जो कि असुरों और दानवों पर विजय प्राप्ति के उपलक्ष्य में मनाया जाता था तथा जिसमें आनन्दित देवगण यतस्ततः विचर रहे थे, सर्वप्रथम मैंने आशीर्वादात्मक वचनों से युक्त नान्दी का पाठ किया।" (1/16) पहली बात लक्ष्य करने की यह है कि असुरों और दानवों के युद्ध से नाटक की उत्पत्ति होती है। स्वभावतः मुख्य रस इस नाटक में वीर होगा। दूसरी बात लक्ष्य करने की यह है कि भरत अभी *नाट्यशास्त्र* नहीं रच रहे, नाटक रच रहे हैं और नाटक में स्वयं अभिनय कर रहे हैं। उनका अभिनय नान्दी पाठ तक सीमित नहीं हुआ। आगे वे कहते हैं—"(मेरे द्वारा पठित) इस नान्दी के पश्चात् देवताओं द्वारा दैत्यों पर विजय प्राप्त करने का मैंने ऐसा अभिनय प्रस्तुत करना प्रारम्भ किया जो क्रोधपूर्ण (वचनों), सम्फेट, भगदड़ आदि कार्यों तथा मारकाट और युद्धार्थ किये गये आह्वानों से युक्त था। इस प्रदर्शन को देखकर ब्रह्मा जी तथा देवगण सन्तुष्ट हो गये।" (1/16) किस तरह का नाटक था, यह इन वाक्यों से जाना जाता है, भरत स्वयं

नाटक में अभिनय करते हैं। भरतपुत्र अभिनेता थे, स्वयं भरतमुनि भी अभिनेता थे। भरत शब्द का एक अर्थ अभिनेता भी है। *नाट्यशास्त्र* और *चरक संहिता* दोनों का निर्माण सतयुग में नहीं, त्रेता युग में हुआ। इससे समझना चाहिए जब कुटुम्ब-सम्पत्ति का उद्भव हो गया, समाज में अन्तर्विरोध बढ़े, तब रोगों के उपचार के लिए चिकित्सा विज्ञान का विकास हुआ और मनोविकारों के अध्ययन और परिष्कार के लिए *नाट्यशास्त्र* का निर्माण हुआ। जब ब्रह्मा ने भारत से कौशिकी वृत्तिवाले नाटक रचने की बात कही तब भरत ने कहा, "कौशिकी वृत्ति के सम्यक् प्रयोग के लिए अपेक्षित द्रव्य प्रदान कीजिए।" (1/12) इससे ज्ञात होता है, आरम्भ में नाटक का मंचन सीधा-सादा होता था। नाटक खेलने के लिए विशेष धन अपेक्षित नहीं था, परन्तु नाट्यकला के विकास के साथ और उसमें विविध अनुभवों के चित्रण के साथ द्रव्य की आवश्यकता हुई। सतयुग आदिम साम्यवादी व्यवस्था का युग है। उस समय सम्पत्ति पर सामूहिक स्वामित्व है, श्रम-विभाजन नहीं हुआ। उसके बाद त्रेता युग आता है। इस युग में कुटुम्ब सम्पत्ति का उद्भव होता है और समाज में अनेक अन्तर्विरोध पैदा होते हैं। द्रव्य का चलन इस युग की विशेषता है। यदि पूछा जाए कि भरत का पहला नाटक कौन-सा था तो *नाट्यशास्त्र* के आधार पर हम कह सकते हैं, यह नाटक ध्वज महोत्सव था। इसमें वीर रस की प्रधानता थी। भरत इसके रचयिता थे, इसके साथ ही उन्होंने इसमें अभिनय भी किया था। नाट्यशास्त्र इस नाटक के बाद रचा गया।

नाटक की विषय-वस्तु छह-सात रसों तक सीमित नहीं है, न वह समाज के कुछ उच्च वर्गों तक सीमित है। उसमें अनुभव और जीवन की बड़ी विविधता है। ब्रह्मा दैत्यों से कहते हैं—"इस नाट्य में केवल आपके या देवताओं के ही चरित्रों का अनुभावन (कल्पना द्वारा अनुकरण या अभिनय ही) नहीं है (किन्तु) इस नाट्य में त्रैलोक्य के (समस्त) भावों का प्रस्तुतीकरण (अनुकीर्तन) होता है।" (1/26) नाटक में चरित्र का अनुभावन होता है, इस पर ध्यान देना चाहिए। यहाँ बल चरित्र पर है, चरित्र के भीतर विद्यमान भावों पर नहीं, और इहलोक नहीं, त्रैलोक्य के जीवन का प्रस्तुतीकरण नाटक में किया जाता है। मंच पर पात्रों की गति कैसी होनी चाहिए इसका विवरण देते हुए *नाट्यशास्त्र* के तेरहवें अध्याय में भरत उन जातियों का उल्लेख करते हैं जिनका चित्रण नाटक में किया जाता था। "म्लेच्छों तथा इसी प्रकार पुलिन्द, शबर आदि जातियों की गति, उनके आचार, जाति, स्वभाव तथा देश के अनुसार रखनी चाहिए।" (2/160) वर्ण व्यवस्थावाले समाज से बाहर रहनेवाले मनुष्य ही नहीं, पशु-पक्षियों का चित्रण भी नाटक में किया जाता था। पक्षियों, हिंस्र जानवरों तथा चौपायों की गति उनकी अपनी प्रकृति तथा चेष्टाओं के अनुसार नरसिंह अवतार में की गई थी, इस प्रकार प्रदर्शित करना चाहिए।" (उपर्युक्त) जिसका जैसा स्वभाव

हो, उसे उसी के अनुसार मंच पर अभिनय करना चाहिए। उचित ही कहा गया था, नाटक में त्रैलोक्य के भावों का प्रस्तुतीकरण होता है। नाटक की विषयवस्तु और उसके प्रभाव की विविधता के बारे में कहते हैं, "(इसमें) कहीं धर्म है, कहीं क्रीड़ा, कहीं अर्थ (राजनीति, अर्थनीति), कहीं श्रम, कहीं हास्य, कहीं युद्ध, कहीं काम तथा कहीं वध है। धर्मपरायणों के लिए इसमें धर्म है, काम के प्रयोजनों में प्रवृत्ति रखनेवालों के लिए इसमें काम (भी) है। इसमें दुर्विनीतों (उद्दण्ड या अनीति का आश्रय लेनेवाले व्यक्तियों) के लिए दण्ड व्यवस्था तथा मदमत्त व्यक्तियों को दमन करने की क्रियाएँ हैं। (यह) नपुंसकों में धृष्टता का तथा अपने को वीर समझनेवाले मनुष्यों में उत्साह का उत्पादक है। यह अबोध जनों को विशेष ज्ञान प्रदान करनेवाला तथा विद्वानों के ज्ञान को बढ़ानेवाला है। यह ऐश्वर्यशाली प्रभुओं के लिए विलास, दुख से पीड़ित व्यक्तियों के लिए स्थिरता, अर्थाश्रित व्यक्तियों के लिए अर्थ तथा विकलचित्त व्यक्तियों के लिए धीरज देनेवाला है।" (1/27) भरत कहते हैं–

नानाभावोपसम्पन्नं नानावस्थान्तरात्मकम्
लोकवृत्तानुकरणं नाट्यमेतन्मया कृतम्।

(1/27)

"यह अनेक प्रकार के भावों से समन्वित (उपसम्पन्न-युक्त, मिश्रित), विभिन्न अवस्थाओं वाला तथा लोक व्यवहार का अनुकरण करनेवाला है।" अनेक व्याख्याकारों ने भावों पर बहुत ज़ोर दिया है, किन्तु लोकवृत्त के अनुकरण पर लगभग चुप्पी साध ली है। मनुष्य एक कोटि के नहीं हैं। "यह नाट्य उत्तम, मध्यम तथा अधम मनुष्यों के कर्म का आधार लेनेवाला तथा हितावह उपदेशों का जनक होगा।" (1/28) नाटक को *वृत्तान्तदर्शक* कहा गया है।" इस नाट्य को देवगण, असुर, राजा, गृहस्थीजन तथा ब्रह्मर्षिजन के वृत्तान्त को प्रदर्शित करनेवाला जानिए।" (1/29)

फिर कहते हैं–"और यही नाट्य श्रुति, स्मृति, सदाचार तथा शेष (बचे हुए) अर्थों की कल्पना करनेवाला तथा **विनोजननं लोके**–लोकरंजनकारी होगा।" (1/29, 30) नाटक श्रम से थकनेवालों और दुःखी जनों को सान्त्वना देनेवाला है। यह नाटक दुःख से, थकावट से तथा शोक से पीड़ित दीन-दुखियों के लिए विश्राम देनेवाला होगा।" (1/28) स्वभावतः नाटक की परिधि इतनी विस्तृत है कि जीवन का कोई पक्ष, ज्ञान की कोई बात, उससे बाहर नहीं रह जाती। भरत की प्रतिज्ञा है–

न तज्ज्ञानं न तच्छिल्पं न सा विद्या न सा कला।

"जो नाटक में न मिले ऐसा न तो कोई ज्ञान, शिल्प, विद्या, कला, योग और न ही कार्य हो सकता है।" (1/28) इसी तरह की स्थापना *चरक संहिता* में है। "संसार में ऐसा कोई भी द्रव्य नहीं है, जो ओषधि नहीं है।" (पृ. 335) संसार

के सारे द्रव्य चिकित्सा विज्ञान की परिधि में हैं। इसी तरह मनुष्य का सारा जीव, संसार का सारा ज्ञान, *नाट्यशास्त्र* में नाटक की परिधि में आ जाता है। भारतीय संस्कृति के अभ्युदयकाल में साहित्य और समाजविज्ञान की परिधि में सारा ज्ञान आ जाये, यह आकांक्षा उस समय के मनीषियों में रही है।

3.2 समाज विज्ञान और नाट्यशास्त्र

नाट्यशास्त्र, चरक संहिता, कौटिल्य का *अर्थशास्त्र* एक ही युग की संस्कृति प्रतिबिम्बित करते हैं। *नाट्यशास्त्र* में साहित्य विज्ञान है, *चरक संहिता* में शरीर विज्ञान है और *अर्थशास्त्र* में समाज विज्ञान है। तीनों ही ग्रन्थों के रचनाकार यथार्थवादी दर्शन, विशेषरूप से, लोकायत से प्रभावित हैं। *अर्थशास्त्र* के आरम्भ में कौटिल्य लोकायत दर्शन का उल्लेख करते हैं। ग्रन्थ रचने का उद्देश्य लोकोपकार बताते हैं। इसी तरह लोकरंजन और लोकोपदेश *नाट्यशास्त्र* का उद्देश्य है। लोकायतवादी दार्शनिक राजा का स्थान पुरोहित के ऊपर मानते हैं, सम्भवतः इस वर्ग को दबाये रखने के लिए। बाबूलाल शुक्ल शास्त्री ने *नाट्यशास्त्र* के तीसरे खण्ड की भूमिका में *अर्थशास्त्र* और *नाट्यशास्त्र* की कुछ समानताओं का उल्लेख किया है। इनमें विषयों की समानता भी है। जैसे "इसमें एक राजा के आदर्श गुण या योग्यता का विवरण दिया जाना और राजा के महत्त्वपूर्ण अधिकारियों के स्वरूप भी—जैसे सेनापति, पुरोहित, मन्त्री, सचिव, प्राड्विवाक (न्यायाधीश), कुमाराधिकृत तथा सभासद्—ये सभी विवरण भरत न किसी प्राचीन *अर्थशास्त्र* से लिए थे, सम्भवतः बृहस्पति के *अर्थशास्त्र* से, जिसका नामतः उल्लेख *नाट्यशास्त्रकार* ने किया भी है।" (पृ. 89) कुछ पारिभाषिक शब्द *नाट्यशास्त्र* और *अर्थशास्त्र* में समानतावाले हैं। "*नाट्यशास्त्र* में जिस रूप में द्वाःस्थ का वर्णन है, वही कौटिल्य ने लिया है, जो कि कौटिल्य के मत से दौवारिक है।" इसके अतिरिक्त "इसमें एक अन्य शब्द है—कुमाराधिकृत, जो कौटिल्य ने कुमाराध्यक्ष शब्द से दिखलाया है।" (पृ.90) कौटिल्य और भरत ने अपने ग्रन्थों के आरम्भ में बृहस्पति को नमस्कार किया है। यह प्रसिद्ध लोकायतवादी दार्शनिक थे, उसी नाम के दूसरे समाजशास्त्री थे या दार्शनिक ही समाजशास्त्री थे, यह ज्ञात नहीं। *नाट्यशास्त्र* में "प्रजाजन के द्वारा आचार्य बृहस्पति के मत के अनुसार कर्मों को जानकर उनके गुणों के अनुसार राजा द्वारा सभा के सदस्यों या सभासदों की नियुक्ति की जाती है।" (4/472)

कौटिल्य के अर्थशास्त्र की विशेषता यह है कि उसमें स्पष्ट उल्लेख है और उसी के अनुरूप यथार्थवादी दृष्टि से समाजविज्ञान की रचना की गई है। आरम्भ में कौटिल्य चार विद्याओं का उल्लेख करते हैं—आन्वीक्षकी, त्रयी, वार्ता और

दण्डनीति। आन्वीक्षकी को हम विवेकसम्मत तर्कशास्त्र कह सकते हैं। त्रयी विद्या *ऋग्वेद, यजुर्वेद* और *सामवेद* की विद्या है। वार्ता के लिए आजकल हम *अर्थशास्त्र* का प्रयोग करते हैं। कृषि, पशुपालन, व्यापार आदि सारी चीज़ें उसमें आ जाती हैं और दण्डनीति, राजनीति है। कौटिल्य ने राजनीति को अर्थशास्त्र से अलग नहीं रखा। दोनों का समन्वित रूप प्रस्तुत किया है। इस तरह उनका यथार्थवादी दर्शन राजनीतिशास्त्र और अर्थशास्त्र दोनों से जुड़ा है। उनका यह कार्य कितना प्रगतिशील था, यह उनके पूर्ववर्ती आचार्यों के मतों से, उनके मत की तुलना करने से, ज्ञात होता है। मनु के अनुयायी त्रयी वार्ता और दण्डनीति, इन्हीं विद्याओं को मानते थे। वे कहते थे कि आन्वीक्षकी का समावेश त्रयी के अन्तर्गत हो जाता है। कौटिल्य तर्कशास्त्र को सब विद्याओं से ऊपर मानते थे। वेदों का अध्ययन भी विवेक के साथ करना चाहिए, यह उनका आशय है। बृहस्पति के अनुयायी केवल वार्ता और दण्डनीति मानते थे, अर्थशास्त्र और राजनीतिशास्त्र पर ज़ोर देते थे। उनका कहना था कि त्रयी तो दुनियादार लोकयात्राविद्—लोगों की आजीविका का साधनमात्र है। इस तरह उन्होंने वैदिक परम्परा को अस्वीकार किया था और उसे पुरोहित वर्ग की सम्पत्ति मानकर उसे छोड़ दिया था। शुक्राचार्य के अनुयायी केवल दण्डनीति अर्थात् राजनीति को ही मुख्य विद्या मानते थे। उसी को सम्पूर्ण विद्याओं का स्थान एवं कारण स्वीकार करते थे। राजनीति का यह महत्त्व स्वीकार करना तो अच्छा था किन्तु उसे अर्थशास्त्र और तर्कशास्त्र आदि से अलग रखना ठीक नहीं था। इनके विपरीत आचार्य कौटिल्य उक्त चारों विद्याओं को मानते हैं और उनकी सार्थकता धर्म तथा अधर्म के ज्ञान में बताते है। "सांख्य, योग और लोकायत (नास्तिक दर्शन) ये आन्वीक्षकी विद्या के अन्तर्गत हैं। इसी प्रकार त्रयी में धर्म-अधर्म का, वार्ता में अर्थ-अनर्थ का और दण्डनीति में सुशासन-दुःशासन का ज्ञान प्रतिपादित है। त्रयी आदि विद्याओं की प्रधानता-अप्रधानता (बलाबल) को भिन्न-भिन्न युक्तियों से निर्धारित करती हुई आन्वीक्षकी विद्या लोक का उपकार करती है, सुख-दुःख से बुद्धि को स्थिर रखती है और सोचने-विचारने, बोलने और कार्य करने में सक्षम बनाती है।" (पृ.8-9) यह भारत का प्राचीन विवेकवाद है। यहाँ युक्तियों से काम लेना होता है। वेद में लिखा है, प्राचीन परम्परा से ही यह बात चली आती है, ऐसा कहने से काम चलने वाला नहीं था। यह विद्या लोक का उपकार करने के लिए है। जितने यथार्थवादी दार्शनिक थे, सब दर्शन का सम्बन्ध लोकजीवन से जोड़ते थे और अपने दर्शन की उपयोगिता लोकमंगल में देखते थे। यह आन्वीक्षकी कौटिल्य के अनुसार सुख-दुःख में मनुष्य की बुद्धि को स्थिर रखती है अर्थात् उसका सम्बन्ध योग से है और सोचने, विचारने, बोलने तथा कार्य करने में सक्षम बनाती है। वह वक्तृत्व कला को प्रोत्साहन देती है, किन्तु

मनुष्य केवल बोले और काम न करे, ऐसा उसका लक्ष्य नहीं था। वह मनुष्य को कर्म करना भी सिखाती है। अन्त में कहते हैं, "यह आन्वीक्षकी विद्या सर्वदा ही सब विद्याओं का प्रदीप, सभी कार्यों का साधन और सब धर्मों का आश्रय मानी गई है।" इसी तरह भरत *नाट्यशास्त्र* में लोकधर्म पर ज़ोर देते हुए कहते हैं—"लोक में विद्यमान विषयों तथा कार्यों को देखकर समाविष्ट कर लें।" (4/525, 526) लोकसंस्कृति पर इस तरह भरोसा करना लोकायत दर्शन के अनुरूप है।

अर्थशास्त्र में कौटिल्य ने श्रमिकों के जीवन पर विशेष ध्यान दिया था, उनके भोजन, वस्त्र और वेतन की व्यवस्था की थी। "खेतों की रखवाली करनेवाले, ग्वाले, **दासकर्मकरेभ्यः**—दास और नौकर आदि प्रत्येक को उनकी मेहनत के अनुसार भोजन, वस्त्र आदि दिया जाना चाहिए। इसके अतिरिक्त उन्हें प्रतिमास सवा पण नियत वेतन मिलना चाहिए। इसी प्रकार दूसरे कारीगरों को भी उनके परिश्रम के अनुसार भोजन, वस्त्र और वेतन आदि दिया जाना चाहिए।" (पृ.199) काव्य रचना और सौन्दर्य-बोध पर बहुत-से ग्रन्थ लिखे गये हैं, लेकिन उनमें दुखियों और श्रमिकों का उल्लेख कम ही होता है। भरत मानते हैं कि नाटक धनी लोगों के लिए है, परन्तु वे दीन-दुखियों को भूलते नहीं। कहते हैं—"यह ऐश्वर्यशाली प्रभुओं के लिए विलास, दुःख से पीड़ित व्यक्तियों के लिए स्थिरता, अर्थाश्रित व्यक्तियों के लिए अर्थ तथा **उद्विग्नचेतसाम** विकलचित्त व्यक्तियों के लिए धीरज देनेवाला है।" (1/27)

दुःखार्तानां श्रमार्तानां शोकार्तानां तपस्विनाम्।
विश्रान्तिजनं काले नाट्यमेतद् भविष्यति ॥

"यह नाट्य दुःख से, थकावट से तथा शोक से पीड़ित दीन-दुखियों के लिए विश्राम देनेवाला होगा।" (1/28) लोकायत दर्शन साहित्यकार को जिस उद्देश्य तक पहुँचाता है, उसका यहाँ बहुत स्पष्ट उल्लेख है।

नाट्यशास्त्र की एक विशेषता यह है कि भरत राजा के दृष्टिकोण से नट को नहीं देखते, वरन् नट के दृष्टिकोण से राजा को देखते हैं। जिस नाटक में राजा प्रमुख पात्र होगा, उसका अभिनय भी नट ही करेंगे। नट के पास सीमित सामग्री होती है, राजा के पास अपार सम्पत्ति होती है। यह नट राजा का अभिनय कैसे प्रस्तुत कर सकेगा? भरत कहते हैं—"यह कार्य नाट्यधर्मी विधान के अनुसार एवं लोकवृत्त के अनुसार सम्पन्न किया जाए।" (4/489) "अपने शरीर को रंगों से पोतकर राजचिह्न धारण करके नट मंच पर आता है। वह अपनी चेष्टाओं से जब राजा के समान ही हो जाता है।" (4/490) इससे अधिक मनोरंजक बात इसके बाद कही गई है। नट राजा हो जाता है कभी-कभी, लेकिन राजा तो हमेशा नट की तरह काम करता है। भरत कहते हैं—"इसी प्रकार राजा भी नट के समान शासनकाल में वेषभूषा से भूषित

होकर शासन करता रहता है।" (उपर्युक्त) यहाँ उन्होंने राजा को नट के बराबर बिठा दिया है।

3.3 यथा नटस्तथा राजा यथा राजा तथा नट

"जैसे अभिनेता, वैसे ही राजा भी है और जैसा राजा होता है, वैसा ही अभिनेता भी रहता है।" (उपर्युक्त) कौटिल्य ने राजा के महत्त्व की घोषणा बार-बार की है, परन्तु वे राजा से सावधान रहने को भी कहते हैं। वे कहते हैं—"समझदार राजकर्मचारी को चाहिए कि सर्वप्रथम वह अपनी रक्षा की सोचे, क्योंकि राज्याश्रित व्यक्तियों की स्थिति आग में खेल करने से बढ़कर ख़तरनाक कही गई है।" (पृ. 427) ये लोकायतवादी दार्शनिक राजा के अस्तित्व को समाज के लिए आवश्यक मानते थे, सम्भवतः पुरोहित वर्ग को दबाये रखने के लिए उसे सर्वशक्तिमान बनाना चाहते थे, परन्तु उसके प्रति वे जनता को सावधान भी करते जाते थे।

काव्य और नाटक के प्रति हम प्लेटो और अरस्तू के दृष्टिकोण का अध्ययन करें, तो उससे भरत जैसे विचारकों के यर्थाथवादी दर्शन का महत्त्व विदित हो जायेगा और इस दर्शन के साथ जो मानवतावाद जुड़ा हुआ है, वह भी उजागर होगा। भरत ने नाटक को लोकवृत्तानुकरण करनेवाला बताया था। प्लेटो के लिए यह संसार मायारूप था, सत्य इसके परे था। यह संसार उस सत्य की नकलमात्र था। साहित्य इस नकल की नकल करता है। इसलिए वह मूलतः असत्य होता है। इसके विपरीत भरत के लिए मनुष्य का सारा अनुभव, समस्त ब्रह्माण्ड के पशु-पक्षी, समस्त प्रकृति नाटक का विषय हो सकती है। प्लेटो भावों पर विश्वास नहीं करते, वे समझते हैं कि ये विवेक को धूमिल कर देते हैं। मनुष्य भावावेश में विवकेहीन होकर कार्य करता है। इसके विपरीत भरत भावों को रस का आधार मानते हैं। भावों के द्वारा मनुष्य कर्म के लिए प्रेरित होता है। इसके अतिरिक्त भावों में उसका मूल्यवान अनुभव संचित रहता है। इसलिए नाटक में, काव्य में, भावों का महत्त्व बताया गया है। अरस्तू ने कहा—कुछ भाव अवांछित होते हैं। नाटक देखकर उनका रेचन हो जाता है। यह नाटक की उपयोगिता है। *नाट्यशास्त्र* में ऐसा कोई सिद्धान्त नहीं है। यदि रेचन सिद्धान्त को सही माना जाए तो नाटक केवल रोगी मानस के लोगों के देखने और पढ़ने के योग्य होगा। वह मूलतः मनुष्य के आनन्द के लिए है, उसे संस्कृत बनाने के लिए है, यह बात भरत जोर देकर कहते हैं। अरस्तू महानाटकों (ट्रेजेडी) के लिए प्राचीन इतिहास, देवकथाओं आदि को विषय के रूप में सीमित कर देते हैं। इसके विपरीत भरत नाटकों में सभी तरह के अनुभव को सम्मिलित करने के पक्ष में हैं। नाट्यशास्त्र में ब्रह्मा दैत्यों से कहते हैं—"इस नाट्यवेद में केवल आपके या देवताओं के ही चरित्रों का

अनुभावन (कल्पना द्वारा अनुकरण या अभिनय ही) नहीं है (किन्तु) इस नाट्य में त्रैलोक्य के (समस्त) भावों का प्रस्तुतीकरण (अनुकीर्तन) होता है।" (1/26) आगे भी कहते हैं–"इस नाट्य में सातों द्वीपों, (सारे संसार) के भावों का अनुकीर्तन होता है" और "यह नाट्य संसार में वेदों, विद्याओं और इतिहास की गाथाओं की परिकल्पना करनेवाला होकर प्रजाजन के मनोविनोद का कर्ता होगा।" (1/29) अरस्तू की दृष्टि में स्त्रियों का स्थान समाज में पुरुषों से नीचे था। इसलिए उन्हें उदात्त गुणोंवाले पात्रों के रूप में नाटक में न दिखाना चाहिए। यद्यपि अनेक यूनानी नाटककारों ने इस नियम की अवेहलना की, परन्तु शास्त्र में वह नियम तो लिखा रहा। इसके विपरीत भरत ने *नाट्यशास्त्र* में पुरुषों को उत्तम, मध्यम और अधम कोटियों में विभाजित किया है। इसी तरह उन्होंने स्त्रियों को भी तीन कोटियों में रखा है और अन्त में कहा है–"अधम प्रकृति के पुरुषों का जो स्वभाव बतलाया गया है, वही अधम प्रकृति की स्त्री का भी होता है।" (4/451) भरत अभिनय की दृष्टि से स्त्रियों का चयन करते हैं और उनके गुण, दोषों का वर्णन करते हैं। नायिका किस तरह की स्त्री को होना चाहिए? "जो स्त्री अपने शरीर सौन्दर्य और गुणों से युक्त हो, युवती हो, जिसका शरीर सुवर्ण के अलंकारों और पुष्पमाला आदि से भूषित होने पर चमक उठता हो...उसे नायिका बनाना चाहिए।" (4/496-497) किस तरह की स्त्री को नायिका न बनाना चाहिए? "ऐसी स्त्री को किसी नाट्य प्रदर्शन में नायिका (आदि) की भूमिका न दी जाए, जो किसी अवसर का ध्यान न रखकर हँसने लगती हो, देखने में रूखी हो, जिसकी पादगति और आंगिक चेष्टाएँ उद्धत (या अस्वाभाविक) हों, जिसका क्रोध देर तक शान्त न होता हो और जो हीन या फीकी दिखलाई देती हो।" (4/497) यहाँ यह भी उल्लेखनीय है कि प्लेटो ने नाटक के अभिनय पक्ष का ध्यान नहीं दिया और यद्यपि अभिनय का उल्लेख अरस्तू ने किया है परन्तु उनकी दृष्टि में ट्रेजेडी का महत्त्व काव्य रूप में, पाठ्य रूप में ही अधिक है। इसके विपरीत प्रेक्षागृह कैसा होना चाहिए, किस तरह के अभिनेताओं को नाटक में भाग लेना चाहिए, किस तरह का संगीत नृत्य आयोजित होना चाहिए, इसका बहुत विस्तार से वर्णन *नाट्यशास्त्र* में किया गया है। यह नाटक के कला-पक्ष पर उचित ध्यान देने का परिणाम है।

अरस्तू ने स्त्रियों को लगभग दासों का दर्जा दिया है। दासों को नाटक में उदात्त गुणोंवाले पात्रों के रूप में चित्रित न करना चाहिए। इसके विपरीत भरत नटों का महत्त्व बार-बार घोषित करते हैं। ये नट शूद्रवर्ण में गिने जाते थे। यूनान के दासों की तुलना अक्सर भारत के शूद्रों से की जाती है। परन्तु साहित्य में जो नटों का महत्त्व भरत ने दिखाया है, वैसा कुछ यूनानी शास्त्रों में नहीं है। प्लेटो और अरस्तू के दृष्टिकोण से मिलता-जुलता दृष्टिकोण पुरोहितवादी ग्रन्थ मनुस्मृति

में प्रतिबिम्बित है। कहा गया है—**न नृत्यदेथवा गायेन वादित्राणि वादयेत**—द्विजों को नाचना नहीं चाहिए, गाना नहीं चाहिए, बाजे नहीं बजाना चाहिए। (4-64) अर्थशास्त्र में कारुकुशीलव कर्म को शूद्र कर्म माना गया है। (पृ.10) गायकों और अभिनेताओं के लिए कुशीलव शब्द का व्यवहार होता है। कारु—शिल्पी या कारीगर थे। सुन्दर चीज़ें बनानेवाले और मंच पर सुन्दर अभिनय से लोगों को मुग्ध करनेवाले कलाकारों को शूद्र माना गया था। *नाट्यशास्त्र* में देवों ने ब्रह्मा से कहा—

न वेदव्यवहारोऽयं संश्राव्यः शूद्रजातिषु।
तस्मात्सृजापरं वेदं पञ्चमं सार्ववर्णिकम् ॥

"विधि-निषेधात्मक तथा दुर्बोध होने के कारण वेद का शूद्रों को सुनाना सम्भव नहीं है। अतएव आप (शूद्रों तथा अन्य) सभी वर्णों के लिए उपयोगी (एक) पाँचवें वेद की और रचना कीजिए।" (1/4-5) स्वर्ग में देवों के साथ शूद्र तो रहते नहीं थे, पृथ्वी के शूद्रों को ध्यान में रखकर यह बात भरत ने कही है। नटों को विशेष रूप से ध्यान में रखते हुए उन्होंने उनके लिए *नाट्यशास्त्र* के रूप में पाँचवें वेद की रचना की।

गायक और अभिनेता के लिए नट, कुशीलव और भरत शब्दों का प्रयोग किया जाता था। नट वह है, जो "चारों प्रकार के संगीत विधान को लागू करते हुए तथा शास्त्र के आशय या सिद्धान्त को ध्यान में रखते हुए, किसी रूपक को अपने स्वयं के विचार या अनुभवादि के साथ मंच पर प्रस्तुत करने में सक्षम हो।" (4/501) कुशीलव की व्याख्या इस प्रकार है—"जो पुरुष अनेक वाद्यों के वादन में निपुण हो तथा वाद्यसंगीत की गहरी जानकारी रखते हुए स्वयं उनके अनेक प्रयोगों को नाट्य पर लागू करता हो, तो अपने कौशल, निखरे हुए ज्ञान तथा उत्तेजना हीनता, (गम्भीरता) के कारण उसे कुशीलव कहते हैं।" (4/503) *वाल्मीकि-रामायण* (बालकाण्ड) में कुशीलव ही इस काव्य का गायन करते हैं—**मुनिवेषौ कुशीलवौ** (4.4) **कुशीलवौ तुधर्मज्ञ...स्वरसम्पनौ** (4.5) मुनिवेषधारी स्वरसम्पन्न दोनों कुशीलव भाइयों ने वाल्मीकि के काव्य का—**तंत्रीलयसमन्वित**—गायन किया (4.8) और **गायन्तौ तौ कुशीलवौ**—काव्य गानेवाले उन कुशीलवों की प्रशंसा मुनियों ने की। (4.17) मुनियों का विशेष सम्बन्ध कुशीलवों से ज्ञात होता है। भरत मुनि हैं, मुनि ही उनसे *नाट्यशास्त्र* की उत्पत्ति के बारे में प्रश्न करते हैं। वाल्मीकि भी मुनि हैं और वे कुशीलवों को गायन में प्रशिक्षित करते हैं। ऐसा लगता है, मुनियों का सम्प्रदाय गान विद्या में विशेष रुचि रखता था। भरत मुनि हैं और अभिनेता भी हैं। नाट्यशास्त्र में नाट्यमण्डली के सदस्यों का परिचय दिया गया है। उसमें नट, मालाकार, रजक, चित्रकार आदि के साथ भरत भी हैं। भरत

का परिचय इस प्रकार है, "क्योंकि वह अकेला ही किसी नाट्यप्रयोग का मुख्य रूप से अपनी विभिन्न भूमिकाओं के अभिनयों के द्वारा, अनेक वाद्यवादनों के द्वारा तथा अनेक सहायकों के सहकार से निर्वाह या वहन करता होता है। अतः इसे भरत कहा जाता है।" (4/498)

3.4 पुरोतिह-विरोध और लोकायत

नाट्यशास्त्र के अन्तिम अंश में कथा है कि नाटक पहले स्वर्ग में खेला जाता था। वहाँ नटों ने ऋषियों का उपहास किया और तब उन्होंने शाप दिया। वे शूद्रों में गिने जाने लगे और नाटक धरती पर खेला जाने लगा। वास्तव में ये ऋषि *ऋग्वेद* के ऋषि नहीं हैं वरन् भरतकालीन पुरोहित हैं, जो अपने उपहास से क्रुद्ध थे और उन्होंने नटों को शूद्रों के वर्ण में रखा। भरत कहते हैं—"मेरे सभी पुत्र नाट्यवेद के ज्ञान से मदोन्मत्त होने के कारण समाज को अपने हास्यरसपूर्ण नाट्य प्रयोगों (प्रहसनों) के द्वारा वाधित करने लगे थे (अर्थात् जनता में ख़ूब पसन्द किए जाते थे)। इस प्रकार करते हुए किसी समय दर्शकों के सम्मुख अपने नाट्यशिल्प का प्रयोग करते हुए, उसने एक हास्य नाट्यप्रयोग (प्रहसन) की योजना की, जिसमें ऋषियों का परिहास करने के कारण अग्राह्यता आ गई थी और जो दुराचरण और ग्राम्यधर्म (या भद्दे प्रदर्शनों से) पूर्ण था तथा जिसमें क्रूरतापूर्ण अमंगल रचनाओं का समावेश था। (4/513) *अर्थशास्त्र* से इस धारणा की पुष्टि होती है कि शासक वर्ग नटों से शंकित रहता था। वे नाटक में क्या दिखाएँ और क्या न दिखाएँ, इसके बारे में कौटिल्य कहते हैं—"किसी ख़ास देश, जाति, गोत्र या चरण के मज़ाक़ या निंदा को छोड़कर तथा मैथुन सम्बन्धी कर्त्तव्यों को छोड़कर नट लोग जो चाहें अपने इच्छानुसार खेल दिखाकर दर्शकों को खुश कर सकते हैं।" (पृ. 350) *अर्थशास्त्र* में अनेक स्थानों पर कहा गया है कि गुप्तचरों का काम नटों से लिया जाए। जो राजा नटों से गुप्तचरों का काम लेता था, वह उनसे डरता भी था। इसलिए यह व्यवस्था दी गई है कि नट राजा के सामने अपने खेल दिखाएँ तो अपना सामान बाहर से न लाएँ, उसे राजमहल से ही प्राप्त करें। जिन खेलों से राजा के लिए खतरा हो सकता था, उन्हें भी दिखाने की अनुमति नहीं थी। "खेल दिखानेवाले नट-नर्तक, हथियार, आग, विष आदि के अतिरिक्त दूसरे खेलों को ही राजा के सामने प्रदर्शित करें। नट-नर्तकों के उपयोग में आनेवाली सामग्रियाँ जैसे—वादन, वस्त्र, घोड़े, अलंकरण आदि राजमहल से ही दिए जाने चाहिए।" (पृ. 72) नाटक राजा और सामन्तों के सामने दिखाए जाएँ परन्तु गाँवों में किसानों के सामने उनका मंचन न हो, यह विचित्र व्यवस्था भी *अर्थशास्त्र* में दी गई है। "गाँवों में कोई भी नाट्यगृह, विहार तथा क्रीड़ाशालाएँ नहीं होनी चाहिए। नट,

नर्तक, गायक, वादक, भाण और कुशीलव आदि गाँवों में अपना खेल दिखाकर कृषि आदि कार्यों में विघ्न उत्पन्न न करें। क्योंकि गाँवों में नाट्यशालाएँ आदि न होने से ग्रामवासी अपने-अपने कृषि कर्म में संलग्न रहते हैं, जिससे कि राजकोष की अभिवृद्धि होती है और सारा देश धनधान्य से समृद्ध होता है।" (पृ. 80-81) सम्भव है, गाँवों में नाटक दिखाने से जनता को राजा के विरुद्ध उभारा जाए, वहाँ भी प्रहसन दिखाए जाएँ, शासकवर्ग का उपहास किया जाए। भले ही शास्त्रीय विधि से रचे गए और मंचित नाटक गाँवों में न दिखाए गए हों, परन्तु वहाँ की लोकनाट्य परम्परा तो जीवित रही होगी और भरत ने इसी जीवन्त नाट्य परम्परा का भरोसा करके अपना शास्त्र रचा था। किसानों को नटों के प्रभाव से बचना चाहिए—यह संकेत *अर्थशास्त्र* की व्यवस्था में पहचाना जा सकता है। *मनुस्मृति* और *अर्थशास्त्र* के दृष्टिकोणों में अन्तर है। कौटिल्य कलाओं की उन्नति चाहते हैं। उनसे धनीवर्ग का मनोरंजन हो, यह सीमा बाँधने के बाद वे उन्हें संरक्षण भी प्रदान करते हैं। "चित्रकार, पादाता (खिलाड़ी), गणक (संख्यायक) और लेखक वर्ग के कर्मचारियों को पाँच सौ पण प्रतिवर्ष दिया जाए।" इसके बाद कुशीलव का उल्लेख है। "नट, नर्तक, गायक आदि को ढाई सौ पण और उनमें जो अच्छा बाजा बजाता है, उन्हें पाँच सौ पण वेतन प्रतिवर्ष दिया जाए।" इसके बाद कारीगर आते हैं। "दूसरे साधारण कारीगरों को एक सौ बीस पण वेतन दिया जाए।" (पृ.421) कलाकारों में चित्रकार आदि सबसे ऊपर हैं और कुशीलवों में जो अधिक कुशल हों, वे इनके बराबर वेतन पा सकते थे। नाटक करते समय बार-बार विघ्न उपस्थित होते थे। भरत कहते हैं—इन्द्रध्वज महोत्सव के अवसर पर नाट्याभिनय के प्रस्तुत किये जाने पर अवशिष्ट वे विघ्न मेरा वध करने का निश्चय कर फिर त्रास उत्पन्न करने लगे (1/20) या तो प्रहसन मुख्य नाटक का अंग था जो उससे अलग खेला गया था, इसी से क्षुब्ध होकर पुरोहितों और उनके कारिन्दों ने भरत का वध करने का निश्चय किया था। वे विघ्न अमूर्त नहीं थे, यह तो स्पष्ट है।

असुरों पर देवों की विजय प्रदर्शित की जाए, इसमें पुरोहितों के क्षुब्ध होने के लिए कोई कारण नहीं था। अवश्य ही उनका किसी न किसी रूप में उपहास किया था। ऐसे प्रहसन पुरोहित वर्ग की कृपा से नष्ट हो गए हैं। भारत की तरह यूनान में भी शासक वर्ग को उसकी आलोचना करनेवाले प्रहसन पसन्द नहीं थे। विनसेंट और ब्रुक्स ने पाश्चात्य आलोचना के इतिहास में लिखा है—प्लेटो के लिए प्रहसनों में दुष्ट चरित्र दिखाए जाते थे, जो वास्तविक जीवन में हमारी क्षति कर सकते थे। (हमारी अर्थात सामन्तवर्ग की, ज़मींदारों और पुरोहितों की) और वे मंच पर निर्दोष जैसे दिखाए जाते थे। प्लेटो कॉमेडी या हास्यपूर्ण नाटकों को छूत की

बीमारी की तरह खतरनाक मानते थे। उनका विचार था कि ऐसे नाटक दासों और भाड़े के विदेशियों को ही करने चाहिए। अरस्तू का कहना था कि कॉमेडी में निम्न स्तर के व्यक्तियों का चित्रण किया जाता है। जीवन में लोग जितने घटिया होते हैं, उससे अधिक घटिया यहाँ दिखाए जाते हैं। विधि-व्यवस्थापक के लिए उचित है कि वह नौजवानों को, जब तक वे वयस्क न हो जाएँ, तब तक ऐसे नाटक न देखने दें। (विनसेंट और ब्रुक्स, *लिटररी क्रिटिसिज़्म : ए शॉर्ट हिस्ट्री*, पृ. 45-46) जैसे यूनान में शासक वर्ग ने सुकरात को ज़हर देकर उनके प्रभाव से नौजवानों को बचाने का प्रयास किया था, वैसे ही अरस्तू प्रहसन देखने पर प्रतिबन्ध लगाकर उनकी रक्षा करना चाहते थे।

लोकायतवादी कौटिल्य को आदर्श राजा की तलाश थी। राजा ऐसा होना चाहिए, "जो काम क्रोधादि छहों शत्रुओं का सर्वथा परित्याग करके इन्द्रियों पर विजय प्राप्त करे, विद्वान पुरुषों की संगति में रहकर बुद्धि का विकास करे, गुप्तचरों द्वारा स्वराष्ट्र एवं परराष्ट्र के वृत्तान्त को अवगत करे, उद्योग के द्वारा राज्य के योगक्षेम का सम्पादन करे, राजकीय नियमों द्वारा अपने-अपने धर्म पर दृढ़ बने रहने के लिए प्रजा पर नियन्त्रण रखे, शिक्षा के प्रचार-प्रसार से प्रजा को विनम्र और शिक्षित बनाए, प्रजाजनों को धन-सम्मान प्रदान करे, अपनी लोकप्रियता को बनाए रखे, दूसरों का हित करने में उत्सुक रहे।" (पृ.18) ऐसे ही आदर्श राजा की तलाश वाल्मीकि को है। काव्य आरम्भ करते हुए वे नारद से पूछते हैं कि इस समय संसार में गुणवान, वीर्यवान, धर्मज्ञ, कृतज्ञ, सत्यवादी, दृढ़व्रती अनेक प्रकार के चरित्र करनेवाले प्राणिमात्र के हितैषी, विद्वान, समर्थ, अति दर्शनीय, धैर्यवान, क्रोध को जीतनेवाले, तेजस्वी, ईर्ष्याशून्य और युद्ध में क्रुद्ध होने पर देवताओं को भी भयभीत करनेवाले कौन हैं? (बालकाण्ड, 1.2-4)

दशरथ के स्वर्गवास के बाद सात विद्वान एकत्र हुए और उन्होंने तुरन्त किसी को राजा बनाने पर ज़ोर दिया। इन सात विद्वानों में जाबालि भी हैं, जो खुले लोकायतवादी हैं। इनकी सभा में राजा के महत्त्व के बारे में कहा गया है—"राजा ही सत्य और धर्म का प्रवर्तक है, राजा ही कुलीनोचित कुलाचार का प्रवर्तक है, राजा ही प्रजा का माँ-बाप है और राजा ही प्रजाजनों का हित साधन करनेवाला अर्थात् हितैषी है।" (अयोध्या काण्ड, 67.34) यद्यपि यहाँ कुलीनता की बात कही गयी है परन्तु इस सर्ग के अन्त में कहा गया है—**"कुमारमिक्ष्वाकुसुतं तथान्यं**—किसी को, चाहे वह इक्ष्वाकु कुल का हो या अन्य किसी कुल का, राजा बना दीजिए।" (67.38) यह बात वहाँ एकत्र विद्वानों ने वसिष्ठ से कही। वन में घूमते हुए राम की भेंट जाबालि से हुई। जाबालि ने उन्हें अपने दर्शन के अनुरूप उपदेश किया, "तुम पिता के राज्य को छोड़ इस कुमार्ग पर, जो दुख

देनेवाला, युवावस्था के अयोग्य और बहुकण्टकों से परिपूर्ण है, आरूढ़ होने योग्य नहीं हो।" (108.7) "तुम तो चलकर अब धन-धान्ययुक्त अयोध्या में अपना अभिषेक करवाओ, क्योंकि अयोध्या की अधिष्ठात्री देवी पतिव्रत धारण कर तुम्हारे आगमन की बाट जोह रही है।" (108.8) आगे जाबालि राम को अपना जीवन-दर्शन समझाते हैं। "न तो अब दशरथ तुम्हारे कोई हैं और न तुम दशरथ के कोई हो। राजा कोई और है और तुम कोई और हो, इसलिए मैं जो कहता हूँ, उसे करो। प्राणी के जन्म में पिता तो वीर्य का एक कारण मात्र है, क्योंकि ऋतुमती माता के गर्भ में एकत्र हो मिला हुआ वीर्य और रज ही जीव के जन्म का हेतु है।" (108.10-11) चरक ने कहा था, "हर प्राणी सुख पाना चाहता है। सुख उसका उद्‌देश्य होता है।" (पृ.433) इसी तरह जाबालि राम से कहते हैं–"जो लोग प्रत्यक्ष मिलते हुए सुख को त्यागकर आगे सुख मिलने की आशा से कष्ट भोग कर, धर्मोपार्जन करते हैं और ऐसा करते-करते नष्ट हो जाते हैं, मुझे उन्हीं लोगों के लिए दुःख है, औरों के लिए नहीं। अथवा मुझे उन लोगों के लिए शोक है, जो प्रत्यक्ष सिद्ध अर्थ को त्याग अप्रत्यक्ष धर्म सम्पादन में तत्पर रहकर इस लोक में तो दुःख भोगते ही हैं, किन्तु वे नष्ट होने पर भी दुःख भोगते हैं।" (108.13) जाबालि ने कुछ बातें यहाँ परलोक और धर्मग्रन्थों के बारे में भी कही हैं। सम्भव है, इसी तरह की बातों को लेकर नाटकों में पुरोहित वर्ग का उपहास किया जाता हो। लोकायतवादी जाबालि कहते हैं, "अन्य उपायों से धनोपार्जन में क्लेश देख, दूसरों का धन हरने में चतुर लोगों ने दान द्वारा लोगों को वश में करने के लिए धर्मग्रन्थों में लिख रखा है कि यज्ञ करो, दान दो, दीक्षा लो, तप करो, संन्यास लो अर्थात् लोगों को धोखा देकर उनका धन हरण करना ही इन धर्मग्रन्थों की रचना का मुख्य उद्‌देश्य है। वास्तव में इस लोक के अतिरिक्त परलोक आदि कुछ भी नहीं है। इसे आप भली-भाँति समझ लीजिए। अतः जो सामने है, उसे ग्रहण कीजिए और जो परोक्ष अर्थात् प्रत्यक्ष नहीं है, उसे पीठ पीछे कीजिए अर्थात् प्रत्यक्ष में सुखदायक राज्य को ग्रहण कीजिए और परोक्ष की बात (सत्यप्रतस करने से बड़ा पुण्य होगा) को भुला दीजिए।" (108.16-17) श्राद्ध आदि कर्मों की व्यर्थता बताते हुए जाबालि ने कहा, "लोग जो अष्टकादि श्राद्ध कर्म पितरों के उद्‌देश्य से प्रतिवर्ष करते हैं, उससे लोग अन्न का कैसा नाश करते हैं। भला कहीं कोई मरा हुआ भी कभी भोजन करता है? यदि एक का खाया हुआ अन्न दूसरे के शरीर में पहुँच जाता, तो बटोही को रास्ते में भोजन करने के लिए भोज्य पदार्थ (पाथेय) अपने साथ रखने की जरूरत ही क्या है, क्योंकि उसके सम्बन्धी उसके नाम पर घर पर ही श्राद्ध कर दिया करते और वही उस बटोही के लिए मार्ग

में भोजन का काम देता और बटोही बोझ ढोने से बच जाता।" (108.14-15) यदि इस दर्शन के अनुसार नाटक रचे गये हों, तो उनमें सीधा प्रहार पुरोहित वर्ग पर था। इसलिए इस वर्ग का ऐसे नाटकों से क्षुब्ध होना स्वाभाविक था। राम ने जाबालि का तर्क स्वीकार नहीं किया। वे अयोध्या नहीं लौटे, लेकिन जहाँ तक राज्य विस्तार का प्रश्न है, उनका आचरण जाबालि के दर्शन के अनुकूल ही था। राम ने सुग्रीव से मैत्री की, उसके भाई बालि का वध किया। मरते वक़्त बालि ने कहा—"मेरे स्वर्गवासी होने पर सुग्रीव को राज्य मिलना तो ठीक ही है, किन्तु तुम्हारे हाथों अधर्मपूर्वक मेरा मारा जाना अनुचित है।" (किष्किन्धा काण्ड 17.50-51) राम ने अपने कार्य को उचित ठहराते हुए कहा—"क्या तुम नहीं जानते कि पर्वतों और वनों सहित यह समस्त भूमण्डल इक्ष्वाकुवंशवालों का है। इस अखिल भूमण्डल में जितने पशु-पक्षी, मनुष्य रहते हैं, उन सबको दण्ड देने तथा उनपर अनुग्रह करने का इक्ष्वाकुवंशवालों को अधिकार है।" (18.6) भरत को सार्वभौम शासक घोषित करते हुए उन्होंने कहा—"इस समय इस भूमण्डल का शासन कर रहे हैं। (18.7) (और) उन्हीं के धर्माज्ञा-पालक हम तथा अन्य राजा लोग धर्म-वृद्धि की कामना से सारी पृथ्वी पर घूमा-फिरा करते हैं।" (18.9) अपने लिए उन्होंने कहा—"हमलोग भरत जी की आज्ञा के अनुसार तथा अपने उत्कृष्ट धर्म मार्ग पर आरूढ़ हो अधर्मयुक्त पुरुषों का यथाविधि विचार किया करते हैं।" (18.11) यहाँ राम राज्य-विस्तार करनेवाले शासक के रूप में दिखाई देते हैं। बालि को छिपकर मारना अनुचित कार्य नहीं था, इसलिए कि इक्ष्वाकु वंश के लोग सारी पृथ्वी के शासक हैं, धर्म-अधर्म के निर्णय का अधिकार उन्हीं को है। सुग्रीव से मैत्री, उसके भाई का वध, इसी तरह विभीषण से मैत्री और उसके भाई रावण का वध—दोनों घटनाओं में राज्य-विस्तार की आकांक्षा व्यक्त होती है।

स्मरणीय है कि राम के वनवास और सीताहरण के बिना भी दण्डकारण्य के आस-पास कोसल के लोग राक्षसों से लड़ चुके थे। मन्थरा ने कैकेयी को याद दिलाया : दक्षिण में दण्डक वन के पास वैजयन्त नाम का पुर था। वहाँ के राजा तिमिध्वज ने इन्द्रदेव से युद्ध किया। बहुत-से देवता घायल हो गये। राक्षस घायलों को बिस्तर से उठाकर ले जाते थे और मार डालते थे। इन्द्र की सहायता के लिए दशरथ वहाँ गये। उन्होंने असुरों के साथ घोर युद्ध किया। राक्षसों ने उन्हें घायल कर दिया। जब वे मूर्च्छित हो गये, तब कैकेयी उनको रणक्षेत्र से बाहर ले आयी। वहाँ भी उन पर प्रहार होने लगे। तब बड़े यत्न से कैकेयी ने अपने पति की रक्षा की। (अयोध्याकाण्ड 9.12-17) कैकेयी ने घायल पति की रक्षा की। राक्षस प्रहार कर रहे थे, उसने केवल अपने शरीर द्वारा यह रक्षा न की होगी, वरना वह भी

घायल होकर मूर्च्छित हो जाती या मर जाती। अवश्य ही उसके पास अस्त्र-शस्त्र रहे होंगे और वह भी राक्षसों से लड़ी होगी। इसी युद्ध कर्म को देखकर राजा प्रसन्न हुए और उसे दो वर देने को उन्होंने कहा।

विभीषण की सहायता से राम ने लंका पर विजय पाई, रावण का वध किया। विभीषण की भूमिका के बारे में बालि की तरह तर्क करते हुए मेघनाद ने उससे कहा, "न तो तू इन लोगों की बिरादरी का है न इनका मित्र है, न जातिवाला है, न इनका साथ देने से तेरी मर्यादा की रक्षा ही होती है और न तू और यह एक माँ के पेट ही से उत्पन्न हुए हैं। इनका साथ देने में और अपने सहोदर के साथ वैरभाव करने से कोई धर्म का कार्य भी तो नहीं होता है।" (युद्धकाण्ड, 87. 12) अपने और पराये का भेद करते हुए मेघनाद ने कहा—"भले ही परजन में गुण ही गुण क्यों न हों और स्वजन में दोष ही दोष क्यों न हों, किन्तु गुणवान परजन की अपेक्षा निर्गुण स्वजन ही श्रेयस्कर है। फिर अपना अपना ही है और पराया पराया ही है। जो आत्मीय जनों का पक्ष त्यागकर शत्रुपक्ष ग्रहण करता है, वह अपने पक्ष के अर्थात् आत्मीय जनों का नाश होने पर स्वयं भी मारा जाता है।" (युद्धकाण्ड, 87.15-16)

लंका विजय के बाद राम जब दल-बल सहित अयोध्या के समीप पहुँचे, तब उन्होंने भरत का भेद लेने के लिए हनुमान को भेजा। पहली बात यह कही कि भरत को समस्त वृत्तान्त धीरे-धीरे सुनाना। "इन सब बातों को सुनकर भरत के चेहरे का रंग कैसा होता है—अर्थात उनके मुख की आकृति से (हर्ष या शोक) क्या प्रकट होता है अथवा उनकी मेरे प्रति कैसी भावना है, ये सब बातें तुम जान लेना।" (युद्धकाण्ड 128.11-12) दूसरी बात उन्होंने यह कही, हनुमान भरत को यह सुना दें कि रामचन्द्र "समस्त शत्रुओं को जीतकर, सर्वोत्तम यश पाकर और पिता की आज्ञा पालन कर पूर्णमनोरथ हो, महाबलवान मित्रों सहित अयोध्या पुरी के निकट आ पहुँचे हैं।" (128.12-13) तीसरी बात उन्होंने भरत के चरित्र के बारे में यह कही कि "इष्ट पदार्थों से परिपूर्ण और हाथी, घोड़ों और रथों से भरापूरा बाप-दादों का राज्य पाकर किसका मन नहीं बदल जाता? बहुत दिनों तक राज्य करने से यदि श्रीमान भरत जी अब स्वयं ही राज्य करने के अभिलाषी हों, तो वे ही समस्त पृथ्वी का पालन करें। हे हनुमान, जब तक मैं यहाँ से बहुत दूर (श्री अयोध्यापुरी की ओर) पहुँचूँ उसके पूर्व ही भरत के मानसिक विचारों का भेद लेकर (और यदि उनके विचार मेरे विरुद्ध हों) तुम तुरत लौट आना।" (128. 16-17) राम के अनुसार भरत जो कुछ कर सकते थे और जो उन्होंने नहीं किया, वह लोकायत दर्शन के अनुरूप था और राम जो भरत पर सन्देह कर रहे थे, वह भी लोकायत दर्शन के अनुरूप था। लोकायत दर्शन से आगे चलकर त्याग का

भी महत्त्व है यह *वाल्मीकि-रामायण* में दर्शाया गया है और इसकी उदात्त अभिव्यक्ति *रामचरितमानस* में है। वाल्मीकि के राम ने जाबालि की बात नहीं मानी, तुरत अयोध्या नहीं लौटे, परन्तु उसके बाद से अन्त तक उनकी दृष्टि राज्य पर थी, यह *रामायण* से स्पष्ट है। यह सारा व्यापार लोकायत दर्शन के अनुरूप है।

3.5 वाद-विवाद का तर्कशास्त्र और नाट्यप्रयोग

यद्यपि भरत ने कहा, नाटक की कथावस्तु का विषय प्रख्यात इतिवृत्त रहे, जिसका नायक प्रसिद्ध और उदात्त हो, जिसमें राजवंश में प्रसूत्त पात्र का वर्णन हो (3/6) और उन्होंने इन्द्रध्वज महोत्सव के अवसर पर असुरों पर देवों की विजय पर नाटक रचने और उसमें अभिनय करने की बात लिखी है, तथापि यह नाटक का एक प्रकार था। दूसरे प्रकार के नाटक भी थे, जिनमें प्रख्यात इतिवृत्त की चिन्ता न करके कलाकार समकालीन सामाजिक जीवन से नाटक की विषय वस्तु लेते थे। इस तरह के नाटकों के बारे में भरत ने कहा—"जब किसी प्रत्यक्ष या अप्रत्यक्ष विषय का देशकाल तथा स्वभाव के अनुसार ठीक वैसा ही वर्णन कर दिया जाए, तो उसे दिष्ट समझना चाहिए।" (2/281) इस तरह के नाटक पौराणिक गाथाओं से हटकर पूर्णतया धर्मनिरपेक्ष रहे होंगे। यह सम्भव है कि वैसे नाटक रचने की प्रेरणा कलाकारों को सभाओं में वाद-विवाद देखकर और सुनकर हुई हो। सभाओं में वाद-विवाद पर भरत की दृष्टि थी, इसका प्रमाण क्षमा की यह व्याख्या है—"जब किन्हीं दुष्ट पुरुषों के द्वारा सज्जनों के विरुद्ध किसी सभा में अभिहित उत्तेजक एवं क्रोध के उत्पन्न करने वाले वचनों से अभिभूत होने पर भी जो व्यक्ति शान्त एवं क्रोधहीन दशा में स्थित हो, तो ऐसे गुण को क्षमा समझना चाहिए।" (2/322) *चरक संहिता* में वाद-विवाद की चर्चा विस्तार से की गई है। वैद्यों के प्रसंग में इस तरह के वाद-विवाद का महत्त्व बताते हुए कहा गया है—"जिस विषय का जो विद्वान है, उसे उसी विषय के विद्वान के साथ संभाषा (वाद-विवाद करना) ज्ञान की वृद्धि और आनन्ददायिका होती है। यह संभाषा कुशलता भी उत्पन्न करती है, बोलने की शक्ति भी उत्पन्न करती है, यश फैलाती है। पहले कभी कोई विषय सुना या अध्ययन किया, पर उसमें सन्देह बना रह गया तो संभाषा (के प्रसंग में फिर सुना जाता है तो) उस सन्देह को दूर करती है।" (पृ. 629) वाद-विवाद का गहरा सम्बन्ध तर्कशास्त्र से है। *चरक संहिता* में बताया गया है कि विद्वान वैद्यों को किस तरह की तर्क-पद्धति अपनानी चाहिए। उसमें अनेक पारिभाषिक शब्दों का व्यहवार किया गया है। उनसे मिलते-जुलते पारिभाषिक शब्द *नाट्यशास्त्र* में भी हैं। एक पारिभाषिक शब्द है—हेतु। *नाट्यशास्त्र* में उसकी व्याख्या इस प्रकार है—"जब संक्षिप्त और हृदयग्राही वाक्यावली द्वारा उसके दक्षतापूर्वक

प्रयोग किये जाने के कारण इच्छित वस्तु की प्राप्ति हो जाये तो उसे हेतु नामक लक्षण जानो।" (2/277) *चरक संहिता* में इससे मिलती-जुलती बात हेतु के लिए कही गई है। "उपलब्धि, (ज्ञान) के साधनभूत कारण को हेतु कहा जाता है, और यह हेतु प्रत्यक्ष, अनुमान, ऐतिह्य (आप्तोपदेश), औपम्य (उपमान)–इन चार हेतुओं (प्रमाणों) से जो ज्ञात होता है, अर्थात् इनसे सिद्ध किया जाता है, वह तत्त्व (सत्य ज्ञान) होता है।" (पृ.637) वाक्यों के भेद बताते हुए भरत संशय के बारे में कहते हैं–"जब विचारों की अधिकता रहने के कारण बिना (उसके) सम्पूर्ण आशय का ज्ञान किये ही वाक्य समाप्त हो जाये तो उसे संशय समझना चाहिए।" (2/277) *चरक संहिता* में संशय के बारे में कहा गया है–"सन्देह के लक्षणों से युक्त होने से, सन्देहयुक्त विषयों का अनिश्चित रूप से ज्ञान होना संशय कहा जाता है।" (पृ. 642) नाटक के प्रसंग में भरत प्राप्ति का लक्षण बताते हैं–"जब कुछ (सूचनाओं के द्वारा) या चेष्टाओं को देखकर किसी भाव को ताड़ लिया जाए, तो उसे प्राप्ति नामक (श्रेष्ठ) नाटकों में प्राप्त होनेवाला लक्षण समझना चाहिए।" (2/278) *नाट्यशास्त्र* में जो प्राप्ति है, वही *चरक संहिता* में अर्थ प्राप्ति है। वहाँ कहा गया है, जहाँ एक अर्थ कहने के बाद दूसरे न कहे गये अर्थ का ज्ञान स्वयं हो जाता है, उसे अर्थप्राप्ति कहते हैं।" (पृ. 643) *नाट्यशास्त्र* में दृष्टान्त का लक्षण बताते हुए कहा गया है–"हेतु तथा उदाहरण को देते हुए जिसमें किसी विषय या वस्तु का मनोरंजक रूप में पक्ष-समर्थन किया जाए तो उस वचनावली को दृष्टान्त समझना चाहिए।" (2/278) इसी दृष्टान्त के बारे में *चरक संहिता* में कहा गया है–"जिस स्थल में मूर्ख और विद्वान दोनों की बुद्धि एक समान हो अर्थात् दोनों ही ठीक रूप से समझते हों, उसे दृष्टान्त कहते हैं और जो वर्णन करने योग्य वस्तु हो, उसी को उदाहरण बनाकर वर्णन करता है अर्थात साध्य को सिद्ध करता है।" (पृ. 638) उपमा काव्य में है और तर्कशास्त्र में भी। भरत के अनुसार–"काव्यरचना में जब दो पदार्थों की गुण या प्रकृति पर आश्रित होकर सादृश्य द्वारा तुलना की जाए तो उसे उपमा समझना चाहिए।" (2/287) *चरक संहिता* में प्रत्यक्ष और अनुमान के साथ उपमा भी प्रमाण का एक रूप है।" एक दूसरी प्रसिद्ध वस्तु का सादृश्य देकर परस्पर में विभिन्न दूसरी अप्रसिद्ध वस्तु का ज्ञान कराये जाने को उपमान कहते हैं।" (पृ.641) इन उदाहरणों से ज्ञात होगा कि भरत सभाओं के वाद-विवाद से, तर्क पद्धति की विशेषताओं से, भली-भाँति परिचित थे।

सभा में मूर्ख हो सकते हैं, विद्वान भी हो सकते हैं, सभा में वक्ता के मित्र हो सकते हैं, शत्रु हो सकते हैं। और दोनों से भिन्न उदासीन लोग भी हो सकते हैं। वाद-विवाद कैसे प्रहसन के नज़दीक पहुँचता है, उसका उदाहरण *चरक संहिता*

में यह है—"मूढ मित्रपरिषद् या उदासीन परिषद् में अपने स्वयं ज्ञान, विज्ञान, वचन, प्रतिवचन शक्ति से रहित रहने पर भी, जिसका यश दूर तक नहीं फैला हो, जिससे महाजन (स्थानीय विद्वान या धनी प्रतिष्ठित सभ्य) द्वेष करते हों, ऐसे व्यक्तियों से जल्प (वार्तालाप, शास्त्रार्थ) करना चाहिए। ऐसे व्यक्तियों से शास्त्रार्थ करते समय आविद्ध (एक में मिले हुए) दीर्घ (बड़े-बड़े) सूत्रों से युक्त वाक्यदण्ड (लम्बे वाक्य जिनमें क्रिया देर से आती हो) से विषयों को कहना चाहिए। अत्यन्त प्रसन्न होकर बार-बार विपक्षी का उपहास करते हुए, सभासदों को सम्बोधन कर (जैसे आप सब देखिए, यह कुछ नहीं कह रहे हैं, इन्हें विषय का ज्ञान बिलकुल नहीं है आदि) बोलते हुए विपक्षी को बोलने का समय ही नहीं देना चाहिए...यदि फिर भी वाद-विवाद करने का आह्वान करे (फिर किसी अन्य दिन हमारे और आपमें शास्त्रार्थ हो, ऐसा कहे) तो उत्तर में कहना चाहिए कि जाओ, एक वर्ष तक और अध्ययन करो, तुमने निश्चित रूप से गुरु की सेवा कर विद्या नहीं प्राप्त की है अथवा इतना ही अभी तुम्हारे लिए पर्याप्त है।" (पृ. 632-633) सम्भवतः वाद-विवाद का कौशल प्रहसनों में अधिक प्रतिबिम्बित हुआ था। शुद्ध प्रहसन की व्याख्या करते हुए भरत कहते हैं—"उसमें शैव गुरु (भगवप्तापस) और ब्राह्मणों के परिहासपूर्ण सम्वाद होते हैं और साधारण पुरुषों के परिहासपूर्ण अभिप्रायों के सूचक वचन रहते हैं और कथावस्तु में (इन बातों के कारण) यथार्थ भाषा और व्यवहार को उपस्थापित कर अन्त तक इस तत्त्व का निर्वाह करते हैं।" (3/35) प्रसहनों में दम्भपूर्ण घटनाओं और धूर्तों का चित्रण भी किया जा सकता है। "जो लोकप्रसिद्ध घटनाएँ हों या ऐसी दम्भ्पूर्ण घटनाएँ, जो संसार में प्रतिदिन देखी जाती हों, उन्हें धूर्त पात्रों के वाद-विवाद के साथ प्रहसन में रखा जा सकता है।" (3/36) यहाँ *चरक संहिता* के वाद-विवाद प्रहसन के बहुत निकट पहुँच जाते हैं। वाद-विवाद में जिन वाक्यों से हास्य उत्पन्न होता है, उनके लक्षण बताते हुए भरत कहते हैं—"कभी-कभी यहाँ कोई व्यक्ति बिना सोचे-समझे शुभ या अशुभ प्रसंग में किस तरह का व्यवहार अपेक्षित है—स्पष्ट नहीं कर पाता।"

"किसी सूचना को उक्तिकुशलता से कहा जाता हो तो उसे अवस्पन्दित समझना चाहिए। जब किसी असम्बद्ध प्रश्न का असम्बद्ध ही उत्तर दिया जाए तो उसे असत्प्रलाप (का उदाहरण) समझो। (अन्य लक्षण) जब मूढ़जन को कोई विद्वान पुरुष हितावह (और उचित) बात कहता हो और वे उसके शब्दों का मूल्य न करें (न सुनें, ध्यान न दें) तो उसे भी असत्प्रलाप समझो। जब परिहासपूर्ण और असत्य शब्दों से परस्पर दोनों व्यक्तियों की प्रशंसा की जाए और वे किसी एक के प्रयोजन या कार्य के साधक बन जाएँ तो उसे प्रपंच समझना चाहिए। जब क़िसी बात को ताड़कर उसे परिहासपूर्ण वचनावली में कह दिया जाए तो

नालिका तथा कई प्रश्नों का एक ही उत्तर हो तो उसे वाक्योक्ति समझना चाहिए। उत्तरोत्तर एक दूसरे की स्पर्द्धा के कारण अपनी-अपनी विशेषताएँ बढ़ा-चढ़ाकर बतलानेवाले वाक्य जब सम्वाद में रखे जाएँ तो उसे अधिबल समझना चाहिए। जब किसी को आरम्भ में प्रत्युत्तर में कहे गए अपने वचनों से लुभाकर फिर अपने ही वचनों से उसी के विरुद्ध आचरण किया जाए तो उसे छल समझना चाहिए।" (3/39-41) इससे प्रतीत होता है कि *नाट्यशास्त्र* के समानान्तर अथवा उससे पहले वक्तृत्व कला का काफी विकास हो चुका था। वाद-विवाद में भाग लेनेवाले जिस कौशल से काम लेते थे उसकी झलक *चरक संहिता* में है और *नाट्यशास्त्र* में भी है। वाद-विवाद में काफी नाटकीयता रहती थी, इसलिए स्वाभाविक है कि *नाट्यशास्त्र* में वाद-विवाद में भाग लेने वालों के कौशल का उल्लेख हो।

3.6 लोकसंस्कृति

नाट्यप्रयोग अनेक प्रकार के व्यक्तियों के सहयोग से ही सम्पन्न होता है। इनमें एक है—विट। उसका स्थान सूत्रधार के समान ही महत्त्वपूर्ण है। "जो सभी नाट्य प्रयोगों का सूत्रधार के समान ज्ञान रखता हो...एवं कविता करने में दक्ष हो...किसी भी पक्ष का समर्थन या खण्डन करने में निपुण हो तथा वाक्पटु और चतुर हो तो उसे विट समझना चाहिए।" (4/494) जैसे यूनान में सॉफिस्ट नाम के तर्कशास्त्री किसी भी पक्ष का समर्थन या खण्डन कर सकते थे, वैसे ही यहाँ विट है। अवश्य ही इस तरह के व्यक्ति की कल्पना सभाओं में वाद-विवाद में भाग लेने वालों को देखकर ही उत्पन्न हुई होगी।

शुद्ध प्रहसन के लिए कहा गया है कि उसमें ब्राह्मणों के परिहासपूर्ण सम्वाद होते हैं। (3/35) ब्राह्मण आपस में परिहासपूर्ण सम्वाद करते हैं तो उनमें कोई हास्य का आलम्बन भी बनता होगा। शुद्ध प्रहसनों की यह परम्परा गम्भीर नाटकों में विदूषकों के रूप में सुरक्षित रही। बाबूलाल शास्त्री *नाट्यशास्त्र* के चौथे खण्ड की भूमिका में कहते हैं, "प्रायः विदूषक ब्राह्मण जाति का ही होता है तथा भोजनादि का इच्छुक और अन्तःपुरचारी भी होता है।" (पृ. 59) ये सारे गुण शाकुन्तलम् नाटक के मादव्य में हैं। बाबूलाल शास्त्री बताते हैं, जैसा नायक होता है, वैसा ही उसका विदूषक होता है। विष्णु यदि नायक हैं, तो नारद उनके विदूषक बनेंगे। नायक राजा दुष्यन्त हैं तो उनके विदूषक मादव्य हैं। (4/58) प्रहसनों और विदूषक परम्परा से साहित्य की यथार्थवादी धारा का कैसा घनिष्ठ सम्बन्ध था, यह *शकुन्तला* नाटक देखने से ज्ञात होता है। *शकुन्तला* नाटक के दूसरे अंक के आरम्भ में मादव्य कहते हैं—"इस अहेरी राजा की मित्रता से तो जी घबरा उठा है। भरी दोपहरी में भी एक वन से दूसरे वन में भटकते हुए उन जंगली प्रदेशों

में होकर चलना पड़ता है, जहाँ गर्मी के कारण पेड़ों में छाँह तक नहीं रह गई है और दिन-रात यही हल्ला कान फोड़े डालता है—यह मृग आया, वह सूअर निकला, यह रहा सिंह। फिर सड़े हुए पत्तों से मिले हुए जलवाली नदियों का कसैला और कड़वा पानी पीना पड़ता है और अबेर-सबेर लोहे की सीखों पर भुना हुआ मांस खाने को मिलता है।" यह सारा वर्णन कालिदास की रोमानी दुनिया के बाहर है, परन्तु वह यथार्थ जीवन का चित्र है। उसे पढ़कर बाण भट्ट के *हर्षचरित* में जंगलों के वर्णन की याद आती है। मादव्य आगे कहते हैं—"घोड़े के पीछे-पीछे दौड़ते-दौड़ते शरीर के जोड़-जोड़ ऐसे ढीले पड़ गये हैं कि रात में आँख भी ठीक नहीं लग पाती। तिस पर ये दासीपुत्र चिड़ीमार तड़के-तड़के, चलो वन को, चलो वन को—चिल्ला-चिल्लाकर ऐसा हल्ला मचाते हैं कि आई अवाई नींद उचट जाती है। अभी यह विपत्ति टली नहीं थी कि उधर फोड़े के ऊपर, फुंसी, **गंडस्योपरि एव पिण्डकः** (ऐसी उपमाएँ कालिदास में कम मिलती हैं) के समान दूसरी विपत्ति आ धमकी है। सुनते हैं कि हमलोगों का साथ छूट जाने पर मृग का पीछा करते-करते राजा भी तपस्वियों के आश्रम में जा पहुँचे। वहाँ मेरे दुर्भाग्य से उन्हें मुनिकन्या शकुन्तला दिखाई दे गयी।" भरत के अनुसार विदूषक उस पात्र को बनना चाहिए, जिसके अंगों में विकार हों, जिसे देखते ही लोगों को हँसी आए। जो पुरुष ठिगने कद का, लम्बे दाँतवाला, कुबड़ा, इधर-उधर बातों का लगानेवाला, भद्दी सूरतवाला, गंजा और भूरी या पीली आँखोंवाला हो—उसे विदूषक रखा जाए। (4/495) किन्तु सारा हास्य रस विदूषक से सम्बद्ध नहीं था। एक तरह का पात्र वह था जो शः-शः करता था, उसे शकार कहते थे। "जो उज्ज्वल आभूषण एवं वस्त्रों को धारण करता हो, बिना किसी कारण के क्रुद्ध और प्रसन्न हो जाता हो, अधम प्रकृति और मागधी भाषा में सम्भाषण करता हो और जिसके व्यवहार और प्रकृति में सदा निर्मलता न रहती हो तो उसे शकार समझना चाहिए।" (4/494) ये शकार शूद्रक के *मृच्छकटिकम्* में अमर हो गये हैं। वह राजा के साले हैं, इसलिए जन्म से हास्यास्पद होने का प्रश्न नहीं है। किन्तु वे मागधी भाषा बोलते हैं। मागधी भाषा संस्कृत जाननेवालों के लिए हँसी का कारण बनती थी, इसलिए कि उसमें शकार की भरमार होती थी। यहाँ प्रश्न किया जा सकता है कि यदि भरत के *नाट्यशास्त्र* में यथार्थवादी धारा प्रबल है, तव प्राकृत और संस्कृत में भेद क्यों किया गया है, कुछ लोग संस्कृत बोलें और दूसरे लोग प्राकृत बोलें, ऐसा विधान क्यों किया गया।

3.7 लोकायत, लोकसंस्कृति और प्रतीकवाद

रंगमंच पर पात्रों की भाषा में भेद करना तभी आवश्यक होगा जब वास्तविक जीवन में वर्णों का भेद महत्त्वपूर्ण हो जाएगा। भरत के *नाट्यशास्त्र* में राजा समाज में

सर्वोपरि है। राजा और प्रजा में भेद है। यह भेद संस्कृत और प्राकृत के भेद द्वारा प्रदर्शित किया गया है। सामान्य जनता और पुरोहितों की भाषा में भेद हो, यह स्थिति बाद की है। मूलतः राजा प्रजा की भाषा में भेद दिखाने के लिए, संस्कृत प्राकृत में भेद किया गया। जब वर्णव्यवस्था कायम हो जाएगी, राजा की स्थिति सुदृढ़ होगी, तभी इस तरह का भेद सम्भव होगा। किन्तु नाटक का विकास इससे बहुत पहले हुआ है। तब वर्ण-व्यवस्था नहीं थी। तब समाज में राजा का स्थान सर्वोपरि नहीं था। तब सामान्य जनता एक ही भाषा बोलती थी और नाटक में भाषा भेद के लिए कहीं कोई गुंजाइश नहीं थी। इन्द्रध्वज महोत्सव के अवसर पर नाटक खेला गया। असुरों पर देवों की विजय दिखाई गई। इस महोत्सव के लिए जो इन्द्रध्वज बनता था, उसका विशद वर्णन *नाट्यशास्त्र* में किया गया है। उससे विदित होता है कि यह लोकोत्सव था, सामान्य जनता इसमें भाग लेती थी और उस समय अनेक तरह के खेल दिखाए जाते थे। उनमें कठपुतलियों का नाटक भी था। "जो बाँस का वृक्ष सफ़ेद भूमि (भूरी ज़मीन) पर स्थित हो, उस बाँस को प्रयत्नपूर्वक पुष्य नक्षत्र में निकालकर (उससे) इन्द्रध्वज का निर्माण किया जाए और वह विश्वकर्मा के लक्षणानुसार हो।" (3/158) इसका जोड़ीदार जर्जर था जिसे कोई चतुर बढ़ई बनाता था या किसी वृक्ष की एक-एक टहनी का भी जर्जर बनाया जा सकता था। (उपर्युक्त) इसकी लम्बाई एक सौ आठ अंगुल की रखना चाहिए। (3/159) जर्जर की पूजा की जाती थी। "विधिपूर्वक घी, शहद तथा सरसों लगाकर, पुष्पों की माला चढ़ाकर तथा धूप देकर उसकी उपासना कर और फिर उसे ग्रहण करे।" (3/159) इन्द्रध्वज के बाँस की भी पूजा की जाती थी। "इन्द्रध्वज की प्रतिष्ठा संस्कार की जो विधि तथा क्रम बतलाया है वही इस पुष्पवेणु (बाँस) को जर्जर के रूप में प्रतिष्ठित करने की दशा में भी रखी जाए।" (3/159) जर्जर बाँस की वह लाठी है, जिससे इन्द्र ने विघ्नों को मार भगाया। जब उन्होंने देखा कि सूत्रधार और उनके सहयोगी विघ्नों के आक्रमण से अचेत अवस्था में पड़े हुए हैं, तब उनके नेत्र कुछ ऊपर की ओर चढ़े और फिर उस जर्जर ध्वज के द्वारा इन्द्र ने रंगपीठ पर विद्यमान विघ्नों तथा असुरों को जर्जर देहवाला कर दिया। (1/19)

नाट्यशास्त्र के 23वें अध्याय में भरत ने मुखौटों और कठपुतलियों के निर्माण की प्रक्रिया का वर्णन विस्तार से किया है। "चेहरों (अर्थात् मुखौटों) के निर्माण के लिए, पटी (अर्थात् कठपुतली) को तैयार करना चाहिए। इसका विशेष प्रमाण 32 अंगुल है या फिर यह अपने आकार के अनुसार प्रमाणवाली रखी जाए। यह पटी बीलों (विल्वमध्येन अर्थात् बेल) के घोल से कपड़ों को पोतकर तैयार की जाती है। बीले के रस या बीले के छिलकों या उसके घोल के साथ राख, मिट्टी या धान के भूसे (तुष) को मिलाकर चेहरे बनाए जाएँ और

फिर बीले के रस से भिगोए हुए कपड़ों से ढँक दिए जाएँ। यह बीले के छिलकों से बननेवाली पटी, जिस पर कपड़ा लगाया गया हो, न तो बहुत मोटी न बहुत पतली तथा न बहुत नरम ही बनाई जाए।" (3/161) कठपुतली का नाच दिखाने के लिए सूत के ज़रिए उन्हें इधर-उधर खींचना आवश्यक होता है। इसी सन्दर्भ में सूत्रधार शब्द सार्थक होता है। कठपुतलियों के स्वाँग के बाद अभिनय वाले नाटकों का तब सृजन हुआ, जब सूत्रधार शब्द का प्रयोग यहाँ भी होने लगा। परन्तु वह मूलतः सार्थक था कठपुतलियों के प्रसंग में। मुखौटे कठपुतलियों के हो सकते हैं और नाटक खेलने वाले पुरुषों और स्त्रियों के भी। *नाट्यशास्त्र* में संगीत-नृत्य-अभिनय वाला जो नाटक मुख्य विषय है, वह मुखौटों के द्वारा खेला नहीं जा सकता। उसमें चेहरे के हावभाव विशेषरूप से आँखों और भौंहों का संचालन बहुत ही महत्त्वपूर्ण है। आठवें अध्याय में भरत ने बताया है कि पात्रों की दृष्टि से रसों की व्यंजना होती है। स्थायी भावों और संचारी भावों की व्यंजना होती है। "जब अतिशय स्नेह (राग) में आविष्ट व्यक्ति भौंहें और कटाक्षपूर्ण दृष्टि से देखे तो हर्ष और प्रसाद (मनोविनोद) से उद्भूत ऐसी दृष्टि कान्ता कहलाती है। इसका प्रयोग शृंगार रस में किया जाए। जिसमें पलकों को ऊपर उठाकर स्थिर कर दिया जाए और पुतलियों को ऊपर की ओर चमकाते हुए गोल घुमाव दिया जाए, तो भयानका दृष्टि होती है। यह अतिशय भय को सूचित करती है और उसका प्रयोग भयानक रस में किया जाता है।" (2/11-12) स्त्री कामपीड़ित हो तो "इस अवस्था में ऐसी काम्यदृष्टि की समायोजना की जाए, जिसमें आँखें सुन्दरता से खिली हुईं, आँखों में आँसू भरे हुए और पलकें फड़कती हुई हों।" (3/219) चेहरे पर पसीने की बूँदें भी आ जाती हैं। "प्रणय की इस दशा में आवाज़ कुछ उत्तेजित-सी हो जाती है, चेहरे पर पसीने की बूँदें आ जाती हैं और शरीर रोमांचित हो जाता है।" (उपर्युक्त) यह सब चेहरे पर मुखौटा हो तो दिखाना सम्भव न होगा। इसलिए निष्कर्ष यह निकला कि मुखौटा के चलन के बाद अभिनय का विकास हुआ और वह *नाट्यशास्त्र* का मुख्य विषय है। भरत ने जो पहले कहा, नाटक रचने में *ऋग्वेद* से पाठ, *सामवेद* से गीति, *यजुर्वेद* से अभिनय प्राप्त किया गया, वह बात सही हो सकती है। ऐसा विकास कुरु पंचाल देश में हुआ होगा, क्योंकि सारस्वत प्रदेश से जल प्रलय के कारण भरतों के पलायन के बाद उन्हें आश्रय इसी प्रदेश में मिला था।

कई तरह के कारीगरों से सूत्रधारों का घनिष्ठ सम्बन्ध रहा होगा। इसलिए कि मुखौटे, कठपुतलियाँ या नाटक के अन्य उपकरण बनाने में भरत बार-बार लोक व्यवहार को देखने और शिल्पियों से परामर्श करने की बात कहते हैं। मूर्तियाँ और भवन बनाने से पहले कठपुतलियों के निर्माण में कारीगरों के द्वारा सौन्दर्य

की सृष्टि होती है। "कानों के लिए बनाए जानेवाले तीन अंगुल के छेद के समान उसके प्रमाण में ही मुँह के लिए बनाए जानेवाले छेद की भी लम्बाई रखनी चाहिए। इसमें सुडौल गर्दन (अवतु) को बारह अंगुल लम्बा बनाया जाता है। इस प्रकार चेहरों के लिए बनाई जानेवाली पटी के काटने तथा छेद करने की विधि बतलाई गई। इसके पश्चात् इस पर अनेक कलापूर्ण रत्नजटित मुकुटों को स्थापित करना चाहिए।" (3/162-163) कलात्मक सौन्दर्य-सृजन में यह कारीगरों का योगदान है। ये साधारण कठपुतलियाँ नहीं हैं। जैसे मंच पर नट राजा के समकक्ष होता है, वैसे ही ये रानियों के समकक्ष हैं। इसलिए उनके मुकुट कलापूर्ण और रत्नजटित होने चाहिए। कारीगरों के पास नटों की तरह न सोना है न रत्न हैं, फिर भी राजसी ठाट-बाट का आभास उन्हें उत्पन्न करना है। मामूली सामग्री से वे कठपुतलियाँ बनाते हैं, उनके आभूषण तैयार करते हैं और खेल दिखाने के लिए जो अन्य उपकरण आवश्यक हों, उन्हें तैयार करते हैं।

कारीगरों से भरत का बहुत निकट का सम्बन्ध था, यह उनके विवरण से ज्ञात होता है। शास्त्रकार कारीगरों के बारे में बातें करता है। नाट्य प्रदर्शन में कितनी वस्तुओं की आवश्यकता होती है, कोई गिनती नहीं है। "वे सभी वस्तुएँ उपकरण होती हैं, जो इस जड़ चेतनमय संसार में बननेवाले शिल्प या वस्तु हैं। इन्हें प्राप्त करने के लिए कहाँ जाना चाहिए?" अवश्य ही शिल्पियों के पास जाना चाहिए। "इसलिए इन उपकरणों में से जो जहाँ से प्राप्त हो, उसके लिए उसी व्यक्ति के पास पहुँचा जाए, जिसे इसका विशेष ज्ञान हो, उसी पर निर्भर रहना पड़ेगा। इन उपकरणों को नाट्य प्रदर्शन के हेतु प्राप्त करने में मनुष्य को और कोई दूसरा चारा नहीं है।" (3/163) नाट्यप्रदर्शन के लिए शिल्पियों का महत्त्व बताते हुए भरत कहते हैं, "किसी भी कलाकार ने जिस वस्तु को अपनी विशेष कला या शिल्प द्वारा निर्माण किया है, उसमें उसके नापतौल का प्रमाण तथा लक्षण भी बना दिया है।" (उपर्युक्त) चाहे सोना हो चाहे लोहा या पत्थर, भारी चीज़ों से काम चलनेवाला नहीं है। "ये नाट्योपयोगी वस्तुएँ लाख, लकड़ी, चमड़ा, कपड़ा, भोज पत्र या बाँसों की खपच्ची (चिपटियों) के द्वारा हल्की-फुल्की स्वरूपवाली बनाई जाएँ।" (3/165) काफ़ी वस्त्र उपलब्ध न हों तो "इन्हें ताड़ के पत्तों या चटाइयों के द्वारा बना लिया जाए। इसी प्रकार शस्त्र भी घास या बाँस की खपच्चियों या चिपटियों से बनाना चाहिए तथा लाख और माण्ड के साथ इन विभिन्न वस्तुओं को बनाकर प्रदर्शित करना चाहिए।" (3/166) बाँस, ताड़ के पत्ते, मोम, लाख, मिट्टी, घर के बर्तन-भाण्डे, इन सबसे उपकरण बनाने की बातें कही गई हैं। बहुधा देखा गया है कि नवयुवक नाटक करते हैं, तब पात्रों को सजाने के लिए धनी व्यक्तियों के घर से बहुत-सी चीज़ें माँग लाते हैं। भरत ने कहीं भी राजा या धनी लोगों से चीज़ें माँगने की बात नहीं लिखी। उन्होंने

कारीगरों द्वारा अथवा नटों द्वारा नाटक के लिए आवश्यक सभी उपकरण तैयार करने की बात कही है और ये उपकरण ऐसी चीजों से बनते हैं, जो गाँवों में सुलभ हैं। इससे यह संकेत भी मिलता है कि यह कठपुतलियों की लोक कला गाँवों में पैदा हुई थी और वहीं से शिल्पियों के काम देखकर भरत ने उसका विवरण *नाट्यशास्त्र* में लिखा था। अलंकार चमकते हुए होना चाहिए। उन्हें बनाने की विधि बताई गई है। "अलंकारों को बर्तन, वस्त्र, मोम, ताँबे के पतरे, नील के रंग तथा भोडल के द्वारा उनके उपयुक्त रंग देते हुए बनाया जाए और फिर इन पर भोडल का पोता (चमक के लिए) लगा देना चाहिए या इनकी ऊपरी-चमक (पालिश) ताँबे से की जाए। जिन अनेक प्रकार के दिव्य मुकुटों के लक्षण पूर्व में मैंने बतलाये—उनका निर्माण भोडल के चमकीले पट्टों से करने पर वे मणि, माणिक के आलोक से चमकते हुए दिखाई देंगे।" (1/167) मंच पर वास्तविक वस्तुओं का व्यवहार हो सकता है और उनके परिवर्तित कृत्रिम या कलात्मक रूपों का भी। सोने के मुकुट धारण करने का स्पष्ट निषेध करते हुए भरत कहते हैं—"सोने के रत्नों से जटित मुकुट का धारण नाट्यप्रदर्शन में नहीं करना चाहिए।" (3/168) भारी अलंकार और गहने धारण करने से अभिनेताओं को बड़ा कष्ट होगा, इसकी चर्चा करते हुए कहते हैं—"युद्ध, बाहुयुद्ध, नृत्य तथा विभिन्न दृष्टियों के प्रदर्शन में शरीर के बहुत-से भारी गहनों से लदे रहने पर अभिनेता को पसीना या बेहोशी आ जाती है और यदि अभिनेता को स्वेद या मूर्च्छा आ जाए तो नाट्यप्रदर्शन बिगड़ जाता है और कभी-कभी कठोर या श्रमपूर्ण नृत्यों के प्रदर्शन करने में अभिनेता का प्राण तक जाने का खतरा बना रहता है। इसलिए गहने पतले ताँबे के पतरों से बनाये जाएँ और फिर भोडल, भाण्ड या मोम का उन पर पलस्तर आदि चढ़ाया जाए।" (3/169) नाटक लोकवृत्तानुकरण है, इसी नियम से उसमें काम आनेवाले उपकरण भी वास्तविक पदार्थों की अनुकृतियाँ हैं।

देवों, दानवों आदि को पहचानने के लिए उन्हें विशेष रंगों में रंगा जाता था। "दैत्य, दानव, राक्षस, गुह्यक (यक्ष), पिशाच, पर्वत के अधिदेवता (नग), जल तथा आकाश नामधारी पात्रों को नीले रंग में रखा जाये।" (3/141) "देवता, यक्ष और अप्सराओं को गौर वर्ण में रखना चाहिए।" (3/140) भारत में जो लोग रहते हैं, उनका शरीर अनेक रंगों का है, यह बात भरत अच्छी तरह जानते थे। उन्होंने कहा, "जम्बू द्वीप में रहनेवाले मनुष्यों के अनेक वर्ण रहें, जहाँ अनेक वर्णों के मनुष्य विद्यमान हैं। उनमें भी जो कुरु देश के निवासी हैं, उनको छोड़कर शेष सभी व्यक्तियों का सुनहरा रंग रखा जाए।" (3/141) फिर आगे कहते हैं, "भद्राश्व देश के निवासी श्वेत वर्ण के रखे जाएँ।" इसी प्रकार केतुमाल देश के निवासी नीले रंग (पाठान्तर—केतुमाल देश के निवासी श्वेत) के (और) शेष देशों के मनुष्य गौर (गुलाबी) वर्ण के रखे जाएँ। (3/142) काशी और कोसल के लोगों को किरातों

और पुलिन्दों के साथ गिनते हुए भरत ने कहा है—"किरात, बर्बर, आन्ध्र, द्रमिल, काशी, कोसल, पुलिन्द तथा दाक्षिणात्य मनुष्यों का रंग अधिकांश में काला रखा जाए।" (3/144) ये रंग प्रतीकात्मक हैं, इसका अर्थ यह नहीं है कि किसी एक प्रदेशगत जाति में सभी लोग एक ही रंग के होते थे। इसी तरह वर्णों के साथ रंगों का सम्बन्ध जोड़ते हुए भरत कहते हैं—"ब्राह्मण तथा क्षत्रियों के वर्ण गौर और वैश्य तथा शूद्रों के श्याम वर्ण रखे जाएँ।" (3/145) इसका यह अर्थ नहीं है कि सभी ब्राह्मण और क्षत्रिय गौर वर्ण के थे और सभी वैश्य तथा शूद्र श्याम वर्ण के थे। मनुष्य पशुओं और पक्षियों का अभिनय भी कर सकते थे। "तोता, मैना या अन्य छोटे आकार के पक्षियों को त्रिपताक हस्त की दो उँगलियों के द्वारा बतलाना चाहिए।" (3/302) यहाँ भरत का प्रतीकवाद बहुत स्पष्ट हो जाता है। दर्शक यह न समझते थे कि यह मनुष्य नहीं पक्षी है। वे उसके उँगलियों के संकेत से समझ लेते थे कि आशय यहाँ पक्षी के अस्तित्व से है। प्राणियों से भिन्न दिन, रात या ऋतुओं जैसी वस्तुओं का अभिनय भी प्रतीकों द्वारा प्रस्तुत किया जा सकता था। "दोनों हाथों को पताक मुद्रा में सीधे स्वस्तिक करे, उद्वाहित रूप में मस्तक रखकर, ऊपर विभिन्न (उचित) दृष्टियों से देखने पर (इनके द्वारा प्रभात) रात्रि, प्रदोष, ऋतुएँ, बादल, वनान्त प्रदेश, विस्तीर्ण जलाशय, दिशाएँ तथा ग्रह-नक्षत्र (आदि वस्तु) को बताया जा सकता है।" (3/285) इसी तरह प्राकृतें हैं। वे जनभाषाओं का आभास मात्र देती हैं। वास्तविक जनभाषाएँ नहीं हैं।

द्रविड़ भाषाओं के प्रसंग में भरत का भाषा सम्बन्धी प्रतीकवाद बहुत स्पष्ट हो जाता है। कहते हैं—"बर्बर, किरात, आन्ध्र तथा द्रमिल (द्रविड़) जाति के पात्रों की नाट्य रचनाओं में उनकी अपनी जातीय भाषाएँ न रखी जाएँ, तब इन जातीय भाषाओं की जगह किन भाषाओं का व्यवहार करना चाहिए?" भरत कहते हैं, किन्तु इन जातियों की केवल शौरसेनी से मिलती-जुलती किन्हीं प्रचलित भाषाओं का (अवसर आने पर) प्रयोग किया जाए।" (2/341) प्राकृतों से भिन्न प्रचलित भाषाएँ हैं—उनका प्रयोग किया जा सकता है। यह बताने के लिए कि पात्र आर्येतर भाषाएँ बोल रहे हैं। यद्यपि आन्ध्र और तमिलनाडु की भाषाओं का व्यवहार वर्जित है, परन्तु दाक्षिणात्या प्राकृत का उल्लेख फिर भी है। सात मुख्य प्राकृतों के साथ मागधी आदि के साथ भरत दाक्षिणात्या प्राकृत भी गिनाते हैं।

पात्रों की सामाजिक स्थिति के अनुसार नाटकों में प्राकृतों का व्यवहार होता है। "सैनिकों, जुआरियों, नगरमुख्य आरक्षक की भाषा दाक्षिणात्या हो।" (2/343) असम्भव नहीं कि इस दाक्षिणात्या प्राकृत से कुछ भाषा विज्ञानियों ने तमिल, तेलुगु आदि भाषाओं का विकास दिखाया हो। भरत जिस जनपद में रहते थे, वहाँ शिष्टजन की भाषा संस्कृत थी। परन्तु वे जानते थे कि भारत में उसके समानान्तर

अनेक भाषाओं का व्यवहार होता है, इसलिए उन्होंने यह बताने के बाद कि प्राकृतों का व्यवहार कहाँ हो, सूत्रधार को छूट दे दी है। "या फिर स्वेच्छानुसार नाट्य निर्देशक इनकी कोई एक लोकभाषा रख लें, क्योंकि नाट्यरचनाएँ तो विभिन्न प्रदेशों की भाषा में रचित काव्यरचनाओं से युक्त लिखी जा सकती हैं।" (2/342) मूल पाठ में देशभाषा शब्द का प्रयोग किया गया है। यह देशभाषा संस्कृत और प्राकृत दोनों से भिन्न है। जहाँ सैनिकों और जुआरियों आदि के लिए दाक्षिणात्या प्राकृत का विधान है, वहीं यह कहा गया है कि "भारत के उत्तर भाग के निवासी, खसों की अपनी देशभाषा **स्वदेशजा** बाल्हीकी रखी जाए।" (2/343) यह स्वदेशजा भाषा वैसी ही है जैसी देशभाषा है और वह संस्कृत प्राकृत से भिन्न है। सात मुख्य प्राकृतें गिनाने के बाद भरत ने कुछ विभाषाओं का उल्लेख किया है "विभाषाएँ वे हैं, जिनकी स्थिति गौण है। इनमें शाबरी, द्रामिली, आंध्री तथा वनचरों की अपनी जंगली भाषाएँ हैं।" (2/342) हर पात्र हर स्थिति में प्राकृत संस्कृत ही बोले यह ऐसा कोई कठोर नियम नाट्यशास्त्र में नहीं है। धीरोदत्त नायक आदि प्राकृत बोलेंगे, परन्तु इसके बाद ही भरत कहते हैं—"इन सभी नायकों में प्राकृत पाठ्य की योजना भी की जा सकती है, जबकि इस प्रकार के अवसर या आवश्यकता आ पड़े।" (2/337) यह आवश्यकता कब होगी, उसका उदाहरण देते हैं—"यदि कोई उत्तम पात्र अपने राज्य या ऐश्वर्य के प्राप्त होने पर अपने पद में मत्त हो या फिर दरिद्रता से अभिभूत हो या उन्मत्त हो जाए, उसकी इन विकल्प या मदमता दशाओं में संस्कृत भाषा की योजना नहीं रहनी चाहिए। अर्थात् ऐसी दशा में इस पात्र की भी प्राकृत भाषा रखी जाए।" (2/337-338) "यदि विशेष अवसर या स्थिति आ पड़े तो महारानी, वेश्या तथा शिल्पकारी, (दासी) आदि जैसे स्त्री पात्र भी संस्कृत भाषा का व्यवहार कर सकते हैं।" (2/339) धीरोदत्त नायक की तरह अप्सराएँ भी अवसर के अनुसार संस्कृत या प्राकृत का व्यवहार कर सकती थीं। "अप्सराओं के स्त्री जाति होने के कारण तथा उनके पृथ्वी पर विचरण विहार की अवस्थाओं में स्वाभाविक या स्वेच्छापूर्वक प्राकृत पाठ्य रखना उचित है, परन्तु ये ही जब किसी मानव की पत्नी के रूप में रहें तो अवसरानुकूल संस्कृत या प्राकृत कोई भी पाठ्य रखा जाए।" (2/341) ऐसा मानव-समुदाय, जो एक ही भाषा बोलता हो, जिसमें अनेक पेशेवर बिरादरियाँ हों, वर्ण हों, उसे भरत ने जाति कहा है—**द्विविधा जातिभाषा च प्रयोगे समुदादृता**—"नाटक में प्रयोग की जानेवाली जाति भाषा दो प्रकार की होती है। इनमें अनेक अनार्य तथा म्लेच्छों के द्वारा व्यवहार में आनेवाली बोलियों के शब्द समाविष्ट रहते हैं, जोकि भारतवर्ष में बोली जाती हैं।" (2/336) जातिभाषा बोलचाल की भाषा थी। पूरे मानव-समुदाय की भाषा थी, उसे जनपदीय भाषा कह सकते हैं। इसमें आर्येतर जनों की भाषाओं

के शब्द भी सम्मिलित थे। इन जाति भाषाओं से भिन्न वन्य पशुओं और पक्षियों की भाषाएँ थीं।

"तथा जात्यान्तरी भाषा वह है, जो ग्राम में तथा जंगल में रहनेवाले पशुओं तथा पक्षियों की भाषा होती हो—इसका नाट्यधर्मी विधान से नाटक आदि प्रयोगों में अनुसरण किया जाए।" (2/336) जहाँ चीज़ों को जस का तस दिखाया जाए, वहाँ लोकधर्मी कला होती है। जहाँ उनमें परिवर्तन किया जाए, उनका आभास मात्र दिया जाए, वहाँ नाट्यधर्मी कला होती है। जैसे पशुओं और पक्षियों का अभिनय किया जाता है, वैसे ही उनकी बोली की नकल भी की जाती है। इसका यह अर्थ नहीं है कि पशुओं और पक्षियों की बोलियाँ प्राकृतों से उत्पन्न हुई थीं।

संस्कृत और प्राकृत में अन्तर क्या है? संस्कृत बोलते समय जहाँ शब्दों का उच्चारण अशुद्ध हो, वहाँ वह शब्द प्राकृत हो जाता है। भरत कहते हैं—"यही संस्कृत पाठ्य जब संस्कार के गुणों से हीन होकर परिवर्तित स्वरूप वाला हो जाता है तो प्राकृत पाठ्य कहलाता है।" विभिन्न दशाओं के कारण परिवर्तित होनेवाला इसका अपना विशेष स्वरूप होता है। (2/325-26) उन्होंने जितने उदाहरण दिए हैं उनमें कहीं व्याकरण-रूपों की चर्चा नहीं है। प्राकृत का सारा व्याकरण वही है, जो संस्कृत का है, केवल ध्वनियों में परिवर्तन होता है। परिवर्तन भरत के अनुसार तीन प्रकार का होता है। "नाट्य प्रदर्शन (या रचना) में होनेवाला यह प्राकृत पाठ्य तीन प्रकार का होता है। यथा (1) समान शब्दों या तत्सम से होनेवाला। (2) विभ्रष्ट या तद्भव शब्दों से होनेवाला तथा (3) देशी शब्दों से होनेवाला।" (2/326) बहुत-से तत्सम शब्दों का प्रयोग ज्यों का त्यों प्राकृत में भी होता था, इसके अतिरिक्त जहाँ इनका रूप बदलता था, वहाँ तद्भव शब्दों का व्यवहार होता था। इन दोनों से अलग देशी शब्द थे, जिनकी व्युत्पत्ति संस्कृत में प्राप्त नहीं थी। भरत ने बताया है—"संस्कृत के समान प्राकृत में भी कमल, अमल, रेणु, तरंग, लोल, सलिल आदि समान शब्दों से निर्मित वाक्यों का प्रयोग किया जाता है।" (उपर्युक्त) प्राकृतों में संस्कृत की अपेक्षा भीणकार की भरमार रहती है। भरत ने नियम बताया है—"सभी प्रयोगों में नकार के स्थान पर णकार का उच्चारण किया जाता है।" (2/331) किन्तु विन्ध्याचल के उत्तर में ऐसी भाषाएँ भी बोली जाती थीं, जिनमें न की बहुलता थी, इसलिए उन्होंने कहा—"जो भाग विन्ध्याचल पर्वत और सागर के मध्यवर्ती हों, उनकी भाषा नकार की बहुलतावाली रहनी चाहिए।" (2/345)

नाट्यशास्त्र में प्राकृतें प्रतीक मात्र हैं, वे लोकभाषाओं का आभास देने के लिए हैं, वे वास्तविक भाषाएँ नहीं हैं। किन्तु आगे चलकर जैसे-जैसे वर्णव्यवस्था कठोर हुई, द्विज और शूद्र के बीच का फ़ासला बढ़ा, वैसे-वैसे प्राकृतों को भी जड़ रूप दिया जाने लगा। केवल शब्दों की ध्वनियों में भेद है, व्याकरण रूप एक से

हैं, परन्तु प्राकृतों को संस्कृत का विकार या विकास माना गया और फिर इनसे अपभ्रंशों और आधुनिक भाषाओं के जन्म की कल्पना की गई। इसके लिए भरत को दोष नहीं दिया जा सकता। उनका भाषा सम्बन्धी प्रतीकवाद उनके यथार्थवाद का अनुसरण करता है, उस पर हावी नहीं होता। नाट्यधर्म और लोकधर्म का अन्तर वे बराबर सामने रखते हैं, लोक भाषाओं का अस्तित्व स्वीकार करते हैं, नाटक में उनका आभास देने के लिए नाट्यधर्मी कला का सहारा लेते हैं, उच्चारण में फेरबदल करके वे प्राकृतों का व्यवहार करते हैं और लोकभाषाओं का आभास देते हैं।

यहाँ *नाट्यशास्त्र* के बारे में जो बातें कही गई हैं, उनका उद्देश्य केवल यह बताना है कि दर्शनशास्त्र किस तरह साहित्य सिद्धान्तों को प्रभावित करता है। चरक की तरह और *अर्थशास्त्र* के रचनाकार कौटिल्य की तरह भरत भी लोकायतवादी हैं और लोकायत दर्शन उनके नाट्य सम्बन्धी चिन्तन को प्रभावित करता है।

3.8 अनेकान्तवाद और नाट्य प्रयोग

भौतिकवाद प्राचीन भारतीय दर्शन की बहुत ही सशक्त धारा थी। इसके अनेक रूप थे, उनमें एक रूप लोकायत था। सांख्य भी भौतिकवादी दर्शन था। ऐसा प्रतीत होता है कि सांख्य के समानान्तर अनेकान्तवाद का विकास भी हुआ। अनेकान्तवाद दर्शन है और तर्क पद्धति भी है। अनेकान्तवाद अथवा द्वन्द्ववाद के अनुसार संसार जड़ पदार्थों का समवाय नहीं है। यह गतिशील पदार्थों का विकासमान प्रपंच है। पदार्थों के रूप की सीमाएँ अपरिवर्तनशील नहीं हैं। ये पदार्थ इन सीमाओं को लाँघकर दूसरे रूप धारण कर लेते हैं, जो तत्त्व विरोधी प्रतीत होते हैं, उनका भी सहअस्तित्व देखा जाता है। यथा *ऋग्वेद* में अग्नि का वास जल में बताया गया है। परिस्थितियों के अनुसार पदार्थ विशेष का गुण-परिवर्तन हो जाता है। जैसा कि चरक ने कहा—विष से मनुष्य की मृत्यु हो जाती है, परन्तु उसका उपयोग ओषधि के रूप में भी किया जा सकता है। अनेकान्तवाद के अनुसार अनेक भिन्न प्रकृति के पदार्थ एकत्र होते हैं, तब नए पदार्थों का सृजन होता है। यह प्रक्रिया संसार में निरन्तर घटित होती है। महाभारत के शान्तिपर्व में भीष्म ने युधिष्ठिर को भृगु-भरद्वाज सम्वाद सुनाकर सृष्टि का रहस्य समझाया। इस सम्वाद में संसार रचने का श्रेय मानस देव को दिया गया है। उनका देवत्व हटा दें तो सारा विवरण सांख्य दर्शन के अनुरूप ही सिद्ध होता है। मानस देव के बारे में कहा गया है—**अव्यक्त इति विख्यातः**, वह अव्यक्त नाम से प्रसिद्ध थे। (शान्ति पर्व, 182.12) आरम्भ में प्रकृति अव्यक्त ही थी, उसी अव्यक्त प्रकृति का स्मरण यहाँ किया गया है। कवि ने मानस देव को अव्यक्त कहकर रहस्य उद्घाटित कर

दिया है कि वह सांख्य दर्शन का ही विवरण प्रस्तुत कर रहा है। मानस देव ने महत् की सृष्टि की, उसके बाद अहंकार आदि की रचना की। ये सारी बातें सांख्य दर्शन से ली गई हैं।

पाँच तत्त्वों से संसार और मनुष्य की रचना हुई। इनका आपसी सम्बन्ध देखने योग्य है। आकाश से अग्नि और वायु का जन्म हुआ। इनके संयोग से पृथ्वी का निर्माण हुआ। बीच में मानस देव फिर आ जाते हैं, उन्होंने कमल की सृष्टि की और उस पर ब्रह्मा जी बैठे। लेकिन यह ब्रह्मा **अहंकार इति ख्यातः**—ये अहंकार नाम से विख्यात थे। (182.16) इससे सिद्ध हुआ कि मनुष्य के हृदय कमल पर जिस ब्रह्म की कल्पना की गई थी, वह अहम चेतना का प्रतीक था। व्यापक रूप से ब्रह्म पाँच तत्त्वों से भिन्न नहीं हैं। यहाँ ब्रह्म को ब्रह्मा कहा गया है। "ये जो पाँच महाभूत हैं, इनके रूप में महातेजस्वी ब्रह्मा ही प्रकट हुए हैं।" (उपर्युक्त) आदि तत्त्व आकाश से जल उत्पन्न हुआ, जल से वायु उत्पन्न हुई—**वायु अम्बुसंघर्षे**—जल और वायु के संघर्ष से अग्नि उत्पन्न हुई (183/14) वायु का संयोग पाकर अग्नि जल को आकाश में उछालने लगी। फिर वही जल अग्नि और वायु के संयोग से घनीभूत हो गया। (184/15) इस प्रकार पृथ्वी का निर्माण हुआ। इसी विकास क्रम में प्राणियों की उत्पत्ति हुई। उनके बारे में कहते हैं—"प्राणियों का शरीर इन पाँच महाभूतों का ही संघात है। इसमें जो चेष्टा या गति है, वह वायु का भाग है। जो खोखलापन है, वह आकाश का अंश है। ऊष्मा (गर्मी) अग्नि का अंश है। लोहू आदि तरल पदार्थ जल के अंश हैं और हड्डी-मांस आदि ठोस पदार्थ पृथ्वी के अंश हैं।" (184/4)

तत्त्व पाँच हैं, परन्तु मूलतः वे एक ही हैं, इसलिए कि चार तत्त्वों की उत्पत्ति आकाश से हुई है। आकाश का गुण शब्द है। एक गुण से अन्य गुणों का विकास हुआ। तत्त्वों में गुणों की संख्या घटती-बढ़ती जाती है और इसी के अनुसार उनमें भेद उत्पन्न होता है। आकाश का गुण शब्द, इसमें स्पर्श जुड़ गया, तब वायु का उद्भव हुआ। दो गुणों में रूप जुड़ा, तब अग्नि का जन्म हुआ। इन गुणों में रस जुड़ा, तब जल की उत्पत्ति हुई। शब्द, स्पर्श, रूप और रस में जब गंध जुड़ गयी, तब पृथ्वी का आविर्भाव हुआ। यहाँ न तत्त्व अपरिवर्तनशील है न उनके गुणों की संख्या। ऐसी ही प्रक्रिया भरत के नाट्य प्रयोग में घटित होती है। जो कलाकार उसमें भाग लेते हैं, उनके गुणों की संख्या घटती-बढ़ती रहती है। उनकी सम्मिलित कार्यवाही का परिणाम उनकी अपनी-अपनी पृथक् कार्यवाही के परिणाम से बिल्कुल भिन्न होता है।

भरत के लिए समस्त लोकजीवन, संसार का सारा ज्ञान, सभी शिल्प और कलाएँ नाटक का विषय होती हैं। इसी आदर्श के अनुसार वह नाट्य निर्देशक में गुणों की कल्पना करते हैं।

नाट्यशास्त्र के 35वें अध्याय में भरत ने बताया है कि सूत्रधार को खगोल विद्या, भूगोल विद्या, इतिहास, नीतिशास्त्र, अर्थशास्त्र, अनेक शास्त्रों का ज्ञान होना चाहिए। इसके सिवा उसे धार्मिक परम्पराओं की जानकारी भी होनी चाहिए। ये सारा ज्ञान ऐसा है, जिसका नाट्य विद्या से सीधा सम्बन्ध नहीं है। वह और क्षेत्रों में काम करनेवालों के काम भी आ सकता है। रस, भाव और छन्द का ज्ञान नाट्य विद्या से जुड़ा हुआ है। इसके साथ ही, जो काव्य रचना करते हैं, उनके लिए भी ऐसा ज्ञान आवश्यक है। भरत ने इस बात पर जोर दिया है कि सूत्रधार को लोक व्यवहार और लोक जीवन का ज्ञान होना चाहिए। **नाना कर्मषु शिक्षितः**—उसे अनेक प्रकार के कर्मों में शिक्षित होना चाहिए। (4/492) उसमें संभाषण संस्कार होना चाहिए। (4/491) जो ज्ञान नाट्य विद्या से विशेषरूप से सम्बद्ध है, उसमें सभी शिल्प और कलाएँ हैं, इन सबका ज्ञान उसे होना चाहिए। भरत के लिए नाटक में संगीत की प्रधानता है, इसलिए सभी प्रमुख कलाकारों में एक गुण सामान्य है कि उन्हें संगीत का अच्छा ज्ञान होना चाहिए। सूत्रधार को भी ताल स्वर वाद्य वादन का ज्ञान होना चाहिए। सूत्रधार के गुणों से जिसमें कुछ कमी हो, वह पारिपार्श्विक, सूत्रधार का सहायक होता है। (4/493) विट वह पात्र "जो सभी नाट्य प्रयोगों का सूत्रधार के समान ज्ञान रखता हो, जिसमें सूत्रधार के सभी गुण न्यूनाधिक रूप में विद्यमान हों। जो देशोपचार में निपुण हो, मधुरभाषी, चतुर एवं कविता करने में दक्ष हो, शास्त्रों का सात्त्विक ज्ञान रखता हो और वैशिक शास्त्र तथा कामशास्त्र आदि का पुष्ट ज्ञान रखता हो, किसी भी पक्ष का समर्थन या खण्डन करने में निपुण हो तथा वाक्पुट और चतुर हो।" (4/494) नट बार-बार मनुष्यों की जीवन कथाओं को रस, भाव और सात्त्विक भावों—मूल पाठ में केवल सत्व है—के द्वारा अभिनीत करते हुए रंगमंच पर प्रस्तुत करता है। (4/49, 500) प्रमुख अभिनेता का नाम भरत है। क्योंकि "यह अकेला ही किसी नाट्य प्रयोग का मुख्य रूप से अपनी विभिन्न भूमिकाओं के अभिनयों के द्वारा अनेक वाद्य-वादनों के द्वारा तथा अनेक सहायकों के सहकार से निर्वाह या वहनकर्त्ता होता है।" (4/498) विदूषक लोगों को हँसाता है। "वह सभी मनुष्यों की चेष्टा तथा व्यापारों की नकल कर लेता है।" (4/499) विदूषक से मिलता-जुलता पात्र चेट है, "जो पुरुष कलाप्रिय हो, बहुत बकवास करता हो, भद्दी सूरतवाला हो, किसी शर्त पर सेवा करता हो तथा मान्य और अमान्य पुरुषों का ज्ञान रखता हो, उसे चेट बनाया जाता है।" (4/495) यहाँ भी उद्देश्य लोगों को हँसाना प्रतीत होता है। शकार की विशेषता है मागधी भाषा का प्रयोग। वह भी विदूषक से मिलता-जुलता पात्र है। "एक श्रेणी उन पात्रों की है जो संगीत के विशेषज्ञ हैं। जो पुरुष वाद्यों के वादन में दक्ष हो, जिसकी रुचि सदा (सभी) वाद्यों के वादन में बनी रहती हो और

जो उन्हीं के बजाने में लगा रहता हो, जो संगीत के सभी वाद्य वादन आदि में (दीर्घ साधना के कारण) दक्ष या अधिकारी विद्वान हो गया हो, उसे तौरिप समझना चाहिए।" (4/499) पुरुष पात्रों के समान नाटकीया अथवा अभिनेत्री वाद्य वादन का ज्ञान रखती है। लय और ताल का उसे अच्छा ज्ञान होता है। रसों के विधान से परिचित होती है। परन्तु उसका सौन्दर्य पुरुषों से भिन्न होता है। उसे सर्वांग सुन्दरी कहा गया है। पुरुष पात्र भी सुन्दर हो सकते हैं, परन्तु उनका सौन्दर्य नारी-सौन्दर्य से भिन्न कोटि का है। (4/501) अनेक पुरुष अभिनेताओं की तरह नायिका को ताल और रस का ज्ञान होना चाहिए। परन्तु उनके सिवा उसका युवती होना और शरीर-सौन्दर्य और गुणों से युक्त होना आवश्यक है। (4/496-97) गणिका में नायिका से कुछ अधिक ही गुण हैं, जो "लीलापूर्ण चेष्टाओं, हावभाव तथा सत्य और विनय से युक्त हो, जिसका व्यवहार माधुर्यपूर्ण रहता हो, जो चौंसठ कलाओं तथा शिल्प में प्रवीण हो, राजोचित व्यवहारों का विशेष ज्ञान रखती हो, जो निपुणता से युक्त और परिश्रमी हो, वह गणिका कहलाती है।" (4/496)

ये सब नाट्य प्रयोग में भाग लेनेवाले कलाकार हैं। कुछ कारीगर हैं, जो इस प्रयोग की तैयारी कराते हैं। उनका उल्लेख भी भरत ने किया है। जो मुखौटों, वेश परिवर्तन के उपकरणों, मुकुट आदि का निर्माण करता है, उसे मुकुटकार कहते हैं। (4/502) आभरणकृत नाट्य प्रयोग के लिए आभूषण बनाता है। (उपर्युक्त) माल्यकृत फूल मालाएँ बनाता है और वेशकार वेशभूषा की देखभाल करता है। (4/502-3) चित्रकार चित्र बनाता है, भित्ति आदि को रँगने का कार्य करता है। वस्त्रों को रंगनेवाले पुरुष को रंजक कहते हैं, जो लाख, काठ और लोहे की वस्तुओं का निर्माण करता है, उसे कारु कहते हैं। (4/503) नाट्य प्रयोग में भाग लेनेवाले कलाकारों की अपेक्षा उसकी तैयारी में सहायता करनेवाले इन कारीगरों में गुणों की संख्या कम है। परन्तु नाट्य प्रयोग की सफलता के लिए वे भी आवश्यक हैं। इन सबसे भिन्न एक व्यक्ति और है जो नाट्य प्रयोग में भाग नहीं लेता, जो उसकी तैयारी भी नहीं कराता परन्तु जिसके प्रयत्न के बिना यह प्रयोग सम्पन्न नहीं हो सकता। वह व्यक्ति नाट्यकार है। (नाट्य) शास्त्रानुसार कहे गए विभिन्न रस, भाव तथा सात्त्विक भावों को जो अपनी रचना में स्थित विविध पात्रों के माध्यम से स्थापित करता हो तथा अनेक भूमिकाओं (का) जो कथावस्तु में निर्वाह करवाता हो, तो ऐसी नाट्यरचना का लेखक नाट्यकार कहलाता है। (4/501) नाट्य प्रयोग की सफलता के लिए सूत्रधार यदि पृथ्वी है, तो नाट्यकार आकाश है। उसी से सारे नाट्य प्रदर्शन की प्रक्रिया आरम्भ होती है। वह पूरी प्रक्रिया का जनक है। इस प्रकार कलाकारों, कारीगरों और नाट्यकार के सहयोग से नाटक नाम की उस

कलाकृति का मंचन होता है, जो "ऐश्वर्यशाली प्रभुओं के लिए विलास, दुःख से पीड़ित व्यक्तियों के लिए स्थिरता, अर्थाश्रित व्यक्तियों के लिए अर्थ तथा विकलचित्त व्यक्तियों के लिए धीरज देनेवाली है।" (1/27) इस द्वन्द्वात्मक प्रक्रिया से नाट्य-सौन्दर्य का सृजन होता है।

यह नाट्यशास्त्र के संगम का शास्त्र है। कलाओं के साथ काव्य भी है। नाटक में गद्य भी है, इसलिए कह सकते हैं केवल काव्य नहीं, साहित्य है और साहित्य में गद्य भी है। कलाओं में वास्तुकला है, नृत्यकला, संगीत, चित्रकला आदि भी हैं। इसलिए इस दृष्टि से यह ग्रन्थ अद्भुत है। अद्भुत को नाट्यशास्त्र में रस माना गया है। यदि एक साथ काव्य और कलाओं का विवेचन अद्भुत हो, तो कहना चाहिए, विवेचन भी सरस हो सकता है। इस सरसता का श्रेष्ठ उदाहरण भरत का नाट्यशास्त्र है। नाट्य प्रयोग के लिए जो प्रेक्षागृह बनाया जाए, वह वास्तुकला का सुन्दर नमूना होना चाहिए। परन्तु उसका आकार-प्रकार नाट्य प्रयोग की आवश्यकताओं से निर्धारित होता है। ये प्रेक्षागृह बड़े हो सकते हैं, बहुत छोटे भी हो सकते हैं। मध्यम कोटि के प्रेक्षागृह नाट्य प्रयोग की आवश्यकताएँ ज़्यादा अच्छी तरह पूरी कर है। भरत कहते हैं, "इन सभी प्रेक्षागृहों में मध्यम परिमाण का प्रेक्षागृह प्रशस्त होता है, क्योंकि उसमें पाठ्य तथा गीत को सुखपूर्वक सुना जा सकता है।" (1/36) बड़े प्रेक्षागृहों का विरोध करते हुए आगे कहते हैं—"इस पृथ्वी पर मनुष्यों के लिए जो नाट्यगृह का निर्मया किया जाए उसकी लंबाई चौंसठ हाथ तथा चौड़ाई बत्तीस हाथ रखनी चाहिए। निर्मातागण इससे बड़ा नाट्यगृह निर्माण न करें, क्योंकि प्रेक्षागृहों के अधिक विस्तर्ण होने पर उनसे उच्चरित किये जानेवाले स्वरयुक्त पाठ्य (सम्वाद, गीत) तथा प्रस्तुत किया जानेवाला नाट्याभिनय अस्पष्ट होने लगेगा। (प्रेक्षागृह के लंबे होने पर) कथोपकथन तथा गीतों में वर्णों के ठीक तरह से (स्फुट रूप में) उच्चारण (प्रकट) न होने से अतिशय बेसुरापन (विस्वरता) हो जाएगा और अभिनेता के मुखों पर स्थित नाना दृष्टियों से समन्वित भाव भी (प्रेक्षागृह के विस्तार्ण होने के कारण) अस्पष्ट हो जाएँगे, इसलिए सभी प्रेक्षागृहों में मध्यम परिमाणवाला प्रेक्षागृह ही ठीक है, जिसमें सम्वाद, वाद्य तथा गीत सुखपूर्वक सुने जा सकें।" (1/38-39) प्रेक्षागृह के लिए अच्छी भूमि चुनकर उसकी सफाई करा देना चाहिए।" जो भूमि समतल, स्थिर, कड़ी हो एवं जिसका रंग काला या गौरवर्ण (सफ़ेद या भूरा), उसी भूमि पर निर्माणगण नाट्यरूप का निर्माण करवाएँ। सर्वप्रथम उस भूमि का शोधन करें, फिर उसको हल चलवाकर जुतवा दें और उसमें स्थित हड्डी, कीले, कपड़े, घास (जो कि भूमि में ही बढ़ रही हो) तथा झाड़ियों को भी साफ़ कर दें। इस प्रकार भूमि का शोधन कर फिर प्रमाण का (नाप आदि) निर्देश करे।" (1/40) नापने के लिए श्वेत वर्ण

का सूत्र बनना चाहिए। "यह सूत्र कपास, ऊन, मूँज या किसी वृक्ष की छाल से निर्मित होना चाहिए। बुद्धिमान पुरुषों द्वारा (इस) डोरी को ऐसी बननी चाहिए कि वह टूटने न पाए।" (1/41) क्योंकि डोरी का टूटना अशुभ माना जाता था। रंगशीर्ष या रंगमंच कुछ ऊँचाई पर होगा। भराव के लिए कैसी मिट्टी डालनी चाहिए इस पर भरत ध्यान देते हैं। इस "रंगशीर्ष को भरने के लिए हल से जोत कर ढेलों, घास, तथा कंकड़ों से रहित की हुई काली मिट्टी प्रयत्नपूर्वक डालनी चाहिए।"(1/51) प्रेक्षागृह के निर्माण में मुख्यतः लकड़ी से काम लिया जाता था। दरवाज़े तो लकड़ी के बनते ही थे, दीवारें और खम्भे भी लकड़ी के बनाये जाते थे। "यह लकड़ी का कार्य बहुत सोच-विचार तथा निरीक्षण करते हुए किया जाए। इसमें विविध प्रकार की कारीगरी रहनी चाहिए। इसमें अनेक तख्तों का–जो भित्ति के समान दिखाई दें–प्रयोग किया जाना चाहिए।" (1/53) "भित्तियों को उठाने के बाद इन पर (पिसे हुए शंख, सीप आदि को बालू में मिलाकर) चूने से लेप (पलस्तर) चढ़ाया जाए और इसके बाहरी भाग पर ध्यानपूर्वक चूने की पुताई की जाए। दीवारों पर पलस्तर हो जाने और (उनकी) घिसाई, घुटाई आदि हो जाने से चिकनी और समतल बन जाने के बाद, इन भित्तियों पर चित्र रचना करवाई जाए।" (1/55) इस तरह वास्तुकला से चित्रकला का संयोग होता है। भित्तियों पर चित्र बनाने के अलावा लकड़ी पर भी अनेक शैलियों में चित्र उत्कीर्ण किए जाते हैं। ये चित्र ऐसे बनाए जा सकते हैं कि बाहर उठे हुए दिखाई दें और ऐसे भी कि भीतर लकड़ी के अंदर दिखाई दें। "अनेक हाथी या (सर्प आदि) की आकृतियाँ इनमें खुदवाई जाएँ। इनमें सुन्दर पुतलियाँ खुदवाई जाएँ। इसकी वेदिकाओं के नानाविध चित्र बाहर निकले हुए (निर्वह) और भीतर खुदे हुए (कुहर) रहना चाहिए। इनकी रचना अनेक शैलियों से युक्त रहनी चाहिए और इनकी जालियाँ और झरोखे एक विचित्र सजावट लिए होने चाहिए। इनमें विद्यमान खम्भों के ऊपर सुन्दर तुलाएँ (धारणी) लगाई जाएँ, जिनमें विचित्र स्वरूपवाली कबूरतों की छतरियाँ पंक्तिबद्ध (रखी हुई) दिखाई दें तथा फर्श पर खड़े किए गए खम्भों पर अनेक तरह की चित्रकारी रहनी चाहिए। इस प्रकार जब लकड़ी का कार्य और सजावट पूर्ण हो जाए तो फिर दीवारों को उठाने का कार्य आरम्भ किया जावे।" (1/53, 54) लकड़ी पर यह सारा काम पहले कर लिया जाता था, फिर उसे उठाकर मण्डप सजाया जाता था। नाट्य मण्डप में कितनी हवा आए या न आए, इसका निश्चय शिल्पियों को नाट्य प्रयोग की आवश्यकताओं को ध्यान में रखते हुए करना चाहिए। "यह नाट्य मण्डप (नाट्यगृह), पर्वत की गुफा के समान आकार लिए हुए और द्विभूमि (पहले नीचा और फिर क्रमशः ऊँचा होनेवाला या दुमंजिला) बनाया जाए। इसमें झरोखे या खिड़कियों से हल्की-हल्की हवा आती

रहनी चाहिए। यह तेज हवा से रहित (निर्वात) और गम्भीर शब्दों को गुँजानेवाला होना चाहिए (अर्थात् जिसमें उच्चरित शब्द की प्रतिध्वनि होती रहे)। शिल्पीजन इसको निर्वाति (जिसमें तेज हवा न आ पाए), ऐसा ही बनाएँ, क्योंकि ऐसे मंडप में सभी प्रकार के वाद्यों (कुतप) की ध्वनि में स्वर-गाम्भीर्य बना रहता है।" (1/54-55) शिल्पियों को आदेश है कि छत को सँभालने "मज़बूत खम्भों को काष्ठ पुतलियों आदि से अलंकृत करते हुए लगावें।" (1/58) दो द्वार नेपथ्य-गृह के होने चाहिए। फिर दर्शकों के आने के लिए एक द्वार बनाना चाहिए और नटों के प्रवेश के लिए रंगमंच के सम्मुख द्वार का मुख रहना चाहिए। (उपर्युक्त) भित्ति चित्रों में शृंगार रस की प्रधानता बताई गई है। "अंकित किए जानेवाले चित्रों में लताबन्ध तथा अन्य विलास क्रीड़ाओं वाले स्त्री-पुरुषों के कार्य प्रदर्शित करने वाले चित्र रहें।" (1/55) 'लताबन्ध' पर सम्पादक की टिप्पणी है–"**लताबन्ध** या **लतावेष्ठन**–सम्भोग के प्रकार हैं। 'आत्मभोगजम' का अर्थ है–स्त्री-पुरुषों की विलास क्रीड़ा या स्वयं के आनन्द से उत्पन्न होनेवाले चरित चित्र कर्म अजन्ता के चित्रों में आज भी देखा जा सकता है।" (उपर्युक्त) यह स्थिति उत्तरकालीन समाज की है।

नाट्यशास्त्र में इस बात के अनेक प्रमाण हैं कि नाटक का उद्भव वीरतापूर्ण घटनाओं से हुआ था और उसमें जो सम्वाद, नृत्य आदि का संयोजन किया जाता था, उसमें भी बार-बार वीररस का उल्लेख किया गया है। इस रस के विपरीत भित्तियों पर केवल शृंगार के चित्र बनाना, उस युग की बात नहीं हो सकती, जिसमें नाटक का उद्भव और प्रारम्भिक विकास हुआ था। स्मरणीय है कि ब्रह्मा ने भरत से कहा–"महेन्द्र का इस समय ध्वज महोत्सव चल रहा है, अतएव इसी महोत्सव में इस नाट्यवेद का भी प्रयोग किया जाए।" ध्वज महोत्सव असुरों और दानवों पर विजय प्राप्ति के उपलक्ष्य में मनाया जाता था। इसमें भरत ने नान्दी पाठ किया और उसके पश्चात् "देवताओं द्वारा दैत्यों पर विजय प्राप्त करने का मैंने ऐसा अभिनय प्रस्तुत करना आरम्भ किया, जो क्रोधपूर्ण वचनों (सम्फेट), भगदड़ आदि कार्यों तथा मारकाट और युद्धार्थ किए गए आह्वानों से युक्त था।" (1/15-16) नाटक की इस विषयवस्तु के अनुरूप खम्भों और दीवारों पर चित्र बनाए गए हों, इसका उल्लेख नहीं है। यह भी सम्भव है कि खम्भों और दीवारों पर चित्र बनाने की प्रथा बाद में चली हो। दूसरी बार ब्रह्मा ने भरत से कहा–"अमृतमंथन का संयोजन करो। यह देवगणों को प्रिय है और उनके उत्साह को बढ़ानेवाला है।" (1/83) इसका सम्बन्ध भी वीर रस से है।

नृत्य, संगीत और नाट्य प्रयोगों में शृंगार रस की इतनी प्रधानता रही है कि यह जान लेना उचित होगा कि कभी इनमें वीररस की प्रधानता भी थी। नाटक

प्रारंभ करने के पहले सूत्रधार के लिए आदेश है कि वह कुम्भ फोड़ दे। उसके फूट जाने पर उसे प्रयत्नपूर्वक जलता हुआ दीपक लेकर सम्पूर्ण रंगस्थल को प्रकाशित करना चाहिए। वह दीपक से सम्पूर्ण रंगस्थल कैसे प्रकाशित करे? "वह उस दीपक को लेकर अतिशय शब्द एवं सिंहनाद करते हुए अँगुलियों को घुमाते या मरोड़ते हुए, कूदते और दौड़ते हुए इसकी प्रभा को सारे रंगमंच पर घुमा दे।" इतना ही नहीं, "फिर शंख और दुन्दुभि वाद्य के निर्घोष तथा मृदंग और प्रणव वाद्यों के बजाने और सभी वाद्यों का वादन करते हुए रंगभूमि पर युद्ध की आयोजना करे।" युद्ध की आयोजना में किसी के घाव हो जाए तो उसे शुभ शकुन माना जाता था। "यदि इस युद्ध में योद्धा का कटा-फटा, चिरा या काटा हुआ घाव रक्त से चमकीला या बड़ा हो जाए तो यह बड़ा शुभ शकुन माना जाता है और यह सिद्धि का सूचक होता है।" (1/79-80) यह नाटक की उत्पत्ति-कथा है। यह उस समय की बात है, जब नाटक केवल राजा के लिए नहीं, "नगर के बालकों, बूढ़ों तथा जनपद के लिए भी कल्याणप्रद होता है।" (1/80) "सम्भव है, नाट्य प्रयोग के पहले भावों और रसों की अभिव्यक्ति केवल नृत्य द्वारा होती हो।" अंग संचालन के लिए करण शब्द का प्रयोग होता था। "नृत्य में हस्त तथा पादों के मिलकर हलन-चलन करने को करण कहते हैं।" (1/89) करणों की योजना इस प्रकार होनी चाहिए। "इन करणों की नृत्य, युद्ध, बाहुयुद्ध तथा युद्ध के समय रखी जानेवाली पैरों की गति (चारी) का गति प्रचाराध्याय में वर्णन करूँगा।" (1/94) ऋषियों ने भरत से पूछा—अभिनय से तो सारी बातें कह दी जाती हैं, फिर नृत्य कला का सृजन किस उद्देश्य से हुआ? भरत ने जो उत्तर दिया, उससे ज्ञात होता है, यह लोक कला थी। उसका सम्बन्ध मांगलिक उत्सवों से था, युद्ध से भी था और वहाँ से उसे नाट्य प्रयोग में ग्रहण किया गया। उन्होंने कहा—"नृत्त किसी अर्थ विशेष की अभिव्यक्ति की उपयोगिता से रहित है—यह ठीक है, किन्तु शोभा की सृष्टि के हेतु भी संयोजित किया जाता है। प्रायः सभी मनुष्यों को स्वाभाविक तौर पर नृत्त इष्ट है तथा यह मंगलप्रद भी है। इसीलिए इसका कथन (सृजन) किया है। यह नृत्त विवाह, पुत्रजन्म, जामाता की बारात में उपस्थिति के अवसर पर और विजय प्राप्ति के उपलक्ष्य में किए जानेवाले आमोद-प्रमोद के लिए बनाया गया है।" (1/136)

नाटक में गाए जानेवाले एक गीत में कहा गया है, "प्रलय काल के पश्चात् संसार को सुखप्रदाता भगवान शिव का वह ताण्डव नृत्य—जिसमें पैर के तले की ठोकर से पर्वत विच्छिन्न होकर लुढ़क गए हैं और सम्पूर्ण समुद्र तथा उसमें स्थित प्राणियों को जिसने विशुद्ध कर दिया है—आपकी रक्षा करे। इस गीत के साथ नृत्य का भी आयोजन है। जब वह अपने कदम भरता हुआ भाण्ड वाद्य तक जाए और

फिर सूची (चारी) का प्रदर्शन करे तथा पुनः विक्षेप के द्वारा परिवर्तित हो जाए।" (1/187) यहाँ गीत और नृत्य दोनों का ही सम्बन्ध शृंगार रस से नहीं है।

वृत्तियों का वर्णन करते हुए कहा गया है कि विष्णु ने मधु और कैटभ नाम के असुरों का वध किया, तब ब्रह्मा जी उनसे बोले—"हे देव, आपने विभिन्न सुस्पष्ट, प्रभावशाली, आश्चर्योत्पादक तथा सुकुमार अंगहारों के द्वारा इन असुरों का संहार किया, इसलिए यही युद्ध में चलाए जानेवाले (प्रयुक्त किए जानेवाले) सभी शस्त्रों का आदर्श होकर संसार में न्याय नाम से विख्यात होगा। जब से यह (युद्ध में) अंगहारों का प्रयोग किया गया—जो अंगहार न्यायों से उत्पन्न हुए थे और न्यायपूर्वक देखे गए थे, इसलिए तभी से व्यवहार में ये न्याय के नाम से प्रसिद्ध हो गए।" (3/98.99) सात्वती वृत्ति की व्याख्या करते हुए कहते हैं—"इस वृत्ति में वीर, अद्भुत तथा रौद्र रस होते हैं। यह करुण, शृंगार रस तथा निर्वेद भाव से हीन होती है। इसमें उद्धत वृत्ति के पुरुषों की प्रायः बहुलता रहती है, जो एक-दूसरे को शब्दों से तिरस्कृत करते (आघर्षण) हों।" (3/105) यदि नृत्य का जन्म युद्धभूमि में हुआ तो एक दूसरे को चुनौती देनेवाले सम्वादों की सृष्टि हुई। सात्वती वृत्ति के एक रूप उत्थापक के बारे में कहते हैं—"संघर्ष के (समय उत्पन्न) वचनों से उत्पन्न होनेवाली चुनौती को उत्थापक जानो। जैसे—मैं युद्ध के लिए उठता हूँ, तू अपनी ताकत आज़मा ले आदि वाक्य (जिनसे बाद में संघर्ष हो जाए), उत्पाथक है।" (3/106) एक वृत्ति का नाम आर्भटी है। उसमें उद्धत पुरुषों की प्रधानता होती है। उसके अभिनय की विशेषता यह है : "जिसमें अनेक प्रकार की (वास्तविक) नीचे गिरने, कूदने-फाँदने की क्रियाएँ हों, माया तथा इन्द्रजाल के कार्य हों और अनेक प्रकार के युद्धों का अभिनय प्रस्तुत किया जाए, तो उसे भी आरभटी वृत्ति समझना चाहिए।" (3/111) एक वृत्ति का नाम सम्फेट है, "जिसमें उत्तेजन के कारण शीघ्रता से किए जानेवाले कार्य रहें, अनेक युद्ध तथा बाहुयुद्ध हों, कपट तथा अंगों का चीरना-फाड़ना (निर्भेद) रहे तथा (परस्पर) शस्त्रों का अतिशय प्रहार प्रदर्शित किया जाए तो उसे सम्फेट समझना चाहिए।" (3/112-113) वास्तव में शृंगार के लिए केवल कौशिकी वृत्ति है, उसमें भी हास्य शृंगार का भागीदार है। शेष वृत्तियाँ शृंगार से भिन्न विषयों के लिए हैं। "वीर, रौद्र तथा अद्भुत रस में सात्वती, भयानक वीभत्स तथा रौद्र में आरभटी तथा करुण और अद्भुत रस में भारती वृत्ति का प्रयोग करना चाहिए।" (3/113)

नाट्यशास्त्र कलाओं के संगम का शास्त्र है। इन कलाओं का स्वतन्त्र विकास हुआ है। उन्हें नाटक में एक साथ लाया गया है। वास्तुकला का स्वतन्त्र विकास हुआ होगा, इसका अनुमान तो सहज ही किया जा सकता है। नृत्य, संगीत आदि, जिनका नाटक में प्रयोग किया जाता है, इनका भी स्वतन्त्र विकास

हुआ था। सम्भवतः इनमें सबसे पहले नृत्य कला का विकास हुआ था। इसके लिए माध्यम के रूप में मनुष्य का शरीर पर्याप्त है। वाद्य हों, चाहे न हों, स्त्री और पुरुष नृत्य कर सकते हैं। पौराणिक कथाओं में नृत्यकला के उद्भव की जो बात कही गई है, उसमें उसके स्वतन्त्र विकास के तथ्य को पहचाना जा सकता है। ब्रह्मा ने शिव से आग्रह किया कि वे भरत द्वारा प्रयुक्त नाटक देखें। शिव ने स्वीकार किया और *अमृतमन्थन* तथा *त्रिपुरदाह* नाटक उन्होंने देखे। इन नाटकों में नृत्य नहीं था, संगीत नहीं था। नाटक देखकर शिव प्रसन्न हुए और उन्होंने ब्रह्मा से कहा—"सन्ध्या के समय नृत्य करते हुए जब मैंने नृत्य का निर्माण किया, तब मैंने इसे (नृत्य को) अंगहारों से—जो करणों से मिलकर निर्मित होते हैं—युक्त करते हुए और भी सुन्दर बनाया है। तुम इन अंगहारों का नाटक की पूर्व रंगविधि में प्रयोग करो।" (1/85-86) कथा के अनुसार शिव ने नाटक से स्वतन्त्र नृत्य का निर्माण किया। नृत्य के साथ वाद्यों का वादन भी हुआ, इसका उल्लेख नहीं है। नाट्य प्रयोग और वाद्य वादन से स्वतन्त्र नृत्य का विकास हुआ फिर उसे नाटक में लाया गया। पुरुष नाचते थे, स्त्रियाँ भी नाचती थीं। "इस रेचक तथा अंगहारों से युक्त शिव को नृत्य करते देख पार्वती ने भी सुकुमार प्रयोगों से युक्त एक नृत्य किया।" (1/133) नृत्य के साथ वाद्य वादन के चलन का श्रेय तंडु को दिया गया है। शिव ने "रेचक, अंगहार तथा पिण्डिबन्धों के सृजन कार्य को पूर्ण करने के पश्चात् उन्हें तण्डु मुनि को प्रदान कर दिया।" (1/135) अभी नृत्य के साथ वाद्य वादन का चलन नहीं हुआ। तब उन तंडु मुनि ने (उन्हें) गान तथा भाण्ड वाद्य (वाद्य तथा गीत) से (ठीक प्रकार से) संयुक्त कर जिस नृत्त प्रयोग की सर्जना, की वह ताण्डव नाम से प्रसिद्ध हुआ।" (उपर्युक्त)

नृत्य मूलतः अभिनय से भिन्न था। ऋषियों ने भरत से प्रश्न किया था, अभिनय में सभी चीज़ें आ जाती हैं फिर नृत्य की सृष्टि अलग से क्यों की गई? भरत ने उत्तर दिया—"यह ठीक है, किन्तु इसे शोभा की सृष्टि के हेतु भी संयोजित किया जाता है।" (1/136) शोभा और सौन्दर्य के लिए लोग नाचते थे और उसका घनिष्ठ सम्बन्ध लोक व्यवहार और उत्सवों से था। इससे नृत्य के स्वतन्त्र विकास का बोध होता है। नर्तकी मंच पर आती है, रेचकों से युक्त गति का प्रदर्शन करते हुए अंजलि में पुष्प धारण किए, उन्हें इधर-उधर बिखेरकर देवों को प्रणाम करती है। (1/139) "अभी तक न गीत है, न वाद्य (वादन), यह कार्य पूरा करने के पश्चात विभिन्न गीत एवं मुद्राओं के साथ अभिनय प्रारम्भ करे।" (उपर्युक्त) नृत्य अभिनय से भिन्न है, वह गीत से भिन्न है। पहले शुद्ध नृत्य का प्रदर्शन होता है, उसके बाद संगीत आरम्भ होता है। नियम है कि "जब अभिनय को किसी गीत के अनुसार प्रदर्शित किया जा रहा हो,

तब उसके साथ वाद्य (संगीत) की योजना (संगत) नहीं की जानी चाहिए।" इससे नृत्य के साथ संगीत के स्वतन्त्र विकास का तथ्य भी सामने आया। आगे कहता हैं—"किन्तु अंगहारों के प्रयोग की दशा में भाण्ड वाद्य (अवनद्ध वाद्य, मृदंग या भाण्ड) की योजना अवश्य की जाए।" (उपर्युक्त) एक स्थिति में नृत्य के साथ बाजे बजाए जाते हैं उनके बिना भी नृत्य का आयोजन किया जा सकता है। नर्तकी किसी गीत की विषय वस्तु अभिनय द्वारा प्रदर्शित करती है, किन्तु नृत्य इस अभिनय से भिन्न है, वही विषय वस्तु, अभिनय से स्वतन्त्र, वह नृत्य द्वारा भी प्रदर्शित कर सकती है। भरत कहते हैं—"सर्वप्रथम गीत की समग्र विषय वस्तु को मुद्राओं द्वारा अभिनीत किया जाए और फिर वही (गीत की) विषय वस्तु नृत्त के माध्यम द्वारा प्रदर्शित की जाए।" (1/143) मुद्राओं द्वारा विषय वस्तु बताना एक बात है और शरीर के अंगों के संचालन द्वारा भाव प्रदर्शित करना दूसरी बात है। यह दूसरी बात ही नृत्य का शुद्ध रूप प्रस्तुत करती है।

नृत्य की तरह गायन का भी स्वतन्त्र विकास हुआ। भरत कहते हैं—"सर्वप्रथम स्वर मानव शरीर से उत्पन्न होकर क्रमशः फिर वाद्यों में और फिर घनवाद्यों में संचारित हुए।" (4/354) मानव शरीर के साथ संगीत के विकास में वीणा का योगदान महत्त्वपूर्ण था। शरीर के साथ वीणा का उल्लेख करते हुए कहते हैं—"(मानव) शरीर में तथा वीणा में सात स्वर होते हैं और उन्हीं से उत्पन्न स्वर आतोद्यों (वाद्यों) में उत्पन्न किए जाते हैं या वहीं से लेकर स्वरों की वाद्यों में स्थापना हुई।" (4/354) अच्छे गायन के लिए सुरीला कण्ठ होना आवश्यक है। कण्ठ के गुण बताते हुए कहते हैं, स्वर दूर से सुनाई देता हो, दूर तक सुनाई देने पर भी रूखा न हो, स्वर अपने परमोच्च स्थान पर चढ़ने पर भी बेसुरापन न देता हो, जिसमें स्वरगत आधिक्य या हीनत्व की दशा न हो, जो स्वर मूर्धा, कण्ठ तथा वक्षस्थल से उद्भूत होकर तार, मन्द्र और मध्य स्थान से सम्बद्ध होकर शोभित हो और तीनों स्थानों पर माधुर्य सदा विद्यमान रहता हो तो उसे त्रिस्थान शोभी समझना चाहिए। (4/344)

नृत्य की तरह गायन वादन का भी स्वतन्त्र विकास हुआ। फिर उन्हें नृत्य और नाट्य प्रयोगों से जोड़ा गया। भरत ने बताया, स्वरों के अधिष्ठान दो हैं—एक शरीर तथा दूसरा वीणा (आदि) वाद्य। (4/8) स्वर सात हैं—षड्ज से लेकर निषाद तक यह षड्ज ग्राम हुआ, परन्तु वीणा में मध्यम ग्राम चलता है। वीणा का अपना मध्यम ग्राम है, इसलिए कि (वीणा) में मध्यम स्वर को मूर्च्छनाओं का आरम्भक स्वर कहा जाता है और यह स्थायी स्वर (अविनाशी) कहलाता है। (4/24) इससे ज्ञात होता है कि गायन और वीणा वादन का स्वतन्त्र विकास हुआ। संगीत के

विवेचन में भरत वीणा को उच्चतम स्थान देते हैं। तान क्रिया की व्याख्या करनी है। वह वीणा के आधार पर कहते हैं–"यह क्रिया दो प्रकार से की जाती है। एक प्रवेश, जिसमें नीचे के स्वर को उत्कर्षयुक्त करते हुए या उत्कर्षयुक्त स्वर को कोमल बनाते या उतारते हुए यह क्रिया की जाती है। दूसरा है निग्रह उसमें मध्यम स्वर का न छुआ जाना विशेष है, इसलिए कि मध्यम स्वर अविनाशी है। वह इस ग्राम का आधारभूत स्वर है।" (उपर्युक्त) धातु की व्याख्या करने के बाद कहते हैं–"इस प्रकार वाद्य-विज्ञाता के लिए वीणा-वादन में धातुओं का यह बतलाया हुआ स्वरूप है।" (4/90) दो वीणा लेकर गुरु लघु का स्थान बताते हुए रूप की व्याख्या करते हैं। (4/91) वीणा के प्रसंग में भरत तान, वृत्ति, धातु और श्रुति के नाम लेते हैं। शरीरस्थ स्वरों के प्रसंग में वह इनके नाम नहीं लेते। (4/8) श्रुतियों का विशेष सम्बन्ध वीणावादन से है। ग्रामों और स्वरों में उनकी संख्या वीणा के आधार पर निश्चित की गई थी। श्रुतिभेद के आधार पर भरत वादी एवं सम्वादी स्वरों का भेद बताते हैं। (4/11) यदि श्रुतियों की धारणा वीणावादन से उत्पन्न हुई हो तो मानना चाहिए कि वादी-सम्वादी स्वरों की कल्पना भी वीणावादन से ही उत्पन्न हुई थी। मध्यम ग्राम में पंचम को एक श्रुति उतार देना चाहिए। यह क्रिया कैसे सम्पन्न की जाए, इसके लिए वह कहते हैं, एक जैसी दो वीणा लेना चाहिए। (4/14-15) प्रत्येक स्वर में श्रुतियों की संख्या और प्रत्येक ग्राम में सम्पूर्ण श्रुतियों की संख्या वीणा वादन के आधार पर निश्चित की गई। (4/14) बाँसुरी जैसे वाद्य बाँस के बने होते थे, इनकी "स्वर, ग्राम आदि में होनेवाली विधियाँ वीणा के समान ही (होती) हैं।" (4/104) कण्ठ स्वर के अनुसार नहीं, वीणा के अनुसार, इससे वीणा का महत्त्व ज्ञापित होता है।

संगीत शास्त्र का यथेष्ट विकास भरत से पहले हो चुका था। स्वाति और नारद इन दो आचार्यों के नाम उन्होंने लिए हैं। इन्होंने "गान्धर्व के वाद्य-वादन के विषय में विस्तार से उनके गुण, लक्षण तथा कार्य के विषय में (अपने ग्रन्थों में) बतलाया है।" (4/347) मृदंग आदि मढ़े हुए वाद्यों का निर्माण और उनके आधार पर संगीत का विकास भी स्वतन्त्र रूप से हुआ। स्वाति के बारे में कथा है कि कमल पत्रों पर वर्षा की बूँदों से जो ध्वनि होती थी, उसे सुनकर उनके मन में अवनद्ध वाद्य निर्माण का विचार आया। उन्होंने विश्वकर्मा की सहायता से मृदंगों का, फिर पुष्कर, पणव और दर्दुर का निर्माण किया। (4/349) दुन्दुभि का चलन और पुराना था–उसे देवों का वाद्य कहा गया है। उसे देख सुनकर स्वाति मुनि ने मुरज आदि नये मढ़े हुए वाद्य बनाए। (3/349) जैसे भरत नाट्य प्रयोग हेतु आवश्यक उपकरणों के लिए सामग्री का वर्णन करते हैं, वैसे ही मढ़े हुए बाजे किस सामग्री से बनाए जाएँगे, इसका वर्णन भी करते हैं। स्वाति मुनि ने "इन

मृदंग, दर्दुर और पणव वाद्य को चमड़े से गढ़कर उन्हें रस्सी या तन्तुओं से बाँध दिया। इसके पश्चात् उन्होंने झल्लरी, पटह जैसे वाद्यों को लकड़ी तथा लोहे से बनाते हुए उन्हें भी चमड़े से मढ़ दिया।" (4/350) इन सब वाद्यों का उपयोग नाटक में किया गया। इससे पहले और उसके बाद भी इन सबका व्यवहार लोकोत्सवों आदि में होता था। भरत बताते हैं–"किसी उत्सव, राजकीय शोभायात्रा, मंगल अवसर या किसी शुभ योग के उपस्थिति होने पर, विवाह तथा पुत्रोत्सव के समय या युद्ध के समय जहाँ अनेक योद्धा इकट्ठे होते हों तथा इसी तरह के किसी अन्य अवसर के आने पर सभी वाद्यों का (एक साथ या आवश्यकतानुसार अलग-अलग) वादन किया जाता है।" (4/351) मृदंग आदि वाद्य बजाते हुए वादक कुछ बोल निकालते थे। इनके अतिरिक्त गायन और वीणावादन में भी बोल निकाले जाते थे। भरत कहते हैं–"शरीर और वीणा में झिंटु, जगति, कत जैसे कुछ वाष्करण (बोल) अनेक करणों के साथ रखे जाते हैं।" (4/355) मढ़े हुए वाद्यों से बहुत तरह के बोल निकाले जाते थे। जैसे–घट्टम, कत्थितृ, घट्टम, घेटाम्, घट्टम, गत्थिमम्, तात्थि घण्टाम्, गत्थित्थे। (4/364) तकितान, सन्तां, किंतां, घिसं, केतां, इदु, केताम्। (4/365) घ्रिंग, घ्रिंग, घट, घेङ्, मत्थि, मटा, मदात्थ, मन, घेङ्, कथि कटाङ्। (4/367)

भरत ने बताया है कि गायन का एक प्रकार वह है, जिसमें केवल स्वरों का प्रयोग किया जाता है। दूसरे प्रकार में सार्थक शब्दों का प्रयोग किया जाता है। (4/354) पहला प्रकार काव्य से स्वतन्त्र है। दूसरा प्रकार काव्य का अंग है। काव्य ने अन्य कलाओं को भी प्रभावित किया। नियम यह बना, मंच पर नर्तकी के आने पर वीणा-मृदंग आदि सभी वाद्य बजाए जाएँ। "सर्वप्रथम गीत की समग्र विषयवस्तु को मुद्राओं द्वारा अभिनीत किया जाए और फिर वही (गीत की) विषय वस्तु नृत्त के माध्यम द्वारा प्रदर्शित की जाए।" (1/143)

कुछ गीतों में अर्थहीन ध्वनियों का व्यवहार किया जाता था। ये तराना और तिल्लाना के पूर्वज थे। ध्रुवा का एक रूप वह था, जिसमें "अर्थहीन ध्वनि में (अक्षर मात्र के प्रतिध्वनन या कर्षण द्वारा) संयोजन किया जाता है।" (1/160) अर्थहीन ध्वनियों वाले ये गीत काफी लोकप्रिय रहे होंगे। कथा है, दैत्य इनसे प्रसन्न हुए और उन्होंने कहा ये गीत हमें दे दो, सार्थक शब्दोंवाला गीत देवों को दिया जाए। देवों ने जाकर नारद से कहा–आप इस तरह के निर्गीत को नष्ट कर दीजिए। नारद ने कहा–निर्गीत धातु वाद्यों के आश्रित हैं अर्थात् वीणा पर बजाए जाते हैं अथवा वीणा के साथ गाये जाते हैं। इन्हें नष्ट करना उचित नहीं है। ये शब्द या पदरहित केवल निरर्थक वर्णों की योजना से गाये जाने के कारण निर्गीत कहलाता है और यही देवगणों की असन्तुष्टि के कारण बहिर्गीत भी कहलाता है। (1/165)

3.9 कलाओं के माध्यम और उनकी अन्तर्वस्तु

नाटक में काव्य के साथ नृत्य आदि कलाओं का प्रयोग होता है। ये कलाएँ आपस में सम्बद्ध हैं और काव्य से भी सम्बद्ध हैं। परस्पर सम्बद्धता के अलावा उनकी अन्तर्वस्तु में भी बहुत बड़ी समानता है। कलाओं से रस की सृष्टि होती है और काव्य से भी होती है। रस मुख्य वस्तु है, जो काव्य और कलाओं को परस्पर जोड़ता है। नृत्य द्वारा रस की सृष्टि का एक उदाहरण इस प्रकार है–"जहाँ नायक-नायिका (दम्पत्ति) का प्रणयाश्रित सामीप्य हो तो उनके अतिशय हर्ष (आनन्द) को प्रस्तुत करने के लिए (या उनके आनदार्थ) नृत्त की योजना की जाए।" (1/146) विशेष प्रकार के अंग संचालन को चारी और महाचारी कहा जाता है। "शृंगार रस के भावों को गति द्वारा प्रदर्शित करना चारी तथा रौद्र रस के भावों को गति द्वारा प्रस्तुत करना महाचारी कहलाता है।" (1/161) इस तरह विविध भाव और रस नृत्य द्वारा प्रदर्शित किए जा सकते हैं। संगीत से रसों का सम्बन्ध इस प्रकार है–"मध्यम और पंचम स्वर की बहुलता होने पर हास्य और शृंगार रस, षड्ज और ऋषभ स्वर की बहुलता रहने पर वीर, रौद्र और अद्‌भुत रस गान्धार और निषाद की बहुलता में करुण रस तथा धैवत की बहुलता में बीभत्स और भयानक रस प्रयुक्त किए जाएँ।" (4/62) काव्य और कलाओं में रस सामान्य तत्त्व है, इसलिए काव्य का निरन्तर रूपान्तरण इन कलाओं में होता रहता है। "एक गीत की भी पुनः योजना की जाए और एक नर्तकी पूर्ववत् मंच पर प्रविष्ट हो और वह उस गाये जानेवाले गीत की विषय वस्तु को--जो द्वितीय आसारित प्रयोग के अवसर पर गायी गई थी–उपयुक्त नृत्य (की मुद्राओं) के (प्रदर्शन) द्वारा अभिनीत करे।" (1/141) इसी प्रसंग में वे आगे कहते हैं–"सर्वप्रथम गीत की समग्र विषयवस्तु को मुद्राओं द्वारा अभिनीत किया जाए और फिर वही (गीत की) विषय वस्तु नृत्त के माध्यम द्वारा प्रदर्शित की जाए।" (1/143) काव्य और कलाओं की अन्तर्वस्तु के रूपान्तरण का यह बहुत अच्छा उदाहरण है। मुद्राओं द्वारा तालों का प्रदर्शन भी किया जा सकता था। "षटकल ताल की प्रथम कला में कनिष्ठिका अंगुलि के द्वारा निष्काम, दूसरी में शम्या, तीसरी में ताल, चौथी में शम्या तथा पाँचवी में तर्जनी से शम्या और सन्निपात को प्रदर्शित किया जाए।"(4/122)

भरत अलंकारों की चर्चा करते हैं। अलंकार सम्बन्धी उनकी धारणा परवर्ती धारणाओं से काफी भिन्न है। उनकी धारणा में अलंकारों का गहरा सम्बन्ध भावों से देखा जा सकता है। यथा "प्रसन्नादि–जो क्रमशः (धीरे-धीरे) उद्‌दीप्त हो (बढ़े) उसे प्रसन्नादि कहते हैं। प्रसन्नान्त–यदि इसे ही व्यस्त रूप में कहा जाए (अर्थात् विपरीत) तो प्रसन्नान्त समझना चाहिए।" (4/70) अलंकार काव्य में होते हैं, नृत्य-संगीत में भी होते हैं। गीतों के प्रसंग में भरत लय की चर्चा करते हैं।

(4/196) लय गीत में होती है और नृत्य संगीत में भी। काव्य और नृत्य संगीत में यति की भूमिका महत्त्वपूर्ण होती है। "यह पद, वर्ण या अक्षरों का गीत तथा वाद्य के आश्रय लेने पर विस्तार तथा नियमन का कार्य करती है।" (4/212) रसों और अलंकारों के अतिरिक्त गुण हैं, जो काव्य और कलाओं की अन्तर्वस्तु को परस्पर सम्बद्ध करते हैं। स्त्री और पुरुष गायक-गायिकाओं में भेद करते हुए भरत कहते हैं—"यद्यपि पुरुष लक्षणादि से युक्त गीत या शास्त्रीय विधि का ज्ञाता होता है, पर उसके कण्ठ में माधुर्य गुण सहज न होने से उसके द्वारा गीत गाये जाने पर सौन्दर्य या रंजकता की उतनी सृष्टि नहीं हो पाती है।" (4/483) यहाँ माधुर्य गुण के साथ सौन्दर्य के उल्लेख पर ध्यान देना आवश्यक है। मूल पाठ में शोभा शब्द का व्यवहार किया गया है। अन्यत्र उन्होंने कहा है, नृत्त किसी अर्थ विशेष की अभिव्यक्ति न भी करे, तो भी उसका 'शोभा की सृष्टि के हेतु' आयोजन किया जाना चाहिए। (1/136) शोभा या सौन्दर्य वस्तुओं का गुण है। वह उनमें पहले से विद्यमान रह सकता है। मनुष्य ऐसी वस्तुओं का सृजन भी कर सकते हैं। इसी तरह लालित्य गुण हैं। पुरुषों और स्त्रियों के अभिनय में भेद करते हुए भरत कहते हैं—"स्त्रियों के हाथ, पैर तथा अंगों का चालन लालित्यपूर्ण होना चाहिए। परन्तु पुरुषों के अंगों का चालन (आवश्यकतानुसार) धैर्य तथा औद्धत्य से युक्त रहे।" (3/298) गम्भीरता ध्वनि की विशेषता हो सकती है। उसका गुण उसे कहा जा सकता है। भेरी, पटह आदि वाद्यों के बारे में भरत कहते हैं, वे बड़े आकार के होते हैं, उनके बन्धन शिथिल हों तो भी "केवल गम्भीर ध्वनि की ही अपेक्षा रखी जाती है।" (4/353)

गम्भीरता का गुण वाद्य संगीत में हो सकता है और काव्य में भी। काव्य और कलाओं के अन्वेषण में भरत ने वृत्ति की धारणा का उपयोग किया है। दैत्यों ने विष्णु के प्रति कठोर वचन कहे। ब्रह्मा ने विष्णु से पूछा—"क्या यही मात्र भारती वृत्ति है, जो इन योद्धाओं के उत्तरोत्तर वचनों से सम्बद्ध हो रही है?" तो विष्णु ने उत्तर दिया—"यह वृत्ति भाषण करनेवाले पात्रों के मुँह से निकले शब्दों से विकास तथा सम्वर्धन को प्राप्त करेगी।" (3/96) यही वृत्ति नृत्य में भी व्यक्त हुई है। "फिर युद्ध करने में चतुर उन दैत्यों से भगवान विष्णु ने उपर्युक्त आंगी चेष्टाओं तथा अंगहारों के साथ युद्ध किया। इस युद्ध में भगवान विष्णु के भूमि पर पैर रखने (संस्थान) के कारण पृथ्वी पर जो अतिशय भार बढ़ गया, उस भार से भारती वृत्ति का निर्माण हुआ।" (3/97) भारती शब्द की व्युत्पुत्ति पर यहाँ ध्यान न दें। महत्त्वपूर्ण बात यह है कि वृत्ति नृत्य के विश्लेषण में काम आती है और सम्वाद के विश्लेषण में भी। ब्रह्मा ने देवों को जो वृत्ति प्रदान की, वह "नाट्य प्रदर्शन के उपयोगार्थ अनेक भावों तथा रसों से पूर्ण थी।" (3/99) रसों और भावों

से वृत्ति का यह सम्बन्ध है—"विभिन्न रसों और भावों को स्थिरता प्रदान करने के कारण इसका नाम भी वृत्ति रखा गया।" (3/100) वृत्तियाँ के साथ प्रवृत्तियाँ भी हैं, परन्तु वे वृत्तियों से नितान्त भिन्न हैं। आवन्ती, दाक्षिणात्या, औढ़मागधी, पांचाली और मध्यमा—पाँच प्रवृत्तियाँ बनाई गई हैं। (1/225) इनका सम्बन्ध प्रदेशों से है। मध्यमा का सम्बन्ध मध्य देश से हो सकता है। साहित्य और कलाओं की प्रदेशगत विशेषताएँ होती हैं। उनके विश्लेषण में प्रवृत्तियों की यह धारणा सहायक हो सकती है।

ग्रन्थ का नाम *नाट्यशास्त्र* है पर उसमें शास्त्रों की जकड़बन्दी नहीं है। हो भी न सकती थी। कलाएँ अभी अवकाशभोगी वर्गों की निजी सम्पत्ति न बनी थी। समाज में धनी लोग थे, राजा थे। सार्वजनिक उत्सवों में नाट्य प्रयोग किए जाते थे, पर इनके अतिरिक्त "सामान्यतया उपस्थित होने वाले छोटे-छोटे घरेलू कार्यों के अवसर पर कम संख्या में या थोड़ी मात्रा में वाद्यवादन किया जाता है।" (4/352) ऐसे अवसरों पर शास्त्रों के अनुसार ही सारा काम न किया जा सकता था। हस्तमुद्राओं के शास्त्रीय प्रयोग बताने के बाद कहते हैं, "परन्तु जब कोई असामान्य प्रयोग या समय हो तो बुद्धिमान इन हस्तमुद्राओं के प्रयोग को वर्णित लक्षण से भिन्न स्वरूप में संयोजित करे या न भी करे।" (2/74) स्वर, मूर्च्छना, ग्राम—संगीतशास्त्र की जड़ इकाइयाँ नहीं हैं। "एक षड्ज ग्राम में यदि गान्धार की दो श्रुतियाँ चढ़ाकर उसे धैवत मान लिया जाए तो उसमें मध्य ग्राम की सभी शुद्ध मूर्च्छनाएँ मिलेंगी।" (4/21) भरत ने ऐसे गीत की कल्पना की है जिसमें लय-ताल का व्यवस्थित नियम न हो बल्कि "जिसमें वर्ण और मात्राओं की (अपने पादों में) विषम संख्या रहे, जिसके पादों की संख्या भी विषम हो, जिसमें लय-ताल का व्यवस्थित नियम न हो।"

भरत ने काव्य के प्रसाद, माधुर्य, ओज, सौकुमार्य, उदारता अथवा उदात्त आदि गुणों का उल्लेख किया है। ये काव्य के अतिरिक्त कलाओं के गुण भी हो सकते हैं। अंगों के प्रदर्शन के सन्दर्भ में भरत ने सौष्ठव गुण का नाम लिया है। जैसे आजकल मांस-पेशियाँ फुलाकर युवक शरीर प्रदर्शित करते हैं, वैसा ही कुछ भरत के समय में नाट्य-मंच पर भी होता था। "व्यायाम प्रदर्शन में सदा सौष्ठव का ध्यान रहना चाहिए। क्योंकि सौष्ठव से विहीन अंग नाट्य तथा नृत्य में सौन्दर्य की सृष्टि नहीं कर सकते।" (2/111) सौष्ठव गुण सौन्दर्य का समीपवर्ती गुण है। पात्रों में यह गुण होना चाहिए। "शरीर को सीधे, न झुके हुए, यथेच्छ, न ऊँचे तने न अधिक झुके हुए रखकर अंगों का सौष्ठव प्रदर्शित करना चाहिए।" (2/112) यह स्थापना *नाट्यशास्त्र* को शरीरविज्ञान से जोड़ती है। एक रस ऐसा है, जो सभी नाटकों में होना चाहिए। वह अद्भुत है। "भाव और रस से पूर्ण सभी रूपकों के

अन्त में अचुरजन अद्भुत रस की सदा योजना करें।" (3/17) सुन्दर वस्तु को देखकर यदि मनुष्य चकित रह जाए तो वहाँ भी अद्भुत रस की निष्पत्ति समझना चाहिए। इस प्रकार यह अद्भुत रस काफी व्यापक बन जाता है। "विस्मय की व्याख्या करते हुए भारत उसका सम्बन्ध सभी कलाओं से जोड़ते हैं।" विस्मय की उत्पत्ति माया, इन्द्रजाल, मनुष्यों के द्वारा विहित असाधारण (विचित्र) कार्य, महान् आश्चर्यकारिणी चित्रकला, शिल्पकला तथा पुस्त-विद्या की अतिशयता आदि विभावों के द्वारा होती है।" (1/389) जो विचारक और कलाकार नियमबद्ध शास्त्रीयता के पक्षधर नहीं हैं, वे सदा असाधारण की टोह में रहते हैं, वे सौन्दर्य का सम्बन्ध विस्मय से जोड़ते हैं और जिस सौन्दर्य से आश्चर्य उत्पन्न न हो, उसे मौलिक सौन्दर्य नहीं मानते। यह सौन्दर्य सभी कलाओं तथा साहित्य में देखा जा सकता है। भरत की दृष्टि भावों के साथ वस्तु पर भी है। यह वस्तु संसार की वस्तु हो सकती है और नाटक की कथावस्तु भी। "जो वस्तु या पदार्थ हृदयस्पर्शी हों, उनका (हृदयस्पर्शी होने में) रस से उत्पन्न होनेवाला कारण भाव है। यह (भाव) सम्पूर्ण शरीर में (तत्काल) उसी प्रकार व्याप जाता है, जैसे सूखी लड़कियों में अग्नि।" (1/377) नाटक में गीत गाए जाते हैं। उनका वस्तुओं से निबद्ध होना आवश्यक है। कोई गीत एक से अधिक वस्तुओं से निबद्ध हो सकता है। "एक वस्तु में निबद्ध गीत को ध्रुवा, दो वस्तु में निबद्ध गीत को परिगीतिका, तीन वस्तु में निबद्ध गीत को मद्रक तथा चार वस्तु में निबद्ध गीत को चतुष्पदा कहते हैं।" (4/217)

नाटक में शोक का भाव प्रदर्शित किया जाता है। वास्तविक जीवन में यह भाव वास्तविक घटनाओं से उत्पन्न होता है। "शोक (नामक स्थायी भाव) का उद्भव प्रियजन के वियोग (नाश), सम्पत्तिनाश, (प्रिय) या इष्ट व्यक्ति के वध, बन्धन तथा दुःख के अनुभव करने आदि विभावों से उत्पन्न होता है।" (1/382) जो अभिनेता मंच पर यह भाव प्रदर्शित करे, उसे अपने वास्तविक जीवन में इसका थोड़ा-बहुत अनुभव होना चाहिए। "रोदनात्मक भाव दुःख कहलाता है। इस दुःख भाव को जो कभी दुःखी न हुआ हो, ऐसा सुखी प्रयोक्ता तथा प्रहर्षात्मक सुख को दुःखी प्रयोक्ता कैसे अभिनीत कर सकेगा?" (1/430) नाट्य निर्देशक की यह यथार्थवादी दृष्टि है। सामाजिक जीवन में इसी तरह हर्ष का उद्भव भी वास्तविक कारणों से होता है। "हर्ष का उद्भव मनोरथों की पूर्ति, इष्ट या प्रिय व्यक्ति का मिलन, मानसिक तुष्टि, देव, गुरु, राजा तथा स्वामी की कृपा, श्रेष्ठ भोजन, वस्त्र तथा सम्पत्ति की प्राप्ति तथा उसका उपभोग आदि विभावों से होता है।" (1/407) वैसे तो अभिनेता अनेक भूमिकाओं में दूसरों का अनुकरण ही करता है, परन्तु एक विशेष प्रकार के अनुकरण से हास्य रस की उत्त्पत्ति होती है। "अन्य व्यक्तियों की चेष्टाओं की नकल करने पर परचेष्टानुकरणात् हास उत्पन्न होता है।" (1/381)

विशेष प्रकार के अनुकरण करके हास्यास्पद बना दें, तो देखनेवालों को हँसी आती है। यहाँ दार्शनिक सत्य यह है कि हास्य उत्पन्न करने के लिए दूसरे मनुष्यों का अस्तित्व आवश्यक है।

संसार गतिशील है। इसी नियम के अनुरूप नाटक में हर चीज़ गतिशील दिखाई जाती है। एक पैर के द्वारा भरा जानेवाला डग चारी (संचारी) है। चारी से नृत्त व्याप्त है, चारी से ही हलचल (गति आदि) की जाती है तथा शस्त्रों का फेंकना और युद्ध करना भी चारी के द्वारा ही प्रस्तुत होता है। नाट्य के रूप में जो भी (वर्णित) है, वह सब चारी में ही समाविष्ट जानो, क्योंकि कोई भी नाट्य का विभाग चारी के बिना नहीं होता। (2/96) चारी के अतिरिक्त गति के एक रूप का नाम करण है। "दोनों पैरों से होनेवाली गति करण कहलाती है।" (उपर्युक्त) नृत्य के प्रसंग में करणों का उल्लेख बार-बार किया जाता है। यह गतिशीलता रसों की अन्तर्वस्तु में देखी जा सकती है। शृंगार रतिभाव से उत्पन्न होता है। उसके संचारी भावों में निर्वेद ग्लानि आदि को गिना गया है। ये करुण रस के आश्रित हैं। (1/310-311) इस तरह एक रस के संचारी भाव संचरण करते हुए दूसरे रस में पहुँच जाते हैं। भयानक और शृंगार रस एक दूसरे से नितान्त भिन्न, विरोधी प्रकृति के हैं। परन्तु इनमें भी एक सामान्य तत्त्व है–शंका। उसके उत्पन्न होने के कारण अलग-अलग हो सकते हैं। "शंका को भयानक रस में प्रायः चोर (अर्थात् चोर के डर) से उत्पन्न होनेवाली तथा शृंगार रस में प्रियतम के अप्रिय आचरण से (प्रायः) होनेवाली रखना चाहिए।" (1/395)

काव्य और कलाओं में बहुत-सी बातें सामान्य हैं, परन्तु उनमें एक महत्त्वपूर्ण भेद है। भाषा को माध्यम के रूप में केवल साहित्य अपनाता है। भाषा और किसी कला का माध्यम नहीं बनती। भाषा के द्वारा ही हम विचार व्यक्त करते हैं। इस तरह काव्य और साहित्य में विचारों की अभिव्यक्ति भाषा के माध्यम से होती है और यह उन्हें अन्य कलाओं से अलग करती है। भाषा का सम्बन्ध मनुष्य की विचार-प्रक्रिया और उसकी ज्ञान-प्रक्रिया से है। *ऋग्वेद* में एक पूरा सूक्त वाणी पर है। वह कहती है–"मैं मित्र और वरुण को धारण करती हूँ। मैं इन्द्र, अग्नि और दोनों अश्विनीदेवों को भी धारण करती हूँ।" (10.125.1) इससे यह समझना चाहिए कि देवों से सम्बन्धित मनुष्य को सारा ज्ञान वाणी द्वारा ही प्राप्त होता है। धरती पर रहनेवाले मनुष्य के लिए वह कहती है–"जो अन्न भोग करता है, जो देखता है, जो प्राण धारण करता है और जो इस ज्ञान का श्रवण करता है, वह मेरी सहायता से यह सब करता है।" (10.125.4) मनुष्य के सारे सामाजिक व्यापार भाषा द्वारा सम्पन्न होते हैं। भाषा के द्वारा ही वह ज्ञान अर्जित करता है। अन्त में वह कहती है–"मेरा उत्पत्ति-स्थान समुद्र के जल में है। उसी स्थान से

मैं सारे संसार को व्याप्त करती हूँ और मैं इस महान अन्तरिक्ष को अपनी उन्नत देह से स्पर्श करती हूँ।" (10.125.7) यहाँ समझना चाहिए कि समुद्र मनुष्य का उपचेतन है। इसके बारे में वह बहुत कम जानता है। ज्ञान प्रक्रिया यहीं से आरम्भ होती है। अन्तरिक्ष उसकी आत्मा है–उसकी चेतना का सर्वोच्च शिखर। इस तरह उपचेतन से लेकर आत्मा तक ज्ञान प्रक्रिया भाषा द्वारा सम्पन्न होती है। भाषा मनुष्य के आन्तरिक जीवन को उसके बाह्य जीवन से जोड़ती है। *तैत्तिरीय उपनिषद* में भृगु ने पिता वरुण से कहा–"मुझे ब्रह्म का बोध कराइये।" वरुण ने उससे कहा–"अन्न, प्राण, नेत्र, श्रोत्र, मन और वाक् (ये ब्रह्म की उपलब्धि के द्वार हैं)।" (पृ. 214) अन्न खाकर मनुष्य जीता है, साँस लेता है, शरीर में प्राण रहते उसका जीवन बना रहता है। नेत्र, श्रोत्र आदि की सहायता से वह संसार को देखता सुनता है। मन इन इन्द्रियों के साथ जुड़कर उसे इस संसार का ज्ञान कराता है और इस ज्ञान-प्रक्रिया में वाणी सहायक होती है। इन्द्रियों के बिना वाणी कुछ नहीं कर सकती और वाणी के बिना इन्द्रियाँ और मन ज्ञान-प्रक्रिया को आगे नहीं बढ़ा सकते। इसी वैदिक परम्परा का अनुसरण करते हुए भरत *नाट्यशास्त्र* में वाणी के बारे में कहते हैं–"इस जगत् में सभी शस्त्र तथा वाङमय शब्दात्मक हैं तथा शब्दनिष्ठ (शब्दाश्रित) भी। इसलिए वाणी से परे कुछ भी नहीं है और सभी का (भावों वस्तुओं आदि का) कारण शब्द ही होता है।" (2/201)

अंग्रेजी में मिलते-जुलते अर्थ के दो शब्द हैं–फीलिंग और इमोशन। आपके पैर में चोट लगी, दर्द हुआ उसके लिए आप फीलिंग शब्द का व्यवहार कर सकते हैं, इमोशन का नहीं। मनुष्य का पीड़ा-बोध मूलतः संवेदन होता है, वह भाव को जन्म देता है। भाषा विचार व्यक्त करती है। विचार अमूर्त होते हैं। संवेदनों की मूर्तिमत्ता वह सीधे व्यक्त नहीं कर सकती, केवल उनकी ओर संकेत कर सकती है। साहित्य से भिन्न कलाएँ विचार व्यक्त नहीं कर सकतीं, इसलिए कि भाषा उनका माध्यम नहीं है। नाद ऐसा संवेदन है, जिसे हम मन और श्रोत्रेन्द्रिय से ग्रहण करते हैं। संवेदनों के माध्यम से संगीत हमारे भीतर भाव जगाता है। हर्ष, शोक, भय यहाँ तक कि मरने-मारने के भाव भी वह जगा सकता है। नाद स्वभाव से ही गतिशील होता है। इसलिए जैसी गतिशीलता संगीत हमारे संवेदनों में जगाता है, वैसी गतिशीलता दूसरी कलाएँ संवेदनों में नहीं जगातीं। चित्र किसी प्राणी या घटना-क्रम की गतिशीलता को स्थिर रूप में दिखा सकता है, उसके मूल गतिशील रूप में नहीं। चित्र में अंकित रेखाएँ रंग आदि उन संवेदनों को जाग्रत करते हैं, जिनका सम्बन्ध नेत्रेन्द्रिय से है। मूर्ति-शिल्प, वास्तुकला आदि हमारे उन संवेदनों को जगाते हैं जिनका सम्बन्ध नेत्रों से है तथा स्पर्श बोध से भी है। भाषाहीन कलाएँ हमारे भीतर संवेदनों को जन्म देती हैं और ये संवेदन भावों में रूपान्तरित होते हैं। कहाँ संवेदन समाप्त हुआ और कहाँ

भाव आरम्भ हुआ, यह बताना कठिन होता है। न ऋषभ न गान्धार, दोनों के बीच, जैसे स्वर की स्थिति हो, ऐसी ही संवेदनों में भाव की स्थिति कलाओं में होती है। भरत संगीत के प्रसंग में कहते हैं—"साधारण विधि उसे कहते, जहाँ पूर्व स्थिति का अन्त न हो और अगली स्थिति जिसने प्राप्त न की हो, ऐसा है, मध्यवर्ती स्वर। क्योंकि दोनों स्थितियों के बीच में रहने के कारण इसे साधारण स्वर कहा जाता है।" फिर ऋतुओं की सन्धि से उदाहरण देते हैं—"इसे (एक) ऋतु के उदाहरण द्वारा (इस प्रकार) समझना चाहिए। छाया में चलने से शीत का अनुभव होता है और धूप में चलने से पसीना आने लगता है तो न यही अच्छा लगता है कि शिशिर का अन्त हो गया (क्योंकि छाया में शीत लग रही है) और न यही कहा जा सकता है कि बसन्त नहीं आया है (क्योंकि धूप में पसीना आता है।)।" (4/24, 25) जो स्थिति यहाँ सन्धिकाल में मिलनेवाली दो ऋतुओं की है, वही भावों और संवेदनों की है।

प्राचीन भारतीय दर्शन की अनेक यथार्थवादी धाराएँ थीं और वे सदा परस्पर विरोधी न होकर एक दूसरे की पूरक थीं। लोकायत का उल्लेख पहले हो चुका है। वैशेषिक की विशेषता यह थी, वह वस्तु के अल्पतम विभाग करता था। काल-ज्ञान के लिए क्षण कल्पना की गई। ताल की व्याख्या करने के लिए भरत कला शब्द का प्रयोग करते हैं। यह समय के एक अल्प घटक का सूचक है। कहते हैं—"संगीत के (प्रयोग के) अवसर पर जब ताल का व्यवहार होता है तो उसे समय के परिमापक कला शब्द से कहा जाता है और तब इसका अर्थ भी ताल का प्रमाण निदर्शक काल होता है।" (4/109) कला शब्द *ऋग्वेद* में भी आया है। *वैदिक इण्डेक्स* के अनुसार किसी चीज का सोलहवाँ भाग कला होता था, आठवें भाग को शफ कहते थे। (खण्ड 1, पृ. 142) भरत के समय में कला शब्द का व्यवहार होता था। इसके अर्थ बदलते रहे थे। भरत ने लौकिक व्यवहार की कला से तालसूचक कला को भिन्न माना है। "व्यवहार में विद्वज्जन जिसे कला, काष्ठा, निमेष या पल कहते हैं, उस समय के परिमाण को कला या ताल (वर्तमान सन्दर्भ में) नहीं समझना चाहिए। ताल के प्रसंग में (उद्भूत) होनेवाली कला इससे भिन्न ही होती है।" (4/109-10) निमेष का समानार्थी निमिष *ऋग्वेद* में आया है। काष्ठा भी वहाँ है, परन्तु भिन्न अर्थ में। मुख्य बात यह है कि *नाट्यशास्त्र* में कला समय का अल्प खण्ड है और समय के विभाजन की पद्धति वैशेषिक दर्शन के अनुरूप है।

भरत के युग में वैदिक संस्कृति अभी जीवन्त रूप में बनी हुई है। उन्होंने ऋषि वाले ऋ और वर्ष वाले के साथ राम वाले र को भी मूर्धन्य माना है। "ऋ, र और ष को मूर्धन्य" जानो। (2/204) मूल रूप है प्रनीतम—मूर्धन्य र के संसर्ग से न परिवर्तित होकर ण बना, रूप हुआ प्रणीतम। (1.117.17) यह वैदिक परम्परा यथेष्ट प्रभावशाली सिद्ध हुई। प्रणाम और नमस्कार का भेद इसी परम्परा के कारण है। भरत ने गीतों में गायत्री आदि वैदिक छन्दों के व्यवहार की बात कही है। (4/220) छन्दों के विवेचन

में भरत ने अक्षर को मूल घटक माना है। (4/226) *ऋग्वेद* के अनेक छन्द जहाँ-तहाँ उत्तरकालीन गणवृत्तों के समान प्रतीत होते हैं। *नाट्यशास्त्र* में गण शब्द आया है परन्तु गणों के नाम निर्धारित नहीं हुए। यह भी निश्चित नहीं है कि गण में दो अक्षर होते थे या तीन। गण के साथ भरत ने मात्राओं का उल्लेख भी किया है। (4/285) पंक्ति में गणों की संख्या निर्धारित होगी, तो मात्राओं की संख्या भी निश्चित होगी–**ईशं देवं शर्वं वन्दे**–इसे गणवृत्त कहा जा सकता है और मात्रिक छन्द भी। कहीं-कहीं पंक्तियों में अन्त्यानुप्रास का प्रयोग किया गया है यथा **शंकरः शूलमृत पातुमां लोककृत**। (उप.) अन्त्यानुप्रास की तरह 'मध्यानुप्रास' का प्रयोग करें, तो ईश देव शर्व में ध्वनिसाम्य को इस तरह के अनुप्रास द्वारा ज्ञापित कर सकते हैं। ऐसा प्रतीत होता है, गायन परम्परा के विकास के साथ अनुप्रासों का अधिक प्रयोग होने लगा, विशेष रूप से अन्त्यानुप्रास का। भरत ने कुछ उदाहरण प्राकृत से भी दिये हैं। यथा–

पवणो पुप्फवाही मदणं दीवयन्तो।
सिसिरे वादि काले मम सोअं जणन्तो ॥

इसका संस्कृत रूप इस प्रकार है–

पवनः पुष्पवाही मदनं दीपयन।
शिशिरे वाति काले मम शोकं जनयन्।

(4/242)

दीवयन्तो जणन्ते जैसे ओकारान्त प्रयोग प्राचीन ब्रजवासियों की ध्वनि प्रकृति के सूचक हैं। अन्त्यानुप्रास की तरह पंक्ति के बीच में भी अनुप्रास आता है–**उमेशः सुरेन्द्रः तंवायुर्ददातु**। (4/228) इस पंक्ति में प्रथम दो शब्द अन्त्य ध्वनियों से परस्पर सम्बद्ध हैं।

नाट्यशास्त्र में जिन छन्दों का उल्लेख किया गया है, वे सब अक्षर प्रधान हैं। जो अक्षरों से बनता है, वह सभी पद कहलाता है। पद अनेक प्रकार के होते हैं। "जो निश्चित अक्षरों से पूर्ण हो जाता हो, जिसमें यति से युक्त छन्द रहता हो तथा जिसमें अक्षरों को ताल तथा लय से युक्त रखा गया हो, उसे निबद्ध पद समझना चाहिए और जिसमें छन्द, पाद तथा यति का कोई निश्चित स्वरूप न हो और जिसमें अक्षरों की कोई निर्धारित संख्या न रहती हो तथा जिसमें ताल और ताल का बन्धन न हो तो उसे अनिबद्ध पद समझना चाहिए।" (4/230) गीतों में अभी वैदिक छन्दों का व्यवहार किया जाता था। उष्णिक, अनुष्टुप्, बृहती आदि के नाम लिए गए हैं। (4/224) पंक्ति में अक्षरों का लघु-गुरु क्रम निश्चित हो तो ऐसे गीत गाने में अधिक सुविधा होती होगी। परन्तु यह भी सम्भव है कि गायन के दो प्रकार रहे हों, लय धारणाएँ भी भिन्न कोटि की रही हों। अनुष्टुप-वृत्त गाया जाता था, यह निश्चित है। वह गण वृत्त नहीं है। गायन की ऐसी पद्धति

जिसमें गुरु-लघु अक्षरों का स्थान निश्चित हो अर्थात् जो गणात्मक वृत्त हों और जहाँ मात्राओं की संख्या भी निश्चित हो, अधिक लोकप्रिय सिद्ध हुई होगी। भरत ने एक गीत का उदाहरण दिया है। वह जयदेव की पदावली की याद दिलाता है–

पादतलाहतिपातित शैलम् क्षोभितसूतसमग्रसमुद्रम्।
तांडव नृत्तभिदं प्रलयान्ते पाजगतुत्सुखदायि हरस्य॥

(1/186-87)

विषय की भिन्नता होते हुए पदों का लालित्य और लय की मधुरता यहाँ वैसी ही है जैसी जयदेव के पदों में है। प्राकृत के जो छन्द *नाट्यशास्त्र* में उद्धृत किए गए हैं, वे भी अक्षर प्रधान हैं। कहीं-कहीं उनमें गणवृत्तों का भी प्रयोग किया गया है। यथा–

नीहअणिएद्धम पेक्षिय मोवम पन्थीय तारा अंसुकी रेन्ना। (4/221) यहाँ मध्यम ग्राम और षड्ज ग्राम वाली दो गायन पद्धतियाँ प्रचलित थीं, यह तो *नाट्यशास्त्र* से स्पष्ट है ही। यदि मध्यम ग्राम वाली परम्परा *सामवेद* से चली आती थी तो मानना चाहिए कि यह पद्धति सारस्वत प्रदेश की अपनी विशेष पद्धति थी। वैदिक संस्कृति का केन्द्र सारस्वत प्रदेश से हटकर जब कुरु-पांचाल प्रदेश में आया, तब भी यह पद्धति प्रचलित रही। परन्तु इसके समानान्तर एक दूसरी पद्धति भी दिखाई दी। वह षड्ज ग्रामवाली पद्धति थी। शूरसेन जनपद अपने गायन कौशल के लिए प्रसिद्ध रहा है। यह सम्भव है कि षड्ज ग्रामवाली पद्धति शूरसेन जनपद की देन हो। एक बार छन्द में गुरु लघु अक्षरों के स्थान निश्चित हो गए, तब स्वच्छन्द गतिवाले मात्रिक छन्दों की ओर संक्रमण सरल हो गया। मात्रिक और गणात्मक छन्दों में अन्तर यह है कि गणात्मक छन्दों में लय एक-सी रहती है, इसलिए कि लघु गुरु वर्णों का स्थान निश्चित होता है। मात्रिक छन्दों में लय की विविधता रहती है। संस्कृत कवियों में जो गणात्मक छन्दों की लय में परिवर्तन करना चाहते थे जैसे कि भवभूति, वे बहुधा यति का स्थान बदल देते थे। गण वृत्तों में जो कवि यति का स्थान बदलते रहते थे, वे अवश्य ही अधिक स्वच्छन्द लय और उसकी विविधता को आवश्यक मानते रहे होंगे। उसके पश्चात् मात्रिक छन्दों का चलन अनिवार्य हो गया।

संस्कृति पर जब पुरोहित वर्ग का एकाधिकार हो गया तब महाकाव्यों में ब्राह्मणों के पक्ष में बहुत-से अंश जोड़े गए। यह क्रिया व्यापक थी। *नाट्यशास्त्र* में भी बहुत से अंश बाद में जोड़े गए। नाट्यगृह का निर्माण करते समय "ब्राह्मणों को रत्नदान गोदान तथा वस्त्रों के दान से अतिशय सन्तुष्ट करने के पश्चात् स्तम्भों को उठाएँ। ...पवित्र ब्राह्मण स्तम्भ की स्थापना के समय गौ की दक्षिणा (दक्षिणा के रूप में गौ) दी जाए।" (1/48) "नाट्यगृह के निर्माण के

उपरान्त उसमें जपकर्ता ब्राह्मणों के साथ गौएँ एक साथ निवास करें।" (1/61) जर्जर की पूजा करते समय नाट्यचार्य राजा की विजय कामना के साथ यह भी कहे, "तू गौ तथा ब्राह्मणों का हितकारी और नाट्यकर्म का सम्वर्धनकारी हो।" (1/63) नान्दी कहेगा, "देवताओं को नमस्कार हो, ब्राह्मणों का कल्याण हो, सोम (रूप) राजा की विजय हो तथा गो-ब्राहूणों का शुभ हो। ब्राह्मणों की निरन्तर (विद्याओं) में उन्नति हो, ब्राह्मणों के शत्रुओं का क्षय हो तथा हमारे महाराज सागरों से घिरी पृथ्वी पर शासन करें।" (1/181) नाटक में स्त्रियों की भूमिका प्रमुख थी। वे पुरुषों का अभिनय भी करती थीं। प्रायः जब किन्हीं मन्दिरों, राजप्रासादों तथा सेनापति (या श्रेष्ठिगण) आदि विशिष्ट पुरुषों के व्यक्तिगत रंगमंच पर कोई नाट्य प्रयोग प्रस्तुत किया जाता है तो उनमें अधिकांशतः सभी पुरुष पात्रों की भूमिका स्त्रियाँ सहज कर लेती हैं।" (4/483) यही नहीं, "स्त्री पुरुष देवता या कोमल प्रकृति के पात्रों की भूमिका स्त्रियों को ही देना उचित होता है।" (उपर्युक्त) यदि स्त्रियाँ पुरुषों और देवताओं का अभिनय कर सकती थीं, तो उनकी गिनती नीच पात्रों के साथ न करनी चाहिए थी। हास्य रस के प्रसंग में कहा गया है, "यह रस (अधिकांश में) स्त्री तथा नीच प्रकृति के मनुष्यों में अधिक दिखाई देता है।" (1/319) यह भी कहा गया है कि "यदि किसी रूपक में लोक सामान्य वृत्त या कथा से पूर्ण घटनाएँ हों, जिसमें उत्तेजक या आवेगपूर्ण आंगिक अभिनय की योजना न हो, जो लय, ताल तथा कला के प्रयोग से युक्त हो...तो ऐसा नाट्य प्रयोग स्त्रीपात्रों के द्वारा अभिनीत करवाकर प्रस्तुत किया जाना चाहिए।" (4/487) नाट्यशास्त्र में प्राकृत के ऐसे अनेक पद उद्धृत किए गए हैं जिनमें भावों की गम्भीरता के बदले उक्ति चातुर्य ही अधिक है। "यह गिरिराज सदृश मेघ आज अपने (यथाकथित) रूप में मानों पृथ्वी में प्रविष्ट हो रहा है जिसका मुँह वज्र की चोट खाया हुआ है और जिससे धातुओं के झरने बह रहे हैं।" (4/233) *नाट्यशास्त्र* के छठे अध्याय में पहले बताया गया नाट्य में स्वीकृत रस आठ हैं। (1/219) फिर किसी ने शान्त रस की कल्पना की। फिर उसी अध्याय में रसों की संख्या नौ बताई गई। (1/365) इसमें संदेह नहीं कि नाट्यशास्त्र में बहुत-से अंश बाद में जोड़े गए।

भरत मध्यम ग्राम की आन्ध्री जाति का उल्लेख करते हैं। (4/29) वह आन्ध्र से विशेष परिचित हैं। अंश-ग्रह-निरूपण के प्रसंग में कहते हैं—"आन्ध्री में ऋषभ, गान्धार, पंचम और निषाद—ये चार स्वर अंश-स्वर और ग्रह होते है।" (4/45) सम्भव है, दक्षिण से ऐसा परिचय मौर्य काल में हुआ हो। *चरक संहिता* में *अर्थशास्त्र* और *नाट्यशास्त्र* की जो समानताएँ दिखाई देती हैं, वे भी ऐसे ही किसी कालखण्ड की ओर संकेत करती हैं। संगीत के प्रसंग में भरत ने जैसे ऋतुओं की सन्धि की बात

कही है, वैसे ही सांस्कृतिक संदर्भ में भरत के युग को सन्धिकाल कहा जा सकता है। ऋग्वैदिक संस्कृति अभी काफ़ी प्रभावशाली है। इसके साथ ही पुराणों की रचना भी होने लगी है। यह पुराणों का प्रारम्भिक दौर रहा होगा। देवों और असुरों के संग्राम पर नाटक रचे गए। *नाट्यशास्त्र* के आरम्भ में देवासुर संग्राम की अनेक बार चर्चा की गई है। वह इस नए पौराणिक युग की ओर संकेत करती है। साथ ही स्मरणीय है कि अपने ग्रन्थ को भरत ने जहाँ-तहाँ नाट्यवेद कहा है। *नाट्यशास्त्र* के पहले अध्याय में **वेदं पंचमम्** (1/4), **नाट्याख्यं पंचमं वेदम्** (1/5), **नाट्यवेदो महात्मना** (1/6), **उत्पादि नाट्यवेदं तु** (1/7), **नाट्यसंज्ञ हि वेदः** (उपर्युक्त), **नाट्यवेदं पितामहत्** (1/8) *नाट्यशास्त्र* के साथ वेद शब्द का व्यवहार बार-बार किया गया है। इस तरह रामायण और महाभारत जैसे महाकाव्यों के लिए वेद शब्द का व्यवहार नहीं किया गया। भरत का नाट्यप्रयोग लोक **वृत्तानुकरणं** (1/27) **लोकोपदेशजननम** (1/28) **विनोदकरणं लोकं** (1/29) हुआ। ये सारी धारणाएँ लोकायत दर्शन से प्रभावित हैं। शास्त्र रचते हुए वह निरन्तर लोक व्यवहार पर ध्यान देते हैं, यह भी इसी दर्शन के अनुरूप है। वैशेषिक दर्शन के अनुयायी चरक ने शरीर विज्ञान की रचना की। उसी विज्ञान के अनुरूप भरत *नाट्यशास्त्र* में मनुष्य के अंगों का वर्णन करते हैं। नाट्य प्रयोग में मानव शरीर के अंग अभिव्यक्ति के माध्यम हैं। अशरीरी भाव भी अंगों द्वारा प्रदर्शित किए जाते हैं। रस, भाव, नृत्य, संगीत, ताल आदि इन सबके सूक्ष्म विश्लेषण की पद्धति वैशेषिक दर्शन से प्रभावित है। चरक की तरह मन की असामान्य दशाओं का अध्ययन करते हुए भरत ने अपस्मार और उन्माद आदि का वर्णन किया है और उनके अभिनय की पद्धति बताई है।

भारतीय दर्शन की यथार्थवादी धारा न केवल सौन्दर्य-सृजन में सहायक है, वरन् कलात्मक सौन्दर्य के विवेचन के लिए भी वह अत्यन्त उपयोगी है—इसका प्रमाण भरत का *नाट्यशास्त्र* है। अनेकान्तवादी चिन्तन पद्धति के अनुरूप उन्होंने नाट्य प्रयोग में सभी शिल्पों का संगम उपस्थित किया। काव्य और कलाएँ कैसे भिन्न होते हुए भी परस्पर सम्बद्ध हैं, इसका विवेचन उन्होंने प्रस्तुत किया।

इससे दो निष्कर्ष निकलते हैं—पहला यह कि भरत का नाट्य प्रयोग साहित्य का श्रेष्ठ रूप है, इसलिए कि उसमें काव्य के साथ सभी कलाओं का संगम दिखाई देता है। दूसरा निष्कर्ष यह कि किसी युग की सांस्कृतिक समृद्धि केवल एक कला अथवा काव्य के विकास से नहीं जानी जाती। सभी कलाओं का एक साथ विकास हो, उनके साथ साहित्य का भी विकास हो, तब उस युग को हम सांस्कृतिक दृष्टि से समृद्ध मान सकते हैं। ऐसे युग भारतीय इतिहास में अनेक बार आए हैं परन्तु वर्तमान काल तो उनसे बहुत दूर है, केवल उन युगों की स्मृति ही बची रह गई है।

4. भाषा विज्ञान और लोक संगीत

आचार्य बृहस्पति का एक शिक्षाप्रद निबन्ध है–'हंगरी, रूस और मंगोलिया के संगीत पर भारतीय प्रभाव'। इसमें वह एक जगह कहते हैं : "हंगरी के **लोक-संगीताश्रित** कार्यक्रमों को सुनकर हमने यह निष्कर्ष निकाला कि वहाँ के एशियाई संगीत में भोपाली, मालकोस, मेघ, दुर्गा और धानी जैसे राग भलीभाँति प्रचलित हैं। बिलावल, खमाज, काफ़ी, आसावरी, भैरवी और कल्याण ठाठ भलीभाँति प्रचार में हैं और वे लोग उस 'मूर्च्छना-पद्धति' द्वारा उन्हें प्राप्त करते हैं, जो 'नाट्य-शास्त्र', 'संगीतरत्नाकर' और 'संगीतराज' जैसे भारतीय ग्रन्थों के स्वरशास्त्र का तो मेरुदण्ड हैं, पर व्यवहार में आज भारत से बहिष्कृत हो गई है।" (शब्दों पर ज़ोर मेरा है–रा.वि.)।

हंगरी का संगीत वहाँ के लोक-संगीत से जुड़ा था। उसमें भारतीय राग सुनाई देते थे। यहाँ के शास्त्रज्ञ संगीतकारों से तो हंगरी के गायकों ने ये राग सीखे न होंगे। वे उन्हें परम्परागत लोक संगीत से प्राप्त हुए थे। यह परम्परागत संगीत हमारे यहाँ भी था, शास्त्रकारों ने राग वहीं से प्राप्त किए थे। इनमें काफ़ी जैसा राग भी है। जो राग मुसलमान दरबारों की देन माने जाते हैं, उनमें काफी भी है। "त्यागराज के द्वारा कल्याणी (तुरूष्कप्रिय राग), पन्तुवराली (तुरूष्कप्रिय राग), दरबार, शहाना, काफ़ी, हुसेनी, नायकी रागों में निर्माण मुग़ल दरबारों के सुदूरवर्ती प्रभाव का परिणाम है।" मुग़ल दरवारों का प्रभाव त्यागराज तक पहुँचा हो, यह तो सम्भव है पर वह हंगरी के परम्परागत लोक संगीत तक पहुँचा हो, यह सम्भव नहीं है।

स्पष्ट ही हंगरी निवासी मग्यार जनों के पूर्वज जब हमारे पड़ोसी थे, तब यह लोकसंगीत निर्मित हुआ था। मग्यार भाषा तुर्क-मंगोल परिवार की है और इस परिवार के अनेक भाषिक तत्त्व आर्य-द्रविड़ परिवारों में सुलभ हैं। इनका विवेचन मेरी पुस्तक **भारत के प्राचीन भाषा परिवार और हिन्दी** के दूसरे खण्ड में है। मेरी स्थापनाओं की पुष्टि संगीत के सामान्य तत्त्वों से होती है। सोलहवीं सदी में हिन्दुस्तानी संगीत का अभूतपूर्ण विकास लोक-संगीत के आधार पर हुआ। जो

लोग हर अच्छी चीज का उद्भव शास्त्रों में देखते हैं, वे नए रागों को हिन्दू शास्त्रों में नहीं पाते तो उन्हें मुसलमान शास्त्रों की उपज मान लेते हैं। काफ़ी राग के सम्बन्ध में एक घटना का उल्लेख प्रासंगिक होगा। मैं बलवन्त राजपूत कॉलेज आगरा के प्रिंसिपल डॉ. रामकरन सिंह के घर के बरामदे में बैठा हुआ था, तभी वहाँ लखीमपुर खीरी के एक कॉलेज के प्रिंसिपल ठाकुर जयदेवसिंह पधारे। संगीत की चर्चा करते हुए उन्होंने लोक-गीतों को अनेक रागों का आधार बताया। फिर बोले—बिहार यों गाते हैं, इससे काफ़ी राग यों बनता है। दोनों बातें उन्होंने गाकर स्पष्ट कीं।

जैसा अनुभव आचार्य बृहस्पति को हंगरी में हुआ, वैसा ही उन्हें रूस में हुआ। "हम लोगों को रूस के विभिन्न प्रदेशों का संगीत सुनने का अवसर मिला। साइबेरिया की बाइकाल झील के आसपास के **लोकसंगीत** में भारतीय राग 'सिन्दूरा' के दर्शन हुए। स्योलेन्स्ख में 'भोपाली' विराजमान है, 'दोन' नदी के आसपास 'दुर्गा' के स्वर गूँजते हैं, बेलग्रेड की अनेक 'धुनें' भारतीय धुनों के सदृश हैं। कीव में 'झंझोटी', 'गुनकली', 'जौनपुरी' दिखाई दीं और येखान में 'जोगिया', 'गुनकली' इत्यादि के दर्शन हुए।" आचार्य बृहस्पति को मालूम है, "संघ की राष्ट्रभाषा 'रूसी' भारोपीय परिवार की भाषा है और उसमें संस्कृत भाषा के शब्द भी कम नहीं हैं।" इसलिए स्लाव जनों के लोकसंगीत और भारतीय रागों के सामान्य तत्त्व भी काफ़ी पुराने होने चाहिए। 'जौनपुरी' का नामकरण बाद में हुआ, राग के मूलतत्त्व लोकसंगीत में न जाने कब से बने हुए थे।

येरवान आर्मीनिया की राजधानी है। आर्मीनिया के लोग स्लाव नहीं हैं पर इनकी भाषा भी हमारे देश की आर्य भाषाओं से सम्बद्ध है। येरवान के अनुभव का वर्णन करते हुए आचार्य बृहस्पति ने लोकसंगीत से शास्त्रीय संगीत का सम्बन्ध बहुत स्पष्ट कर दिया है :

"येरवान पहुँचकर जब हमने लोकगीतों पर आश्रित एक विशिष्ट कार्यक्रम सुना, तब हमारे आश्चर्य की सीमा न रही। हमारे अनेक राग उन लोकगीतों में मचल रहे थे। वादक प्रायः उसी शैली से स्वरावलियों का विस्तार कर रहे थे, जिस प्रकार हम लोग करते हैं।

"हमने अपने दुभाषिए से कहा कि हम इन स्वरावलियों से परिचित हैं। हमसे अनुरोध किया गया कि हम लोग मंच पर चलें और आर्मीनियन श्रोताओं के लिए कुछ प्रस्तुत करें। हम लोगों ने प्रसन्नतापूर्वक यह अनुरोध स्वीकार किया और हम लोग मंच पर गए।

"सुलोचनाजी रस और भाव को समझती हैं। महाराष्ट्रीर कन्या होने के कारण उनमें उत्साह, आत्मविश्वास का प्राचुर्य है। उन्होंने 'जोगिया' राग चुना और

प्रायः पचीस मिनट तक उस राग का विस्तार किया। हाल गूँज उठा। सन्नाटा छाया हुआ था, येरवान के वादक अत्यन्त सफलतापूर्वक सुलोचना जी की संगति कर रहे थे। हम लोग भी अत्यन्त प्रसन्न थे और श्रोता भी।

"इस कार्यक्रम में येरवान की एक गायिका के साथ सुलोचनाजी का 'जुगलबन्द' आलाप हुआ, क्योंकि स्वर तो भाषा-निरपेक्ष है। सुलोचनाजी ने 'गुनकली' आरम्भ की, प्रायः पन्द्रह मिनट तक 'आलाप' की भाषा में दोनों गायिकाएँ जैसे प्रश्नोत्तर करती रहीं। सभी लोग प्रसन्न, चकित और गद्गद थे।" (शब्दों पर ज़ोर मेरा है–रा.वि.)। स्वरावलियों का विस्तार, राग का विस्तार, आलाप—और वह लोकगीतों पर आश्रित एक विशिष्ट कार्यक्रम के अन्तर्गत सम्पन्न हुआ था। यह सारी सम्पदा अति प्राचीन भारतीय लोकसंगीत में विद्यमान थी।

भाषाओं का इतिहास लिखने के लिए लोक भाषाओं का सर्वेक्षण ज़रूरी है। उसी तरह संगीत का इतिहास लिखने के लिए लोक-गीतों का सर्वेक्षण ज़रूरी है। देश में अनेक कला संस्थान हैं। ये भारत (और भारत के साथ पाकिस्तान, श्रीलंका, नेपाल आदि) के लोक-गीतों का सर्वेक्षण करा सकते हैं। योजना के दूसरे चरण में वे मध्य, पश्चिमी और दक्षिणी-पूर्वी एशिया के देशों को समेट सकते हैं। तीसरे चरण में स्लाव क्षेत्रों और चौथे चरण में केल्त (आयरलैण्ड, वेल्डस, स्काटलैण्ड), जर्मन, लातीनी भाषा क्षेत्रों को ले सकते हैं। पूरा सर्वेक्षण न हो, कुछ नमूने ही एकत्र कर लिए जाएँ तो उनसे दिलचस्प नतीजे निकलेंगे। भारत के प्रमुख भाषा परिवारों का विकास पारस्परिक सम्पर्क का परिणाम है। किसी भाषा क्षेत्र के लोक-गीत हों, यह असम्भव है कि अन्य भाषा क्षेत्रों से उनके संगीत के तत्त्वों का विनिमय न हुआ हो। यह कार्य संगीत के इतिहास के लिए तो महत्त्वपूर्ण होगा ही, वह उसके विकास में भी असाधारण सहायता कर सकता है।

संगीत चिन्तामणि में प्रकाशित विदेश-यात्रा वाले लेख में आचार्य बृहस्पति ने लोक संगीत का बार-बार उल्लेख किया है :

"मेरी रुचि आतिथेय देशों के 'लोक संगीत' की ओर अधिक थी।"

"कीव में यूक्रैनियन लोकगीत सुनकर हमारा हृदय प्रसन्नता से भर गया।" "हमें मंगोलिया के लोक संगीत पर आश्रित एक कार्यक्रम बहुत अच्छा लगा। अनेक लोकगीतों में भारतीय स्वरावलियों और छन्दों का प्रयोग हो रहा था...रागों के आलाप की प्रथा भारत की भाँति मंगोलिया में भी है। राष्ट्रीय वाद्यवृन्द में हमें भोपाली, धानी, मालकोंस, मेघ और दुर्गा के दर्शन मंगोलिया में भी हुए।"

बृहत्तर भारत, आन्तरिक रूप से सुसम्बद्ध, एक भाषाई क्षेत्र है। इसी प्रकार वह आन्तरिक रूप से सुसम्बद्ध संगीत क्षेत्र भी है। उसके लोकगीतों का सर्वेक्षण, उनका अंकन-टंकन शीघ्र न होगा तो बहुत बड़ी सांस्कृतिक सम्पदा नष्ट हो

जाएगी। मादक औषधियों जैसा डिस्को संगीत हर तरफ फैल रहा है। सर्वेक्षण की शुरुआत आर्य भाषा क्षेत्र से कर सकते हैं और यहाँ के लोकसंगीत से रागों का सम्बन्ध निर्धारित कर सकते हैं।

संगीतशास्त्र में स्वर और श्रुति का सम्बन्ध महत्त्वपूर्ण है। वह पूरी संगीत पद्धति को प्रभावित कर सकता है। श्रुति को स्वर का एक घटक मान लें। स्वरों में इन घटकों की संख्या हिन्दुस्तानी और कर्णाटक पद्धतियों में अलग-अलग तरह की है। आश्चर्य की बात यह है कि कर्णाटक पद्धति यूनानी पद्धति से मिलती-जुलती है। यदि ग्रीक भाषा में विद्यमान द्रविड़ तत्त्वों पर ध्यान दें तो संगीत पद्धतियों की इस समानता में आश्चर्य की कोई बात न होगी। **परांजपे** ने भारतीय संगीत के इतिहास में लिखा है : "भरत के शुद्ध स्वरग्राम की श्रुति संख्या दक्षिण के मुखारी नामक मेल से सर्वथा भिन्न है।" मुखारी मेल के ऋषभ और धैवत में दो-दो श्रुतियाँ होती हैं, शेष स्वरों में चार-चार होती हैं। इसके विपरीत हिन्दुस्तानी संगीत के ऋषभ और धैवत में तीन-तीन, गान्धार और धैवत में दो-दो तथा शेष स्वरों में चार-चार श्रुतियाँ होती हैं। **परांजपे** कहते हैं : "आधुनिक उत्तरात्य संगीत की स्वर लिपि के अनुसार यह (दाक्षिणात्य) स्वर सप्तक निम्नानुसार होगा—सा रे रे ग म प ध ध सां—जो कि प्राचीन यूनानी संगीत के क्रोमैटिक अर्थात अर्धस्वराधारित मेल से मिलता-जुलता है।"

इसी तरह सप्तक से भिन्न अष्टक की कल्पना है। *बृहस्पति* का कहना है : "ईरानी संगीत में इस शब्द (मुकाम) का प्रयोग अष्टक या ऑक्टेव के लिए होता है। सप्तक के स्थान पर अष्टक की स्वर प्राप्ति का आधार माना जाना यूनानी प्रभाव का द्योतक है।" अष्टक का चलन कर्णाटक पद्धति में है और अब हिन्दुस्तानी पद्धति में भी है। पश्चिमी एशिया के प्राचीन हुर्री जन, कुछ इतिहासकारों के अनुसार, द्रविड़ थे। संख्या सूचक शब्दों में दहाई के बाद इकाई रखना द्रविड़ पद्धति है। इस पद्धति का चलन फ़ारसी और ग्रीक दोनों भाषाओं में है, विशेष रूप से बीस के बाद इसका चलन धुर उत्तर की अँग्रेज़ी जैसी भाषा तक में है ('फिफ्टीन' में इकाई पहले है, 'ट्वन्टीवन' में दहाई के बाद है)। पश्चिमी एशिया और यूरोप की भाषाओं को आर्य भाषाओं ने ही नहीं द्रविड़ भाषाओं ने भी प्रभावित किया है। इसी तरह उनके संगीत को 'हिन्दुस्तानी' संगीत ने ही नहीं, 'कर्णाटक' संगीत ने भी प्रभावित किया है। अत्यन्त प्राचीन काल से भारतीय भाषातत्त्वों का निर्यात पश्चिम की ओर होता रहा है, दोनों ओर की संगीत सम्बन्धी (आर्य + द्रविड़) समानताओं से इस स्थापना की पुष्टि होती है।

5. जातीय भाषा के प्रसार में लोक-संस्कृति का योगदान

जातीय भाषा के गठन और प्रसार में जनसाधारण की भूमिका का एक प्रमाण हिन्दी क्षेत्र में लोक साहित्य रचने वालों द्वारा खड़ी बोली का व्यवहार है। पुराने समय से ब्रज जनपद खड़ी बोली के इस साहित्य का प्रसार केन्द्र रहा है। इस विषय पर श्रीधर पाठक ने प्रथम हिन्दी साहित्य सम्मेलन में एक निबन्ध पढ़ा था जो नवम्बर 1910 की मर्यादा में छपा था। इसमें उन्होंने लिखा था :

"हरिद्वार, कनखल, ज्वालापुर, मेरठ, मुरादाबाद, बुलन्दशहर, हाथरस, आगरा आदि स्थानों में 'भगत' और 'स्वांग' नामक परम रोचक और अवलोकनीय अभिनय इस बोली के गद्य-पद्य में स्मरणातीत समय से होते चले आए हैं। इस लेख को आरम्भ करने के पहले मैं समझे हुए था कि ये काव्य हाथ की लिखी पोथियों में अथवा पात्रों के कण्ठों ही में विद्यमान हैं, ग्रन्थाकार मुद्रित नहीं हुए, किन्तु विशेष अनुसन्धान से ज्ञात हुआ कि कई एक प्रकाशित हो गए हैं। परन्तु जो मेरे देखने में आए हैं उसमें बहुत संशोधन अपेक्षित है; कुछ एक के नाम नीचे लिखे जाते हैं।

ग्रन्थ	रचयिता
1. श्रवण चरित्र	चिरंजीलाल नाथराम हाथरस
2. सांगीत चित्रकूट चरित्र	चिरंजीलाल नाथराम हाथरस
3. सांगीत भैन भैया	ला. गोबिन्दराम
4. सांगीत	पूरनमल
5. सुदामा चरित्र दुखार	मातादीन चौबे (औरैया)
6. सांगीत	हरिश्चन्द

"इन सब में ब्रज भाषा और खड़ी बोली दोनों का मिश्रण है, जहाँ तहाँ विशुद्ध खड़ी बोली के भी पद्य पाए जाते हैं। पहले तीन में दूसरे तीन की अपेक्षा ब्रजभाषा का सम्पर्क अधिक है। पहले तीन एक हाथरस निवासी के रचे हुए हैं,

अतः उनका अभिनय अवश्य हाथरस वा उसके निकट के नगरों में अधिक होता होगा। यह नहीं कहा जा सकता कि हरिद्वार, मेरठ, मुरादाबाद आदि उत्तरीय स्थानों में जो अभिनय होते हैं उनके पद्य में ब्रजभाषा का योग होता है, किन्तु यदि होता है तो मिस प्ररिमाण (परिमाण) में होता होगा (।) मेरा अनुमान है कि इन स्थानों के ब्रजभूमि से बहुत दूर होने के कारण वहाँ के पद्यों में ब्रजभाषा का मेल बहुत थोड़ा होता होगा।

"इस प्रकार के साधारण लोकप्रिय काव्यों की रचना प्रायः अर्द्ध शिक्षित व्यक्तियों द्वारा होती है जो प्रायः पद योजना में भाषा की विशुद्धता के विशेष पक्षपाती नहीं होते। यह खड़ी बोली की पद्य रचना सम्बन्धिनी प्राचीन लोक प्रथा है; अतः यदि इस बोली की कविता प्राचीन और नवीन नामक दो शैलियों में विभक्त की जाए तो इस ढंग की रचनाओं को प्राचीन शैली में रखना पड़ेगा, चाहे वह वर्तमान में भी क्यों न की गई हों।

"उक्त पुस्तकों में से मिश्रित और शुद्ध दोनों प्रकार की बोली के पद्य नीचे उद्धृत किऐ जाते हैं,

(मिश्रित भाषा)

लावनी।

उद्यान ऋषी खुश हो धन माल लुटाये।
गौदान दिये कोटिन द्विजराज जिमाये ॥
महाराज दान नित ऐसो भारी होत।
निरमुख कोई न जात भिखारी लेते दो २ पोत ॥
एक साल भयौ अति उत्सव खुशी समायन।
घुटअन चल सरवर डोलन लागे पायन ॥
महाराज मात पितु करते प्यार महान।
लाड़ लड़ावैं गोद खिलावैं करैं निछावर प्रान ॥

(श्रवण चरित्र)

दोहा

सुन इतनी जल लायकर, तनक न करी अबार।
बिहसि २ रघुवीर पद, केवट लिए पखार।

दुबोला

पग धोय पान कोनौ केवट,

त्रिय सहित सकल परिवारा है।
आगे के पुरखा स्वर्ग गये,
शिव उमा से वचन उचारा है ॥
(सांगीत चित्रकूट)

दोहा

उदत भानु भयौ भामिनी, अब मैं जाऊँ ज़रूर।
सिर पर मंजिल चढ़ रही, मुझे पहुँचना दूर ॥

कड़ा।

मैं असगुन सगुन विचार रही,
लड़ मुक्त माँग खिड़ जाती है।
दक्षिण दृग फड़क गिरत नूपुर,
और धड़क रही मम छाती है ॥
(सांगीत भैन भैया)

(शुद्ध बोली पद्य)

तबील।

हरिश्चन्द के सत्य से ज्ञानी सुनो,
मंजुआसन सुरेन्द्र का हिलने लगा।
जाना मन में कि राज्य हमारा गया,
सोच बस होके हाथों को मलने लगा ॥
हुआ सत्य के भानु का तेज जभी,
पाप रूपी अँधेरा खिसलने लगा ॥
सभी प्रजा आनन्द से रहने लगी,
नया सृष्टि का रंग ढंग बदलने लगा ॥
(हरिश्चन्द्र सत्य मंजरी)

चौबोला।

तन चाहे बिक जाय पिताजी
सत्य न त्यागन कीजै।
हम तुम माता बिकैं हाट में
कंचन द्विज को दीजै ॥

धीरज धर्म मित्र अरु नारी
दुख में अजमा लीजै।
पूरन काम हो गया हित से
राम नाम रस पीजै ॥

(सैव)

चौबोला।

करो नाथ निर्मूल अशुभ गण
कहता सीस नवाके।
रचूं चरित पूरनमल जन का
तुमको आदि मनाके ॥
वक्र तुण्ड एक रदन बदन लख
मदन जाय शरमा के।
करुना अयन शयन कीजै मम
हृदय कमल में आके ॥

(सांगीत पूरनमल)

दोहा।

सुनो दास दासी सकल, चित दे मेरी बात।
कहाँ हमारे तात हैं, कहाँ हमारी मात? ॥

चौबोला।

कहाँ हमारी मात
माथ चरणों पर जाय नवाऊँ।
दीजै शीघ्र बताय
दरस करके कृतार्थ हो जाऊँ ॥
है अधीर बस तन मन
व्याकुल बार बार बलि जाऊँ।
रूप सुधारस निरख सुभग
नैनों की प्यास बुझाऊँ ॥

(सैव)

"यहाँ पर यह कह देना आवश्यक है कि शुद्ध खड़ी बोली के पद्य जो ऊपर दिये गए हैं वह रचयिता की शुद्ध बोली व्यवहार करने की ओर विशेष चेष्टा का

फल नहीं हैं, किन्तु अनायास ही इस रूप में उससे बन गए होंगे, ऐसा समझना असंगत प्रतीत नहीं होता।"

इसके बाद कबीर, रहीम, नागरीदास से प्राचीन शैली के पुराने पद्यों के उदाहरण देते हैं। इन्हीं के बीच कुछ लोक काव्य के उदाहरण भी देते हैं जो दिलचस्प हैं।

बड़े बड़ाई कभी न करते
छोटे मुख से कहें वचन।
अपने मन में सभी बड़े
यों मोती बिनोले लगे लड़न।

(मोती बिनोले का झगड़ा)

बाग के फाटक खोल दे सुन माली की बेटी
सैर करने दै (रे) बाग के माहीं ॥

(हीर रांझा लोकगीत)

एक अचम्भा देखो चल
सूखी लकड़ी लागा फल।
जो कोई उस फल को खाय
पेड़ छोड़ वह अनत न जाय ॥

(पहेली)

सोने की तरी कलम है, हीरे जड़ी दवात।
गोरे गोरे तेरे हाथ हैं, काले अक्षर डाल ॥
अब उदय भान और रानी केतकी दोनों मिले।
आस के जो फूल कुम्हलाये हुए थे फिर खिले ॥
घर बसा जिस रात उनका तब मदनवान् उस घड़ी
कह गई दूलह दूल्हन् से ऐसी सौ बातें कड़ी ॥

अन्तिम तीन उदाहरण किस तरह के लोक काव्य से लिए गए हैं, इसका उल्लेख नहीं है। खड़ी बोली के प्रसार और उस पर स्थानीय बोलियों के प्रभाव के बारे में श्रीधर पाठक आगे कहते हैं : "उन स्थानों में जहाँ कि यह बोली विशुद्ध रूप में रमण करती है लोक गीत (जैसे हीर रांझा) स्थानिक गीत, और स्त्रियों के गीत प्राचीन शैली के पद्य में पाए जाते हैं। मैं आजकल ऐसे स्थान में हूँ कि उदाहरण नहीं दे सकता। इन गीतों में कभी-कभी मारवाड़ी, शूरसेनी, पंजाबी, पूर्वी, बुन्देलखण्डी शब्दों का मेल देखने में आता है। यह पड़ोस का प्रभाव है। आगरे (नगर) के गीतों में ब्रजभाषा और मारवाड़ी और दिहली या मेरठ के पद्य में पंजाबी शब्दों का आ जाना सहज है। उदाहरण–

(आगरे का गीत)

ठाड़े रहियो परदेसी सामने (रे)
चोट सम्हारौ म्हारे नैनों की
तुझे मोरचा लगा ढाल का
मुझे ओट पट घूँघट की।

(मेरठ का गीत)

सुन सुन रे पीतम खुशहाल,
मैं भी चलूँगी तेरे नाल।
तेरा हाल सो मेरा हवाल,
मुझे दुनिया में बदनाम किया ॥"

जातीय भाषा का सहज प्रसार इस तरह होता है। लोक साहित्य के माध्यम से जनसाधारण उसे चारों ओर फैलाते हैं। विभिन्न जनपदीय भाषाएँ इस जातीय माध्यम को प्रभावित करती हैं। संस्कृति पर अभिजात वर्ग का इजारा टूट जाता है। जातीय जीवन पुरानी सीमाएँ लाँघकर नयी शक्ति से प्रवाहित होता है।

6. होली और संगीत

भारत के लोग बहुत पुराने कथाकार हैं, हर चीज के बारे में कोई-न-कोई कथा गढ़ लेते हैं। ठीक ऐसा ही होलिका और प्रह्लाद के प्रसंग में भी हुआ होगा। दरअसल मुझे ऐसा लगता है कि हमारे यहाँ के ज्यादातर त्योहार खेती से सम्बन्ध रखते हैं। किसान अपनी जिस फसल का बीज दीपावली पर बोता है, उसकी पौध होली पर तैयार हो जाती है। मुझे याद है कि हम लोगों को बचपन में हमारे दादा पीठ पर बैठाकर होलिकादहन के स्थान पर ले जाते थे और उसी आग में गेहूँ या नए अन्न की बालियाँ भूनकर घर ले आते थे, जिसे सभी लोग खाते थे। इसके साथ ही गाँवों में एक और भी क्रिया होती है। लोग-बाग एक वाक्य बोलते हैं कि, 'अलाय-बलाय गाँव के गौंडे', यह 'अलाय' शब्द कश्मीरी भाषा में भी मिलता है। *ऋग्वेद* में भी इसका प्रयोग हुआ है। 'अलाय' अलाव शब्द से सम्बन्धित है। 'अल' मायने आग, 'अलाय' सम्भवतः अग्नि के वंशज से सम्बन्धित है। यानी बला और सारे भूत-प्रेतों को गाँव से बाहर कर दो।

मुख्य बात यह है कि होली के वक्त फसल पकनी शुरू होती है। इस खुशी में ही लोग आनन्द मनाते हैं। वसन्त का मौसम इस आनन्द को और भी ज्यादा बढ़ा देता है। आनन्द मनाने, कीचड़ उछालने और फूहड़ गाना गाने पर होली में बहुत जोर है। शहरों में नया अन्न या गेहूँ की बाली तो होती नहीं, सो मस्ती पर ही सारा जोर दिया जाने लगा। लेकिन मुझे लगता है कि होली का मूल सम्बन्ध खेतों में फसलों के पकने को लेकर किसान के उत्साह से है।

इस तरह का कोई-न-कोई त्योहार अन्य देशों में भी होता है। जैसे, रोमन लोग 'सैटेर्नेलिया' मनाते थे और इस त्योहार में भी इस तरह के मस्ती वाले गाने गाए जाते थे। यौन सम्बन्धों वाले गानों पर बहुत जोर दिया जाता था। हमारे यहाँ भी फागुन में इस तरह के गीत गाए जाते हैं। मुझे नहीं लगता कि इन गीतों का सम्बन्ध सिर्फ होली से है। हमारे यहाँ स्वर्गीय गणेशशंकर विद्यार्थी ने बहुत प्रयास किया था कि होली मनाने के तौर-तरीकों में सुधार किया जाए और उसमें राष्ट्रीय

गीत गाए जाएँ। परन्तु उनका यह प्रयास सफल नहीं हो सका। यानी कुल मिलाकर हमारे कहने का मतलब यह है कि होली किसानों का त्योहार है। यह वसन्त का उत्सव है। होलिका और प्रह्लाद की कहानी तो अच्छी है, लेकिन इस होली के सम्बन्ध वाली बात मुझे सही नहीं लगती।

अब मैं 'होली' शब्द के बारे में आपको बताऊँ। गाँवों में अधपके चना या मटर भूनकर खाये जाने की रस्म है। इसे गाँव के लोग 'होला' कहते हैं। इसका भी सम्बन्ध आग से है। 'होला' से ही 'होली' बनी है, जैसे 'अलाव' से 'अलाय'। ये सभी अग्निवाचक शब्द हैं। 'होली' में आग ताप लेने के बाद एक तरह से जाड़े के मौसम से छुटकारा पा लेने का भी भाव यहाँ मौजूद है।

जहाँ तक होली के प्राचीन इतिहास का ताल्लुक है, मुझे नहीं लगता कि इसका कोई पुराना इतिहास है। पौराणिक ग्रन्थों में होली का कोई विधिवत इतिहास मुझे पढ़ने को नहीं मिला। बहुत सम्भव है, नगर के कवि इसके बारे में न जानते हों और गाँवों में ही यह त्योहार मनाया जाता रहा हो। हाँ, वसन्तोत्सव के बारे में खूब लिखा गया है। वसन्त के उत्सव में आग जलाए जाने की बात प्राचीन ग्रन्थों में कहीं नहीं मिलती। यूरोप के साहित्य में 'बोनफायर' का जिक्र आता है। 'कैम्पफायर' भी प्रचलन में रहा है।

इस प्रकार कहा जा सकता है कि प्रसन्नता में आग जलाना एक मानव स्वभाव की बात है। इस लिहाज से वसन्त में भी आग जलाने की बात मानी जा सकती है। लेकिन भारत के विभिन्न अंचलों में इस उत्सव को कैसे मनाया जाता रहा है, इस सन्दर्भ में कोई खास उल्लेख नहीं मिलता।

आग के अलावा होली का सबसे ज्यादा घनिष्ठ सम्बन्ध फाग से है, नृत्य-संगीत, गाने-बजाने से है। जब खयाल की गायकी नहीं थी, तब ध्रुपद और धमार की गायकी थी, खास तौर से ब्रज में थी। धमार और ध्रुपद मुख्यतः लोक संगीत था, जो गाँवों से सन्तों के पास पहुँचा। सन्त कवियों ने खूब ध्रुपद लिखे हैं, सूरदास ने लिखे हैं। ध्रुपद की विशेषता यह है कि इसमें नृत्य होता है, मृदंग बजाया जाता है और लोग गाते भी हैं। यानी यह एक पूरा संगीत है। संगीत वह होता है, जिसमें नृत्य, गायन, काव्य और वादन, ये चारों चीजें हों। ध्रुपद को आधार बनाकर ही होली गायी जाती थी। वैसे तो इस युग को इतिहास में 'अन्धकार युग' कहा गया है, लेकिन मेरा मानना है कि संगीत का जितना उत्थान 15वीं शताब्दी के दौरान हुआ, उतना हिन्दुस्तान में पहले कभी नहीं हुआ था। इस युग को 'अन्धकार युग' इसलिए कहा गया कि दिल्ली पर तुर्कों ने अधिकार कर लिया। दरअसल, तुर्क हिन्दुस्तानी हो गए और उनके यहाँ भी होली खेली जाती थी। हमारे स्वर्गीय अमृतलाल नागर के चहेते नवाब वाजिद

अली शाह के यहाँ तो खूब होली खेली जाती थी। यह धमार और ध्रुपद की गायकी सन्तों के यहाँ से दरबार में पहुँची। पहले ग्वालियर के मानसिंह के यहाँ, फिर आगरा और वहाँ से दिल्ली दरबार में पहुँची। यह हमारे सन्तों की बहुत बड़ी देन है। दरअसल, सन्त गण बहुत प्रेमी जीव थे। ऐसा कोई भी सन्त कवि नहीं रहा, जिसने प्रेम और सौन्दर्य पर न लिखा हो। इस प्रकार चाहे वह हिन्दू राजा हो या मुगल बादशाह, जागीरदार हो या जमींदार, सबके यहाँ धमार-ध्रुपद और होली अपनी पूरी मस्ती के साथ मौजूद थी। शाहजहाँ ने तो ध्रुपद इकट्ठा करवाए थे, उनमें से एक हजार छन्दों का हिन्दी में प्रकाशन भी हुआ है। जिन्हें सांस्कृतिक इतिहास से दिलचस्पी है, उन्हें इन ध्रुपदों को पढ़ना चाहिए। ये छन्द हिन्दू देवी-देवताओं पर लिखे गए थे और इन्हें मुसलमानों ने गाया था। तो होली और धमार-ध्रुपद की यह परम्परा रही है कि आओ और प्रेम से एक-दूसरे के गले मिलो। यह परम्परा सन्तों की देन है जिसके केन्द्र में संगीत था। संगीत आज भी अविभाजित है। जितनी सांस्कृतिक एकता संगीत में है, उतनी कला के किसी अन्य क्षेत्र में नहीं है। संगीत को कोई विभाजित नहीं कर सकता और जब संगीत को कोई तोड़ नहीं सकता, तब भारत की सांस्कृतिक एकता को भी कोई तोड़ नहीं सकता, और हमें गर्व है कि इस सांस्कृतिक एकता का आधार हिन्दी-भाषी क्षेत्र है।

ब्रज की होली सबसे ज्यादा प्रसिद्ध है क्योंकि ध्रुपद की गायकी ब्रज की देन है। इसे आचार्य बृहस्पति ने अपनी पुस्तक में लिखा है। आगे चलकर ध्रुपद की गायकी शास्त्रीय संगीत का मानदण्ड बन गई, इसलिए भी ब्रज की होली प्रसिद्ध हुई। कुछ लोग खयाल की गायकी को ही शास्त्रीय संगीत मानते हैं। यह सही नहीं है। दरअसल खयाल की गायकी जनता के बीच से नहीं आई बल्कि दरबारों में पैदा हुई थी। इसलिए कहा जा सकता है कि वह 'नवशास्त्रीय संगीत' है। वैसे भी ब्रज का क्षेत्र सांस्कृतिक दृष्टि से काफी विकसित और समृद्ध रहा है। वहाँ की स्त्रियाँ काफ़ी स्वतन्त्र रही हैं, इसलिए भी ब्रज की होली मस्ती से शराबोर होती है। राधा-कृष्ण का प्रसंग भी यहीं से जुड़ा है। इस प्रसंग में मौजूद प्रेम की स्वतन्त्रता भी ब्रज की होली के लिए काफी महत्त्वपूर्ण साबित हुई।

इसका अभिप्राय यह नहीं है कि वहाँ 'स्त्री-स्वच्छन्दता' थी और 'ग्लास ऑफ वाटर' का सिद्धान्त था, बल्कि राधा और कृष्ण के प्रेम में एक खास तरह की गम्भीरता और टिकाऊपन था।

दरअसल, काव्य और संगीत से हमारे देश का एक मजबूत पारम्परिक रिश्ता रहा है। *ऋग्वेद* में कई जगह महान और सम्माननीय व्यक्ति को कवि की उपमा देकर सम्बोधित किया गया है। *ऋग्वेद* में बड़े-बड़े देवताओं की जब प्रशंसा

की गई है तो उन्हें कहा गया कि तुम 'कवि' हो। जब और ज्यादा प्रशंसा करनी होती थी तो उन्हें 'कवितमः' अर्थात् कवियों में श्रेष्ठ कवि कहा जाता था। काव्य और संगीत होली का एक महत्त्वपूर्ण पक्ष था। ब्रज के लोग इस पारम्परिक पक्ष के ध्वजवाहक थे। इसलिए उनके यहाँ होली अपने पूरे महत्त्व के साथ मौजूद है।

निराला जी की होली

सभी प्रमुख कवियों और लेखकों ने भिन्न-भिन्न रूपों में होली को लिया है और उस पर लिखा है। लेकिन 'जाकी रही भावना जैसी'। हर एक ने होली पर लिखे अपने काव्य में अपनी मानसिक प्रवृत्तियों को अभिव्यक्त किया है। मुझे तो निराला जी की होली बहुत पसन्द है। महीना मार्च का था। उन दिनों निराला जी के साथ ही मैं रह रहा था। एकाएक मेरी नींद खुली तो मैंने देखा कि निराला जी, जीने पर बैठकर होली गा रहे थे। मैंने तय किया कि पूरी होली गा लेने के बाद ही उनको मैं 'डिस्टर्ब' करूँगा। होली खत्म होने के बाद जब मैंने पूछा कि निराला जी किसकी होली गा रहे हैं तो उन्होंने जवाब दिया कि अपनी गा रहा हूँ। निराला जी जो होली गा रहे थे वह थी–'नैनों के डोरे लाल...।'

लोकगीतों के रंग में लिखी गई सारी कल्पनाओं में सबसे सफल होली की रचना है। निराला जी ने सिर्फ होली और वसन्त पर अच्छा लिखा ही नहीं है बल्कि वह होली झूमकर खेलते भी थे और वसन्त के पूरे दिनों को उसी खास अन्दाज में जीते भी थे। होली वाले उनके मित्र भी दूसरे थे।

7. रवीन्द्रनाथ और हिन्दुस्तानी संगीत

7.1 बंगाल के चौमुखी विकास के लिए प्रयत्न

रवीन्द्रनाथ के जीवन का मूल उद्देश्य बांग्ला भाषा और साहित्य को समृद्ध करना था। इसके साथ ही वह बंगाल के जन-जीवन का चौमुखी विकास करना चाहते थे। यद्यपि प्राचीन संस्कृति के लिए उनके मन में प्रबल आग्रह था, पर वह उद्योगीकरण के विरोधी नहीं थे। उन्होंने अपने पुत्र को आधुनिक कृषि विद्या सीखने के लिए अमरीका भेजा था। प्रफुल्लचन्द्र राय जैसे व्यक्तियों से उनका प्रगाढ़ सम्बन्ध इस बात का सूचक है कि वह बंगाल का उद्योगीकरण चाहते थे। ऊँच-नीच के भेदभाव वाली पुरानी व्यवस्था को बदलकर वह समाज को नया रूप देना चाहते थे जिसके लिए उन्होंने प्राचीन संस्कृति की अपनी व्याख्या को प्रेरक स्रोत बना दिया। विश्व मानवता और ब्रह्माण्ड के बारे में ऊँची-ऊँची उड़ानें भरने के साथ उन्होंने बंगाल के बच्चों को वर्णमाला सिखाने के लिए पुस्तक भी लिखी थी। उसमें नन्दलाल बोस ने अक्षरों को चित्रमय रूप दिया था, कहीं-कहीं पशुओं का आकार दिया था। जैसे दीर्घ ऊ तो उसकी बड़ी-सी पूँछ बना दी और नीचे रवीन्द्रनाथ ने कविता लिखी : ह्रस्व उ दीर्घ ऊ डाक छाड़े घेउ घेऊ। यानी यह पूँछ वाला सियार है जिसकी आवाज घेउ-घेउ-सी जान पड़ती है। वह एक ओर स्वप्नद्रष्टा हैं, दूसरी ओर घोर यथार्थवादी हैं। उनकी कहानियों में और बहुत-सी कविताओं में बंगाल के जन-जीवन का यथार्थवादी चित्रण हुआ है। साथ ही ऐसा लगता है कि पाठक को जब वह अपने कल्पनालोक में ले जाते हैं तो वहाँ बंगाल का ही परिवर्तित रूप दिखाई देता है। कल्पना हो या यथार्थ, नाव और नदी के बिना उनकी कविता पूरी नहीं होती। भारत में शायद ही किसी कवि के मूर्ति विधान में नाव और नदी की इतनी खपत हो जितनी रवीन्द्रनाथ की कविता में है। भविष्य में जो होगा, होगा। वर्तमान काल में भी बहुत-से लोगों ने उनकी कविताएँ पढ़कर मन में आनन्द और उल्लास का अनुभव किया। पराधीन देश की जनता को काव्य

से ऐसा आनन्द देना, यह कम उपलब्धि नहीं थी। उनके साहित्य ने लोगों के मन में साहस का संचार किया, संघर्ष की प्रेरणा दी। लोगों ने उनका साहित्य पढ़कर परमुखापेक्षी होने के बदले अपनी भाषा और साहित्य पर गर्व करना सीखा। जैसे-जैसे उनकी ख्याति बढ़ी, वैसे-वैसे इस गर्व ने जातीय और राष्ट्रीय रूप ले लिया। विदेशी साहित्य, विशेष रूप से अंग्रेजी साहित्य, से उन्होंने जो कुछ ग्रहण किया, वह हाशिए पर है। उसका सम्बन्ध अधिकतर काव्य रूपों से है। इन रूपों की अन्तर्वस्तु बंगाली या भारतीय है। एक ओर उपनिषद्, दूसरी ओर कालिदास, इनका बहुत गहरा असर रवीन्द्रनाथ पर है।

उनकी दीर्घकालीन साहित्य साधना उनके दृढ़ चरित्र का प्रमाण है। रूढ़िवादियों के विरोध के अलावा उन्हें आर्थिक कठिनाइयों का सामना भी करना पड़ा। थोड़े-थोड़े अन्तराल के बाद परिवार के अनेक प्रिय जनों का बिछोह उन्हें सहना पड़ा। परिवार के बाहर अनेक घनिष्ठ मित्र जो परिवार के सदस्य के समान ही थे, उन्हें छोड़कर संसार से विदा हुए। रवीन्द्रनाथ अत्यन्त सहृदय व्यक्ति थे। प्रिय जनों के वियोग से उन्हें मार्मिक पीड़ा हुई होगी किन्तु उसे सहकर वे धैर्यपूर्वक अपनी साधना में लगे रहे। उनके और गाँधी जी के चरित्र में अनेक समानताएँ हैं। दोनों ही प्रबल इच्छाशक्ति के धनी थे और धारा के विपरीत चलने को तैयार रहते थे। यद्यपि भारत में राजनीतिक चेतना का अभाव नहीं था, फिर भी कांग्रेस के भीतर और बाहर विरोध के बावजूद गाँधी जी ने नए स्तर पर मौलिक ढंग से राजनीतिक आन्दोलन चलाया। बंगाल में साहित्य और शिक्षा संस्थाओं का अभाव नहीं था, फिर भी रवीन्द्रनाथ ने एक नई काव्यधारा चलाई और शान्तिनिकेतन के रूप में उन्होंने नए विद्यालय की स्थापना की। वह उद्योगीकरण के विरुद्ध नहीं थे किन्तु गाँधी जी की तरह वह जानते थे कि इससे किस तरह के समाज का निर्माण होगा और उसमें किस तरह की विषमता पैदा होगी। गाँधी और रवीन्द्रनाथ दोनों ही पुराने समय की कुछ चीजों को नया जीवन देना चाहते थे। देश पूँजीवादी विकास के मार्ग पर ही चला, पर इससे पूँजीवादी समाज की जो आलोचना गाँधी जी ने की, उसका महत्त्व कम नहीं होता। और उससे और आगे बढ़कर रवीन्द्रनाथ ने यूरोप की पूँजीवादी सभ्यता की जो आलोचना की, वह आज भी हमारे लिए अत्यन्त महत्त्वपूर्ण है। गाँधी जी राजनीतिक उद्देश्यों की पूर्ति के लिए जनता को गोलबन्द करना चाहते थे। अखिल भारतीय प्रचार के लिए वह हिन्दी का महत्त्व बहुत अच्छी तरह पहचानते थे। रवीन्द्रनाथ एक हद तक इस अखिल भारतीय आन्दोलन के साथ थे और उससे अलग भी थे। यही कारण है कि हिन्दी का महत्त्व पहचानते हुए भी वह हिन्दी के पक्ष में इस तरह आन्दोलन नहीं कर सके जिस तरह गाँधी जी ने किया। फिर भी यह बात याद रखने के योग्य है कि

उन्होंने अंग्रेजी के मुकाबले हमेशा बांग्ला भाषा को आगे बढ़ाने का प्रयत्न किया। एक हद तक गाँधी जी स्वयं अखिल भारतीय नेता होने के साथ गुजरात के सांस्कृतिक जीवन के उन्नायक थे। गुजराती साहित्य सम्मेलन के लिए उन्होंने रवीन्द्रनाथ को आमन्त्रित किया। गुजराती साहित्य से उनके सम्बन्ध का यह प्रमाण है। अखिल भारतीय आन्दोलनों के अलावा बंगाल के प्रायः हर सामाजिक-सांस्कृतिक आन्दोलन से कहीं-न-कहीं रवीन्द्रनाथ जुड़े हुए थे। विशेष रूप से छात्रों और नौजवानों की अनेक सभाओं को उन्होंने सम्बोधित किया। देश की तरुण शक्ति से उनके गहरे लगाव का यह प्रमाण है। शान्तिनिकेतन में वह सक्रिय रूप से शिक्षा कार्यों में भाग लेते थे। वह गुरुदेव थे। सीमित अर्थ में वह शिक्षक भी थे। 1937 में वहाँ के अध्यापकों और छात्रों से बातें करते हुए मैंने अनुभव किया कि इन सबसे उनके बहुत ही आत्मीय सम्बन्ध हैं। कोई बड़ा साहित्यकार अपने बड़प्पन की रक्षा करने के लिए छोटों से दूर रहे, ऐसा स्वभाव रवीन्द्रनाथ का नहीं था। वास्तव में यदि उनमें कोई दोष था तो यह कि वह दूसरों के निमन्त्रण बहुत जल्दी स्वीकार कर लेते थे। बहुत-सी यात्राओं और उद्घाटन समारोहों में भाषण करने से उनकी काफी शक्ति खर्च हुई थी, फिर भी यह नहीं कहा जा सकता कि इससे उनकी साहित्य रचना में किसी तरह की बाधा पड़ी थी। आसपास के लोगों में कोई बीमार हो, दुखी हो, तो गाँधी जी की तरह वह उसकी सेवा करने में विरत नहीं होते थे। बांग्ला भाषा और साहित्य के प्रति अटूट निष्ठा रखते हुए भी वह बंगाल से बाहर की भाषाओं और साहित्य के प्रति अत्यन्त उदार और सहानुभूतिपूर्ण रुख अपनाते थे। उनका जीवन उन सभी लोगों के लिए आदर्श है, प्रेरणा का अक्षय स्रोत है जो अपने जातीय उत्थान के साथ पूरे देश की प्रगति के लिए काम करना चाहते हैं।

अभिनय से जैसा सहज लगाव बंगालियों को है वैसा शायद ही भारत की किसी अन्य जाति को हो। जिस शहर या कस्बे में भी 10 बंगाली परिवार होंगे, वहाँ वे अवश्य ही साल में कभी-न-कभी नाटक खेलेंगे। हाईस्कूल से लेकर एम. ए. तक मुझे अनेक बंगाली अध्यापकों से पढ़ने का सौभाग्य मिला है। इनमें कुछ तो मंच पर अभिनय करते ही थे जैसे झाँसी हाईस्कूल के फणिभूषण राय, लेकिन जो अभिनय नहीं करते थे जैसे लखनऊ विश्वविद्यालय के दयामय मित्र, वह भी नाटक या काव्य पढ़ाते हुए अपनी भंगिमाओं से काव्य की अन्तर्वस्तु इतनी अच्छी तरह व्यक्त कर देते थे कि विशेष व्याख्या की आवश्यकता न होती थी। चार बंगाली जहाँ बैठेंगे, विशेष रूप से चायखाने में, वहाँ तन्मय होकर किसी-न-किसी विषय पर खूब बहस करेंगे। बाहर वाले को ऐसा लग सकता है कि ये नाटक के सम्वाद बोल रहे हैं।

रवीन्द्रनाथ काव्य रचते थे, सुनाते थे, गीत रचते थे, गाते थे। इसके सिवा नाटक लिखते थे और उन्हें मंचित भी करते थे। मंचन की सारी योजना वह स्वयं बनाते थे। कैसे पर्दे होंगे, लोग किस तरह की पोशाक पहनेंगे, किस तरह से सम्वाद बोलेंगे, कहाँ गाएँगे, किस तरह का संगीत होगा, इस सबकी रूपरेखा वह स्वयं बनाते थे। नाटक की रिहर्सल होती थी, उसका संचालन भी वह करते थे। वृद्धावस्था में भी अपने नाटकों में किसी-न-किसी पात्र की भूमिका में वह स्वयं मंच पर आते थे। अधिक वृद्ध होने पर कुछ नाटकों में जब उन्होंने स्वयं अभिनय न किया, तब भी वह मंच पर आकर बैठते थे। उनके नाटक-मंचन की यह विशेषता थी कि वह स्टेज को सजावट से भरने न देते थे। कुछ पाश्चात्य रंगशालाओं में और उनके अनुसरण पर भारत में भी स्टेज पर बहुत-सी चीजें इकट्ठा कर दी जाती थीं और लोग समझते थे कि इससे नाटक के मंचन में यथार्थ की झलक आ जाती है। जन्मशती स्मृति ग्रन्थ में एक लेख रवीन्द्रनाथ के नाटकों पर हिरण्यकुमार सान्याल का है। जैसे शेक्सपियर के युग में स्टेज पर विशेष सज्जा का ध्यान न रखा जाता था, वैसे ही रवीन्द्रनाथ मंच की सज्जा को अधिक-से-अधिक सादा रखना पसन्द करते थे जिससे लोगों का ध्यान पात्रों और विचारों के ऊपर केन्द्रित हो सके। सान्याल ने लिखा है—रवीन्द्रनाथ के परिवार में बहुत से लोग थे जो अच्छे अभिनेता थे, पर इनके अलावा रवीन्द्रनाथ दूसरों को अभिनय करना भी सिखाते थे। बुढ़ापे में भी वह दूसरे लोगों के साथ ऐसे काम करते थे कि लगता था, उनकी ऊर्जा का कहीं अन्त नहीं है। जो लोग अपने बारे में सोचते थे कि उनमें विशेष अभिनय-प्रतिभा नहीं है, उन्हें भी सिखाकर वे बहुत अच्छा अभिनेता बना देते थे। रवीन्द्रनाथ कलकत्ते की रंगशालाओं से अलग हटकर अपनी नई परम्परा का विकास कर रहे थे, पर उन रंगशालाओं के प्रसिद्ध अभिनेता भी उनके कौशल की दाद देते थे। इनमें शिशिरकुमार भादुड़ी नाम के प्रसिद्ध अभिनेता थे। सान्याल ने उनका यह कथन उद्धृत किया है। : जो चीज मुझे चकित कर देती है, वह यह कि मंच पर कवि अपने हाथों का उपयोग किस तरह करते हैं। अनुभवी पेशेवर अभिनेताओं को भी उनके हाथ असमंजस में डाल देते हैं। हमारी समझ में नहीं आता कि इन हाथों का क्या करें और कभी-कभी मन में यह इच्छा होती है कि इन्हें कहीं दूसरी जगह रख आते तो अच्छा था। किन्तु अपनी बाँहों का कितना बढ़िया उपयोग कवि करते हैं, भंगिमाओं के साथ उन्हें इधर-उधर घुमाते हैं और दर्शकों पर जादू का-सा असर होता है।

उनकी आवाज के बारे में सान्याल कहते हैं—उन दिनों माइक्रोफोन का उपयोग न होता था। लेकिन उनकी गम्भीर आवाज, जब वह गाते या बोलते थे,

रंगशाला के हर कोने तक पहुँचती थी। वह अपनी आवाज में ऐसा उतार-चढ़ाव ले आते थे जैसा कोई कुशल अभिनेता ही कर सकता है।

7.2 रवीन्द्रनाथ और हिन्दुस्तानी संगीत

हिन्दी प्रदेश की संस्कृति से, यहाँ के साहित्य और संगीत से रवीन्द्रनाथ ठाकुर का घनिष्ठ सम्बन्ध रहा है। जिसे हिन्दुस्तानी संगीत कहा जाता है, वह हिन्दी-भाषियों का जातीय संगीत है। हिन्दी प्रदेश से ही वह पश्चिम में महाराष्ट्र तक और पूर्व में बंगाल तक फैला है। जन्मशती स्मृति ग्रन्थ में रवीन्द्रनाथ के संगीत पर धूर्जटीप्रसाद मुखर्जी का एक बहुत ही अच्छा लेख है। जिसे रवीन्द्र संगीत कहा जाता है, उसके बारे में बहुत-सी प्रचलित धारणाएँ इस लेख से खण्डित हो जाती हैं। उपासना के लिए रवीन्द्रनाथ ने ब्राह्म संगीत रचा। लेखक के अनुसार इसमें शास्त्रीय संगीत का अनुसरण कठोरता से किया जाता था। क्रमशः इस संगीत में इन्द्रियबोध ने प्रवेश किया और इससे उसका रूप बदल गया। उपासना-गीत मूलतः ध्रुपद-पद्धति के थे अर्थात् वे सीधे-सादे और अलंकार-विहीन थे। खयाल की गायकी में जो अलंकारों का महत्त्व है, वह यहाँ नहीं था। अधिक-से-अधिक टप्पा के ढंग की छोटी-मोटी तानों से काम लिया जाता था। ध्रुपद की तरह गायन के साथ जिन वाद्य यन्त्रों से काम लिया जाता था, वे भी पखावज और तानपूरा थे। आर्गन, जैसे हारमोनियम, का उपयोग होता था लेकिन उससे श्रुति में कोई बाधा न पड़ती थी (वास्तव में सामन्ती व्यवस्था के अन्तर्गत हर काल में अलंकारों का प्रवेश होता है, चाहे संगीत हो, चाहे स्थापत्य, चाहे साहित्य : यही बात तथाकथित शास्त्रीय संगीत में भी हुई। खयाल की गायकी इसी सामन्ती अलंकरण पद्धति की देन है। रवीन्द्रनाथ गायकी में सामन्त-विरोधी दिशा में चल रहे थे, इसका प्रमाण यह है कि वह खयाल की गायकी-पद्धति से बच रहे थे।) धूर्जटीप्रसाद के शब्दों में–Tagore never liked the improvisations of khayal (खयाल में तानों की जो झड़ी लगा दी जाती है, वह रवीन्द्रनाथ को पसन्द नहीं थी।)

मूलतः उन्होंने 8 रागों से काम लिया था। ये थे–तोड़ी, भैरवी, आसावरी, सारंग, पूर्वी, इमन, मल्लार और केदार। लेकिन इनमें वह बहुत ही सूक्ष्म परिवर्तन करते थे। मालकौंस और बागेश्वरी में उन्होंने बहुत थोड़े गीत रचे थे। लेकिन ऐसे बहुत कम राग थे जिनमें उन्होंने कोई-न-कोई गीत न रचा हो। जिस राग से कोई दूसरा राग मिलता-जुलता हो, उससे वह उसे मिला देते थे। इस तरह वह भैरवी को आसावरी और तोड़ी से मिलाते थे, पूर्वी को इमन से मिलाते थे और केदार को हम्मीर से। बाद में वह कभी-कभी बाउल और कीर्तन के स्वर भैरवी में मिला

देते थे। रवीन्द्रनाथ ने नया काम यह किया कि वह शास्त्रीय बन्दिशों में बाउल, भाटियाल और कीर्तन के स्वर मिलाते थे। लोक संगीत तो हमेशा ही विद्यमान था और वह शास्त्रीय संगीत को प्रभावित करता रहा था। धूर्जटीप्रसाद का मत है कि 19वीं सदी के उत्तरार्द्ध में हिन्दुस्तानी संगीत की शैली रूढ़िवादी बन गई थी। सामन्ती अभिजात वर्ग के दरबारों में पक्के गाने वालों को चाहे जो शोहरत मिली हो, वास्तव में शास्त्रीयता एक अन्धी गली में पहुँच गई थी। कर्णाटक पद्धति में तीन संगीताचार्यों ने अपना नया रास्ता निकाला। 19वीं सदी के मध्य की ओर बंगाल में लोक संगीत की ओर रुझान स्पष्ट दिखाई दिया। बांग्ला भाषा बोलचाल के नजदीक पहुँची, वैसे ही संगीत बाउल और भाटियाल, लोक संगीत की धुनों के नजदीक पहुँचा। रवीन्द्रनाथ ने बाउल और भाटियाल दोनों को पहले शास्त्रीय संगीत से मिलाया, फिर उनका स्वतन्त्र ही अस्तित्व हो गया। उनके हाथों में बाउल और भाटियाल भी परिष्कृत होकर रवीन्द्रनाथ की छाप लिए हुए एक नया संगीत बन गये। यह मत धूर्जटीप्रसाद मुखर्जी का है।

धूर्जटीप्रसाद ने इस बात पर जोर दिया है कि रवीन्द्रनाथ के गीतों में काव्य सर्वोपरि है। ध्रुपद की तरह उनके गीतों में भी शब्दों का भरपूर उच्चारण आवश्यक था। वैसे तो हर शैली को विकृत किया जा सकता है और ध्रुपद की शैली भी विकृत की गई है किन्तु संगीत में उदात्त जैसे ध्रुपद में व्यक्त होता है, वैसे खयाल में नहीं होता।

आर्नोल्ड एडियन बेक ने जन्मशती स्मृति ग्रन्थ में 'रवीन्द्रनाथ और पाश्चात्य संगीत' पर लिखते हुए बताया है कि पाश्चात्य संगीत उन्हें आकर्षित न करता था। युवावस्था में दो-एक बार उन्होंने प्रयोग किए थे। कुछ पश्चिमी गीतों की धुनों का समावेश अपनी रचनाओं में किया था किन्तु प्रौढ़ावस्था में वह पाश्चात्य संगीत से दूर रहे। दोनों की पद्धतियाँ एक-दूसरे से बहुत भिन्न हैं। हिन्दुस्तानी शास्त्रीय संगीत की चर्चा करते हुए बेक ने लिखा है—पेशेवर गायकों और वादकों के अद्भुत कौशल को वह निश्चय ही प्रशंसा के भाव से देखते थे लेकिन उनका मन लोक संगीत की सीधी-सादी धुनों की ओर आकर्षित होता था। शास्त्रीय संगीत के रागों का उपयोग करते हुए वह उनकी सादगी का अनुसरण करते थे (अर्थात् लोक संगीत की धुनों की सादगी का अनुसरण करते थे)। भारतीय संगीतशास्त्र रागों से भावों का सम्बन्ध जोड़ता है। वह उसे स्वीकार करते थे। वह भारतीय (हिन्दुस्तानी) शास्त्रीय संगीत समझते थे और उससे परिचित थे, भले ही उससे उन्होंने प्रेरणा ग्रहण न की हो, फिर भी वह उनकी सांस्कृतिक विरासत का अभिन्न अंग था। (पृष्ठ 88-89)

रवीन्द्रनाथ के गीतों में संगीत काव्य का सहयोगी है, वह काव्य से स्वतन्त्र नहीं है। रवीन्द्रनाथ काव्य से अलग संगीत की स्वतन्त्र सत्ता पहचानते थे।

उनकी एक कविता भैरवी पर है। यह राग सुनकर उनके मन में जो चित्र बनते हैं, जिस तरह के भाव उमड़ते हैं, उनका वर्णन उन्होंने इस कविता में किया है। उनके कविता-संग्रह 'चित्रा' में एक कविता है—'दिन शेषे'। इसमें उन्होंने पूर्वी रागिनी का जिक्र किया है।

राजार प्रासाद हते अति दूर बातासे
भासिछे पूरवी गीति आकाशे।

बन्द के अन्त में फिर कहते हैं—पूरवी रागिनी बाजे आकाशे। यह कविता उस प्रवृत्ति का बहुत अच्छा उदाहरण है जहाँ यथार्थ पर स्वप्न का-सा आवरण डाल दिया जाता है। साँझ हो गई है। कवि नाव खेते जा रहे हैं। तभी वहाँ उन्हें एक युवती दिखाई देती है। उससे वह पूछते हैं—यह हम किसके देश में आए हैं? मैं विदेशी हूँ। वह उत्तर नहीं देती और जल से भरा हुआ घड़ा लेकर मुँह नीचे किए हुए चली जाती है। कवि कहते हैं, इसी घाट पर हम अपनी नाव बाँधेंगे।

फिर दृश्य का वर्णन करते हैं। कलश ले जाती हुई युवती के कंगन की आवाज, कलश से टकराने पर, उन्हें सुनाई देती है। मन्दिर के सुनहले त्रिशूल पर बादलों का प्रकाश झलमला रहा है और मन्दिर में दिया जला दिया गया है। सफेद पत्थरों से मार्ग बनाया गया है, किनारे-किनारे भवन हैं, जिनके बाहर उपवन है। इन्हें देखकर पथिक का मन आकुल होता है। राजा के प्रासाद पर दूर हवा में पूरबी गीति आकाश में प्रवाहित है।

राजार प्रासाद हते अति दूर बातासे
भासिछे पूरबी गीति आकाशे।

वह युवती पता नहीं कहाँ चली गई। निरन्तर आवाजाही के व्यापार से कवि थक गया है। उस समय—पूरबी रागिनी बाजे आकाशे। वन के ऊपर रात्रि का अन्धकार उतर रहा है। आगे और नाव नहीं खेना। यदि कहीं सिर टिकाने का स्थान मिल जाता तो बेचने-खरीदने की चीजें सब यहीं छोड़ देता। यहीं जहाँ रास्ते के मोड़ पर, नीची आँखें किए, भरा कलश लिये हुए, वह युवती गई है, इसी घाट पर मैं अपनी नाव बाँधूँगा।

यहाँ चित्र पहले है। उसके अनुरूप एक राग कवि को याद आता है। उस चित्र से वह उस राग को जोड़ देते हैं। 'भैरवी' कविता में वह किसी चित्र से राग को जोड़ते नहीं हैं, चित्र और भाव राग सुनकर उनके मन में उत्पन्न होते हैं। दोनों ही स्थितियों में संगीत की स्वतन्त्र सत्ता काव्य से अलग दिखाई देती है।

यदि वह पेशेवर गायकों और वादकों के कौशल से प्रसन्न होते थे तो यह सम्भव नहीं है कि इस कौशल में मखयाल की गायकी न रही हो। काव्य की तरह संगीत में भी अलंकारों का प्रयोग दो तरह से हो सकता है। एक प्रकार यह कि वे

काव्योत्कर्ष में सहायक हों, दूसरा प्रकार यह कि वे भाववस्तु से अलग, शरीर पर गहनों की तरह दिखाई दें। काव्यों में ही नहीं, गद्य में भी उपमा और रूपक के बिना रवीन्द्रनाथ बात नहीं करते, परन्तु उनकी उपमाएँ और रूपक भावोत्कर्ष में सहायक होते हैं। वे भावों पर लादे हुए गहने नहीं हैं। इसी तरह खयाल की गायकी में एक स्थिति ऐसी होती है कि तानें मात्र अलंकार न रहकर भावव्यंजना का माध्यम बन जाती हैं। जहाँ छन्दों से अलग केवल स्वर साधना है, जहाँ गायक या वादक केवल स्वरों द्वारा भाव व्यक्त करता है या श्रोताओं के मन में संवेदनाएँ जगाता है, वहाँ स्वरों की शृंखलाएँ बंदिश से स्वतन्त्र होकर भाव व्यंजित करती है। स्वर्गीय मल्लिकार्जुन मंसूर इस कौशल के आचार्य थे। उनकी तानें अलंकार न होकर स्वर के अजस्ता निर्झर की तरह श्रोताओं के मन को रस मग्न कर देती थीं।

काव्य और संगीत में एक मौलिक भेद है। संगीत ऐसे संवेदन, ऐसे अस्फुट भाव जगाता है कि उन्हें शब्दों में व्यक्त नहीं किया जा सकता। शब्द भावों और संवेदनों के साथ विचार भी प्रकट करते हैं। संगीत में संवेदनों और भावों की जहाँ अस्पष्टता होती है वहाँ काव्य में शब्दों के माध्यम से विचार स्पष्टता से व्यक्त किए जाते हैं। रवीन्द्रनाथ शब्दों की सीमाएँ जानकर कभी-कभी अपनी कविता में भाषा के उस पार जाने की बात कहते हैं। भाषा के उस पार यह संगीत का ही अस्फुट भावों और संवेदनों का संसार है। इससे पहले अंग्रेजी में यह बात कीट्स ने भी अपनी प्रसिद्ध कविता 'ओड ऑन ए ग्रीशिअन अर्न' में कही थी। कीट्स काल्पनिक संगीत सुनकर एक बहुत स्पष्ट चित्र देखते हैं। उनसे भिन्न 19वीं सदी के प्रतीकवादियों ने संगीत की अस्पष्ट संवेदनशीलता पर जोर दिया था। रवीन्द्रनाथ संगीत की इस अस्फुट संवेदनशीलता से भली भाँति परिचित हैं। उनके गीतों में संगीत की भूमिका गौण है, काव्य की सहायक है। काव्य से वह स्वतन्त्र नहीं है परन्तु काव्य से संगीत की स्वतन्त्र सत्ता वह अच्छी तरह पहचानते हैं। उनके काव्य में पाश्चात्य प्रभाव हाशिये पर है। उनके संगीत में पाश्चात्य प्रभाव और भी निम्न स्थान पर है। शताब्दियों से चले आते हिन्दुस्तानी संगीत के रागों में उन्होंने लोक संगीत की धुनें मिलाईं, किन्तु पाश्चात्य संगीत की धुनें मिलाकर उन्होंने किसी नए संगीत की सृष्टि नहीं की। स्वरों के एक स्तर पर चलते हुए अचानक उसे बदलकर दूसरे स्तर पर चले जाना—सम्भव है, यह बात उनके मन में यूरोप का संगीत सुनकर आई हो। बेक का कहना है रवीन्द्रनाथ कभी भी हारमनी (स्वर संगति) से बहुत आकर्षित नहीं हुए, और जब उनकी अनुमति के बिना या उनके निधन के पश्चात्, संगीतकारों ने, भारतीय और पाश्चात्य दोनों ने, उनकी धुनों (melodies) में स्वर संगतियाँ (harmonies) बिठाने की कोशिश की है, तब वे केवल उनके गीतों को ऐसा फूहड़ बना गए हैं कि उन्हें पहचाना नहीं जा सकता

(they have succedes only in vulgarising his songs beyond recognition)–(पृष्ठ 94) इस तरह संगीत में वह उसके जातीय चरित्र की रक्षा करते हैं, वह जातीय चरित्र चाहे बंगाल का हो, चाहे हिन्दी प्रदेश का हो।

'भैरवी गान' कविता में रवीन्द्रनाथ ने जिस संगीत का वर्णन किया है, उसे उन्होंने भाषाहीन कहा है। (खण्ड 1, पृष्ठ 301) भैरवी की जो बन्दिश वह सुन रहे होंगे, उसमें शब्दों का नितान्त अभाव तो न रहा होगा किन्तु जो चीज उनके मन को प्रभावित करती है, वह शब्द नहीं हैं, शब्दमुक्त विशुद्ध स्वरवितान है। आगे इसी संगीत को 'चिरकलतान उदारगंगा' कहकर उन्होंने शब्दमुक्त स्वरवितान की पुष्टि की है। (खण्ड 1, पृष्ठ 302) भैरवी सुनकर जो भावचित्र उनके मन में उभरता है, वह उनकी अन्य रचनाओं में भी मिलता है। कवि, क्रान्तिकारी या कोई कर्मयोगी घर में प्रिया को छोड़कर बाहर संसार में दूसरों के लिए कर्म करने निकलता है। भैरवी सुनकर उसे घर में रोती हुई प्रिया याद आती है। 'अश्रु सजल भैरवी' शब्दावली का प्रयोग करके उन्होंने इस राग का मूल सम्बन्ध करुणा से जोड़ा है। (खण्ड 1, पृष्ठ 330) यह करुणा कवि को विचलित करती है, उससे मानो वह मुक्त होना चाहते हैं।

कविता के अन्त में कहते हैं–

यदि मृत्युर माझे निए जाए पथ
सुख आछे सेई मरणे।

कर्मयोगी का मार्ग यदि उसे मृत्यु की ओर ले जाए तो उस मृत्यु में भी उसे सुख मिलेगा।

7.3 हिन्दी भाषा और हिन्दी प्रदेश के कवि

हिन्दुस्तानी संगीत से रवीन्द्रनाथ का प्रेम उन्हें बड़ी गहराई से हिन्दी प्रदेश की संस्कृति से जोड़ता है। संगीत के अलावा वे हिन्दी के भक्त कवियों के प्रेमी भी थे। कबीर के प्रति उनके आकर्षण से बहुत लोग परिचित हैं। इसी तरह वह सूरदास, तुलसीदास आदि 'सगुणमार्गी' कवियों के प्रति भी आकर्षित थे। बंगाल के वैष्णव कवि सब सगुणमार्गी थे, कृष्णोपासक थे। इनकी रचनाएँ रवीन्द्रनाथ को बहुत प्रिय थीं। 'भानुसिंहेर पदावली' में उन्होंने इनकी, विशेषतः विद्यापति की, पदावली का अनुकरण किया था। निर्गुणमार्गी प्रगतिशील हैं, सगुणमार्गी प्रतिक्रियावादी हैं, इस तरह का भेद हिन्दी के कुछ प्रगतिशील आलोचक करते हैं। ऐसा भेद रवीन्द्रनाथ के काव्य में नहीं है। 'सूरदासेर प्रार्थना' उनकी प्रसिद्ध कविता है। एक लोककथा के आधार पर उन्होंने यह कविता रची है। युवावस्था में सूरदास किसी युवती से प्रेम करते थे। उसे प्राप्त करना सम्भव नहीं था। अन्तिम बार उसके

दर्शन करके, उससे सम्भाषण करके, उन्होंने स्वयं को नेत्रहीन बना लिया। चण्डीदास की तरह वह युवती सूरदास के लिए उनकी देवता है, उनकी हरि है। आगे जीवन में अन्धकार है किन्तु कवि के हृदय-आकाश में उस युवती की देहहीन ज्योति जागती रहेगी। (खण्ड 1, पृष्ठ 292) देवता की उपासना मानव प्रेम से बहुत दूर नहीं है। देह के नष्ट होने पर भी उसकी स्मृति मानव मन को प्रकाशित करती रहती है। इस तरह प्रेम जीवन की क्षणभंगुरता पर विजय पाता है।

इसी तरह की मार्मिक कविता तुलसीदास पर है जिसका शीर्षक है, 'स्वामी लाभ'। उसके नीचे लिखा है, 'भक्तमाल'। इससे पता चलता है कि रवीन्द्रनाथ 'भक्तमाल' पढ़ रहे थे और वहाँ से कथाएँ लेकर हिन्दी कवियों पर रचनाएँ कर रहे थे। 'स्वामी लाभ' में रवीन्द्रनाथ कहते हैं—एक बार तुलसीदास गंगा किनारे निर्जन श्मशान में सन्ध्या समय, अपने काव्य में खोए हुए, घूम रहे थे। तभी उन्होंने देखा कि मृत पति के चरणों के पास एक सती उन्हीं के साथ चिता में जलने के लिए वहाँ बैठी है। साथ के लोग बीच-बीच में जय-जयकार करते थे और ब्राह्मण पुरोहित उसे साधुवाद देते थे। उस स्त्री ने सामने साधु को देखकर कहा—आप भी मुझे अनुमति दीजिए। तुलसीदास ने कहा—इतना आयोजन किसलिए है? माता, आपको कहाँ जाना है? सती ने कहा—पति के साथ स्वर्ग जाना है, ऐसा मैंने सोचा है। साधु ने हँसकर कहा—धरती छोड़कर तुम स्वर्ग क्यों जाना चाहती हो? हे जननी! जिनका स्वर्ग है क्या यह धरती उन्हीं की नहीं है? स्त्री कुछ समझ न पाई। चकित होकर वह तुलसीदास को देखती रही। हाथ जोड़कर उसने कहा—यदि स्वामी मिल जाएँ तो स्वर्ग दूर ही रहे। तुलसीदास ने कहा—घर लौट चलो। मैं कहता हूँ, आज से एक महीने के भीतर तुम अपने स्वामी को पा जाओगी।

युवती को आशा हुई। वह श्मशान से घर लौट आई। तुलसीदास गंगा के किनारे निस्तब्ध निशा में जागते रहे। वह स्त्री शुद्ध चित्त से निर्जन भवन में रहती रही। प्रतिदिन तुलसीदास उसके पास जाकर उसे जो मन्त्र देते थे, वह उसका ध्यान करती थी। महीना बीतने पर पड़ोसी उसके दरवाजे पर आए। उन्होंने पूछा—स्वामी मिले? स्त्री ने हँसकर कहा—हाँ, मैंने उनको पा लिया है। यह सुनकर लोगों ने पूछा—बताओ! वह कहाँ हैं?

नारी कहे रयेछेन प्रभु अहरह
आमारि अन्तरे।

स्त्री ने कहा—स्वामी सभी समय मेरे भीतर रहते हैं। (खण्ड 1, पृष्ठ 644) कबीर, सूरदास, तुलसीदास, इनको रवीन्द्रनाथ की दृष्टि से पढ़ने पर इनमें एक सामान्य प्रेम-तत्त्व दिखाई देगा जो इनके मानवतावाद का आधार है।

कालिदास पर, उनके काव्य पर, रवीन्द्रनाथ ने अनेक कविताएँ लिखी हैं। रवीन्द्रनाथ यथार्थ जीवन के आधार पर जो स्वप्न संसार रचते हैं, उसके मूल प्रेरक कालिदास हैं। किसी भी पाश्चात्य या भारतीय कवि की अपेक्षा कालिदास का रचना-संसार रवीन्द्रनाथ के रचना-संसार से अधिक निकट है। कालिदास शिव के उपासक थे और शिव को इसी जगत् में प्रत्यक्ष देखते थे। उनका यह दृष्टिकोण रवीन्द्रनाथ की दार्शनिक धारणाओं से मिलता-जुलता है। कालिदास को कोई भक्त कवि नहीं कहता।

वह शृंगारी कवि हैं। रवीन्द्रनाथ में सामान्यतः कालिदास की अपेक्षा शृंगार अधिक संयत है। दोनों कवियों में सर्वाधिक समानता प्रकृति के चित्रण में है। प्रकृति और मनुष्य में एक ही जीवन स्पन्दित है। कालिदास की उपमाओं के चमत्कार का मूलाधार यही है। रवीन्द्रनाथ इसी तरह प्रकृति से सजीव बिम्ब ग्रहण करते हैं और उन्हें मानव जीवन से जोड़ देते हैं। बंगाल के वैष्णव कवि, हिन्दी के निर्गुण और सगुण सन्त कवि, संस्कृत के कालिदास, अनेक धाराएँ रवीन्द्रनाथ के काव्य में नया जीवन पाती हैं। इस तरह बंगाल की जातीय चेतना के साथ वह अखिल भारतीय काव्य-चेतना को भी नया रूप देते हैं।

शान्तिनिकेतन में रहते हुए रामेश्वर मिश्र ने मध्ययुगीन 'हिन्दी सन्त साहित्य और रवीन्द्रनाथ' विषय पर अपना शोध कार्य पूरा किया। 1989 में उनका यह शोध कार्य काशी से प्रकाशित हुआ। शान्तिनिकेतन में रहते हुए उन्हें ऐसी बहुत-सी सामग्री मिली जो शान्तिनिकेतन के बाहर के लोगों को सुलभ न थी। वहाँ के विद्वानों से परामर्श करने का अवसर भी उन्हें मिला। हिन्दी भाषा और साहित्य से रवीन्द्रनाथ के सम्बन्ध की बहुमूल्य जानकारी इस पुस्तक में है। 1920 में गाँधी जी ने गुजराती साहित्य सम्मेलन का सभापतित्व करने के लिए रवीन्द्रनाथ को बुलाया। उस सम्मेलन में रवीन्द्रनाथ ने अपना भाषण अंग्रेजी में दिया। रामेश्वर मिश्र ने लिखा है, वे उसी दिन महात्मा गाँधी से मिलने साबरमती गए थे। लगता है, भाषण की भाषा के सम्बन्ध में रवीन्द्र और गाँधी जी में चर्चा हुई होगी और गाँधी जी ने उन्हें हिन्दी में ही भाषण देने की सलाह दी होगी। (पृष्ठ 149-50) रवीन्द्रनाथ ने हिन्दी में भाषण दिया। उसे सन्तोषचन्द्र मजूमदार ने 'शान्तिनिकेतन' पत्रिका में प्रकाशित कराया। रामेश्वर मिश्र ने उनकी टिप्पणी उद्धृत की है जो इस प्रकार है : "6 अप्रैल, 1920 ईसवी को काठियावाड़ के भावनगर में गुरुदेव ने यह भाषण दिया। सम्भवतः हिन्दी में यही उनका प्रथम भाषण है। उसके बाद भी गुजरात में तीन-चार बार उन्होंने हिन्दी में भाषण दिए। हम लोगों ने बार-बार यह लक्ष्य किया कि अच्छी प्रकार से हिन्दी न जानने पर भी वहाँ की साधारण

जनता अंग्रेजी की अपेक्षा हिन्दी में वक्तव्य विषय को सहज रूप से एवं अच्छी प्रकार समझ पाती थी।" (पृष्ठ 149)

हिन्दी प्रदेश के बाहर दूर-दूर तक हिन्दी समझी जाती थी। सामान्य जनता के लिए अंग्रेजी की अपेक्षा वह कहीं अधिक सुगम थी, यह तथ्य मजूमदार की टिप्पणी से स्पष्ट होता है। रामेश्वर मिश्र ने अपनी पुस्तक में वह भाषण उद्धृत किया है। रवीन्द्रनाथ अंग्रेजी और भारतीय भाषाओं के सम्बन्ध पर क्या सोचते थे, यह भाषण के प्रारम्भिक अंश से स्पष्ट हो जाता है। उन्होंने कहा था, आपकी सेवा में खड़ा होकर विदेशीय भाषा कहूँ, ये हम चाहते नहीं। पर जिस प्रान्त में मेरा घर है, वहाँ सभा में कहने लायक हिन्दी का व्यवहार है नहीं। महात्मा गाँधी महाराज की भी आज्ञा है हिन्दी में कहने के लिए। यदि हम समर्थ होता तब इससे बड़ा आनन्द और कुछ होता नहीं। असमर्थ होने पर भी आपकी सेवा में दो-चार बात हिन्दी में बोलूँगा। (पृष्ठ 150) अंग्रेजी विदेशी भाषा है, उसके मुकाबले भारतीय भाषाओं का व्यवहार करना अच्छा है। गुजरात में वह हिन्दी बोलना चाहते हैं, अभ्यास न होने से सभ्य समाज में बोलने लायक भाषा का व्यवहार नहीं कर पाते। महात्मा गाँधी जन-आन्दोलनों से जुड़े हुए थे। वहाँ हिन्दी के बिना काम न चल सकता था। हिन्दी लिखते समय में वह मात्राएँ गुजराती ढंग से लगाते थे पर बोलने में उन्हें कोई कठिनाई न थी।

रवीन्द्रनाथ हिन्दी जानते थे कि नहीं, इसकी चर्चा करते हुए रामेश्वर मिश्र ने उनके आगरा आने का उल्लेख किया है। लिखा है, सन् 1914 ईसवी में रवीन्द्रनाथ आगरा गए थे। आगरा कॉलेज में अपने व्याख्यान के समय उन्होंने कहा—मैं हिन्दी टूटी-फूटी ही जानता हूँ, इस कारण अंग्रेजी में बोलूँगा। श्री वृन्दावन लाल वर्मा ने इसकी चर्चा की है जो उस समय आगरा कॉलेज के छात्र थे। लेकिन इसका अर्थ यह नहीं लेना होगा कि हिन्दी भाषा से रवीन्द्रनाथ सर्वथा अनभिज्ञ थे। वे हिन्दी पढ़ और समझ लेते थे। इस सम्बन्ध में रामधारी सिंह दिनकर तथा हिन्दी के अन्य लेखकों से, जो गुरुदेव से मिलने शान्तिनिकेतन आए थे, रवीन्द्रनाथ ने कहा था—मैं हिन्दी पढ़ लेता हूँ, उसका अर्थ समझ लेता हूँ किन्तु वह वातावरण जो शब्दों के साथ लिपटा होता है, मेरे पल्ले नहीं आता, और इस चीज को समझने का दावा मैं अपनी भाषा के बाहर नहीं करता, यहाँ तक कि अंग्रेजी में भी नहीं। (पृष्ठ 48)

हिन्दुस्तानी संगीत से रवीन्द्रनाथ के सम्बन्ध के बारे में रामेश्वर मिश्र ने बहुत-सी जानकारी दी है। इसमें से कुछ बातें अवश्य ही धूर्जटीप्रसाद मुखर्जी को मालूम नहीं थीं अथवा उन्होंने उनका उपयोग नहीं किया। मिश्र जी ने लिखा है—"रवीन्द्रनाथ का भी हिन्दी गीत-संगीत से विशेष सम्बन्ध था। ध्रुपद, खयाल,

टप्पा, और ठुमरी आदि शैली के हिन्दी गीतों के आधार पर उन्होंने बहुत से गीत रचे हैं। इन हिन्दी गीतों को बंगाल में हिन्दी मार्ग-संगीत, भारतीय उच्चांग संगीत तथा हिन्दुस्तानी अथवा हिन्दी गान आदि नामों से अभिहित किया जाता है। इसी हिन्दी मार्ग संगीत के आधार पर राजा राममोहन राय ने ब्रह्म संगीत की रचना की। बाद में महर्षि देवेन्द्रनाथ की प्रेरणा से जोड़ासाँको की ठाकुरबाड़ी में इस संगीत को प्रतिष्ठा मिली। महर्षि देवेन्द्रनाथ के संगीत-मन पर राजा राममोहन का जो प्रभाव था, उसने रवीन्द्रनाथ के मन को भी स्पर्श किया। रवीन्द्रनाथ के बड़े भाई सत्येन्द्रनाथ तथा ज्योतिरिन्द्रनाथ भी हिन्दी मार्ग संगीत से प्रभावित थे। रवीन्द्रनाथ ने स्वयं स्वीकार किया है कि मेरे बड़े भाइयों ने तानसेन प्रभृति गुणियों द्वारा रचे गए गीतों को बांग्ला भाषा में आमन्त्रित किया है। रवीन्द्रमानस पर हिन्दी उच्चांग संगीत के प्रभाव पड़ने का मूल कारण उनकी पारिवारिक पृष्ठभूमि ही है। बाल्यकाल में ही हिन्दी गीत-संगीत से उनका परिचय हो गया था। उस समय के सभी विख्यात गायकों का ठाकुरबाड़ी में आना-जाना था। कुछ तो नियमित रूप से वहीं रहा करते थे...ठाकुरबाड़ी के पारिवारिक गायक यदु भट्ट पहले वाजिदअली शाह के दरबार में रहा करते थे। हिन्दी प्रदेशों के अनेक गायक भी ठाकुरबाड़ी में आया करते थे। रवीन्द्रनाथ ने इस सम्बन्ध में लिखा है–बाल्यकाल में मेरे घर उस्तादों की कमी नहीं थी। सुदूर अयोध्या, ग्वालियर और मुरादाबाद से उस्ताद आया करते थे। बड़ौदा के विख्यात गायक मौला बख्श तो ठाकुरबाड़ी में बहुत दिनों तक रहे थे जिनकी चर्चा रवीन्द्रनाथ ने 'जीवन स्मृति' में की है...यदु भट्ट के सम्बन्ध में रवीन्द्रनाथ ने लिखा है–बाद में जब कुछ बड़ा हुआ तो घर में एक बहुत बड़े उस्ताद आकर बैठे–यदु भट्ट। उन्होंने एक बहुत बड़ी भूल की, जिद पकड़ी कि मुझे गान सिखाएँगे ही। इसी कारण गान सीखना नहीं हो सका। कुछ संग्रह किया था लुक-छिपकर। अच्छा लगा। काफी सुर का–रुमझुम बरसे आज बदरुवा, जो मेरे वर्षा गीतों में आज भी रह गया...रवीन्द्रनाथ स्वयं भी हिन्दी गीत गाया करते थे। इस सम्बन्ध में इन्दिरा देवी चौधरानी ने लिखा है–रवि काका दो एक हिन्दी गीत भी शौक से गाया करते थे–जैसे कैसे कितनी काटूँगी रैन सो पिया बिना, तथा जिन छुइयाँ मोरी बइयाँ नगरवा। रवीन्द्रनाथ ने स्वयं भी स्वीकार किया है कि हिन्दी गीतों ने कितनी गहराई तक उन्हें प्रभावित किया। वे लिखते हैं–बंगाल में मेरे नाम से अनेक प्रवाद प्रचलित हैं। इसी के अन्तर्गत एक जनश्रुति है कि मैं हिन्दुस्तानी गीत जानता नहीं हूँ, समझता नहीं हूँ, मेरी पहले की रचनाओं में हिन्दुस्तानी ध्रुवपद्धति की राग-रागिनिथों के साक्ष्यदल, विशुद्ध प्रमाण के साथ, भावी शताब्दी के शोधकर्ताओं की वाग्वितण्डा की प्रतीक्षा कर रहे हैं। रवीन्द्रनाथ ने हिन्दी गीत-संगीत के आधार पर एक-दो नहीं सैकड़ों गीत लिखे

हैं। हिन्दी गीतों का उपयोग उन्होंने कई रूपों में किया है। कहीं सुर, भाव और भाषा तीनों का अनुसरण किया है तो कहीं सुर के साथ भाव-ग्रहण और कहीं सुर के साथ उसके एक-दो शब्दों को भी अपनाया है। अधिकांश गीतों में प्रथम पंक्ति के बाद भाव और भाषा में परिवर्तन हो जाता है। ऐसे भी प्रमाण मिले हैं कि रागों का पूरी तरह अनुकरण करने के लिए रवीन्द्रनाथ पहले हिन्दी गीतों को लिख लिया करते थे और हिन्दी गीतों की दो पंक्तियों के बीच-बीच में रिक्त स्थानों पर अपने गीतों को लिखा करते थे।" (पृष्ठ 53-54)

डॉ. रामेश्वर मिश्र के अनुसन्धान की सबसे बड़ी सिद्धि गीतांजलि की पाण्डुलिपि में उद्धृत हिन्दी दोहों की चर्चा है। पूरा विवरण इस प्रकार है–1897 में उपेन्द्रनाथ मुखोपाध्याय ने कबीर, तुलसी आदि की रचनाओं का संग्रह 'दोहावली' नाम से सम्पादित और अनुवादित किया था। इसका दूसरा संस्करण 1930 में हुआ। रवीन्द्रनाथ ने जिस पुस्तिका पर गीतांजलि की रचनाओं को लिखा, उसी पर कबीर, तुलसी आदि के दोहों को उद्धृत किया है जिन्हें उन्होंने श्री उपेन्द्रनाथ मुखोपाध्याय की दोहावली से ही लिया था। इसके प्रमाण मिलते हैं। उक्त पुस्तिका की अधिकांश रचनाएँ गीतांजलि में संकलित हैं, इसलिए इसे गीतांजलि की पाण्डुलिपि कहा जा सकता है। वैसे इसकी कुछ रचनाएँ 'गीत वितान' आदि में भी संगृहीत हैं। पुस्तिका में कुल 188 पृष्ठ हैं। अधिकांश रचनाओं के नीचे रवीन्द्रनाथ ने स्थान और दिनांक भी लिख दिया है। पहली रचना–जानी-जानी कोन आदिकाल होते...10भाद्र 1316, बंगाब्द, 1909 ई. की रचना है, स्थान है बोलपुर। (पृष्ठ 172) रवीन्द्रनाथ की हस्तलिपि में गीतांजलि का एक गीत पृष्ठ 174 पर उद्धृत है। उसके ऊपर बांग्ला लिपि में उन्होंने यह पंक्ति लिखी है। प्रथम परवरदिगार हि नाद को बचो (सम्भवतः रच्यो)। हस्तलिपि से ऐसा लगता है, जिस समय गीत लिखा गया था, उसी समय यह पंक्ति ऊपर लिखी गई थी। परन्तु चार-पाँच पंक्तियों के बाद जो दोहा है, वह पहले से लिखा हुआ प्रतीत होता है। चिदानन्द घट में बसे, बुझत ताहाँ निवास। सो मृगमद मृगनाभि में धुरत फिरत सुवास। शान्तिनिकेतन में बांग्ला विभाग के अध्यक्ष भूदेव चौधरी ने रामेश्वर मिश्र की इस खोज के लिए लिखा है–"सन्त काव्य और मूल गीतांजलि (बांग्ला) की रचनाओं के घनिष्ठ सम्बन्ध के विषय में एक अत्यन्त महत्त्वपूर्ण तथ्य के उद्‌घाटन द्वारा यह शोध कार्य वैशिष्ट्य की पराकाष्ठा पर पहुँच गया है।" विभिन्न प्रदेशों की जातीय संस्कृतियाँ एक-दूसरे से जुड़ी हुई हैं। इन संस्कृतियों में साहित्य के अलावा संगीत का बहुत महत्त्वपूर्ण स्थान है। प्रादेशिक संस्कृतियों से अनेक तत्त्व आत्मसात् करते हुए रवीन्द्रनाथ ने बंगाली जनता की जातीय संस्कृति के स्वरूप की बराबर रक्षा की, यह बात हमें उनसे सीखनी चाहिए।

8. साहित्य और संगीत का अन्तःसम्बन्ध

अंग्रेजी में तथा यूरुप की अन्य भाषाओं में बहुत-सा धार्मिक काव्य लिखा गया है। इस काव्य में मतवादी धाराएँ अलग-अलग बहती हैं। इन्हें मिलाकर बहने वाली भक्ति काव्य जैसी सामान्य धारा वहाँ नहीं है। भारत में धार्मिक सुधार आन्दोलन आवश्यक था। भक्ति आन्दोलन ने इस आवश्यकता को पूरा किया। उसने प्रेम को धार्मिक साधना का आधार बनाकर कर्मकाण्ड बाह्माचार पर जबर्दस्त प्रहार किया। भक्ति आन्दोलन हमारे यहाँ का रिफौर्मेशन है, रिनैसेन्स भी है। यूरुप में पुनर्जागरण गैर-ईसाई यूनान से प्रभावित था, धर्म सुधार ईसाइयत का पुनरुत्थान कर रहा था। दोनों एक-दूसरे से टकराये। हमारे यहाँ ऐसी टक्कर अनावश्यक थी। जिन स्रोतों से भक्त कवियों को धर्म-सुधार की प्रेरणा मिलती थी, उनसे उन्हें यथार्थपरक काव्य रचने की प्रेरणा भी मिलती थी। वास्तव में पुरोहितवादी रूढ़ियाँ यहाँ की जनसंस्कृति का स्रोत कभी नहीं रहीं। पहले यूनान की संस्कृति से पूर्ण विच्छिन्नता, फिर उसे अपनाने का प्रयास—ऐसा प्रपंच हमारे यहाँ घटित नहीं हुआ। इहलोकवाद और परलोकवाद का द्वन्द्व यूरुप के पैमाने पर यहाँ कभी नहीं फैला। वास्तविक मोक्ष इस जीवन में है, जीवन के उपरान्त नहीं। भक्ति कवियों ने प्रेम के मन्त्र से कर्म के बन्धन काट दिये, पुरोहितों के रचे हुए स्वर्ग और नरक के सुहावने और डरावने चित्र मिटा दिये। उन्होंने सांस्कृतिक धरोहर को लोक संस्कृति से जोड़कर उसे नया रूप दिया। उन्होंने लोक जीवन से अभिन्न रहकर साहित्य में यथार्थवाद का विकास किया।

साहित्य चाहे यूनान और रोम का हो, चाहे पुनर्जागरण के इटली और इंग्लैण्ड का, उसके अधिकांश पर अभिजात वर्ग की छाप है। वाल्मीकि और व्यास जैसे कवि यूरुप में नहीं हुए, न जायसी, कबीर, सूरदास और तुलसीदास जैसे कवि वहाँ हुए। भक्ति काव्य का यह लोकवादी स्वरूप संसार में अद्वितीय है; अभिजात न होने से वह मध्यकालीन नहीं हो जाता।

यूरुप चाहे, पुनर्जागरण काल का हो चाहे बीसवीं सदी का, यह कल्पना करना कठिन है कि प्रोटेस्टेण्टों की जमात को कैथलिक धर्मप्रचारक उपदेश दे या कैथलिक जमात को प्रोटेस्टेण्ट धर्म प्रचारक उपदेश दे। ईसाइयों को यहूदी गुरु उपदेश दे, यह और भी कल्पनातीत है। किन्तु भारत में धर्मों और मतों के बीच ऐसी खाई न थी जैसी इतिहासकारों ने कल्पना में खोद रखी है। प्रसिद्ध है कि सूफी धर्मप्रचारक हिन्दुओं और मुसलमानों, दोनों को उपदेश देते थे। कबीर की रचनाओं से स्पष्ट है कि वह दोनों सम्प्रदायों को सम्बोधित करते थे। यह रीति केवल हिन्दी प्रदेश अथवा सूफियों की नहीं थी। अन्य प्रदेशों में ऐसा चलन था और हिन्दू सन्त भी मुसलमानों को उपदेश देते थे। सोलहवीं सदी में महाराष्ट्र के सन्त एकनाथ सुशिक्षित और बहुपठित व्यक्ति थे। आनन्द प्रकाश दीक्षित ने मराठी सन्तों की *हिन्दी वाणी* नाम का उपयोगी संकलन प्रकाशित कराया है। इसमें उन्होंने लिखा है : "सन्त एकनाथ संस्कृत, मराठी, हिन्दी, गुजराती तथा कन्नड़ भाषाएँ जानते थे। मराठी के अतिरिक्त उन्होंने हिन्दी, गुजराती तथा कन्नड़ में भी रचनाएँ की हैं।" (पृ. 69) भारत की भाषा समस्या हल करने का यह भी एक तरीका था। प्रसिद्ध है कि "पितरों के श्राद्ध में अहंकारी ब्राह्मणों के मना करने पर उनके स्थान पर हरिजनों को (उन्होंने) भोजन" कराया था। (पृ. 59) दलितोद्धार का यह भी एक तरीका था। ब्राह्मण कुल में जन्मे सन्त एकनाथ ने मुसलमानों को लक्ष्य करके कहा था :

नाम अल्ला का कथा सुनने कूं।
व्हा मुर्गी का सोचता है।
काम कूता कसबन घर का
व्हा दिन-रात जागत (जागता) है।
इस दुनिया में आया बन्दा
अल्ला नाम सौदा है।

(पृ. 66)

कबीर भी इस ढंग की बातें कहते थे। यह नई वर्ग दृष्टि थी, गरीब किसानों और कारीगरों की दृष्टि जो वर्ण भेद मिटा रही थी और उसके साथ साम्प्रदायिक भेद मिटा रही थी। कहीं खड़ी बोली, कहीं ब्रजभाषा, कहीं दोनों का मिश्रण, इस प्रकार अनेक प्रदेशों के हिन्दू-मुसलमान सम्पर्क भाषा के रूप में हिन्दी का व्यवहार कर रहे थे। सन्त एकनाथ का कहना था :

अल्ला रखेगा वैसा ही रहना।
मौला रखेगा वैसा ही रहना।

(पृ. 71)

जो बात वह मुसलमानों से कहते थे, वही हिन्दुओं से कहते थे :

राम संग में बाट न भूले।
राम चलावे तैसा चाले।

(पृ. 70)

सत्रहवीं सदी में भक्ति की इस धारा का और विस्तार हुआ। सन्त तुकाराम ने कहा था :

अव्वल याद करो वस्ताद की।
गुरु पीर पैगम्बर की।

(पृ.81)

और भी :

हजरत मौला मौला।
सब दुनिया पालनवाला।
अपना साथी समज के लेना।
सलील वो ही अल्ला।

(पृ. 82)

समर्थ रामदास का कहना था :

रे भाई याद करो अल्ला की। हक चलना सब दिल पासी.

अला निरन्जन दोऊ नहीं रे। समजत समजनहारे।

और

खाली जागा नहीं रे खुदा बिन। जानत नाहीं रे..

दास फकीर कहे इतना ही। अन्तर माही रे।

(पृ. 125)

जैसे सूफियों के हिन्दू शिष्य होते थे, वैसे ही हिन्दू सन्तों के मुसलमान शिष्य होते थे। रामचन्द्र चिन्तामणि ढेरे ने *मुसलमान मराठी सन्तकवी* पुस्तक में महाराष्ट्र के मुसलमान सन्त शहा मुनी को 'महाराष्ट्रचा कबीर' कहा है (पृ. 113)। ये मुनी इसलिए कहलाये कि इनके गुरु मुनीन्द्र स्वामी थे। अपने गुरु का उपदेश इन्होंने सुना था रात में गंगा किनारे काशी में–

वारासींत गंगातीरीं। प्रहर रात्र लोटल्यावरी।

(पृ. 124)

शहा मुनी मराठी भाषा के अस्तित्व के प्रति सचेत थे। अपने पूर्वज शहाबाबा को उन्होंने मराठी और फारसी दोनों का विद्वान् कहा है :

महाराष्ट्र आणि पारशी। उभयपक्षीं विद्या त्यासी।

(पृ. 121)

इसी तरह सन्त शेख महम्मद अपनी भाषा के प्रति सचेत थे :

महाराष्ट्र भाषा बोलणें बोलीं। सांगेन सन्तरीची सखोली।

(पृ. 114)

यद्यपि इन मुसलमान सन्तों की अधिकांश रचनाएँ मराठी में हैं, फिर भी हिन्दू सन्तों की तरह इनकी कुछ रचनाएँ हिन्दी में भी हैं। शहा मुन्तोजी ब्रह्मणी ने तो हिन्दू मुस्लिम एकता के लिए जमकर प्रयत्न किया था। कहते हैं :

शाह मुतवजी ब्रह्मणी।
जिन में नहीं मनामनी।
पंचीकरण का खोज किए
हिन्दू मुसलमान येक कर दिये।

(पृ. 37)

पुनर्जागरणकालीन यूरुप के धर्मसुधारक इन सन्तों से बहुत कुछ सीख सकते थे। लेकिन सबसे पहले तो आधुनिक भारत को अपनी यह 'मध्यकालीन' संस्कृति आत्मसात् करनी है।

भारतीय सन्तों की काव्य रचना के आगे संगीत में उनका योगदान प्रायः भुला दिया गया है। जिसे शास्त्रीय संगीत कहा जाता है, और जो मूलतः लोकसंगीत है, उसके वे निर्माता हैं। ध्रुव पद गायकी का विकास राजदरबारों में हुआ; मानसिंह, अकबर, शाहजहाँ आदि को कलावन्तों के संरक्षण का श्रेय उचित ही दिया जाता है। किन्तु उसका जन्म दरबारों में न हुआ था। आचार्य बृहस्पति ने ध्यान दिलाया है कि अबुल फज़ल के अनुसार आगरा के आस-पास के क्षेत्र में, अर्थात् ब्रज नाम के जनपद में, ध्रुवपद गाया जाता था। और ग्वालियर के (संगीत चिन्तामणि, प्रथम खण्ड, पृ. 78) ब्रजभाषा काव्य की भाषा बनी और संगीत की भाषा भी बनी। संगीत और काव्य अलग-अलग नहीं थे। तानसेन गायक रूप में प्रसिद्ध हैं परन्तु वह कवि भी थे। सुनीतिकुमार चाटुर्ज्या ने अपने निबन्ध 'कविवर तानसेन' में उन्हें 'उच्चश्रेणी के कवि' के रूप में याद किया है और माना है कि उनके गीत "उनकी अतुलनीय कवित्व-शक्ति के परिचायक हैं।" (*निबन्ध संग्रह*, संकलनकर्ता हजारी प्रसाद द्विवेदी और श्रीकृष्ण लाल, पृ. 123)

प्रसिद्ध है कि 'संगीत' से पहले गायन, वादन, नर्तन, इन तीनों कलाओं का बोध होता था। नाट्य शास्त्र में इन तीनों का संयोग बना हुआ है। लोकसंगीत की यह विशेषता सूरदास के पदों में विद्यमान है।

सप्त सुरनि मुरली बाजलि, धुनि सुनि मोहे सुरनर गन्धर्व गन...
नृत्य करत उघटत संगीत पद, निरखि सूर रीझत मन ही मन।

(*सूर सागर*, पहला खण्ड, पृ. 651)

और भी :

रागरागिनी प्रगट दिखायौ, गायौ जो जेहि रूप।
सप्त सुरनि के भेद बतावति, नागरि रूप अनूप।

(उप., पृ. 653);

सरगम सुनीकैं साधि सप्त सुरनि गाई।
अतीत अनागत संगीत, बिचतान मिलाई।
सुरताल ऽरु नृत्य ध्याइ, पुनि मृदंग बजाई।

(उप., पृ. 655)

गायन, बादन, नर्तन, तीनों का संयोग यहाँ देखा जा सकता है। संगीत की यह पद्धति लोक जीवन से मन्दिरों में पहुँची। दक्षिण भारत के मन्दिरों में यह परम्परा अब तक चली आयी है।

इस परम्परा की छाया ध्रुपद की दरबारी बन्दिशों में जहाँ-तहाँ दिखाई देती है। यथा शाहजहाँ के समय में संकलित ध्रुपदों के संग्रह *सहसरस* (प्रेमलता शर्मा द्वारा सम्पादित) में :

एक गावत, एक तेत बजाबत, एक निरतन लऽगे झर।

(पृ.132)

यहाँ भी तीनों कलाएँ एक साथ हैं परन्तु ये कलाएँ अब पेशेवर लोगों के पास हैं। जो लोक कलाकार थे, वे दरबार में पहुँचकर कलावन्त बन गए और नृत्य पर वेश्याओं का अधिकार हो गया।

पातर चातुर सब अंग निरत करत, देसी सुध अंग गाई।

(पृ. 50)

जब ध्रुवपद दरबार में न पहुँचा था, तब उसकी उदात्त अभिव्यन्जना कुछ इस प्रकार की रही होगी :

उलझी कुण्डल लट, बेसरिसों पीत पट,
बनमाल बीच आनि उरझे हैं दोउ जन।
प्राननि सों प्रान, नैन नैननि अटकि रहे,
चटकीली छबि देखि लपटात स्याम घन।
होड़ा होड़ी नृत्य करें, रीझि रीझि अंक भरैं,
ता ता थेई थेई उघटत हैं हरषि मन।

सूरदास प्रभु प्यारी, मण्डली-जुवरि भारी,
नारि कौ आंचल लै लै पोंछत हैं स्तमकन।

(*सूर सागर*, पहला खण्ड, पृ. 655)

अक्षर प्रधान छन्द की चार पंक्तियों का यह पद ध्रुवपद है। सूरदास ध्रुवपद गायन पद्धति से परिचित थे, इसमें सन्देह नहीं। उससे पहले ध्रुवपद का प्रवेश दरबार में हो चुका है पर वे एक पुरानी गीत परम्परा के कवि हैं। इसलिए गैर-पेशेवर ध्रुवपद-संगीत में किस तरह की कला थी, उसका अनुमान सूरदास के उक्त पद से किया जा सकता है।

गायन, वादन और नर्तन की संयुक्त कला लोक संगीत की सामान्य विशेषता थी, ध्रुपद की गायकी इस लोक संगीत का एक अंग थी। सूरदास समूचे लोक संगीत से परिचित थे, उसके एक ही अंग से नहीं। उनके पदों के साथ जो रागों के नाम दिए हुए हैं, वे उनके गायक स्वरूप की ओर संकेत करते हैं। कबीर के पदों के साथ भी रागों के नाम दिए हुए हैं। विद्यापति के पदों और उनसे पहले चर्यापदों के साथ रागों के नाम दिए हुए हैं। भक्त अपने पद गाने के लिए रचते थे और उन्हें स्वयं गाते थे। कथा है कि तानसेन के गुरु हरिदास स्वामी थे और बादशाह अकबर उनका गाना सुनने गया था। यह कथा सच हो या न हो, वह इस तथ्य की ओर संकेत करती है कि दरबारी गायकों ने अपनी कला भक्त गायकों से सीखी थी। दक्षिण भारत में पुरन्दरदास से लेकर त्यागराज तक सन्त गायकों की परम्परा सोलहवीं सदी से उन्नीसवीं सदी तक चली आयी है। दक्षिण की तरह उत्तर भारत में भी मन्दिरों से संगीत का घनिष्ठ सम्बन्ध था। बीसवीं सदी में सुनीतिकुमार चाटुर्ज्या ने उदयपुर के एक शिवमन्दिर में अपने अनुभव का वर्णन किया है : गैरिक वसन पहने हुए गले में और हाथों में रुद्राक्ष की माला पहने हुए तेजपुंज कलेश्वर गौरवर्ण दीर्घकाय श्मश्रुमान् एक संन्यासी पुजारी, अति सुन्दर शुद्ध उच्चारण के साथ मन्त्र पढ़कर भगवान की पूजा कर रहे थे; बीच-बीच में पूजा के बीच में गर्भगृह के द्वार बन्द किये जाते थे; इधर अलंकरण मण्डित प्रस्तरमय देवमूर्ति के सामने के नाट्य मन्दिर में एक कलावन्त गायक पखावज और सारंगी बजैये के साथ बैठे थे। पूजा के लिए जब देवगृह के दरवाज़े बन्द होते थे तब वे शंकर की स्तुति के लिए ध्रुपद चौताल गाने में लग जाते थे। कुल मिलाकर पूजा का जो अपूर्व वातावरण बना, भाषा में उसका क्या वर्णन करूँ।" (*निबन्ध-संग्रह*, पृ. 139)। कलावन्त गायक और पखावज-सारंगी वादक हिन्दू थे या मुसलमान, पता नहीं, पर बिस्मिल्ला खाँ काशी के शिवमन्दिर में शहनाई बजाते थे, यह बात सभी लोग जानते हैं। खजुराहो के मन्दिरों में नर्तकियाँ अपनी भंगिमाओं से प्रस्तरमूर्तियों की मुद्राओं को प्रत्यक्ष करती हैं, यह बात भी बहुतों को मालूम होगी। प्रसिद्ध अभिनेत्री हेमा मालिनी ने *नूपुर* फिल्म में बड़े कौशल से शिल्प

और नृत्य का घनिष्ठ सम्बन्ध प्रदर्शित किया है। शिल्प और नृत्य का यह सम्बन्ध न तो पुनर्जागरण कालीन इटली की मूर्तिकला में है, न उससे पहले यूनान और रोम की मूर्तिकला में है। न यूरुप के भक्ति काव्य में नृत्य का बार-बार ऐसा उल्लेख है जैसा हमारे भक्तिकाव्य में है। यहाँ के एक उपास्यदेव शिवनटराज हैं। समस्त ब्रह्माण्ड उनका नाट्य मंच है। इस मंच पर भक्त कवि के संगीत की झाँकी इस पद में देखें :

नाचु रे मेरे मन मत्त होय।
प्रेम को राग बजाय दैनन्दिन शब्द सुनै सब कोइ।
राहुकेतु नवग्रह नाचै, लोक नाचै हँस रोइ।
छापा तिलक लगाइ बाँस चढ़, हो रहा जग से
न्यारा।
सहस कला कर मन मेरौ नाचै, रीझै सिरजन हारा।

(हजारीप्रसाद द्विवेदी : *कबीर*, पृ. 257)

यह पद कबीर का है। बहुत सम्भव है, इस पद में शिव गीतों की प्रतिध्वनि हो।

अन्य उपास्य देव श्रीकृष्ण बाँसुरी बजाने और नाचने के लिए प्रसिद्ध हैं। मीराबाई के पदों में नृत्य उनकी उपासना का अंग बन गया है। नृत्य के लिए अपनी तत्परता दिखाकर वह अनेक प्रकार से समाज के रूढ़िवादियों को चुनौतियाँ देती हैं। चैतन्य महाप्रभु भावमग्न होकर नाचने लगते हैं, यह बात भी प्रसिद्ध है। वैष्णव कीर्तन मण्डलियों में गायन के साथ नर्तन का चलन अब तक बना हुआ है। *रामचरितमानस* में भक्त सुतीक्ष्ण भावातिरेक में नाचने लगते हैं :

कबहुँक फिरी पाछै पुनिजाई। कबहुँक नृत्य करइ गुन गाई।

(*रामचरितमानस*, पृ. 607)

नृत्य का सबसे विस्तृत वर्णन और अनेक प्रकार के नृत्यों का वर्णन सूरदास के पदों में है। उसे पढ़कर यह विश्वास होता है कि वह नृत्यकला से भलीभाँति परिचित थे। ऐसा लगता है, गायन कला की तरह नृत्यकला के संरक्षक भी भक्त कवि थे। मन्दिरों से यह कला दरबारों में पहुँची और वहाँ गायन की तरह उसमें भी परिवर्तन हुआ। संगीत के अन्तर्गत तीनों कलाओं के साथ काव्य का अध्ययन करने से युग के सम्पूर्ण कलात्मक वैभव का ज्ञान हो सकता है। कलाएँ एक दूसरे को प्रभावित करती हैं और उनसे काव्य का घनिष्ठ सम्बन्ध है। स्मरणीय है कि इटली की मूर्ति-चित्रकलाएँ वहाँ के भव्य गिरजाघरों में विकसित हुई थीं। प्रोटेस्टेण्ट यूरुप के पास इनके समकक्ष कुछ भी नहीं है। उनकी तुलना केवल भारत के मन्दिरों में विकसित होने वाली कलाओं से की जा सकती है। इन कलाओं में सर्वोपरि है वास्तुकला। पुनर्जागरण कालीन यूरुप के श्रेष्ठ कलात्मक भवनों से भारतीय समकालीन वास्तुकला की तुलना की जाए तो यह समझते देर न लगेगी

कि इस कला में हम उनसे आगे हैं, पीछे तो किसी तरह नहीं हैं। यहाँ शताब्दियों तक उसका विस्तार और परिष्कार होता रहा है।

ध्रुवपद के गायन की विशेषता है उसका उदात्त स्वर, यह गायन चाहे दरबार में हो चाहे दरबार के बाहर। और ध्रुवपदों के रचनाकार काव्य के स्थापत्य की ओर ध्यान देते हैं, समकालीन स्थापत्यकला की गरिमा वे अपने संगीत में उतार पाते हैं। सुनीतिकुमार चाटुर्ज्या का अर्थगर्भित, एक बहुत सुन्दर वाक्य यह है : "ध्रुपद में किसी एक प्रकार का धीरोदात्त और स्निग्ध गम्भीर भाव विद्यमान है; इसकी गठन शैली होती है, विराट वास्तु-शिल्प की सी, परस्पर ग्रथित और सुसम्बद्ध।" (*निबन्ध-संग्रह*, पृ. 136)। अलंकरण की प्रवृत्ति बढ़ने से संगीत में इसी गठन शैली का लोप हो जाता है; धीरोदात्त और स्निग्ध गम्भीर भावों का स्थान कल्पना का अनूठापन ले लेता है। सोलहवीं-सत्रहवीं सदियों में भारत की जातियाँ नयी ऊर्जा के बोध से प्रेरित थीं। इनमें हिन्दी जाति भी थी। ऊर्जा का यह बोध उसकी वास्तुकला में है, ध्रुवपद की गायकी में है।

ध्रुवपद मन्दिर से दरबार में पहुँचा। जहाँ-तहाँ दरबारी ध्रुवपद पर मन्दिर की छाप मिल जाती है।

चार जुग मध चित्र विचित्र, काबू न पायी तिहारी अन्तर गत।
आदि अन्त तू ही शिष्ट (सृष्टि) कर्ता, तूँ ही सत।
जो कुछ रूप सरूप तोही ते, अलख तू ही संसार पत।
बख्सू सेवक कों दीन दुनी निरमल कीजै, महापुरुष अधिक मत।

(*सहसरस*, पृ. 40)

यहाँ किसी आश्रयदाता का नाम नहीं है, बख्शू अपनी ओर से ईश-वन्दना कर रहे हैं। उनके हजारों ध्रुवपद लोगों को याद थे और उनके देहावसान के बाद डेढ़ सौ-दो सौ साल तक गाये जाते रहे थे। इन्हीं का संग्रह शाहजहाँ ने कराया था और उनमें से एक हजार छाँट कर *सहसरस* संकलन बनाया था। इसी तरह के एक अन्य पद में गायक अथवा संकलन कर्ता ने शाहजहाँ का नाम डाल दिया है :

गगनचाल (गगनचारी) गुनगन्धर्व गीर्वान ग्यान गीत
गुननायक।
गजधर गौरीसुत, गम्भीर विघनहरन, गजदन्त विनायक।
निसम अराम अगोचर, गंगा कोउ तुछ हैं,
पापमोचन कामना फलदायक।
गज आनन प्रमोद तरंग रतरंगन,
साहजहाँ प्राकृम कों होहि सिध दायक।

(पृ. 99-100)।

इस तरह के पदों के बारे में ध्यान देने की बात यह है कि बख्शू ग्वालियर के राजा मानसिंह के यहाँ गाते थे और गुजरात के शासक सुलतान बहादुर से निमन्त्रित होकर उसके यहाँ भी गाते रहे थे। और उनके निधन के बाद गवैये उनके ध्रुपद शाहजहाँ के दरबार में गाते थे। स्पष्ट है, मुसलमान मतावलम्बी हिन्दुस्तानी शासक ब्रजभाषा अच्छी तरह समझते थे। सुनीतिकुमार चाटुर्ज्या का मत है कि "ब्रजभाषा हिन्दी लगभग 1050 ईस्वी से कम से कम 1550 ईस्वी तक 'बादशाही हिन्दी' के रूप में व्यवहृत होती रही।" (*निबन्ध संग्रह*, पृ. 131) उर्दू विशेषज्ञों के अनुसार हिन्दुओं और मुसलमानों के बीच इस अवधि में सामान्य व्यवहार की कोई भाषा थी ही नहीं! मुश्तर्का ज़बान के रूप में उसका जन्म हुआ शाहजहाँ के शासन काल में!

ध्रुवपद गायन का युग हिन्दुस्तानी संगीत का वैभवकाल है। यह हिन्दी साहित्य का वैभवकाल भी है। तानसेन के प्रसंग में सुनीतिकुमार चाटुर्ज्या कहते हैं : "जिस समय तानसेन जीवित थे, वह प्राचीन हिन्दी साहित्य का सबसे गौरवमय युग था—खास करके हिन्दी काव्य-साहित्य का। उनके समसामयिकों में थे मलिक मुहम्मद जायसी और तुलसीदास। उनसे एक पीढ़ी पहले के थे, अन्ध कवि सूरदास।" (उप., पृ. 130-31) हिन्दी साहित्य के सबसे गौरवमय युग को हिन्दी के कुछ विद्वान् अन्धकार युग क्यों कहते हैं? इसलिए कहते हैं कि उनके लिए हिन्दी जाति का अस्तित्व नहीं है; यहाँ हिन्दू संस्कृति है, मुस्लिम संस्कृति है—ये संस्कृतियाँ कभी आपस में टकराती हैं, कभी थोड़ा बहुत लेनदेन कर लेती हैं! सम्प्रदायवाद भारतीय संस्कृति के इतिहास को झुठला कर कैसे प्रत्येक जाति को और इस तरह पूरे राष्ट्र को विभाजित करता है, उसका उदाहरण है साहित्य के गौरवमय युग को अन्धकार युग बना देने का प्रयास।

हिन्दी जाति के अभ्युदय काल के पूर्ण कलात्मक वैभव की पहचान के लिए काव्य के इतिहास के साथ संगीत के इतिहास पर ध्यान देना चाहिए; काव्य और संगीत के साथ अन्य कलाओं, विशेष रूप से शिल्प-वास्तु कलाओं की उपलब्धियों पर ध्यान देना चाहिए और समूचे युग की तुलना यूरुप के पुनर्जागरणकाल से करनी चाहिए; और इस पुनर्जागरण काल में वहाँ के धार्मिक सुधार आन्दोलन से अपने भक्ति आन्दोलन की तुलना करनी चाहिए। आगे बढ़ने के लिए किसी भी जाति को यथेष्ट ऊर्जा अपने इतिहास से, विशेषतः साहित्य के इतिहास से मिलती है। भारत की बहुसंख्यक हिन्दी जाति को भारत के सन्दर्भ में, और यूरुप के सन्दर्भ में, अपने सांस्कृतिक इतिहास की सही पहचान करनी है। यदि सूरदास और तुलसीदास का युग प्राचीन था तो शेक्सपियर और मिल्टन का युग भी प्राचीन था; यदि शेक्सपियर और मिल्टन का युग आधुनिक था तो सूरदास और तुलसीदास

का युग भी आधुनिक था। साहित्य का इतिहास लिखते समय शासक जाति और शासित जाति के लिए अलग-अलग कसौटियाँ नहीं हो सकतीं।

अंग्रेज़ी राज में हिन्दी जाति का साहित्य, अंग्रेजों के जाने के बाद स्वाधीन भारत में हिन्दी जाति का साहित्य—इस सबके इतिहास की अपनी समस्याएँ हैं। लेकिन अंग्रेज़ीराज कायम होने से पहले यहाँ जो साहित्य रचा गया था, उसका इतिहास समझ लें, एक बार हिन्दी जाति के साहित्य का एकताबद्ध लोकवादी स्वरूप समझ में आ जाए तो अंग्रेज़ों की विघटनकारी भूमिका को समझना आसान होगा, स्वाधीन भारत के अनेक विद्वान कैसे इसी भूमिका को दोहराते आए हैं, यह भी स्पष्ट हो जायेगा। विदेशी पूँजी पर भारत की निर्भरता जब बराबर बढ़ रही हो तब देश में पश्चिमी संस्कृति के पतनशील तत्त्वों का प्रसार अनिवार्य है। इनसे अपनी संस्कृति की रक्षा करने, अपनी परम्परा और परिस्थितियों के अनुसार उसका विकास करने में हिन्दी साहित्य का इतिहास हमारा मार्ग दर्शन करता है। यही उसका महत्त्व है, नये इतिहास के निर्माण में उसकी भूमिका है।

यह बात सही है कि दिल्ली आगरे के सुल्तानों और बादशाहों ने फारसी को राजभाषा बनाया था। फारसी न तो उनकी मातृभाषा थी, न धर्म भाषा। सांस्कृतिक भाषा के रूप में उन्होंने उसे अपनाया था। पुनर्जागरण कालीन यूरुप पर इसी तरह लैटिन हावी थी। लैटिन वहाँ जातीय भाषाओं का उभार न रोक पायी; वैसे ही फारसी यहाँ जातीय भाषाओं का उभार न रोक पायी। उत्तर भारत की वास्तुकला पर जहाँ-तहाँ अरबी-ईरानी प्रभाव है, ऐसा प्रभाव स्पेन की इमारतों पर भी है। इटली से लेकर इंग्लैण्ड तक इमारतों पर रोमन प्रभाव यथेष्ट है। समूचे भारत को देखें तो विदेशी प्रभाव कुछ विशेष क्षेत्रों तक, और एक विशेष काल अवधि तक सीमित है। चित्तौड़ के विजयस्तम्भ से लेकर ग्वालियर के किले तक हिन्दुस्तानी स्थापत्य के श्रेष्ठ नमूने देखने को मिलते हैं। दक्षिण भारत के स्थापत्य की गरिमा और कौशल का कहना ही क्या। उत्तर और दक्षिण दोनों की मूर्तिकला और चित्रकला पर विदेशी प्रभाव नगण्य है। तानसेन पर सुनीतिकुमार चाटुर्ज्या के लेख की एक विशेषता यह है कि वह संगीत के साथ उत्तर भारत की अन्य कलाओं को याद करते चलते हैं। तानसेन की धुपद-रचना के प्रसंग में कहते हैं : "ध्रुपद की वाणी तथा अन्य कवियों के नायक-नायिका और राग-रागिणी की वर्णना के पद (,) इनमें प्राचीन राजपूत और मुगल शैली के चित्रों की कवितामय व्याख्या या टीका पाई जाती है। ये दो वस्तुएँ भारत के काव्योद्यान के दो अनिन्द्य सुन्दर सौरभमय पुष्प हैं।" (*निबन्ध संग्रह*, पृ. 137)। संगीत और चित्र-कलाओं के साथ समकालीन काव्य के अध्ययन का यह तरीका सही है।

यूनान की प्राचीन संस्कृति आधुनिक यूरुप के ज्ञान-विज्ञान की आधारशिला है। यूरुप के इस आधुनिक ज्ञान-विज्ञान की शुरुआत पुनर्जागरण काल से होती है। उस शुरुआत में अरबों की मध्यस्थता से भारत का योगदान उल्लेखनीय है। विघटनकालीन भारत का नवनिर्माण साहित्य और संगीत की उस एकताबद्ध संस्कृति के आधार पर ही सम्भव है जिसके निर्माता हमारे भक्त कवि थे—जितने दक्ष काव्य रचना में, उतने ही गायन में, जिनके शिष्यों में हिन्दू-मुसलमान दोनों हैं, जो हमारी जातीय भाषाओं के उन्नायक हैं और राष्ट्रीय साहित्य के निर्माता भी। उनका यह महत्त्व हिन्दी साहित्य के इतिहास के अध्ययन से उजागर होता है।

9. संगीत का इतिहास और भारतीय नवजागरण की समस्याएँ

9.1 नवजागरण और अमीर खुसरो

भारत में नवजागरण की समस्याएँ साहित्य तक सीमित नहीं हैं; उनकी परिधि में दर्शन, विज्ञान, प्रौद्योगिकी तथा स्थापत्य, शिल्प, चित्र, नृत्य, संगीत आदि ललित कलाएँ भी आती हैं। संगीत के एक विशेषज्ञ, स्वर्गीय आचार्य बृहस्पति, इस कला के पुराने इतिहास और उसकी वर्तमान अवस्था पर सोचते विचारते रहे हैं। उनके निबन्धों का एक संग्रह *संगीत-चिन्तामणि* (प्रथम खण्ड, द्वितीय संस्करण, हाथरस, 1976) साहित्य के इतिहास का अध्ययन करनेवालों के लिए भी महत्त्वपूर्ण है। कहीं-कहीं उनके लेखन में हिन्दी आलोचना के प्रभाव की झलक भी दिखाई देती है।

एक निबन्ध में आचार्य बृहस्पति कहते हैं : "सैकड़ों वर्षों से संगीतकला जनता की सहचरी न रहकर व्यक्तियों के हाथ की कठपुतली हो गई। जहाँ राजसभा का आश्रय इसे मिला, वहाँ वह स्वयं भी सामन्तों और नरेशों के भ्रूविलास पर नाचनेवाली हो गयी... सामन्त युग के बन्धनों से आज काव्यकला मुक्त हो गयी है। उसे फलने फूलने के लिए अवसर मिला है, क्योंकि समालोचना का जन्म फिर हुआ है... संगीत की ओर जब हम देखते हैं, तब बेचारी यह कला उसी परतन्त्र अवस्था में कसमसा रही है। उसके अधिकांश प्रेमियों में प्रायः स्वस्थ दृष्टिकोण का अभाव है। कारण यह है कि काव्यकला के लक्ष्य को सम्मुख रखकर उसकी श्रेष्ठता के मानदण्डों या कसौटियों को निश्चित करनेवाले तथा उन पर काव्य को कसकर उसके गुणदोषों का विवेचन करनेवाले जैसे समालोचक साहित्य क्षेत्र में उत्पन्न हुए, वैसे समालोचकों का संगीत क्षेत्र में प्रायः अभाव है।" (पृ. 385)।

संगीतकला कभी जनता की सहचरी रही होगी, फिर वह सामन्तों और नरेशों के हाथ की कठपुतली हो गई। सामन्त युग के बन्धनों से काव्यकला मुक्त हो गई पर संगीतकला उन्हीं पुराने बन्धनों में फँसी हुई है। काव्यकला

की मुक्ति में आलोचना की महत्त्वपूर्ण भूमिका थी; उसी तरह संगीत के क्षेत्र में आलोचना का विकास नहीं हुआ। यहाँ आचार्य बृहस्पति का सामन्त विरोधी दृष्टिकोण आचार्य रामचन्द्र शुक्ल के दृष्टिकोण से मिलता-जुलता है। उनका दृष्टिकोण स्वागत योग्य है, उसके अनुरूप संगीत का परिष्कार और विकास किया जाए तो इससे संगीत के अलावा साहित्य, तथा व्यापक स्तर पर हमारी संस्कृति, को लाभ होगा।

संगीत और साहित्य दोनों में एक महत्त्वपूर्ण नाम अमीर खुसरो का है। वह विदेश से आये हुए मुसलमान नहीं थे, वह भारत में जन्मे थे और उनकी मातृभाषा हिन्दी थी। आचार्य बृहस्पति कहते हैं : "'हिन्दी', 'हिन्दवी', अथवा 'हिन्दुई' खुसरो की मातृभाषा थी, क्योंकि ये उत्तरप्रदेश में स्थित एटा ज़िले के अन्तर्गत पटियाली नामक ग्राम में उत्पन्न हुए थे और इनकी माँ हिन्दू (विशुद्ध भारतीय रक्त की महिला) थीं।" (पृ. 231) खुसरो का जन्म ब्रज में हुआ था। उन्होंने बचपन से ही ब्रज की लोकसंस्कृति को आत्मसात् किया होगा। जो रचनाएँ उनके नाम से प्रचारित हैं, उन पर ब्रज की लोकसंस्कृति की छाप है। अपने दरबारी जीवन की शुरुआत उन्होंने अवध से की थी। वह अवध के सूबेदार मीर अमीर अली जामदार के आश्रित थे। खुसरो जब सुल्तान कैकुबाद के यहाँ दिल्ली पहुँचे, तब "'अवध' की रूपाजीवाएँ, गायिकाएँ और नर्तकियाँ भी दिल्ली दरबार में पहुँचने लगी थीं...सम्भव है, इनमें से कुछ कलाकार अमीर खुसरो की ही सिफारिश पर पहुँचे हों।" (पृ. 232) इस तरह अवध की लोकसंस्कृति नहीं, तो कम से कम दरबारी संस्कृति कुरु जनपद पहुँची। हिन्दी भाषा और साहित्य के विकास में ब्रज, अवध और कुरु इन तीनों जनपदों का महत्त्वपूर्ण योगदान रहा है। इसी तरह हिन्दी संगीत (हिन्दी जाति के संगीत, हिन्दुस्तानी संगीत) के विकास में भी उनका योगदान महत्त्वपूर्ण है। खुसरो इन तीनों जनपदों की संस्कृति से परिचित थे। दरबार में रहते हुए भी वह दरबारी से ज़्यादा सूफी थे और अनेक सूफियों की तरह लोकसंस्कृति से उनका भी गहरा लगाव था।

अमीर खुसरो ईरानी संगीत से परिचित थे, फ़ारसी भाषा में गद्य-पद्य दोनों लिखते थे। पर वह श्रेष्ठ भारतीय संगीत को ही मानते थे। दिल्ली के सुल्तान शासकों की भाषा तुर्की थी, फ़ारसी उनके दरबारों की सांस्कृतिक भाषा थी। आचार्य बृहस्पति के अनुसार "वे सर्वश्रेष्ठता में भारतीय संगीत के सम्मुख नतमस्तक हैं। अमीर खुसरो भारतीय संगीत की श्रेष्ठता सिद्ध करने के लिए विदेशी तथा भारतीय संगीतज्ञों की प्रतियोगिताएँ भी कराते थे...विदेशी मुसलमानों के उच्चारण का मज़ाक उड़ाते थे, उन्हें भारतीय संगीत सीखने के लिए अनुपयुक्त समझते थे, यहाँ तक कि वे भारत की रोटी खाकर परदेश की तारीफ करनेवालों

को खरी-खोटी सुनाते थे। उन्होंने 'अरब' का नाम लेकर कहा है कि वहाँ का संगीत भारतीय संगीत की अपेक्षा घटिया है।" (पृ. 231) खुसरो जिन भारतीय संगीतज्ञों की प्रतियोगिताएँ कराते थे, उनका संगीत खुसरो से पहले विकसित हो चुका था, जिस भारतीय संगीत को सीखने के लिए वह विदेशियों को अनुपयुक्त समझते थे, वह पहले से विद्यमान था, अमीर खुसरो का रचा हुआ न था।

हिन्दुओं और मुसलमानों के मेल से एक नई भाषा उर्दू का जन्म हुआ और इसके आदि लेखक अमीर खुसरो थे, इस अवैज्ञानिक धारणा के अनुरूप कुछ लेखक खुसरो के प्रभाव से हिन्दुस्तानी संगीत में युगान्तर होते देखते हैं, विशेष रूप से कुछ वाद्ययन्त्रों के आविष्कार का श्रेय उन्हें देते हैं। अमीर खुसरो ने किसी नये राग, नये वाद्ययन्त्र, नई संगीत पद्धति का आविष्कार नहीं किया, इस धारणा के समर्थन में आचार्य बृहस्पति ने 1975 में लाहौर से प्रकाशित रशीद मलिक की पुस्तक *हज़रत अमीर खुसरो* का *इल्मे मूसिकी और दूसरे मकालात* का हवाला दिया है। रशीद मलिक के अनुसार कव्वाली का चलन ग्यारहवीं सदी में हो गया था (पृ. 246) और "ख़याल हज़रत अमीर खुसरो से पहले भी गाया जाता था"। (पृ. 247) आचार्य बृहस्पति का कहना है, गायक फ़ीरोज़ खाँ उर्फ़ अदारंग के पिता का नाम खुसरो खाँ था। सितार का आविष्कार इन्होंने किया था। "1854 ई. में 'मअदनउल मूसिकी' के लेखक मुहम्मद करम इमाम ने इस झूठ का प्रचार किया कि सितार के आविष्कारक अमीर खुसरो हैं।" (पृ. 241)

भारत में अंग्रेज़ी राज कायम हो जाने पर ऐसे कई करिश्मे प्रचारित हुए। सितार की संगति के लिए तबला ज़रूरी था। इसके आविष्कार का श्रेय भी अमीर खुसरो को दिया गया। लेकिन "मुहम्मद शाह रंगीले के युग में किसी तबला-वादक की चर्चा नहीं मिलती और 'नादिरातिशाही' तक में तबले की चर्चा नहीं है। कहा जाता है कि उन्नीसवीं शती ईसवी के आरम्भ में सितार की संगति के लिए तबले का आविष्कार दिल्लीवासी सुधार खाँ (सत्तार खाँ) ने किया, जिनका ठेका 'सत्तारखानी' (सितारखानी) प्रसिद्ध है।" (पृ. 242)

अमीर खुसरो भारतीय संगीत से परिचित थे, इस बारे में रशीद मलिक को सन्देह है। आचार्य बृहस्पति मानते हैं : "हज़रत अमीर खुसरो को भारतीय संगीत के शास्त्रीय पक्ष पर अधिकार न था, परन्तु उन जैसा प्रतिभाशाली व्यक्ति लोक से दूर था या उस समय प्रचलित भारतीय संगीत से अपरिचित था यह बात मानने के लिए कोई भी प्रस्तुत न होगा।" (पृ. 248) खुसरो के समकालीन गोपाल नायक का एक ध्रुवपद आचार्य बृहस्पति ने उद्धृत किया है। इसकी अन्तिम दो पंक्तियाँ इस प्रकार हैं :

गीत गावयत नायक गोपाल विद्याधर।
सहिनसाहि अलावदीं तपै डिली नरेस जाकी वसुधा
तक्कधर।

अलाउद्दीन ही यहाँ अलावदीं हैं। ध्रुवपद के सम्बन्ध में यह पादटिप्पणी दी हुई है : "यह ध्रुवपद रामपुर दरबार के एक कलाकार के पास एक संग्रह में प्राप्त हुआ है। संग्रह की माइक्रोफिल्म संगीत-नाटक-एकेडमी दिल्ली में सुरक्षित है।" (पृ. 234) गोपाल नायक और अलावदीं के नाम डालकर किसी ने यह गीत बाद में रचा होगा, यह मानने का कोई कारण नहीं है। उस गीत से जो बात प्रमाणित होती है, वह यह कि अमीर खुसरो के समय में ध्रुवपद गायन का चलन था और यह चलन बहुत पुराना था। खुसरो से लेकर तानसेन (और उनके बाद) तक ध्रुवपद नवजागरण का मुख्य गीत प्रकार था। (साहित्य और संगीत में संस्कृत, प्राकृत, अपभ्रंश अथवा अरबी, फ़ारसी की जगह लोकभाषाओं के व्यवहार से यहाँ नवजागरण को पहचानना चाहिए।) ध्रुवपद गायन और वीणावादन भारतीय संगीत के दो स्तम्भ हैं। जब तक कोई यह साबित न करे कि अरब-ईरान में ऐसे गायन वादन का चलन था और उसने यहाँ के संगीतकारों को प्रभावित किया, तब तक 'मुसलमानों' के शासनकाल में भारतीय संगीत के व्यापक परिवर्तन की कल्पना निराधार ही मानी जाएगी।

सितार वीणा का स्थान ले ले, तबला मृदंग का, तो इसे महत्त्वपूर्ण परिवर्तन अवश्य माना जाएगा। वीणा और मृदंग का चलन अब मुख्यतः दक्षिण भारत में है, सितार और तबले का उत्तर भारत में। इस तथ्य को देखकर कुछ लोग यह निष्कर्ष निकाल सकते हैं कि 'मुसलमानों' के प्रभाव से उत्तर भारत की वादन पद्धति नष्ट हो गई, वह किसी तरह बची रह गई दक्षिण भारत में। पर यदि तबले और सितार का आविष्कार उन्नीसवीं सदी में हुआ था तो 'मुसलमानों' के प्रभाव से भारतीय वादन पद्धति के नष्ट होने का सवाल ही नहीं उठता। वास्तव में सितार और तबला उस नवसामन्ती संस्कृति की देन हैं जिसके अनेक अड्डे मुगल साम्राज्य के विघटन के बाद अंग्रेज़ों की छत्रछाया में हिन्दी प्रदेश की छोटी बड़ी रियासतों में कायम हुए थे। इन्हीं रियासतों में ध्रुवपद का स्थान ख़याल और ठुमरी ने लिया। यह परिवर्तन अच्छा है या बुरा, वह प्रश्न अलग है। पर अंग्रेज़ों के आश्रित सामन्तों की संस्कृति एक तरह की है, उनके आश्रय से मुक्त सामन्तों की संस्कृति दूसरी तरह की। ब्रिटिश शासनकाल में जो परिवर्तन हुए, उन्हें 'मुसलमानों' के शासनकाल पर आरोपित करना अनुचित है। रियासतें दक्षिण भारत में भी हैं और उन्होंने वहाँ के संगीत को प्रभावित भी किया है पर उनकी भूमिका कभी उतनी प्रभावशाली नहीं रही

जितनी हमारे यहाँ की रियासतों की रही है।

9.2 ध्रुवपद और सूरदास

ध्रुवपद गायकी का विकास दरबारों में हुआ, दरबारों के बाहर हुआ। हिन्दुस्तानी संगीत के इतिहास में एक नाम स्वामी हरिदास का है। "नाभा जी ने श्री स्वामी जी को गान कला गन्धर्व कहा है।" (पृ. 315)। आचार्य बृहस्पति ने इनके अनेक पद उद्धृत किये हैं। इनमें पहला पद यह है :

रुचि के प्रकाश परस्पर खेलन लागे।
राग रागिनी अलौकिक उपजत, नृत्य संगीत अलग लाग लागे ॥
राग ही में रंग रह्यो, रंग के समुद्र में ये दोऊ झागे ॥
श्री हरिदास के स्वामी स्यामा, कुंजबिहारी पै रंग रह्यो रस ही में पागे ॥

(पृ. 318)।

कोई इसे मात्रिक छन्द की तरह पढ़ेगा तो बार-बार अटकेगा।

राग ही में रंग रह्यो
रंग के समुद्र में ये ...

पंक्तियों के ऐसे अंश कबित्त के चरण हैं। अन्य पद में

कहा कहों एक जीभ गुन अगनित हार ...

(पृ. 320)

देव की पंक्ति से तुलनीय है :

ललित लिलार श्रम अलक झलक भार...।

स्वामी हरिदास के पद, गति का ध्यान रखते हुए, पंक्तियाँ तोड़कर छापे जायें, तो निराला के कवित्त-आधारित मुक्त छन्द जैसे दिखेंगे। "कवित वास्तव में गेय छन्द है" (पृ. 76)—बड़ी पते की बात कही है आचार्य बृहस्पति ने। निराला सुनते तो बहुत प्रसन्न होते। 'पन्त जी और पल्लव' में उन्होंने उसकी गेयता प्रमाणित की है। "सदारंग-जैसे सुशिक्षित व्यक्ति महाकवि देव जैसे आचार्य के शिष्य थे।" (पृ. 76) ज़रूर उनके कवित्त गाते रहे होंगे। कुछ अन्य गायकों के बारे में निश्चित जानकारी है : "उस युग में रहीमसेन और तानसेन (तृतीय) जैसे कलावन्त कवित्त भी गाते थे, शुजाअत ख़ाँ कवित्त गाते थे, खयाल गायक शाह दानियाल भी कवित्त गाते थे।" (पृ.76)।

संगीत रत्नाकर के आधार पर ध्रुवपद का विवेचन करते हुए आचार्य बृहस्पति ने ध्रुव नामक प्रबन्ध के जो सोलह भेद गिनाए हैं उनमें "ग्यारह अक्षरों का खण्ड" से लेकर "छब्बीस अक्षरों का खण्ड" तक शामिल हैं। ध्रुवपद, कवित्त की तरह, मूलतः अक्षर प्रधान छन्द है। जहाँ भी वीरता का प्रसंग हो, शृंगार रस

की व्यंजना उदात्त स्तर पर करनी हो, वहाँ कवि का ध्यान अक्षर प्रधान छन्द की ओर जाता है। ध्रुवपद के सोलह प्रकारों का सम्बन्ध अलग-अलग रसों से जोड़ा गया है। जिन प्रकारों में बारह और अठारह अक्षरों के खण्ड हैं, उनमें वीर रस और जिनमें उन्नीस, बीस, चौबीस, पच्चीस अक्षरों के खण्ड हैं, उनमें वीर और श्रृंगार दोनों की अभिव्यक्ति को उचित माना गया है। ध्रुवपद में वीर रस ही हो, श्रृंगार न हो, श्रृंगार ही हो, वीर न हो—ऐसा आग्रह यहाँ नहीं है। उदात्त से अक्षर प्रधान छन्दों का सम्बन्ध सापेक्ष है। छोटी सी चौपाई में तुलसीदास उदात्त के ऐसे स्तर दिखाते हैं कि बड़े-बड़े गायक और कवि देखते ही रह जायें। उदात्त रस नहीं है, वह भाव, विचार और इन्द्रियबोध की अभिव्यक्ति का स्तर है। करुण और हास्य रसों की व्यंजना भी उदात्त हो सकती है।

पन्द्रहवीं सदी के टीकाकार कल्लिनाथ ने लिखा है, सोलह ध्रुवों में जो अक्षरों की संख्या का नियम बताया गया है, वह वर्तमान कुछ ध्रुवों में नहीं दिखाई देता, फिर भी लोग उन्हें ध्रुव कहते हैं। (पृ. 56)। इससे यह प्रमाणित होता है कि नियम तो अक्षरों की संख्या निश्चित रखने का था पर उसमें शिथिलता आने लगी। यह कहना तर्कसंगत होगा कि जिस भूमि की देन कवित्त है, उसी की देन ध्रुवपद है।

स्वामी हरिदास के पद पढ़ते हुए हम सूरदास के काव्य संसार में पहुँच जाते हैं।

रुचि के प्रकाश परस्पर खेलन लागे।
राग रागिनी अलौकिक उपजत, नृत्य संगीत अलग लाग लागे।

"कान्ति के दो प्रकाश श्यामा और कुंजबिहारी परस्पर खेलने लगे। एक पृथक् लगाव से युक्त नृत्य और संगीत प्रवर्तित हो गए।" (पृ. 318)। नृत्य का उल्लेख अनेक पदों में है :

कुंज बिहारी नाच नीकैं
लाड़िली नचावत मीकैं।
औघर ताल धरै श्री श्यामा, ताते थेई मिलवति गावति संग पी के।
ताण्डव लास और अंग को गनै जे जे रुचि उपजति जी के ॥
श्री हरिदास के स्वामी स्यामा को, मेरु सरस बन्यों और गुनी परे फीके ॥

"लाड़िली नचा रही हैं और कुंजबिहारी नाच रहे हैं। श्यामा 'औघर' ताल दे रही हैं और प्रिय के संग मिलकर तत्ताथेई-तत्ताथेई गा रही हैं। हृदय से ताण्डव तथा लास्य के जो जो अंगहार उपज रहे हैं, उनकी गणना भला कौन कर सकता है? श्यामा और कुंजबिहारी का मेल सरस हुआ है और उसके समक्ष अन्य गुणी फीके पड़ गए हैं।" (पृ. 319)।

हा हा हो पिय नृत्य करो।
जैसे करि मैं तुमहिं रिझाई, त्यों मेरो मन तुमहु हरौ ॥

और

नृत्यत स्याम स्यामा हेत।
मुकुट लटकनि, भृकुटि मटकनि, नारि मन सुख देत ॥

(*सूरसागर*, ना.प्र.सभा. काशी, सं. 2009 ई., पद संख्या 1765, 1766)। सूरदास के पदों में ठीक वही स्थिति है जो स्वामी हरिदास के पद में है–लाड़की नचा रही हैं और कुंजबिहारी नाच रहे हैं। दोनों कवि-गायकों का सामाजिक-सांस्कृतिक परिवेश एक है।

नृत्य ध्रुवपद गायन का अभिन्न अंग है। स्वामी हरिदास कहते हैं :

राधे चलि री, हरि बोलत, कोकिला अलापत, सुर देत पंछी, राग बन्यौ।
जहाँ मोर काँछ बाँधे निर्त करत, मेघ पखावज बजावत, बँधान गन्यो ॥

"अरी राधे चल, हरि बुला रहे हैं, कोकिला आलाप कर रही है, विहंग स्वर दे रहे हैं, राग बन गया है। वहाँ चल जहाँ मोर काँछ बाँधे नृत्य कर रहे हैं, मेघ पखावज बजा रहे हैं और बंधान गिना हुआ है।" (पृ. 319)। स्वामी हरिदास के सामने ब्रज की रासलीला है और वह उसका स्पष्ट उल्लेख करते हैं :

नदित मन मृदंगी रास भूमि सुकान्ति सुभनभगति त्रिभंगी।

"मृदंगी मन नदित हो रहा है। रासभूमि कान्तियुक्त है और त्रिभंगी गति शुभ एवं अलौकिक है।" (पृ. 319)।

सूरदास ने कई तरह के नृत्यों का वर्णन किया है। केवल राधा नाचती हैं और कृष्ण देखते हैं; केवल कृष्ण नाचते हैं और राधा देखती हैं। दोनों मिलकर नाचते हैं और एक-दूसरे को हराने का प्रयत्न करते हैं–मैं हारी त्यों ही तुम हारो (*सूरसागर,* 1765) और होड़ा होड़ी नृत्य करैं (1767)। गोपियाँ एक दूसरे की बाँहें पकड़कर घेरा बना लेती हैं और नाचती हैं। भुज भुज जोरि जुरीं ब्रजबाला (1750)। जमुना-पुलिन पुनीत, परम रुचि, रचि मण्डली बनाई (1756), सूरदास प्रभु प्यारी, मण्डली जुवति भारी, नारि कौ अंचल लै लै, पोंछत हैं स्रम कन (1767)। वैसें हि नृत्य तरंग बढ़ायौ (1750) से लगता है, पहले नृत्य की गति धीमी होती थी, फिर उसे तेज करते थे। मृदु पदन्यास (1754) से धीमी गति की ओर संकेत किया गया है। उसी पद में–गिरत कुसुम कबरी केसनि तैं, टूटत हैं उर हार–यह स्थिति तब की होगी जब नृत्य तरंग बढ़ेगी। नृत्य भेद अपार (1763)–बहुत तरह के नृत्य हैं, कोई गिनती नहीं है। बाँसुरी बजायी जाती थी और मृदंग से ताल का बोध कराया जाता था। बाजत ताल मृदंग बाँसुरी, उपजति तान तरंग (1754): नन्दनँदन सुधराई, बाँसुरी बजाई।...सुर ताल ऽरु नृत्य ध्याई, पुनि मृदंग बजाई।

(1769)। मृदंग के बोल नृत्य के साथ मुँह से भी निकलते हैं। ताता थेई थेई उघटत हैं हरषि मन (1767)। 'उघटत' पारिभाषिक शब्द है। संदर्भ से उसका अर्थ स्पष्ट हो जाता है : नृत्य करत उघटत सँगीत पद (1755)। कबहुँ उघटत बैन (1766)। नृत्य के समय पद गाये जाते हैं, शब्द बोले जाते हैं, यही क्रिया 'उघटत' से व्यक्त होती है। नृत्य करत, उघटत नाना विधि (1760)—यहाँ उघटत के साथ कर्मसूचक शब्द नहीं है, आशय वही है कि नाचते समय मुँह से तरह-तरह के शब्द निकालते हैं। लोकनृत्यों के साथ जन्मा ध्रुवपद दरबारों में पहुँचा और बहुत दिनों तक नृत्य से अपने सम्बन्ध की याद दिलाता रहा। आचार्य बृहस्पति ने शिवाजी के पिता शाहजी के सभापण्डित वेद की पुस्तक ध्रुवपदवृत्त का हवाला दिया है : "जब भावों से मनोहर ध्रुवपद नामक गीत गाया जा रहा हो, तब पात्र को ऐसा नर्तन करना चाहिए, जिसमें प्रियतमा के हास्य, कटाक्ष इत्यादि का प्रदर्शन हो।" (पृ. 54)।

ध्रुवपद का घनिष्ठ सम्बन्ध मध्यदेश की संस्कृति से रहा है, इसका प्रमाण यह है कि अनेक विद्वानों ने मध्यदेश की भाषा को ही ध्रुवपद के लिए उपयुक्त माना है। शाहजी के सभापण्डित वेद के अनुसार ध्रुवपद में "उद्ग्राह, ध्रुवक और आभोग नामक तीन धातुएँ मध्यदेशीय भाषा से युक्त होती हैं।" (पृ. 54)। शाहजहाँ के सभापण्डित भावभट्ट के अनुसार

गीर्वाण मध्यदेशीय भाषा साहित्य राजितम्।

(पृ. 53)

इन सबसे पहले ग्वालियर के मानसिंह तोमर द्वारा लिखाये **मान कुतूहल** में ध्रुवपद में देशी भाषा के प्रयोग के साथ मध्यदेश की सीमाओं का उल्लेख भी किया गया है। इसके फ़ारसी अनुवाद में ध्रुवपद के लिए कहा गया है : "इसमें चार पंक्तियाँ होती हैं, इसकी भाषा देशी होती है, समस्त रसों में इसे बाँधा जाता है। स्वदेश से हमारा तात्पर्य ग्वालियर है, जो आगरा के राज्य का केन्द्र है, जिसके उत्तर में मथुरा तक, पूर्व में उन्नाव तक, दक्षिण में ऊंज तक और पश्चिम में बाराँ तक क्षेत्र है। हिन्दुस्तान में इस भाग की भाषा सबसे अच्छी है। यह खण्ड भारत में वैसा ही है, जिस प्रकार ईरान में शीराज़।" (पृ.57)। अबुल फज़ल के अनुसार "ध्रुवपद आगरा, ग्वालियर और आसपास के प्रदेशों में प्रचलित गीत है।" (पृ. 58)। जिस क्षेत्र में इस गीत का चलन था, उसी की भाषा का प्रयोग उसमें हो, यह स्वाभाविक था। संस्कृत और अपभ्रंश के दबाव से बच निकलने में काफी समय लगा। लोकगीतों में देशी भाषा का व्यवहार अवश्य होता रहा होगा पर संस्कृत नाटकों के गायन के लिए प्राकृत या अपभ्रंश का व्यवहार होता था।

कालिदास के नाटक *मालिविकाग्निमित्रम्* में नर्तकी मालविका चार पदों का गीत गाती है और नृत्य द्वारा भाव प्रदर्शित करती है। *मान कुतूहल* की बात याद करें, ध्रुवपद में चार पंक्तियाँ होती हैं। मालविका के गीत में चार पंक्तियाँ तो हैं ही, पंक्तियों में मात्राएँ नहीं, अक्षर गति के नियामक हैं। कवित्त के दो चरणों की तरह प्रत्येक पंक्ति में सोलह अक्षर हैं।

दुल्लहों पिओ में तस्सिं भव हिअअ णिरासं
अम्हो अपङ्गोअ में परिप्फुरइ कि वि वामओ।
स्सो सो चिरदिट्ठो कहँ उण उवणइ दव्वो।
णाम मं पराहीणं तुइ परिगणंअ सतिण्हम् ॥

दूसरी और चौथी पंक्तियों में सत्रह-सत्रह अक्षर हैं परन्तु 'अपङ्गोअ' में 'अ' पूर्ववर्ती 'ओ' को दीर्घ करने के लिए रखा गया है, यह माना जा सकता है। इसी तरह 'परिगणंअ' का 'अ' पूर्ववर्ती 'अं' के दीर्घ उच्चारण के लिए हो सकता है। ऐसा न हो, तो भी गीत के ध्रुवपद होने में कोई बाधा नहीं पड़ती। उसमें चार पंक्तियाँ हैं और गीत मात्रिक नहीं, अक्षर प्रधान है। मालविका गीत गाने के साथ नृत्य द्वारा भाव प्रदर्शन भी करती है। इन लक्षणों से उसे ध्रुवपद कहना उचित है।

अब सूरदास का ध्रुवपद देखें :

अरुझी कुण्डल लट, बेसरिसैं पीतपट, बनमाल बीच आनि उरझे हैं दोउ जन।
प्राननि सौं प्रान, नैन नैननि अँटकि रहे, चटकीली छवि देखि लपटात स्याम घन ॥
होड़ा-होड़ी नृत्य करैं, रीझि रीझि अंक भरैं, ताता थेई थेई उघटत हैं हरषि मन।
सूरदास प्रभु प्यारी, मण्डली जुवति भारी, नारि कौ अंचल लै लै पोंछत हैं स्रमकन ॥

(1767)

हर पंक्ति में बत्तीस अक्षर, विशुद्ध कवित्त है और गाये जाने के लिए है। युवतियों की मण्डली है, राधा और कृष्ण अवश्य उसके भीतर होंगे। युवतियों के घेरे के बीच वे होड़ करते हुए नाचते हैं और मुँह से ताता थेई बोल निकालते हैं। उदात्त शृंगार की ऐसी व्यंजना हिन्दी काव्य में कम हुई है। चार पंक्तियों के अक्षर प्रधान इस गीत को ध्रुवपद कहना उचित होगा। *सूरसागर* में इसके बादवाला गीत भी चार पंक्तिय़ों का है और हर पंक्ति में इकतीस अक्षर हैं :

मोहनलाल के संग, ललना यौं सोहैं ज्यौं, तमाल ढिक तन सुभ सुमन जरद कौ।

यह भी ध्रुवपद है।

नृत्य के साथ गाये जानेवाले गीतों का एक प्रकार ध्रुवपद था। ब्रज में गीत

के अनेक प्रकारों का चलन था जैसा कि अगले गीत से विदित होता है। मुख्य बात यह कि सूरदास के लिए गायन, वादन और नृत्य—तीनों संगीत की समन्वित इकाई हैं।

नन्दनँदन सुघराई, बाँसुरी बजाई।
सरगम सुनी कै साधि सप्त सुरनि गाई।
अतीत अनागत सँगीत, बिच तान मिलाई।
सुर ताल ऽरु नृत्य ध्याई, पुनि मृदंग बजाई।
सकल कला गुन प्रवीन, नवल बाल भाई।
सूरज प्रभु अरस परस, रीझि सब रिझाई।

(1769)

पहले अच्छी तरह सरगम साधे; फिर सात स्वरों में गाया। एक चरण के पूरा (अतीत) होने पर, दूसरे के आने (अनागत) से पहले तान मिलायी। सुरतालसमन्वित नृत्य के साथ मृदंग तो बजेगा ही। अमीर खुसरो के तीन सौ साल बाद न तबला, न ढोलक, लोकनृत्य के साथ मृदंग ही बज रहा है।

9.3 संगीत-परम्परा और मुसलमान

अकबर से पहले ग्वालियर के मानसिंह तोमर ने दो महत्त्वपूर्ण कार्य किये। उन्होंने अपने प्रदेश की भाषा को राजभाषा बनाया और हिन्दुस्तानी संगीत का प्रचार-प्रसार किया। आचार्य बृहस्पति कहते हैं : "मानसिंह तोमर ने अपने प्रदेश की लोकभाषा को राज्यभाषा होने का गौरव प्रदान किया।" (पृ. 66)। लोकभाषा राजभाषा बने तो इसे नवजागरण की महत्त्वपूर्ण विशेषता मानना चाहिए। इस स्थिति को देखते हुए अकबर के समय से राजभाषा के रूप में फ़ारसी का चलन हिन्दी प्रदेश के नवजागरण के लिए हानिकारक था। दूसरा काम मानसिंह तोमर ने यह किया कि "गुणियों की सहायता से संगीतोद्धार का कार्य किया," उद्धार इसलिए कि उन्होंने ध्रुवपद में "मध्यदेशीय भाषा का अमृत प्रतिष्ठित किया।" (पृ. 57)। उन्होंने लोकभाषा में "गीत रचना स्वयं करके तथा अन्य प्रतिभाशाली गायकों को भी इस ओर प्रवृत्त करके ऐसे गीतों की रचना कराई, जो अबुल् फ़ज़्ल के कथनानुसार श्रोताओं के प्रत्येक वर्ग को रुचिकर हुए।" (पृ. 67) । ध्रुवपद गायन का व्यापक प्रसार हुआ, वह दरबार में और दरबार के बाहर, दोनों जगह लोकप्रिय था।

तानसेन ग्वालियर के थे और वहीं से अपनी गानविद्या आगरा लाये थे। उनकी गानविद्या में भारतीय संगीत-परम्परा कैसे सुरक्षित रही, इसका प्रमाण उनका यह ध्रुवपद है :

धैवत पंचम मधिम गन्धार रेखब परज सुर साधि साधि गुनी निषाद रे।

तेरह अलंकार, बाईस श्रुतिसाधि, बाद उचारि सा रे ग म प ध नि सा सुघर
स नि ध प म ग रे।
त्रिविध त्रिविध सुरन मध्य तृतीय तृतीय विर्तत जानत विदवान सप्त सुर, (1)
तीनि ग्राम, इकईस मूर्च्छना, छत्तीस भेदनाद वाद तानसेन विधान रे। (पृ.69)

पंक्तियों में अक्षरों की संख्या विषम है पर छन्द है अक्षर प्रधान ही। 'त्रिविधन' से 'विधान रे' तक एक पंक्ति मानी जाये तो उसके अक्षरों की संख्या पहली पंक्ति से लगभग दुगुनी हो जाती है। 'सप्त सुर' पर तीसरी पंक्ति समाप्त मानी जाए तो ध्रुवपद की परम्परागत चार पंक्तियाँ मिल जाती हैं। इस ध्रुवपद पर आचार्य बृहस्पति की टिप्पणी यह है :

"षड्जग्राम के ध, प, म, ग, रे, सा, नि भरत की षड्जग्रामीय निषादादि मूर्च्छना का अवरोहात्मक रूप है, तानसेन इसकी साधना करके अलंकारों और श्रुतियों का ज्ञान प्राप्त करने के लिए कहते हैं, क्योंकि 'संगीत रत्नाकर' जैसे अकबरी दरबार में विचारणीय ग्रन्थ मूर्च्छना पद्धति में लिखे हुए हैं। इतना करने के पश्चात् तानसेन का कथन है कि 'सा, रे, ग, म, प, ध, नि' का उच्चारण करो। यह निर्देश बताता है, भरत के षड्जग्रामीय नि, सा, रे, ग, म, प, ध, 'अकबरी युग में' सा, रे, ग, म, प, ध, नि कहलाने लगे थे।" (पृ.69)।

तानसेन के 'सा, रे, ग, म, प, ध, नि का उच्चारण करो' से तुलनीय है सूरदास का "सरगम सुनीकैं साधि"। तानसेन और सूरदास भारतीय संगीत पद्धति में कोई मौलिक परिवर्तन करते नहीं प्रतीत होते। तानसेन के काफी दिन बाद अदारंग ने यह ध्रुवपद रचा होगा :

होत मधिम खरज पंचम रिखब धैवत गन्धार निषाद पंचमसुर।
अदारंग जाकौ ब्यौरो काहू सौं न बूझिए, जे जानत हैं तिनि पायौ बड़ौ गुर।

इस पर आचार्य की टिप्पणी है :

"षड्ग्रामीय सान्तरा मूर्च्छना को मध्यमग्रामीय मूर्च्छना में परिवर्तित करने वाले 'भरत सूत्र' का यह सीधा सादा भावार्थ है, जो यह सिद्ध करता है कि तानसेन और उसके वंशजों को ग्राम एवं मूर्च्छना के सिद्धान्तों का भलीभाँति ज्ञान था। अनेक ध्रुवपदों में 'सपत गुप्त' 'सपत प्रकट' स्वरों की मूर्च्छनासारिणी और मेलानुसारिणी, दोनों संज्ञाओं की ओर संकेत किया गया है।" (पृ. 69)। यदि अदारंग के ध्रुवपद में भरत के किसी सूत्र का भावार्थ मिल जाता है, तो मानना चाहिए कि तानसेन ही नहीं, उनके वंशज भी भारतीय संगीत-परम्परा से अभिन्न रूप से जुड़े हुए थे।

हिन्दुस्तानी संगीत की जातीय परम्परा में हिन्दू, मुसलमान दोनों भागीदार थे और उनके गीतों की भाषा आम तौर से ब्रज भाषा होती थी।

आचार्य का कहना है : "सभी मुगल सम्राटों का हृदय ब्रज भाषा के समर्थ

कवियों ने जीता था...मुहम्मद शाह रंगीले तथा उसके कलाकारों को देव-जैसे समर्थ आचार्य, महाकवि एवं संगीतनिष्णात के सुदीर्घ सम्पर्क का सौभाग्य प्राप्त हुआ था। प्रसिद्ध वीणावादक, ध्रुवपदगायक, ध्रुवपदकार और ख़याल प्रणेता नेमत खाँ 'सदारंग' को भी महाकवि देव के चरणों में बैठकर साहित्य एवं संगीत की साधना करने का सुअवसर मिला था।" (पृ. 340)। मुहम्मद शाह रंगीले का शासनकाल (1719-1748) साहित्य और संगीत में नवजागरण का अवसानकाल है। ध्यान देने की बात है कि सदारंग वीणावादक हैं और ध्रुवपदगायक भी। नवजागरणकाल के संगीत के दो स्तम्भ—ध्रुवपदगायन और वीणावादन—इस अवसानकाल में भी विद्यमान थे; उत्कर्षकाल में—सोलहवीं और सत्रहवीं सदियों में—तो उनकी धूम थी ही। कवि देव का व्यक्तित्व साहित्य और संगीत दोनों से जुड़ा है और वह दोनों में रीतिवाद के उद्भव और विकास की सूचना देता है।

रीतिवादी साहित्य की तरह रीतिवादी संगीत छोटी बड़ी रियासतों में पनपा। ये रियासतें कहने को स्वतन्त्र थीं, वास्तव में उनका अस्तित्व अंग्रेज़ों की कृपा पर निर्भर था। इनमें एक रियासत रामपुर की थी। 1822 में जब उसके नवाब गुलाम मुहम्मद ख़ाँ का देहान्त हुआ, तब "अंग्रेजों की सहायता से गुलाम मुहम्मद ख़ाँ के पुत्र नवाब मुहम्मद सईद ख़ाँ गद्दी पर बैठे।" (पृ. 357)। दिल्ली-केन्द्रित साम्राज्य के विघटन के बाद संगीतकारों को अवध की रियासत में संरक्षण मिला। "अवध की नवाबी के पतन के पश्चात् पण्डितों, गुणियों, विद्वानों और कलाकारों की दृष्टि रामपुर दरबार पर पड़ी।" (उप.)। हिन्दुस्तानी संगीत के एक बहुत बड़े भाग पर रामपुर की छाप है। "रविशंकर और निखिल बनर्जी के सितार और अली अकबर खाँ के सरोद की विश्वव्यापी झंकार का मूल उत्तर प्रदेश की भूतपूर्व रियासत रामपुर के गुणग्राहक नरेशों और संगीत गुरुओं की उदारता में है। इन लोगों के सम्मान्य गुरु उस्ताद अलाउद्दीन खाँ (रामपुरवालों की भाषा में बाबू अलाउद्दीन) ने वर्षों तक रामपुरीय गुणियों के चरणों में बैठकर संगीत साधना की और रामपुर से उपलब्ध ज्ञान का उदार वितरण अपने योग्य शिष्यों में किया। इसी प्रकार संगीत के सैद्धान्तिक पक्ष को पुष्ट करने का श्रेय भी रामपुर को है। स्व. भातखण्डे रामपुर-परम्परा के गुणियों के सम्पर्क में बाल्यकाल से ही आ चुके थे और अपनी प्रौढ़ अवस्था में वह रामपुर के स्व. नवाब हादिम अली खाँ (राज्यकाल 1889-1930 ई.) के विधिवत् शिष्य हुए। भातखण्डे परम्परा को पुष्ट करने का श्रेय रामपुर के नरेशों और गुणियों को है।" (पृ. 355)।

जिसे लोग शास्त्रीय संगीत या क्लासिकल संगीत कहते हैं, वह वास्तव में दरबारी संगीत है और वह मानसिंह तोमर और अकबर जैसे स्वाधीन नरेशों के

दरबारों की उपज नहीं, वह अंग्रेज़ों के अधीन देशी नरेशों के दरबारों की उपज है। ध्रुवपद की जगह ख़याल, वीणा और मृदंग की जगह सितार और तबले का चलन इस दौर में है। रीतिवादी काव्य की तरह इस संगीत में मिठास है, नज़ाकत और नफ़ासत है, शक्ति नहीं है। अलंकारों के बोझ के नीचे रस और भाव दब जाते हैं। यहाँ रस और भाव स्वच्छन्द मानव सम्बन्धों की देन नहीं हैं, वे नायिकाभेद की संकुचित दुनिया की उपज हैं। उदात्त से इनका नाता टूट गया है, तन्मयता और आत्मविह्वलता से वे दूर हैं। शास्त्रीयता के प्रदर्शन और स्वरों के व्यायाम में भाव और रस का सम्बन्ध बार-बार टूट जाता है। गायकों और वादकों से पखावजियों और तबलेवालों की होड़ इसी दौर की विशेषता है।

यह सब होने पर भी हिन्दुस्तानी संगीत की रक्षा करने का श्रेय बहुत कुछ रामपुर जैसी देशी रियासतों को है। ब्रिटिश भारत के प्रान्तों में तो हिन्दुस्तानी संगीत का लगभग सफाया हो गया था। नौजवानों में वैसे ही बेकारी थी, संगीत सीखकर किसे क्या मिलता? दो चार संगीत के स्कूल जहाँ तहाँ खुले हुए थे, संगीत को अपना पेशा बनाने की इच्छा से इनमें शिक्षा पानेवाले छात्रों की संख्या बहुत कम थी। ब्रिटिश भारत में हिन्दू पानी और मुस्लिम पानी जैसा भेद हर क्षेत्र में था, वह संगीत में भी पैदा हुआ। 1896 में राजा सर सौरीन्द्र मोहन टैगोर की पुस्तक *यूनिवर्सल हिस्ट्री ऑव म्यूज़िक* (संगीत का विश्व इतिहास) प्रकाशित हुई। (1963 में चौखम्भा द्वारा वह पुनर्मुद्रित हुई।) इसमें चीन, जापान से लेकर इटली, फ्रांस आदि अनेक देशों के संगीत की चर्चा है। साम्प्रदायिक आधार पर संगीत का विभाजन भारत को छोड़कर और कहीं नहीं किया गया। इटली के संगीत का एक एन्शेण्ट पीरियड, दूसरा मॉडर्न पीरियड है! लेकिन भारत के संगीत का एक हिन्दू पीरियड, दूसरा महमेडन पीरियड और तीसरा ब्रिटिश पीरियड है। इस पुस्तक के पृष्ठ 67 पर राजा सर सौरीन्द्र मोहन टैगोर ने हिन्दू संगीत के दक्षिण भारत में बचे रहने की बात लिखी है : "विदेशी जातियों के सम्पर्क से हिन्दुओं के आचार विचार और उनकी कलाओं पर जो प्रभाव पड़ा, वह दक्षिण में कम शक्तिशाली था, [इसलिए] अपनी मूल शुद्धता में हिन्दू संगीत, लगता है, वहाँ बना रहा और लोग उसका अभ्यास करते रहे, जबकि उत्तर भारत में वह इस रूप में [अर्थात् विज्ञान के रूप में] कभी का खत्म हो चुका था।" कल्पना कीजिए कि अलाउद्दीन खाँ और भातखण्डे के शिक्षक हिन्दू संगीत और मुस्लिम संगीत का इतिहास लिखें! लेकिन टैगोर ने विदेशी जातियों (फॉरिन नेशन्स) की बात कही है, विदेशी धर्मों के प्रभाव की नहीं। पुस्तक के आरम्भ में ही उन्होंने 'नैशनल म्यूज़िक' शीर्षक से एक छोटा पर बहुत अच्छा अध्याय लिखा है। इस अध्याय के पहले ही पृष्ठ (पृ. 11) पर उन्होंने लिखा है : "सभ्य जातियों के ऊँचे स्तरों

में संगीत वैज्ञानिक सिद्धान्तों के अनुसार सीखा-सिखाया जाता है। वहाँ वह विकास की ऊँची अवस्था में पहुँच गया है। ऐसी स्थिति में उनके जातीय संगीत का एकदम सही रूप पहचानने के लिए हमें कम शिक्षित वर्गों की ओर ध्यान देना होगा।" बहुत जगह टैगोर ने भारत के लोकसंगीत की ओर ध्यान दिया है; फिर भी वह हिन्दू संगीत और मुस्लिम संगीत से अपना पीछा नहीं छुड़ा पाये।

सौरीन्द्र मोहन टैगोर ने बड़ौदा रियासत के गायक-वादक मौलाबख़्श के बारे में पुस्तक के पृ. 66-67 पर जो कुछ लिखा है, वह प्रस्तुत सन्दर्भ में ध्यान देने योग्य है : "बड़ौदा का दरबार अपने यहाँ रखे हुए योग्य संगीतकारों की संख्या के लिए प्रसिद्ध है। इस दरबार के एक विशिष्ट संगीतकार मौलाबख़्श ने भारत की यात्रा की। वीणा और जलतरंग बजाकर उन्होंने उन सभी की प्रशंसा प्राप्त की जिनमें संगीत का आनन्द लेने की क्षमता थी। 1874 में वह कलकत्ता आये। उस साल 28 नवम्बर को बेंगाल म्यूज़िक स्कूल में एक सार्वजनिक सभा हुई। उस सभा में स्कूल के प्रेसिडेण्ट ने उन्हें (मौलाबख़्श को) एक स्वर्ण पदक दिया। वह उत्तर भारत और दक्षिण भारत दोनों के संगीत में समान रूप से पारंगत हैं और वह संस्कृत पद उस भाषा के जिस विशुद्ध उच्चारण से गाते हैं, वह बड़े मार्के का है।" मौलाबख़्श भारत के राष्ट्रीय संगीत के प्रतिनिधि थे। उन्हें किसी लाट-गवर्नर के यहाँ आश्रय न मिला था, न वह किसी संगीत विद्यालय के प्रधानाचार्य थे। उन्हें आश्रय मिला था बड़ौदा नाम की एक देशी रियासत में।

आचार्य बृहस्पति के परदादा 'महापण्डित दत्तराम' रामपुर के नवाब यूसुफ अली ख़ाँ और नवाब कल्बे अली ख़ाँ (दोनों का राज्यकाल 1855 से 1887 तक) की सभा में "अत्यन्त सम्मानपूर्वक रहे।" इनका शिवालय रामपुर में प्रसिद्ध है, उसकी "आधारशिला अत्यन्त भक्तिपूर्वक नवाब यूसुफ अली ख़ाँ ने रखी थी।" उनके पुत्र नवाब मुश्ताक अली ख़ाँ (1887-89) के पण्डित रहे। "उनके पुत्र पं. गोविन्द राम जी हामिद अली ख़ाँ के आश्रय में रहे।" उनके पुत्र आचार्य बृहस्पति को "नवाब रज़ा अली ख़ाँ (राज्यकाल 1930-1966 ई.) का स्नेह और अनुग्रह प्राप्त हुआ। अतः उसका कृतित्व भी रामपुर-परम्परा के ही अन्तर्गत है।" (पृ. 355)। संगीतशास्त्र का इनसे बड़ा जानकार तो उत्तर भारत में है नहीं और उनका कृतित्व भी रामपुर-परम्परा के अन्तर्गत है। तब हिन्दू संगीत और मुसलमान संगीत का अलग-अलग इतिहास कैसे लिखा जाएगा?

जैसे भारत के हिन्दुओं की एक भाषा नहीं है, वैसे ही पश्चिमी और मध्य एशिया के मुसलमानों की एक भाषा नहीं है। तमिलनाडु, बंगाल और महाराष्ट्र के हिन्दुओं की जातीय भाषाएँ तमिल, बांग्ला और मराठी हैं। इसी तरह ईरान, अरब और तुर्की में रहनेवाले मुसलमानों की जातीय भाषाएँ फ़ारसी, अरबी और तुर्की हैं।

यदि जातीयता का यह भेद मिटा दिया जाए तो हिन्दुओं और मुसलमानों को साम्प्रदायिक आधार पर संगठित करने और एक दूसरे से भिड़ा देने में सुविधा होगी, यह स्पष्ट है। इतिहास की पुस्तकों में यह काम निरन्तर किया जाता रहा है। आचार्य बृहस्पति उन बहुत थोड़े लेखकों में हैं जो इस्लाम के अनुयायियों की जातीयता के प्रति सजग हैं। अमीर खुसरो पर रशीद मलिक की पुस्तक के भूमिका-लेखक सैयद अली अब्बास जलालपुरी ने मुसलमान शब्द का जिस तरह प्रयोग किया है, उस पर नुक्ताचीनी करते हुए बृहस्पति ने लिखा है : "पता नहीं कि 'मुसलमान' शब्द से प्रोफेसर साहब का क्या तात्पर्य है! भारत के बाहर जिन-जिन देशों में इस्लाम फैला, उन देशों की अपनी अलग-अलग संस्कृति थी। ईरान और भारत दो देश हैं और भौगोलिक खण्ड हैं। इस्लाम के उदय से पूर्व अरबों और भारतीयों के सम्बन्ध थे। मुहम्मद साहब के जन्म से पूर्व भी अरबों की एक संस्कृति थी। ईरान पर जब मुसलमानों का आक्रमण हुआ, तब ईरानी लोग अरबों की अपेक्षा कम सुसंस्कृत नहीं थे। खैबर घाटी से भारत पर आक्रमण करनेवाले मुसलमान गोरी (गोर-निवासी) या गज़नवी (गज़नल-निवासी) थे। जो लोग उर्दू नहीं जानते, उन विभिन्न देशीय मुसलमानों की सभ्यता और संस्कृति भी सम्बद्ध देशों की है। समझ में नहीं आता कि ये पढ़े-लिखे पाकिस्तानी आदरणीय विद्वान् संस्कृति का सम्बन्ध किस वस्तु से समझते हैं।" (पृ. 243)। वे जिस वस्तु से संस्कृति का सम्बन्ध समझते हैं, उसका नाम मज़हब है। उन जैसे 'आदरणीय विद्वान्' भारत में भी हैं, हिन्दुओं और मुसलमानों दोनों में हैं।

भारत पर तुर्कों और पठानों ने आक्रमण किया था। अकबर के समय में यहाँ तुर्कवंशी मुसलमानों और पठानों में लड़ाइयाँ हुई थीं। मिटि गयी ठसक तमाम तुरकाने की, और, रुधिर लपेटे पठनेटे फरकत हैं, भूषण को तुर्क-पठान का भेद मालूम है। तुर्कों ने एक ज़माने में ईरान से लेकर मिस्र तक का क्षेत्र दबोच रखा था और अरबों-ईरानियों की संस्कृति को भारी क्षति पहुँचायी थी। भारत के किसी क्षेत्र के मुसलमान तुर्की या अरबी नहीं बोलते। यहाँ की अधिक विकसित जातीय संस्कृतियों ने उन्हें आत्मसात् कर लिया था। यही कारण है कि बंगाल, पंजाब, कश्मीर, सिन्ध आदि के साहित्य में हिन्दुओं और सिखों के साथ मुसलमानों का भी योगदान महत्त्वपूर्ण है। यह नवजागरणकाल का साहित्य है। ठीक इसी तरह नवजागरणकाल का संगीत है। जिन जातीय क्षेत्रों में इस संगीत का विकास हुआ, उनमें एक बहुत महत्त्वपूर्ण हिन्दी जाति का क्षेत्र था। इस क्षेत्र का शासक वर्ग ईरानी संस्कृति से प्रभावित था पर यह संस्कृति न तो साहित्य में कोई बुनियादी परिवर्तन कर सकी, न संगीत में। मुसलमान फ़ारसी बोलते थे, यहाँ की भाषाओं से फ़ारसी के मिलने पर उर्दू का जन्म हुआ, ये सब दन्तकथाएँ हैं। उर्दू में एक

भी क्रिया ऐसी नहीं है जिसका व्यवहार हिन्दी में न होता हो। क्रिया के बिना वाक्यरचना नहीं होती। फ़ारसी बोलनेवाले मुसलमान हिन्दी की क्रियाएँ समझ लेते थे, केवल संज्ञा शब्द समझने में ही कठिनाई होती थी? जो लोग करना और चलना समझते थे, वे काम और चाल भी समझते थे; जो लोग लिखना, पढ़ना, चढ़ना, काढ़ना, कमाना समझते थे, वे लिखाई, पढ़ाई, चढ़ाई, कमाई भी समझते थे। हिन्दी में ढेरों ऐसे संज्ञा शब्द हैं जिनका सीधा सम्बन्ध क्रिया से है। क्रिया समझ में आये और ऐसे संज्ञा शब्द समझ में न आयें, यह असम्भव है। हिन्दी-उर्दू में आज़माना, बख़्शना जैसी फ़ारसी मूल की क्रियाएँ उँगलियों पर गिनी जा सकती हैं। बरबाद करना और नष्ट करना, हिफ़ाज़त करना—रक्षा करना जैसे प्रयोग आधुनिक हैं और इनमें क्रिया केवल 'करना' है, उससे जुड़े हुए शब्द नहीं।

अरब संगीत ने ईरानी संगीत को, ईरानी संगीत ने हिन्दुस्तानी संगीत को, उसके साथ कर्णाटक संगीत को, किस हद तक प्रभावित किया, यह भी शोध के लिए बहुत अच्छा विषय है। उसी तरह भारतीय संगीत ने अबर और ईरानी संगीत को किस हद तक प्रभावित किया, यह भी शोध के लिए बहुत अच्छा विषय है। दोनों तरह के विषयों पर आचार्य बृहस्पति ने कई मौलिक स्थापनाएँ प्रस्तुत की हैं। उनका विवेचन विशेषज्ञ करें। नवजागरण के प्रसंग में विचारणीय यह है कि भरत की संगीत-परम्परा कितनी पुरानी है और बाद को वह टूट कब गयी। परम्परा की प्राचीनता और उसकी विच्छिन्नता, दोनों के बारे में बृहस्पति ने महत्त्वपूर्ण सूत्र दिये हैं।

9.4 सप्तक में ऋषभ और षड्ज

भारतीय संगीत के सात स्वरों में प्रत्येक की श्रुति संख्या निर्धारित है। ऋषभ, गान्धार और मध्यम में क्रमशः 3, 2 और 4 श्रुतियाँ हैं। धैवत, निषाद और षड्ज में भी क्रमशः इतनी ही 3, 2, 4 श्रुतियाँ हैं। सप्तक के ध नि सा श्रुति संख्या के विचार से रे ग म की आवृत्ति हैं। चार श्रुतियोंवाला पंचम इन दोनों त्रिकों के बीच में पड़ता है और उन्हें जोड़ता है। इस तरह सप्तक में कुल 22 श्रुतियाँ हुईं। श्रुतियों की गिनती का उद्देश्य क्या है? "श्रुति-संख्या-निर्देश का प्रयोजन वस्तुतः पूर्ववर्ती स्वर की अपेक्षा परवर्ती स्वर की ऊँचाई बताना है।" (पृ. 92)। और यह ऊँचाई बताने का काम बहुत पुराना है। इस प्रसंग में एक मार्गदर्शक सूत्र यह है :

अभिनवगुप्त ने "प्रमाणपूर्वक सिद्ध किया है कि चतुःश्रुतिक, त्रिश्रुतिक और द्विश्रुतिक स्वर ही क्रमशः उदात्त, अनुदात्त और स्वरित हैं।" (पृ. 24)। यह स्वरभेद *ऋग्वेद* की विशेषता है। अभिनवगुप्त की बात को सही मानकर हम कह सकते हैं, श्रुति-संख्या-निर्देश का सिद्धान्त उतना ही पुराना है जितना *ऋग्वेद*।

नाट्यशास्त्र में सप्तक के सात स्वर यों बताये गये हैं :

तिस्रो द्वे च चतस्त्रश्च चतस्रस्तिस्र एव च।
द्वे चतस्रश्च षड्जाख्ये ग्रामे श्रुति निदर्शनम् ॥

"षड्जग्राम में श्रुत्तियों की स्थिति क्रमशः तीन, दो, चार, चार, तीन, दो, चार है।" (पृ. 93)। *नाट्यशास्त्र* का यह षड्जग्राम ऋषभ से आरम्भ होता है : रे ग म = 3, 2, 4; अनुदात्त, स्वरित, उदात्त = 3, 2, 4। वैदिक कवि-गायक *ऋग्वेद* की ऋचाएँ अनुदात्त से आरम्भ करें तो वे रे ग म का त्रिक बनायेंगे। ऋचा और ऋषभ का सहज सम्बन्ध है। जिस स्वर को आधार मानकर ऋचा का गायन आरम्भ हो, उसे प्रथम अक्षर ऋ से अभिहित करना स्वाभाविक था। ऋषभ की व्याख्या ऋग्वेद के ऋ से होती है, यह परम्परा उन्नीसवीं सदी के अन्त तक सुविदित थी। राजा सर सौरीन्द्र मोहन टैगोर ने संगीत पर अपनी पुस्तक समाप्त करने के बाद ग्रामों और सात स्वरों के बारे में जो अंश जोड़ा है, उसमें उन्होंने ऋषभ के बारे में लिखा है : "Rishava is so called because the *Rig* Veda is said to have been chanted to its key." (कहते हैं कि "ऋगूवेद के गायन का आधारभूत स्वर यह था, इसलिए उसका नाम ऋषभ हुआ)।" इस प्रकार *ऋग्वेद* की गायन परम्परा से नाट्यशास्त्र की संगति बैठ जाती है।

अब कठिनाई पैदा होती है षड्ज शब्द को लेकर। हम सा रे ग म के इतने आदी हो गये हैं कि अब कल्पना नहीं कर सकते कि षड्जग्राम कभी सा के बदले रे से आरम्भ होता था। किन्तु *नाट्यशास्त्र* में षड्जग्राम का स्वरक्रम बहुत स्पष्ट है : "षड्जग्राम में श्रुतियों की संख्या क्रमशः तीन, दो, चार, चार, तीन, दो, चार है" अर्थात् स्वरक्रम रे, ग, म, प, ध, नि, सा–इस प्रकार है। सप्तक ऋषभ से आरम्भ हुआ, षड्ज पर समाप्त हुआ। यदि हम यह मानकर चलें कि षड्जग्राम को षड्ज से ही आरम्भ होना चाहिए तो *नाट्यशास्त्र* की व्याख्या करते हुए अपने लिए अनावश्यक कठिनाइयाँ पैदा कर लेंगे।

पहली कठिनाई तो इस षड्ज शब्द को लेकर ही उत्पन्न होती है। इसकी यह व्याख्या की गई कि वह छह स्वरों को जन्म देता है, इसलिए षड्ज है। पूर्वोक्त संगीत ग्रन्थ में टैगोर ने लिखा है : "Sharja means *Shat jayante* Yasmat or that from which the six are derived. Sharja is the principal note and the originator of the six notes which follow. ("षड्ज का अर्थ है षट् जायन्ते यस्मात् अथवा वह जिससे छह व्युत्पन्न होते हैं। षड्ज प्रधान स्वर है और आगे आनेवाले छह स्वरों का जनक है")। इसी व्याख्या के अनुरूप आचार्य बृहस्पति ने लिखा : "आदिम ग्राम में भारतीय विचारकों ने 'ग्रामणी' स्वर के षड्ज (छह अन्य स्वरों को जन्म देनेवाला) कहा।" (पृ. 199)। मनुज, दनुज, अनुज, अण्डज,

खनिज, सरोज, देशज आदि शब्दों में कहीं भी 'ज' जन्म देनेवाले का भाव व्यक्त नहीं करता। षड्ज छह स्वरों को जन्म देनेवाला है, यह व्याख्या इसलिए स्वीकार की गई कि षड्जग्राम का आदि स्वर सा होना ही चाहिए। यह व्याख्या सही नहीं है, यह शंका बृहस्पति के मन में अवश्य थी। उसी पृष्ठ पर उन्होंने आगे लिखा है : "इस मूल सप्तक में आये हुए छह अन्य स्वरों से भी छह विशिष्ट सप्तकों का आरम्भ किया जा सकता है। उस दशा में कोई भी आरम्भक स्वर उस विशिष्ट स्वर सप्तक में आनेवाले 'षड्ज' का जनक होगा, इसीलिए 'षड्ज' का अर्थ 'छह अन्य स्वरों से जन्म लेनेवाला' भी है।" यहाँ 'भी' काटकर 'ही' कर देना चाहिए—षड्ज का अर्थ छह अन्य स्वरों से जन्म लेनेवाला ही है। *नाट्यशास्त्र* से इसी अर्थ की सिद्धि होती है : षड्जग्राम में श्रुतियों की स्थिति क्रमशः तीन, दो, चार, चार, तीन, दो, चार है अर्थात् स्वरक्रम रे, ग, म, प, ध, नि, सा है। वास्तव में आचार्य बृहस्पति इसी क्रम का समर्थन करते हैं।

कहते हैं, "भरत और दत्तिल, दोनों ही किसी भी एक ध्वनि को 'षड्ज' मानकर तत्पश्चात् क्रमशः 'रे, ग, म, प, ध, नि, सा' की स्थापना का उपाय बताते हैं।" (पृ. 93)। किसी भी ध्वनि को आधार मानकर रे की स्थापना की जा सकती है। इसे षड्ज क्यों कहा जाए? इसलिए कि सा के बाद ही रे आ सकता है! सप्तक का रूप दिखाने के लिए आचार्य बृहस्पति गृहीत स की कल्पना करते हैं और उसके नीचे 1 (एक) संख्या लिखते हैं। यह 1 भ्रामक है। 1, 2, 3—ये तीनों श्रुतियाँ रे में अन्तर्भुक्त हैं; पहली श्रुति रे के दायरे से बाहर नहीं जा सकती। उसे बाहर कर देने पर रे में दो ही श्रुतियाँ रह जायेंगी। और तब षड्जग्राम में दो षड्ज होंगे, एक आरम्भ में, एक अन्त में। 'अष्टक' की धारणा का बार-बार खण्डन करनेवाले आचार्य बृहस्पति कहते हैं : "इस प्रकार हम देखते हैं कि भरत एवं दत्तिल हमें 'अष्टक' का बोध कराते हैं जिसमें आदिम ध्वनि 'षड्ज' के रूप में गृहीत है और अन्य सात स्वर उस 'गृहीत' ध्वनि के आधार पर स्थापित हैं।" (पृ. 63)। इस गृहीत ध्वनि को सप्तक से स्वतन्त्र न माना जायेगा, तभी 'अष्टक' का बोध होगा। और तब बताना होगा, इस गृहीत ध्वनि में कितनी श्रुतियाँ हैं। ये श्रुतियाँ चाहे एक हों, चाहे चार, उनके जुड़ने से सप्तक की श्रुति संख्या 22 से आगे बढ़ जायेगी। और आचार्य बृहस्पति ने उन्हें 22 से आगे बढ़ने नहीं दिया। श्रुति संख्या 22 ही रही, गृहीत स अष्टक का प्रथम स्वर हुआ रे की एक श्रुति छीन कर। इसीलिए गृहीत स के नीचे संख्या 1 लिखी गई है। वास्तव में इस गृहीत स का श्रुति मूल्य शून्य है।

शून्य की धारणा से बृहस्पति अच्छी तरह परिचित हैं। गान्धारी जाति की षड्जग्रामीय संज्ञाएँ बताते हुए उन्होंने श्रुतिक्रम यों रखा है :

निसारेग ...
0 4 3 4 ... (पृ. 115)।

मध्यमा जाति की षड्जग्रामीय संज्ञाओं का श्रुतिक्रम :
सारेगम...
0 3 4 2 ... (पृ. 116)।

पंचमी जाति की षड्जग्रामीय संज्ञाओं का श्रुतिक्रम :
रेगमप ...
0 4 2 4 ... (पृ. 116)।

इस तरह किसी ध्वनि की श्रुति संख्या शून्य मानकर वह आगेवाले स्वरों की श्रुति संख्या निर्धारित करते हैं। इसी पद्धति से *नाट्यशास्त्र* के 'रहस्यगर्भश्लोक' की यथार्थवादी व्याख्या यों हो सकती है :

गृहीत ध्वनि रेगम ...
0 3 2 4 ...

रे की तीन श्रुतियों में किसी एक को उससे अलग नहीं किया जा सकता। "श्रुति निर्देश का प्रयोजन ही दो ध्वनियों का अन्तर बताना है" (पृ. 93), इस तरह की उक्तियों से यह भ्रम हो सकता है कि श्रुतियाँ स्वरों से अलग हैं; वे दो स्वरबिन्दुओं के बीच की दूरी नापने का साधन मात्र हैं। श्रुति के प्रसंग में राजा सर सौरीन्द्र मोहन टैगोर ने भारवि के *शिशुपालवध* (1.10) से नारद की वीणा से सम्बन्धित अंश पर मल्लिनाथ की टीका से यह वाक्य उद्धृत किया है : श्रुतिर्नाम स्वरारम्भकावयः शब्द विशेषः, और उसका अनुवाद किया है : "The sound which lies at the beginning of notes and forms its body, as it were, is called Sruti," (पुस्तक के अन्त में एजेण्डा, पृ. XIII)।

स्वर के आरम्भ में आनेवाली ध्वनि श्रुति है और वह मानों स्वर का अवयव होती है। मेरी समझ में यह बहुत अच्छी व्याख्या है। श्रुति स्वयं ध्वनिखण्ड है, वह अशरीरी नहीं है, वह स्वर का अंश है। इसलिए वह स्वर से अलग नहीं की जा सकती। बृहस्पति ने उन विद्वानों की उचित आलोचना की है "जो श्रुतियों को स्वरों का कारण मानते और स्वरों के प्रतिपादन से पूर्व श्रुतियों का विवेचन करते थे।" (पृ. 93)। श्रुतियाँ स्वरों के भीतर हैं, उनके बाहर नहीं; इसीलिए स्वरों के प्रतिपादन से पहले श्रुतियों का विवेचन नहीं किया जा सकता। यदि कहा जाए कि श्रुति समय नापने का एक घटक है, तो भी उसे स्वर से अलग नहीं किया जा सकता। पदार्थ की गति से ही समय की माप होती है। कालमापक घटक को पदार्थ से अलग नहीं किया जा सकता; वैसे ही श्रुति को स्वर से अलग नहीं किया जा सकता। धातु को शब्द से अलग नहीं किया जा सकता, परमाणु की

तरह वह शब्द का लघुतम अटूट अंश है। भारत का संगीतशास्त्र और उसका भाषाशास्त्र एक ही वैज्ञानिक विश्लेषण पद्धति का परिणाम है। इस पद्धति को न समझने से अनेक भ्रान्तियाँ उत्पन्न होती हैं।

"महर्षि भरत के कहीं बाद मतंग के समय तक श्रुतियों को स्वर का कारण माना जाने लगा था...इस सम्बन्ध में आचार्य शार्ङ्गदेव ने मतंग का अनुगमन किया है।" (पृ. 154)। मल्लिनाथ जैसे विवेचक श्रुति को स्वर का अवयव मानते थे, मतंग और शार्ङ्गदेव श्रुतियों को स्वर का कारण मानने लगे थे। किन्तु इन्होंने गृहीत ध्वनि षड्ज के आधार पर ऋषभ से आरम्भ होनेवाले सप्तक की व्याख्या नहीं की। मतंग ने मूर्च्छनाओं के लिए इसे आवश्यक बताया। "भरत तो ऋषभ से आरम्भ होनेवाले श्रुतिमण्डल का निदर्शन करते हैं, इसका क्या कारण है? उत्तर यह है कि "(भरत का यह निबन्धन) दोनों ग्रामों की अन्तर-मूर्च्छनाओं का प्रतिपादन करने के लिए है।" (पृ. 99)। प्रश्न और उत्तर मतंग के हैं, मतंग की संस्कृत का अनुवाद बृहस्पति का है। यदि यह मान लिया जाये कि मूर्च्छनाओं के प्रतिपादन के लिए भरत ने श्रुतिमण्डल का आरम्भ ऋषभ से किया था तो प्रश्न यह है कि उन्होंने सप्तक के सात स्वर गिनाते हुए शुरुआत षड्ज से क्यों की?

नाट्यशास्त्र (केदारनाथ सम्पादित; भारतीय विद्या प्रकाशन, दिल्ली) के अट्ठाईसवें अध्याय के पच्चीसवें श्लोक में तिस्रो द्वे च चतस्रश्च आदि श्रुति निदर्शन है। उससे पहले उसी अध्याय के बाईसवें श्लोक में स्वर निदर्शन है :

षड्जश्च ऋषभश्चैव गान्धारो मध्यमस्तथा।
पंचमो धैवतश्चैव सप्तमश्च निषादवान् (अथवा निषादः सप्त च स्वराः)॥

यहाँ सप्तक षड्ज से आरम्भ होकर निषाद पर समाप्त होता है, श्रुति निदर्शनवाले श्लोक में सप्तक ऋषभ से आरम्भ होकर षड्ज पर समाप्त होता है। स्पष्ट ही नाट्यशास्त्र में दो परम्पराओं का समावेश है। उन्हें एक ही सिद्ध करने के प्रयास में आचार्यों को अनावश्यक परिश्रम करना पड़ा है।

9.5 सप्तक में पंचम और मध्यम

एक कठिनाई मध्यम नाम के स्वर को लेकर है। उसका यह नाम तभी सार्थक होगा जब वह सा रे ग और प ध नि के बीच हो। यदि सप्तक ऋषभ से आरम्भ होगा तो रे ग म और ध नि सा के बीच प आयेगा अर्थात् मध्य स्थान पर पंचम आएगा। जिस समय ऋषभ से आरम्भ होनेवाले सप्तक का चलन रहा होगा, उस समय मध्यम और पंचम शब्दों का व्यवहार भी न होता होगा। सप्तक का विकास क्रमशः हुआ था। तुम्बुरु नामक ऋषि के लिए आचार्य बृहस्पति कहते हैं : "इनकी गणना

स्वरद्रष्टाओं में है। इन्हें ही धैवत एवं निषाद का दर्शन हुआ था।" (पृ. 10)। स्वरद्रष्टा अनेक थे, इनमें एक थे तुम्बुरु। इन्हें धैवत और निषाद के दर्शन हुए। इन स्वरों के दर्शन से पहले क्या मध्यम के स्वर का अस्तित्व न था? अस्तित्व तो अवश्य रहा होगा पर उस स्वर का नाम मध्यम न हो सकता था क्योंकि तब तक धैवत और निषाद के दर्शन न हुए थे और सप्तक का निर्माण न हुआ था। अनुदात्त, स्वरित, उदात्त, 3, 2, 4 श्रुतियोंवाला स्वरक्रम पहले से चला आ रहा था। यह सप्तक का मूल त्रिक था। फिर इस त्रिक की आवृत्ति हुई—ध नि सा के रूप में। सप्तक की रचना दो त्रिकों के योग से हुई है, यह तथ्य स्वरों की श्रुति संख्या देखते ही स्पष्ट हो जाता है। *नाट्यशास्त्र* के तिस्रो द्वे च चतस्रश्च आदि श्लोक से इसी तथ्य की पुष्टि होती है। "भरत और दत्तिल, दोनों ही किसी भी एक ध्वनि को 'षड्ज' मानकर तत्पश्चात् क्रमशः 'रे, ग, म, प, ध, नि, सा' की स्थापना का उपाय बताते हैं।" (पृ. 93)। यहाँ रे ग म और ध नि सा के दो त्रिक बहुत साफ देखे जा सकते हैं। इनके बीच में है पंचम। वास्तविक मध्यम यह है। किन्तु जब ऊपर का त्रिक टूट गया, निषाद के बादवाला स्थान छोड़कर षड्ज ऋषभ के पहले आ जमा, तब सप्तक का स्वरूप बदल गया। सा रे ग और प ध नि के बीच का स्वर हुआ मध्यम। इसके बाद पाँचवाँ स्वर हुआ पंचम। मूल रूप वही था जो *नाट्यशास्त्र* के श्रुति निदर्शन में है। मूल रूप और बदला हुआ रूप, दोनों को मिला दें, मिश्रित रूप को मूल रूप मान लें, तो उसकी व्याख्या करने में कठिनाई होगी ही। विकासवादी दृष्टिकोण अपनाने से यह कठिनाई दूर हो जायेगी।

पर यह परिवर्तन हुआ क्यों? षड्ज अपना स्थान छोड़कर ऋषभ से पहले क्यों आ जमा? आचार्य बृहस्पति ने षड्ज की प्रशंसा में जो कुछ कहा है, उससे इस प्रश्न का उत्तर मिल जाना चाहिए। षड्जग्राम 'आदिम ग्राम' है। (पृ. 199)। इस ग्राम का नेता षड्ज है, वह ग्रामणी है। "ग्रामणी स्वर की तीन विशेषताएँ हैं—(अ) वह स्वयं चतुःश्रुतिक होता है, (आ) सप्तक में दो स्वर उसके सम्वादी होते हैं, (इ) उसकी अपेक्षा आरोह की ओर अगला स्वर त्रिश्रुतिक होता है...षड्ज स्वर में 'ग्रामणी' स्वर की तीनों विशेषताएँ विद्यमान हैं। जिस सप्तक को षड्जग्रामीय मूल शुद्ध सप्तक कहा जाता है, उसका आदिम स्वर षड्ज स्वयं चतुःश्रुतिक है। उसके दो सम्वादी स्वर मध्यम और पंचम हैं और ग्रामणी स्वर के बाद आरोह की ओर ऋषभ त्रिश्रुतिक है।" (पृ. 199)।

धैवत और निषाद के दर्शन हो जाने के बाद, रे ग म के समानान्तर, नया त्रिक बना ध नि सा। दो त्रिकों के बीच चार श्रुतियोंवाला जो नया स्वर स्थापित हुआ, वह अब पंचम कहलाता है। पंचम के बाद धैवत में तीन श्रुतियाँ हैं। उसके बाद निषाद में दो हैं। दो त्रिकों के बीच में पंचम की स्थापना युगान्तरकारी सिद्ध

हुई। प ध नि—यह नया त्रिक बना। यहाँ श्रुति संख्या 4, 3, 2 थी; यह क्रम गायकों के लिए अधिक सरल और स्वाभाविक था। पुराने त्रिक में श्रुतिक्रम 3, 2, 4 था जो नए क्रम की तुलना में स्पष्ट ही कठिन था। एक बार जब प ध नि वाले त्रिक का चलन हो गया, तब पंचम के नीचे वैसे ही त्रिक का निर्माण अनिवार्य हो गया। यह निर्माण तभी हो सकता था जब रे के नीचे चार श्रुतियोंवाला नया स्वर स्थापित किया जाए। षड्ज छह स्वरों के बाद आता था, वह अब उनसे पहले आ गया। उसका षड्ज नाम बना रहा, उसकी भूमिका बदल गई। गायक षड्ज को अपने मूल स्थान पर बनाये रख सकते थे पर तब आठ स्वरों का ग्राम बनता। वे सप्तक की धारणा छोड़ने को तैयार न थे। और यह सप्तक दो त्रिकों से बना था, वे त्रिकों की धारणा भी छोड़ने को तैयार न थे। इस तरह सा रे ग और प ध नि के दो त्रिकों से नया सप्तक बना, इनके बीच के स्वर को नाम दिया गया—मध्यम।

जो नये त्रिक बने, उनका महत्त्व आचार्य बृहस्पति के शब्दों से स्पष्ट हो जाता है : " 'सा रे ग म प ध नि में 'सा रे ग' स्वर-संघात का ठीक-ठीक जवाब 'प ध नि' है। 'सा रे ग' और 'प ध नि'—इन दो त्रिकों में आये हुए स्वरों में अन्तराल की दृष्टि से क्रम-सादृश्य है। यदि केवल 'प ध नि' छेड़े जायें, तो श्रोता इन्हें 'सा रे ग' कहेगा, क्योंकि 'सा रे ग' में अन्तराल सम्बन्धी जो क्रम पाया जाता है, वही प ध नि में है...पूर्वोक्त दोनों स्वर-त्रिकों में पाया जानेवाला यह सादृश्य राग के निर्माण और व्यवहार की दृष्टि से अत्यन्त महत्त्वपूर्ण है। 'मध्यम' इन दोनों परस्पर सम्वादी त्रिकों के बीचों-बीच में है। यदि दोनों त्रिकों को 'सप्तक'-रूपी तराजू के दो सिरे कहा जाये, तो 'मध्यम' तराजू की डण्डी के बीचों-बीच की वह डोरी है, जो दोनों पलड़ों को सन्तुलित रखे हुए है।" (पृ. 201)। नये त्रिकों का सादृश्य रागों के निर्माण और व्यवहार की दृष्टि से अत्यन्त महत्त्वपूर्ण था। व्यवहार का अर्थ है गायन-वादन। व्यावहारिक अनुभव ने नये त्रिकों के चलन को लोकप्रिय बनाया। इन नये त्रिकों के बीच में स्थित मध्यम उन्हें साधे हुए था। पुराने त्रिकों के बीच यही काम पहले पंचम करता था। तीव्र मध्यम और कोमल मध्यम का व्यवहार चाहे जितना अशास्त्रीय हो, संगीत में उनका चलन तो है ही। पंचम के तीव्र कोमल रूप क्यों नहीं हुए? इसलिए कि पंचम की स्थिति तराजू की डण्डी जैसी थी, परिवर्तन पलड़ों में रखी हुई चीज़ों में होते हैं, डण्डी में नहीं। पंचम षड्ज की आवृत्ति है, न षड्ज के तीव्र कोमल रूप होते हैं न पंचम के। रे ग ध नि की तरह म के ये दो रूप होते हैं क्योंकि यह म पहले मध्यस्थानीय था ही नहीं। अपने अद्वैत स्वरूप से पंचम, स्वर सप्तक में, अपने मूल, मध्य स्थान की सूचना अब भी दे रहा है।

9.6 संगीत संसार में अरब और ईरानी

लगभग तेरहवीं सदी से अठारहवीं सदी के मध्य तक के समय को संगीत के विकास और प्रसार के विचार से हम नवजागरणकाल कह सकते हैं या नहीं?

आचार्य बृहस्पति कहते हैं : "एक सहस्र वर्ष पूर्व विदेशी शासक जाति अपने साथ कलाओं का जो रूप लायी, उसे भारत में राज्याश्रय मिला और उसके विशेषज्ञ सम्मानित हुए, फलतः कलाओं के भारतीय रूप में विकृति आई और उनमें अवांछनीय संकर हुआ। लोकरुचि के अनुसार कलाओं में स्वाभाविक विकास उसकी प्रगति कहलाता है, परन्तु पिछले एक सहस्र वर्षों में भारतीय कलाओं, विशेषतया संगीत के साथ जो कुछ हुआ, उसका कारण लोकरुचि नहीं, अपितु आक्रान्ता जाति का आग्रह मात्र था।" (पृ. 367)। यह बात सही हो तो मानना चाहिए कि पिछले हज़ार साल तक भारत में अन्धकार युग रहा। सारे मुसलमान–अरब, ईरानी, तुर्क के भेद के बिना–एक ही शासक जाति के अंग थे। वे अपने साथ जहाँ से जो भी संगीत लाये थे, उसी को उन्होंने प्रोत्साहन दिया, लोकरुचि का ध्यान रखे बिना उन्होंने भारत पर विदेशी पद्धति लाद दी और जो भारतीय संगीत बचा-बचाया था, वह भी विदेशी प्रभाव से दूषित हो गया।

इन धारणाओं का ढेर सारे प्रमाणों के साथ खण्डन किया है स्वयं आचार्य बृहस्पति ने।

लक्ष्मीनारायण गर्ग द्वारा अनुवादित *संगीत-रत्नाकर* (भाग 1, हाथरस, दूसरा संस्करण, 1975) की भूमिका में उन्होंने लिखा है :

"हुसेनशाह शर्की के सूबेदार के पुत्र से लेकर मुगल सम्राटों तक ने 'रत्नाकर' का आदर किया। अनेक ध्रुवपदों में 'रत्नाकार' और उसके विषय की चर्चा सम्मान-पूर्वक की गई है और मुगल सम्राटों को 'रत्नाकर' पर विचार करनेवाला और उसका मर्मज्ञ बताया गया है। यह बात नहीं कि 'रत्नाकर' की चर्चा मात्र उन ध्रुवपदों में हो। तानसेन से लेकर सदारंग और अदारंग तक के ऐसे ध्रुवपद मिलते हैं, जो यह सिद्ध करते हैं कि गुणियों की यह परम्परा 'रत्नाकर' के मर्म को पूर्णतया समझती थी। इस योग्यता के बल पर तानसेन ने उन राग-रूपों को सम्मुख रखा था, जो उस युग को नये प्रतीत हुए थे। तानसेन के 'संगीतसार' नामक ग्रन्थ में मेल-पद्धति की चर्चा तक नहीं है और मूर्च्छना-पद्धति का आधार लेकर सारी बात कही गई है।" (पृ. 5-6)।

शार्ङ्गदेव के संगीत रत्नाकर के मर्म को तानसेन से लेकर सदारंग-अदारंग तक गुणियों की परम्परा जानती-पहचानती थी। इस तरह बारहवीं से अठारहवीं सदी तक गुणियों की एक शृंखला भारतीय संगीत की प्राचीन परम्परा को सुरक्षित बनाये रही।

आचार्य बृहस्पति की एक महत्त्वपूर्ण पुस्तक है *मुसलमान और भारतीय संगीत* (राजकमल; तीसरा संस्करण, 1989)। इसमें कही हुई उनकी बातों पर ध्यान देना आवश्यक है।

पहले शासक जाति की बात। अरबों और तुर्कों में भेद करते हुए कहते हैं : "इस्लाम के उदय के पश्चात् इन अरब मुसलमानों की बस्तियाँ भी भारतीय समुद्री तटों के नगरों में बस गई थीं। ये अरब मुसलमान खैबर की घाटी से भारत में घुसनेवाले तुर्क मुसलमानों की अपेक्षा शिष्ट, सभ्य और सुसंस्कृत थे। ये लोग व्यापार के लिए आये थे, न तो भारत-विजय उनका लक्ष्य था और न धर्म-प्रचार।" (पृ. 19)। सभी मुसलमान किसी एक शासक जाति के नहीं थे। कुछ अरब जाति के थे, कुछ तुर्क जाति के थे। इनकी संस्कृतियों में भेद था, तुर्कों की अपेक्षा अरब अधिक शिष्ट, सभ्य और सुसंस्कृत थे।

अरब भारत विजय और धर्म प्रचार के प्रति उदासीन रहे हों, ऐसा तो नहीं था। ईरान पर उन्होंने शासन किया, वहाँ की बहुसंख्यक जनता का धर्म परिवर्तन किया, उनके उत्पीड़न से बचने के लिए ही बहुत से ईरानियों ने भागकर हमारे देश में शरण ली। उन्हीं के वंशजों को हम पारसी कहते हैं। ईरानी अरबों से अधिक सभ्य थे। उन्होंने अरबों को इस योग्य बनाया कि वे भारत से कुछ सीख सकें। अरबों ने भारत से बहुत कुछ सीखा; यही नहीं, उन्होंने जो कुछ सीखा, उसे यूरुप तक पहुँचाया। "हिन्दू गायकों, शिल्पियों, दार्शनिकों और विद्वानों ने अरबों को अत्यन्त प्रभावित किया। दर्शन, ज्योतिष, गणित, आयुर्वेद, रसायन आदि की शिक्षा अरबों को ब्राह्मण विद्वानों और बौद्ध भिक्षुओं से मिली। बगदाद के शासकों ने भारतीय विद्याओं के अध्ययन के लिए अरबों को प्रोत्साहित किया...भारत से उपलब्ध ज्ञान को भली भाँति पचाकर अरबों ने युरुप के समक्ष इस प्रकार रखा, जो उसके लिए सुगम हो गया।" (पृ. 19)। इस प्रकार यूरुप के पुनर्जागरण में अरबों के माध्यम से भारत का योगदान सम्भव हुआ।

ईरान पर अरबों का शासन हो गया, ईरानियों का धर्म परिवर्तित हो गया पर उनकी जातीय चेतना नष्ट नहीं हुई। धर्म के आवरण में वह विद्रोह का रूप लेती रही। पुस्तक की भूमिका में श्रीमती सुलोचना बृहस्पति ने लिखा है :

"फारस-निवासी यद्यपि मुसलमान हो गये थे, तथापि अरब लोगों से उन्हें समान व्यवहार न मिलता था। अली के वंशज विद्रोह का झण्डा उठा रहे थे। नवीं शताब्दी के आरम्भ में खलीफ़ा हारूँ रशीद ने बरमी कुल के विश्वसनीय फ़ारसी व्यक्तियों का वध करा दिया। परिणाम यह हुआ कि फ़ारसवालों ने अरबों से सार्वजनिक रूप से घृणा आरम्भ कर दी।

"अब्दुल्लाह बिन मैमून अल्क़द्दाह (मृ. 874 ई.) फ़ारस के अरब साम्राज्य को नष्ट कर देना चाहता था ...

"सलमान पारसी ने अब्दुल्लाह का समर्थन किया। वह स्वतन्त्र विचारक था, वह अली को ही हज़रत मुहम्मद का वास्तविक उत्तराधिकारी मानता था। अरब मौलवियों के दृष्टिकोण से उसका मत अनेक स्थानों पर भिन्न था। उसकी दृष्टि में ईश्वर और मानव में परस्पर प्रेम का सम्बन्ध था। नवीं शताब्दी में पवित्र कुरआन की व्याख्या के सम्बन्ध में अनेक मतभेद हो गये थे। आठवीं शताब्दी से हिन्दू गायकों, शिल्पियों, दार्शनिकों और विद्वानों से मुसलमानों का सम्पर्क हो चुका था। अतः नवीं शती के अनेक सूफी मुसलमानों का दृष्टिकोण शासन करनेवाले मुसलमानों से सर्वथा पृथक् था और वे अत्यन्त उदार थे।" (पृ. 7)। यह तो हुई अरबों और ईरानियों के सम्बन्धों की बात। यहाँ मैं कहना चाहूँगा कि अरबों के अभ्युदय से बहुत पहले दूसरी सहस्राब्दी ई.पू. में भारतीय आर्यों की अनेक बस्तियाँ पश्चिमी एशिया में थीं। इस क्षेत्र की जातियाँ, एक ओर मिस्र, दूसरी ओर यूनान तक भारतीय संस्कृति से प्रभावित थीं। पुरातत्त्व से प्राप्त इसका अकाट्य प्रमाण अरायुक्त भारतीय रथ है। *ऋग्वेद* के कवि-गायक ऋषभमूलक त्रिक और सप्तक की गायन पद्धति का अब तक यथेष्ट विकास कर चुके होंगे। इस पद्धति ने पश्चिमी एशिया की सामी-गैरसामी जातियों को प्रभावित न किया हो, यह असम्भव है। अरबों के अभ्युदय के बाद वह क्रम फिर जारी हुआ।

ईरानी, अरब, तुर्क, पठान—इस्लाम धर्म माननेवाली ये अलग-अलग जातियाँ थीं। हर जाति के अन्दर शासक और शासित में भेद था। बहुत महत्त्वपूर्ण भेद था सूफियों और बादशाहों या सुल्तानों में। सूफी अनेक प्रकार के थे। आचार्य बृहस्पति का कहना है : "जहाँ-जहाँ भारत में मुस्लिम आक्रान्ता आये, वहाँ-वहाँ सूफी फकीर पहले से विद्यमान थे। आक्रान्ताओं की सेना के साथ भी आलिम और सूफी रहा करते थे।" (पृ. 26)। इसके साथ ही अनेक सूफी साम्प्रदायिक कट्टरता के घोर विरोधी थे। वे इस कट्टरता से हिन्दुओं को नहीं, सबसे पहले मुसलमानों को बचाना चाहते थे। इसीलिए अरब-ईरान में अनेक सूफियों को प्राणदण्ड दिया गया। इनमें मंसूर का नाम सर्वोपरि है। "मुसलमानों में जब साम्राज्यवाद का उदय हुआ, तब मुसलमान सूफी शासन की उपेक्षा करने लगे। यह चर्चा आदर्श सूफी बुजुर्गों की है...प्रसिद्ध मुस्लिम विधिशास्त्री इमाम अबू हनीफा (जिनके अनुयायी हनफी कहलाते हैं) को यज़ीद के गवर्नर ने कूफे का मीर मुन्शी और कोषाध्यक्ष बनाना चाहा, परन्तु यज़ीद ने आदेश दिया कि यदि उसकी आज्ञा अबू हनीफा न मानें, तो उनको दस कोड़े लगाये जायें। जब यह भी हो चुका, तो मंसूर ने काजी का पद स्वीकृत करने का प्रस्ताव किया। इस प्रस्ताव को अस्वीकृत करने पर इमाम साहब को जीवन के अन्तिम क्षण तक बन्दीगृह में बिताने पड़े।" (पृ. 31; यज़ीद के गवर्नर ने, फिर यज़ीद ने, आगे मंसूर ने—छापे की कुछ अशुद्धियाँ हैं पर आशय

स्पष्ट है।) भारत में–"सूफियों की खानकाहों में बादशाह लोग अपने गुप्तचर भेजते थे। शेख़ निज़ामुद्दीन चिश्ती के जनाज़े को कन्धा देनेवाले मुहम्मद तुगलक ने शेख़ निजामुद्दीन चिश्ती के ख़लीफ़ा शेख़ नसीरुद्दीन चिराग़ देहली पर भी मनमाने अत्याचार करने में संकोच नहीं किया था।" (पृ. 28)। सूफी मत को अपना दार्शनिक आधार वेदान्त से प्राप्त हुआ था। "सूफी लोग 'जात-पात पूछे ना कोई, हरि को भजै सो हरि का होई'–जैसी बात करते थे। इनके विचार भारतीयों को अपने अन्तर की प्रतिध्वनि प्रतीत होते थे।" (पृ. 23)।

ऊँच-नीच के भेद के बिना कोई सामन्ती व्यवस्था चल नहीं सकती। इस भेदभाव को धर्मशास्त्र की दुहाई देकर कायम रखते हैं मौलवी और पुरोहित। इसलिए सन्तों और सूफियों से इनका बैर रहा है। मौलवी हर जगह अरबी छाँटते थे, सूफी लोकभाषा में अपनी बात कहते थे। सूफियों की खानकाह में संगीत के स्वर गूँजते थे, मौलवियों की मस्जिद में संगीत वर्जित था। सूफियों ने लोकभाषाओं में साहित्य रचा। केवल भाषा नहीं, उस साहित्य की विषयवस्तु उन्होंने लोकसंस्कृति से ली। वे लोकसंगीत को न अपनाते, यह कैसे सम्भव था? "शेख मुईनुद्दीन चिश्ती के कव्वाल भारतीय भाषा में निबद्ध गीत गाते थे।" (पृ. 103); "सूफियों ने लोकमानस तक पहुँचने के लिए जहाँ हिन्दी भाषा को अपनाया, वहाँ भारतीय लोकगीतों के छन्द भी अपनाये।" (पृ. 40)।

पुस्तक की भूमिका में श्रीमती सुलोचना बृहस्पति ने लिखा है : "मुहम्मद गौरी ...कैकुबाद...अलाउद्दीन खिलजी...ग़यासुद्दीन तुगलक...सिकन्दर लोदी इत्यादि सभी दिल्ली-सम्राटों पर संगीतानुरागी सूफियों का प्रभाव था, इसीलिए संगीत के क्षेत्र में मुसलमानों को अपनी प्रतिभा के प्रदर्शन का अवसर मिला।

"बहमनी सुल्तानों, मुगल सम्राटों, कुतुबशाही सुल्तानों और आदिलशाही सुल्तानों पर चिश्ती सूफियों का प्रभाव रहा, इसीलिए इनके दरबारों में भी संगीत को प्रोत्साहन मिला।

"चिश्तियों तथा अन्य सूफियों ने लोकभाषा में उपदेश दिए, अतः हिन्दी का विकास हुआ। लोकभाषा का दक्षिणी रूप संस्कृत-संगीत-ग्रन्थकारों के शब्दों में 'तुरुष्क भाषा' और उत्तर भारतीयों में 'दक्खिनी हिन्दी' कहलाया। सूफियों के कारण ही यह लोकभाषा गेय बन्दिशों का माध्यम हुई।" (पृ. 8)।

कह सकते हैं, संगीत के इतिहास की दृष्टि से, तेरहवीं-चौदहवीं-पन्द्रहवीं सदियाँ नवजागरण का आरम्भिक काल थीं। इस समय उत्तर में ही नहीं, दक्षिण में भी एक बड़े भाग में संगीत की धारा प्रवाहित हुई। नवजागरण की विशेषता है लोकभाषा का व्यवहार। जो पण्डित हिन्दी को तुरुष्क भाषा कहकर उसे साहित्य और संगीत की दुनिया में घुसने न दे रहे थे, वे एक कोने में ठेल दिए गए। हिन्दी

साहित्य और संगीत की भाषा बनी पहले दक्खिन में, फिर उत्तर में। लोकसंगीत की भाषा तो वह बहुत पहले से थी। इस समय उत्तर और दक्खिन के संगीतकार एक दूसरे के सम्पर्क में आए। राजा नवाब अली ने *मारिफुन्नग़मात* (अनुवादक विश्वम्भरनाथ भट्ट, प्रथम भाग, हाथरस, तृतीय संस्करण, 1974) में लिखा है, भारतीय संगीत से गज़नी और गौरी बादशाहों का परिचय न था, "किन्तु जब सन् 1294 ई. में अलाउद्दीन खिलजी ने ढाके पर चढ़ाई की और जब 1310 ई. में मलिक काफूर ने दक्षिण हिन्दुस्तान को फतह किया तो उस समय वहाँ संगीत उन्नत अवस्था में था। और प्रायः वहाँ से इस कला के मर्मज्ञों को लाकर उत्तरी हिन्दुस्तान में बसाया गया।" (पृ. 26)। द्रविड़ देश से भक्ति उत्तर में आई, इस धारणा से राजा नवाब अली का बयान तुलनीय है। संगीत का सारा विकास उत्तर भारत में केन्द्रित रहा हो, यह स्थिति नहीं थी। तमिल तो बहुत पहले से साहित्य का माध्यम बन चुकी थी। हिन्दी की तुलना में कन्नड़ ने भी साहित्य में पहले प्रवेश किया था। तब वहाँ चौदहवीं सदी के आरम्भ में संगीत उन्नत अवस्था में रहा हो तो इसमें आश्चर्य क्या!

अरबों और ईरानियों ने संगीत में इतनी प्रगति न की थी कि वे भारतीय संगीत पर गहरा असर डालते। इस सम्बन्ध में राजा नवाब अली ने जो कुछ लिखा है, वह ध्यान देने योग्य है। अबू नस्र फराबी ने लकड़ी के टुकड़ों को जोड़कर बजाना शुरू किया तो लोग बेहोश होकर रोने लगे, फिर सो गए और फ़राबी गायब हो गया। यह कथा कहने के बाद नवाब अली ने लिखा है :

"यह हाल अरब के मुल्क में गुज़रा, जहाँ की मूसीक़ी (संगीत) इस दर्जा कामिल (पूर्ण) नहीं थी, जैसी कि हिन्दुस्तान में है। अरब में कुछ राग सिर्फ ढफ पर शादी-विवाह में गाए जाते थे, या 'हुद्दीख्वानी' का रिवाज था। मगर वह इस क्रम व सिद्धान्त से न था, जिसे किसी कला की हैसियत से देखा जाए। जब फारस फतह हुआ और वहाँ के उमरा (अमीर) अरबों की गुलामी में आए तो उन्होंने तरह-तरह की तरकीबों से गज़लें और क़सीदे पढ़े। अब्दुला बिन जाफिर के गुलाम सादूब हासिर और तबीस और नशीत फ़ारसी का अरब में बहुत नाम था। इन लोगों से माविद वो इब्ने सरीह आदि ने इस फन को हासिल किया और क्रमशः इसको तरक्की देते रहे।" (पृ.21)

अरबों ने सभ्यता की और बहुत सी बातें जहाँ ईरानियों से सीखीं, वहाँ उन्होंने उनसे संगीत भी सीखा। शायद नृत्यकला में ईरानियों के पास ऐसा कुछ नहीं था जिसे अरब सीखते। राजा नवाब अली के अनुसार उनके नाच का रूप यह था : "यह वही नाच है, जिसको हमारे हिन्दुस्तान में लल्ली घोड़ीवाले नाचा करते हैं। यानी लकड़ी का घोड़ा बनाकर जीन, लगाम से सजाया, उस पर औरत को सवार किया और इधर से उधर

घुमाने लगे।" (पृ. 21)। कुल मिलाकर ललित कलाओं से अरबों का सम्बन्ध इस तरह का था : "बावजूद अरबों के इस बेतुकेपन के इस फन ने इल्म की हैसियत वहाँ भी अख़्तियार कर ली। अरब सिवाय तलाकत (बोलने) के और किसी चीज़ में कमाल नहीं रखते थे और न उन्हें किसी सनात (Art) का आविष्कारक कहा जा सकता है। मगर ये नकल अच्छी कर लेते थे, और जिस चीज़ को इन्होंने गैरों से लिया, उसे कायम रखा। अगर अदीम 'कुतुबखानएअजम' (ईरान की पहली पुरानी लाइब्रेरी) को जलाकर बहा न दिया जाता, तो अब्बासाइया के शासकों से पूर्व ही अरबों में कला का प्रचार हो जाता।" (पृ. 21)। जिन्होंने भिन्न मत वालों के पुस्तकालय जलाये, उन्होंने भिन्न मत वालों की पुस्तकों के अरबी में अनुवाद भी कराये। ईरान और भारत से सम्पर्क कायम हो जाने पर अरबों ने क्रमशः अपना विकास किया।

पहले दौर में ईरान पर आक्रमण करके अरबों ने उस देश की संस्कृति को भारी नुकसान पहुँचाया। राजा नवाब अली कहते हैं : "अजमों (ईरानियों) की मूसीकी की इस्तलाहें (संगीत के पारिभाषिक शब्द) अब सब करीबन अरबी भाषा की हैं, इसलिए कि उनकी सल्तनत जब तबाह हुई तो वह सब खो बैठे। कुतुबखाना भी जल चुका था, उसमें बड़े-बड़े उस्ताद-माहिर इस फन के थे। हिन्दुस्तान और अजम् (ईरान) में प्राचीन सांस्कृतिक सम्बन्ध थे, जिसका पता इतिहास से मिलता है।" (पृ. 22)। अरब तुर्कों से अधिक सभ्य थे पर जब उन्होंने ईरान पर अधिकार किया, तब वहाँ के निवासी सब कुछ खो बैठे। इससे तुलनीय है भारत की स्थिति। यहाँ तुर्कों की जातीयता का विलयन हो गया। भारत के लोगों ने संगीत समेत अपनी जातीय संस्कृति की रक्षा की। फ़ारसी के माध्यम से जो अरब प्रभाव भारतीय संगीत ने ग्रहण किया, वह उसके जातीय स्वरूप को बदलनेवाला न था।

9.7 लोकभाषा और लोकसंगीत

सुलोचना यजुर्वेदी और आचार्य बृहस्पति के नाम से *खुसरो, तानसेन तथा अन्य कलाकार* पुस्तक 1976 में राजकमल से प्रकाशित हुई। कुछ बातें यहाँ उसके आधार पर कहनी हैं। आचार्य बृहस्पति मानसिंह तोमर को भारतीय संगीत का उद्धारक मानते हैं। उनके उद्धार कार्य का एक पक्ष शायद सूफियों से प्रेरित है। इस पक्ष का सम्बन्ध ध्रुवपदों में ब्रज भाषा के व्यवहार से है। स्थापना यह है : "उस युग तक बहमनी बादशाहों की दूरदर्शिता के कारण दक्षिण में लोकभाषा दरबारी संगीत का माध्यम हो चुकी थी। सूफी लोग भी दक्खिनी हिन्दी में पद्य-रचना कर रहे थे और कव्वाल उनकी हिन्दी रचनाओं को गा रहे थे। लोकप्रिय प्रेमपरक रचनाएँ भी हिन्दी में हो रही थीं।

"इन परिस्थितियों का प्रभाव उत्तर में पड़ा और महमूद जैसे मुसलमान और लोहंग जैसे दाक्षिणात्य कलाकार की सहायता से मानसिंह तोमर की सभा में लोकभाषा (ब्रज भाषा) प्रतिष्ठित हुई।" (पृ. 103)।

दरबारी संगीत में उत्तर से पहले दक्षिण में लोकभाषा का व्यवहार हुआ। कारण यह हो सकता है कि वहाँ के दरबारों पर फ़ारसी या संस्कृत का वैसा दबाव न था जैसा उत्तर में था। मानसिंह जो उद्धार कार्य कर रहे थे, उसमें महमूद नाम का मुसलमान गायक शामिल था और लोहंग नाम का एक दक्खिनी कलाकार भी था। आचार्य बृहस्पति के अनुसार अमीर खुसरो ने भारतीय संगीत में अरब-ईरानी मुकाम पद्धति चलाई। ग्राम मूर्च्छना पद्धति से खुसरो का परिचय न था। "'मुकाम' का अर्थ राग अथवा रागप्रयोज्य स्वरसमूह था।" (पृ. 99)। इसी को संस्थान, ठाठ या मेल भी कहते थे। मुकाम-पद्धति अपनाने से जो हानि हुई, वह इस प्रकार थी : "'संगीत रत्नाकर' जैसे ग्रन्थ अबोध्य हो गये, राग और रस का पारस्परिक सम्बन्ध विच्छिन्न हो गया, स्वरों में प्रयोग की सूक्ष्मता के कारण होनेवाले बारीक अन्तरों की ओर से ग्रन्थकारों का ध्यान हट गया।" (पृ. 99)। यह 'हानि' कुछ वैसी ही है जैसी छायावादियों के अभ्युदय से शास्त्रसम्मत काव्य रचना की हुई।

आश्चर्य की बात यह है कि खुसरो ने उत्तर भारत के ही नहीं, दक्षिण भारत के संगीत को भी प्रभावित किया। "खुसरो द्वारा प्रवर्तित मुकाम पद्धति ने बहमनी सुल्तानों, अफगान सुल्तानों और शर्की सुल्तानों के साथ ही साथ विजयनगर के नरेशों को भी प्रभावित कर लिया था।" (पृ. 102)। यह बात सही हो तो मानना चाहिए कि खुसरो युगान्तरकारी संगीतकार थे, उन्होंने एक विशाल भूखण्ड में हिन्दुस्तानी ही नहीं, कर्णाटक संगीत को भी प्रभावित किया। किन्तु खुसरो भारतीय संगीत के प्रशंसक थे। किस संगीत के? जिस संगीत को खुसरो ने चलाया? या जो पहले से चला आ रहा था? जो पहले से चला आ रहा था, उसी की प्रशंसा की होगी। उन्होंने यह भी लिखा था कि विदेशी इसे सीख नहीं पाते। जब तक उन्होंने स्वयं न सीखा हो, तब तक ऐसा न कह सकते थे। पर सीखा किससे होगा? "वेदाश्रित एवं पापहारिणी इस पद्धति [ग्राम मूर्च्छना पद्धति] का उपदेश वेदशत्रुओं और मूर्तिभंजकों को उस युग में कदापि नहीं दिया जा सकता था, अतः गोपाल नायक जैसे आचार्य ने भी अभारतीय मुकाम-पद्धति से रागों का वर्गीकरण स्वीकृत कर लिया और ईरानी बारह स्वरों के आधार पर रागवर्गीकरण प्रचलित हो गया।" (पृ. 99)।

यहाँ खुसरो और मूर्तिभंजक तुर्कों में कोई फर्क नहीं किया गया। भेद न करना सही हो तो भी वाक्य में 'अतः' का औचित्य समझ में नहीं आता। भारतीय पद्धति नहीं सिखानी है खुसरो को और उसे भ्रष्ट कर दिया अपने ही पैर में

कुल्हाड़ी मारकर गोपाल नायक ने! इन गोपाल नायक पर ऐसा क्या दबाव था कि उन्होंने मुक़ाम पद्धति अपना ली? और *स्वतन्त्र* विजयनगर के राजा उससे कैसे प्रभावित हो गए? पुनः मानसिंह तोमर ने तो संगीत का उद्धार किया था, बीसवीं सदी में आचार्य भातखण्डे उसी ठाठ पद्धति के चक्कर में कैसे पड़ गये? चक्कर में पड़ना इसलिए भी समझ में नहीं आता कि मानसिंह तोमर और आचार्य भातखण्डे के समय के बीच एक घटना और हुई। मुकाम पद्धति अपनाने से *संगीत रत्नाकर* अबोध्य हो गया था; वह–"अकबर, जहाँगीर और शाहजहाँ के युग में, चिरकाल से उपेक्षित, 'संगीत रत्नाकर' पुनः विचार का विषय बना।" (पृ. 103)। किसी संस्कृत जाननेवाले पण्डित ने ही उस ग्रन्थ को विचार का विषय बनाया होगा। जो रहस्य खुसरो के सामने उद्घाटित न किया जा सकता था, वह अकबर-जहाँगीर-शाहजहाँ के सामने उद्घाटित कर दिया गया! इससे इतना तो प्रमाणित हुआ कि नवजागरण के द्वितीय उत्थान में दरबारी गायक संगीतशास्त्र से नितान्त अपरिचित न थे। "तानसेन मूर्च्छना पद्धति के पण्डित थे और मुकाम पद्धति के भी।" (पृ. 131)।

अस्तु। सूफ़ियों के प्रभाव से लोकभाषा ने बहमनी दरबारों में प्रवेश किया, फिर दक्खिन की परिस्थितियों के प्रभाव से वह मानसिंह के दरबार में प्रतिष्ठित हुई। किसी के भी प्रभाव से ब्रज भाषा को मानसिंह ने दरबारी प्रतिष्ठा दी हो, उसे लोकप्रतिष्ठा तो बहुत पहले से मिली हुई थी। उसे यह लोकप्रतिष्ठा देनेवालों में अमीर खुसरो भी थे। प्रमाण हैं आचार्य बृहस्पति :

"निज़ामुद्दीन औलिया की समाधि को देखकर अमीर खुसरो ने यह प्रसिद्ध दोहा कहा–

'गोरी सोवै सेज पर, मुख पर डारे केस।
चल खुसरो घर आपने, रैन भई चहुँ देस ॥'

एक ब्रजवासी ही यह कह सकता है।" (पृ. 100)।

तो यह ब्रजवासी वेदशत्रु थे जिन्हें ग्राम मूर्च्छना पद्धति का ज्ञान न कराया जा सकता था!

यदि मानसिंह से बहुत पहले ब्रज भाषा में दोहे रचे जाते थे तो उनसे पहले उस भाषा में ध्रुवपद भी रचे जा सकते थे। आचार्य रामचन्द्र शुक्ल की धारणा कि सूरदास किसी पहले से चली आती गीत परम्परा की कड़ी हैं, बैजू आदि ध्रुवपद गायकों के प्रसंग में भी सार्थक है। ध्रुवपद-गायन लोकनृत्य से सम्बद्ध था, इसलिए उसमें लोकभाषा का ही व्यवहार होता होगा। अबुल फ़ज़ल की उक्ति–ध्रुवपद आगरा, ग्वालियर और आसपास के प्रदेश का गीत है–से भी उसी लोकगीत परम्परा की व्यंजना होती है। ध्रुवपद दरबारों से निकलकर लोकसंगीत नहीं बना,

लोकसंगीत का यह अंग दरबारों में जाकर ध्रुवपद बना। आचार्य बृहस्पति के अनुसार मानसिंह तोमर ने संगीत का उद्धार किया, इस कार्य में गायक बैजू ने उनकी सहायता की; "ब्रज भाषा ध्रुवपदों की शैली का निर्माण" बैजू की देखरेख में हुआ, इस शैली ने गुजरात के सुल्तानों और दिल्ली के बादशाहों को प्रभावित किया, "तथा इन्हीं के प्रयत्नों से निर्मित विष्णुपद शैली ने ब्रज में सूरदास जैसे महाकवि उत्पन्न किये।" (पृ. 101)। आचार्य शुक्ल की दृष्टि लोकगीतों पर थी, उन्होंने सूरदास को इन गीतों की परम्परा से जोड़ा था; आचार्य बृहस्पति की दृष्टि दरबारों पर है, दरबार से निकली हुई ध्रुवपद परम्परा ने सूरदास को जन्म दिया!

आचार्य का यह कहना भी है : "मानसिंह तोमर और बैजू के प्रयत्नों से ध्रुवपदों का वह राजमार्ग पुनः खुल गया, जो शताब्दियों से अवरुद्ध हो गया था।" (पृ. 106)। राजमार्ग खुला, लोकमार्ग नहीं। लोकमार्ग पर तो ध्रुवपद पहले से था, वर्ना शताब्दियों तक वह जीवित कैसे रहता? इसे भक्तों और सन्तों ने अपनाया। "ऐसा कभी नहीं हुआ कि विरक्त संगीतज्ञ सन्तों ने ऐसे गवैये तैयार किये हों, जिनका कार्य 'राजाओं' या बादशाहों को 'अन्नदाता' कहना हो।" (पृ. 113)। इसीलिए ये सन्त अपनी गायन परम्परा दरबारों से नहीं, लोकसंगीत से ही प्राप्त कर सकते थे। सन्तकाव्य लोकसंस्कृति की ही एक ऊपर उठी हुई लहर था, वह उसका अभिन्न अंग था। इन सन्तों की संस्कृति में ऐसे जनवादी तत्त्व थे कि उनकी कल्पना न तो शास्त्रकार कर सकते थे, न आज के पूँजीवादी नेता कर सकते हैं। "कुछ वैष्णव सम्प्रदायों ने अस्पृश्यों और मुसलमानों के लिए भी भक्ति के द्वार खोल दिये।" (पृ. 112-13)। मानव मात्र की समानता का यह भाव इन भक्त कवियों ने राजा को अन्नदाता कहनेवाले गायकों से प्राप्त न किया था। यह भाव लोकसंस्कृति का विकास था। ठीक इसी तरह सन्तों के पद लोकगीतों का विकास हैं। दक्षिण की शास्त्रीय पद्धति के गायक त्यागराज और पुरन्दरदास के पद गाते हैं, उत्तर की शास्त्रीय पद्धति के गायक सूर, तुलसी और मीरा के पद गाते हैं। यही नहीं, कुछ गायिकाएँ शास्त्रीय गायन का समापन कजरी या किसी अन्य लोकगीत से करती हैं और वादक भी अपने शास्त्रीय वादन का समापन कभी किसी लोकधुन से करते हैं। इस तरह वे उस आदि स्रोत को याद कर लेते हैं जिसने सन्तों के गायन और शास्त्रीय गायन दोनों को जन्म दिया था। स्वामी हरिदास तानसेन के गुरु नहीं थे, यह बात सही होगी परन्तु इस जनश्रुति के पीछे भाव यही है कि सन्तों का गायन पहले है, दरबारी गायन बाद में है।

स्वामी हरिदास ने "सिद्धान्त के अठारह पद तथा श्याम-श्यामा की अलौकिक निकुंज-लीला के वर्णन से युक्त अत्यन्त मनोरम एवं रस-निर्झर एक सौ दस पद" रचे थे। (पृ. 112)। उन्होंने सिद्धान्त के अठारह पद ज्ञान प्रदर्शन के लिए नहीं,

संगीत की शिक्षा देने के लिए ही रचे होंगे, भले ही उनके शिष्यों का उल्लेख किसी पुस्तक में न हो। 'बिहारी जी के मन्दिर के प्रांगण में संगीत का सर्वथा वर्जित होना संगीत के विद्यार्थियों को आश्चर्यचकित कर देता है।" (पृ. 112)। कर देता होगा पर मन्दिरों में गायन का चलन तो था और अब भी है। स्वयं आचार्य बृहस्पति ने सुना है। "हरिदास-सम्प्रदाय में समाज की परम्परा विच्छिन्न हो गई थी, परन्तु कहा जाता है कि वल्लभकुल सम्प्रदाय और राधावल्लभ सम्प्रदाय में समाज की परम्परा अविच्छिन्न रही है। आवश्यकता इस बात की है कि मर्मज्ञ व्यक्ति इन समाजों में निष्ठापूर्वक सम्मिलित हों और रागों के उन रूपों को भी देखें, जो इन समाजों में प्रचलित हैं। हमने यह अनुभव किया है कि इन समाजों में प्रयोज्य रागों के रूपों में दरबारी परम्परा के रागों के रूपों से कुछ अन्तर है।" (*संगीत चिन्तामणि,* प्रथम खण्ड, पृ. 321-22)।

9.8 सन्त गायक और संगीतशास्त्र

भारतीय संगीत को सन्तगायन परम्परा की देन—इस विषय पर शोधकार्य आवश्यक है। आचार्य बृहस्पति ने स्वामी हरिदास पर लिखा, बहुत अच्छा किया, परन्तु सूरदास, मीरा और तुलसीदास को उन्होंने अपने विवेचन से बाहर रखा है। दक्षिण में प्रतापी हिन्दू नरेश थे, उनके दरबारों में सन्तों की गायन परम्परा का आदर हुआ। उत्तर भारत में ऐसे नरेश नहीं थे, इसलिए यहाँ के सन्तों की गायन परम्परा का आदर दरबारों में नहीं हुआ। आचार्य बृहस्पति की यह बात सही हो तो इस सन्तगायन परम्परा पर उन्हें और ज़्यादा ध्यान देना चाहिए था। "राजनीतिक परिस्थितियों के अन्तर ने तो आज 'सूर' और 'तुलसी' के 'पदों' को 'लाइट म्यूजिक' का विषय बना दिया और पुरन्दरदास के 'पद' दक्षिण में शास्त्रीय संगीत कहलाये।" (*खुसरो-तानसेन.,* पृ. 180)। सूर और तुलसी के पदों के साथ रागों के नाम लिखे होते हैं। इससे इतना तो प्रमाणित होता ही है कि परम्परा के अनुसार इन कवियों के पद शास्त्रसम्मत रागों में गाये जाते थे। संगीत की शास्त्रीयता दो तरह की है : दरबारी, जैसे खयाल की गायकी, गैरदरबारी, जैसे पदों की गायकी। यह दूसरी गायकी जनसाधारण को अधिक रुचती है। उसकी लोकप्रियता का सामाजिक आधार कहीं अधिक विस्तृत है। शुभुलक्ष्मी या भीमसेन जोशी सूर, तुलसी और मीरा के पद गाते हैं तो उनका गायन उतना ही शास्त्रीय होता है जितना उनका स्वरों की उड़ान भरनेवाला अन्य संगीत। शास्त्रीय संगीत के जो आचार्य पुरन्दरदास और त्यागराज के पद गाते हैं, उनकी शास्त्रीयता उतनी ही लोकप्रिय होती है जितनी पदों के गानेवालों की। यहाँ शब्दों का भरपूर उच्चारण आवश्यक होता है, काव्य और संगीत दोनों साथ चलते हैं, यहाँ अलंकारों की अतिशयता नहीं होती, प्रबन्ध रचना का महत्त्व श्रोता के सामने स्पष्ट

रहता है, द्रुत लय की दौड़ नहीं होती, गायक और तबलची में होड़ नहीं होती। शताब्दियों से ये पद जनसाधारण तक शास्त्रीय गायन का आनन्द पहुँचाने का माध्यम रहे हैं।

आचार्य बृहस्पति ने सूर और तुलसी पर नहीं लिखा, कोई बात नहीं। उन्होंने पुरन्दरदास पर लिखा, यह बहुत अच्छा किया। जो कुछ लिखा, उससे उत्तर-दक्खिन के सम्बन्धों को और भारतीय संगीत के विकास को समझने में सहायता मिलती है।

"'कर्नाटक संगीत' शब्द का जन्म अंग्रेज़ों की भेदनीति का परिणाम है।" (पृ. 177)। यह बात अंशतः सही है। किन्तु हिन्दू संगीत और मुसलमान संगीत शब्दों का जन्म अंग्रेज़ों की भेदनीति का परिणाम है, यह बात पूर्णतः सही है।

कन्नड़ भाषा अंग्रेज़ों के यहाँ आने से पहले विकसित और साहित्य में प्रतिष्ठित हो चुकी थी। यह प्रक्रिया कन्नड़भाषियों के एक जाति के रूप में गठित होने की सूचना देती है। जैसे ईरानियों का अपना जातीय संगीत था, वैसे ही कन्नड़भाषियों का अपना जातीय संगीत था। आर्य और द्रविड़ भाषा-परिवार अलग हैं पर इन दोनों का निर्माण परस्पर सहयोग से हुआ है। इसी तरह कर्णाटक और हिन्दुस्तानी संगीत अलग हैं परन्तु दोनों का विकास परस्पर सहयोग से हुआ है। "दक्षिण के किसी भी संस्कृत ग्रन्थ में 'कर्नाटक संगीत' शब्द का प्रयोग कहाँ मिलता है?" (पृ. 177)। पाणिनि की *अष्टाध्यायी* में भाषा के लिए 'संस्कृत' शब्द का प्रयोग कहाँ मिलता है? "दक्षिण और उत्तर भारत के हिन्दुओं के धार्मिक ग्रन्थ, अवतार, दर्शन, साहित्य और तीर्थ पृथक् नहीं हैं, केवल भाषा भेद से संगीत दो हो जायें, यह बेतुकी बात है।" (पृ. 178)। सब मुसलमान मक्का और मदीना को पवित्र स्थान मानते हैं पर न तो उनका साहित्य एक है, न उनका संगीत। संगीत धर्म की प्रतिच्छवि नहीं होता। कुछ धर्माचार्यों का बस चले तो वे संगीत का नामनिशान मिटा दें। मस्जिदों की तो बात क्या, बिहारीजी के मन्दिर तक में गाना बजाना बन्द कर दिया गया। "सन्त पुरन्दरदास को आजकल कर्नाटक संगीत का आदिगुरु और पितामह कहा जाता है।" (पृ. 177)। उचित ही तो कहा जाता है। "उनके द्वारा प्रयुक्त राग, ताल और गानशैली मध्ययुग की है।" भरत और आचार्य बृहस्पति के युगों के बीच कहीं पुरन्दरदास का युग है, इस विचार से हम भले उन्हें मध्ययुग का गायक मान लें। वर्ना वह हैं तो आधुनिक युग के वैतालिक। मध्यकालीनता से जो अज्ञान और पिछड़ेपन का भाव जुड़ा है, उसके प्रतिनिधि पुरन्दरदास नहीं हैं।

"पुरन्दरदास की रचनाओं का विषय उपनिषदों और पुराणों द्वारा प्रतिपादित सिद्धान्त या तथ्य हैं।" (पृ. 179)। यह बात रवीन्द्रनाथ ठाकुर के लिए भी कही

जा सकती है। तब एक आधुनिक, दूसरा मध्ययुगीन क्यों? सोलहवीं सदी नवजागरण का उत्कर्षकाल है, उत्तर और दक्षिण, भारत के दोनों भागों में संगीत का अपूर्व प्रसार हुआ। उस युग की झाँकी यह है : "मानसिंह तोमर का राज्यारोहण और स्वर्गवास, बैजू और बख्शू के माध्यम से ब्रजभाषा ध्रुवपद का जन्म, प्रसार और प्रचार, सूरदास एवं उनके साथ अन्य अष्ट सखाओं द्वारा कृष्ण-भक्ति-सम्बन्धी गेय पदों की रचना, गोस्वामी तुलसीदास का आविर्भाव इत्यादि घटनाएँ पुरन्दरदास के जीवनकाल में ही घटित हुईं।" (उप., पृ. 177)। कितना शानदार युग था। एक ओर मानसिंह का दरबारी संगीत है, दूसरी ओर सूर और तुलसी का गैरदरबारी संगीत है। दक्षिण में संगीत का केन्द्र बना कर्णाटक। इस केन्द्र के संचालक थे पुरन्दरदास। और वह दरबारी गायक नहीं थे। इस तरह वह सूर और तुलसीदास की परम्परा से जुड़ जाते हैं। ये सब गायक लोकभाषा में रचनाएँ करते थे, उनकी भक्ति का आधार था प्रेम और उसका परिणाम था लोकहित।

आचार्य बृहस्पति ने इन कवियों को धन के लोभ से मुक्त कहा है, वह तो उचित है पर उन्हें लोकहित की भावना से भी मुक्त कर दिया है, यह उचित नहीं है। "पुरन्दरदास जैसे महापुरुषों की रचनाओं का विषय 'भक्ति' है और वे लोकैषण, वित्तैषण इत्यादि की ओर से तटस्थ हैं।" (उप. पृ., 180)। कीरति भनिति भूति भलि सोई, सुरसरि सम सब कहँ हित होई—तुलसीदास की यह उक्ति इन सभी कवि-गायकों पर चरितार्थ होती है। पुरन्दरदास ने "दक्षिण भारत के संगीत को पुनः व्यवस्थित करने के लिए" (उप., पृ. 179) बहुत कुछ किया। पुनः व्यवस्थित कर रहे थे, इसीलिए उनका युग नवजागरण का युग है; व्यवस्थित करने का प्रयास मात्र उनकी लोकहित की भावना का प्रमाण है। उनके प्रयास में नया क्या था, पुराना क्या था? "उन्होंने उत्तर भारत में भली भाँति प्रचलित राग भैरव के 'ठाठ' को आधार बनाया।" (उप., पृ. 179)। दक्षिण को उत्तर से जोड़नेवाली यह एक कड़ी थी। 'ठाठ' की धारणा अशास्त्रीय है। उसकी व्याप्ति उत्तर और दक्षिण दोनों में थी। दूसरा अशास्त्रीय काम उन्होंने यह किया : "वेदाश्रित ग्राम-मूर्च्छना-पद्धति में दो स्वरों का पारस्परिक अन्तराल अधिक से अधिक चार श्रुतियों का हो सकता है। मालव गौड के ऋषभ-गान्धार का अन्तराल पाँच श्रुतियों का है, यही स्थिति इस मेल [=ठाठ] के धैवत और निषाद की है, अतः यह मेल सुन्दर होने पर भी ग्राम-मूर्च्छना सम्प्रदाय के अन्तर्गत नहीं आता।" (उप., पृ. 179)। नया सौन्दर्यबोध शास्त्र की सीमा को लाँघ रहा है। नया मेल सुन्दर है, इससे इन्कार नहीं है; बेचैनी इस बात से है कि वह ग्राम मूर्च्छना सम्प्रदाय के अन्तर्गत नहीं आता। इस कारण उनके द्वारा प्रयुक्त राग, ताल और गानशैली मध्ययुग की हैं, "प्राचीनता के साथ इन वस्तुओं का कोई सम्बन्ध नहीं

है।" (उप., पृ. 180)। प्राचीनता का अर्थ यहाँ है शुद्ध हिन्दू संगीत, मध्ययुग का अर्थ है मुसलमानों के प्रभाव से दूषित हिन्दू संगीत।

"पुरन्दरदास के युग से सैकड़ों वर्ष पूर्व दक्षिण भारत मूर्च्छना-पद्धति को भूल चुका था। पुरन्दरदास के युग में दक्षिण भारत पर कई शताब्दियों का मुस्लिम प्रभाव था।" (उप., पृ. 179)। दोनों ओर विदेशियों के सम्पर्क से संगीत दूषित हो चुका था; शुद्ध हिन्दू संगीत दक्षिण में जाकर बच गया, कम से कम यह धारणा इस विवेचन से खण्डित हो जाती है। इतना निश्चित है कि धन के लोभ से पुरन्दरदास ने दूषित संगीत का प्रसार न किया था। उनकी रचनाओं का विषय तो उपनिषदों और पुराणों द्वारा प्रतिपादित सिद्धान्त हैं, उनके संगीत का आधार मुस्लिम-प्रभावित ठाठ पद्धति है। इस तरह शुद्ध विषयवस्तु और अशुद्ध संगीत में अन्तर्विरोध पैदा हो जाता है। किन्तु आचार्य बृहस्पति कहते हैं : "पुरन्दरदास संकीर्ण मनोवृत्ति के न थे, उन्होंने उत्तर भारत की यात्रा तीन बार की थी, उनमें संकुचित मनोवृत्ति की गन्ध तक न थी।" (उप., पृ. 179)। इस वाक्य का यही अर्थ हो सकता है, पुरन्दरदास के लिए भक्ति और संगीत के संसार में उत्तर और दक्खिन का, हिन्दू और मुसलमान का भेद नगण्य था। क्या शास्त्रीय है, क्या अशास्त्रीय है, इसकी चिन्ता न करके उन्होंने पाँच श्रुतियों के अन्तरालवाले ठाठ को स्वर-शिक्षा का आधार बनाया, तो यह "उनके उदार और व्यावहारिक दृष्टिकोण का परिचायक है।" (उप., पृ. 180)। शास्त्र कहीं अव्यावहारिक तो न हो रहा था?

9.9 सांस्कृतिक विनिमय और रागों का प्रसार क्षेत्र

मालव गौड़ और भैरव ठाठों का इतिहास यह है : "ग्राम-मूर्च्छना-पद्धति में एक स्वर का क्षेत्र चार श्रुतियों से अधिक नहीं हो सकता था, परन्तु मुकाम-पद्धति के प्रभाव से दो स्वरों के पंच-श्रुतिक अन्तराल भी प्रयुक्त हो गये।

"'स-रे,' 'ग-म' 'प-ध', 'नि-स' जैसे द्विश्रुतिक अन्तरालों से युक्त 'मुकाम' मुसलमान कव्वालों द्वारा मालवा और गौड़ जैसे उन प्रदेशों में प्रचलित हुए, जिन पर खुसरो के युग से पूर्व ही मुसलमानों का अधिकार हो चुका था। अतः इन द्विश्रुतिक अन्तरालों से युक्त मुकाम 'स, रे, ग, म, प, ध, नि' को दाक्षिणात्य मेलवादियों ने 'मालव गौड़' कहा और उत्तर में इस स्वरावलि का नाम भैरव ठाठ हुआ। यही मालव-गौड़ पुरन्दरदास के द्वारा दक्षिण में जाकर राग-शिक्षण का आधार बना और उत्तर भारत में इस स्वरावलि से सम्बद्ध भैरव राग प्रथम राग कहलाया।" (उप., पृ. 99)। एक बात स्पष्ट नहीं है। दक्षिण के लोगों ने जिसे 'मालव गौड़' कहा, उसमें दो स्वरों के बीच दो श्रुतियों का फासला होता था, "मालव गौड़ के ऋषभ गान्धार का अन्तराल पाँच श्रुतियों का है" (उप., पृ. 179), यह स्थिति कैसे

उत्पन्न हो गयी? ऋषभ और गान्धार ही नहीं, पाँच श्रुतियों का फासला धैवत और निषाद के बीच भी है। पुरन्दरदास ने द्विश्रुतिक अन्तरालों का ठाठ ही उलट दिया। या तो क़व्वालों के मुकाम में स्वरों के बीच दो श्रुतियों का फासला न होता था या फिर उस मुकाम को पाँच श्रुतियों के फासलेवाले स्वर-वितान से कुछ लेनादेना नहीं था।

मालवा और गौड़ एक दूसरे से काफी दूर, भारत के दो पश्चिमी और पूर्वी भाग हैं। इनके नामों का एक ही ठाठ में जुड़ना इतिहास की महत्त्वपूर्ण घटना है। ग्यारहवीं सदी से समाज के लिए भारत में आवश्यक वस्तुओं के विनिमय का विकास तेजी से हो रहा था। नगरों के रूप में बड़ी-बड़ी व्यापारिक मण्डियाँ कायम हो रही थीं। वास्तव में तुर्क आक्रमण इन मण्डियों में संचित धन को लूटने के लिए ही हुए थे। लूटमार के बावजूद विनिमयक्रम जारी रहा; कारीगरों को पगार दी जाती थी, अतः सम्पत्ति का पुनरुत्पादन अबाध गति से चलता रहा। लूटमार से जो क्षति हुई, उसकी पूर्ति शीघ्र ही हो गयी। बिकाऊ माल के उत्पादन और दूर-दूर के प्रदेशों के बीच उसके विनिमय से व्यापारिक सम्बन्ध सुदृढ़ हुए। इस प्रक्रिया का एक परिणाम यह हुआ कि विभिन्न प्रदेशों के बीच सांस्कृतिक विनिमय बढ़ा और इस विनिमय में संगीत के तत्त्व भी थे। यदि भैरव ठाठ उत्तर से दक्षिण पहुँचा तो कान्हरा (कानड़ा, कानरा) नाम का राग भी दक्षिण से उत्तर में आया। जो राग जिस प्रदेश से आता था, अक्सर उसे उसी प्रदेश का नाम दे दिया जाता था। कर्णाट (क) का तद्भव कन्नड़ और कन्नड़ का तद्भव कान्हरा! इसी तरह मालवा और गौड़ से प्राप्त रागों को मालव-गौड़ कहा गया। ये दोनों स्वतन्त्र राग थे, बाद में उनका मिश्रण हुआ।

महामहोपाध्याय हरप्रसाद शास्त्री द्वारा सम्पादित *बौद्ध गान ओ दोहा* (बंगीय साहित्य परिषद्) में चर्यापदों के साथ रागों के नाम दिये हैं। दूसरे तीसरे पदों के साथ 'राग गवड़ा' नाम दिया है, अठारहवें पद के साथ 'राग गउड़ा' नाम है। गवड़ा और गउड़ा गौड़ के ही प्रतिरूप हैं। तेंतालीसवें पद के साथ तो सीधे 'राग बंगाल' छपा है। ये नाम इस राग को बंगला के लोगों ने न दिए थे। चर्यापदों की भाषा अपभ्रंशमिश्रित अवधी है। राग को वह नाम अवध के गायकों ने दिया था। बिहार राष्ट्रभाषा परिषद् से प्रकाशित *विद्यापति पदावली* के प्रथम खण्ड में पहले पद के बाद अनेक पदों के साथ 'मालव रागे' छपा है। इस मालव राग के कई भेद थे। पदावली के दूसरे खण्ड में पन्द्रहवें से अठारहवें पद तक क्रमशः वितत मालव, श्री मालव, विजयपुर मालव, जोगिआ मालव नाम हैं। यह मालव राग मिथिला में अवश्य बहुत लोकप्रिय रहा होगा। बंगाल पड़ोस में है। गौड़ और मालव रागों को मिलाते क्या देर लगती थी? पदावली के दूसरे भाग में इक्तालीसवें गीत का राग

है *गौड़* मालव! गौड़ और मालव का यह मिश्रण कर्णाटक की अपेक्षा मिथिला के लिए अधिक सहज था। बहुत सम्भव है, मिथिला से वहाँ पहुँचा हो।

श्यामसुन्दर दास सम्पादित *कबीर ग्रन्थावली* में जहाँ 'पद' आरम्भ होते हैं (दुलहनी गावहु मंगलचार इत्यादि), वहाँ ऊपर लिखा है 'राग गौड़ी'। यह गौड़ी राग गौड़ ही है। आगे 'राग मालौ गौड़ी' का उल्लेख है (पण्डित मनरंजिता आदि के साथ पृ. 164 पर)। *सूरसागर* में एक पद (संख्या 1912) के साथ 'राग गौर' दिया है जो राग गौड़ होगा। अन्य पद (संख्या 1982) के साथ 'गौड़ मलार' दिया है जो गौड़ और मलार का मिश्रण होगा! यह गौड़ राग काफी लोकप्रिय रहा होगा। अलग से गाया जाता था और दूसरे रागों के साथ मिलाकर भी। मालव राग भी अलग से गाया जाता था। मालव और गौड़ का मिश्रण भी काफी लोकप्रिय रहा होगा। विद्यापति के पदों के साथ 'गौड़ मालव' और कबीर के पदों के साथ 'मालौ गौड़ी' इसका प्रमाण हैं। महाराष्ट्र के सन्त नामदेव के हिन्दी पदों के साथ गौड़, गौड़ी, मालीगौड़ी रागों का उल्लेख है। (भगीरथ मिश्र और राजनारायण मौर्य सम्पादित *सन्त नामदेव की हिन्दी पदावली*, पूना, 1964, पृ. 20, 34, 38)। दक्षिण का राग कान्हरा भी यहाँ खूब लोकप्रिय था। *विद्यापति पदावली* (प्रथम खण्ड) के पद संख्या 160 और उसके आगे भी जो 'कानल राग' है, वह यही कान्हरा होगा। मीराबाई का पद 'तनक हरि चितवाँ म्हारी ओर' कान्हरा में है (परशुराम चतुर्वेदी द्वारा सम्पादित, साहित्य सम्मेलन, प्रयाग द्वारा प्रकाशित, *मीराँबाई की पदावली* में पृ. 100 पर)। *सूरसागर* के बहुत से पद इस राग में हैं। तुलसीदास की *गीतावली, श्रीकृष्ण गीतावली* और *विनयपत्रिका* के अनेक पदों के साथ इस राग का उल्लेख है। सन्त नामदेव के अनेक पद 'राग कनड़ों' में हैं। (सन्त नामदेव की हिन्दी पदावली, पृ. 60)। सुदूर असम के शंकरदेव ने अपने एक नाटक में गीत के साथ 'राग कानड़ा' का नाम दिया है। (लक्ष्मीशंकर गुप्त सम्पादित *महापुरुष शंकरदेव-ब्रजबुलि-पदावली*, हिन्दी साहित्य सम्मेलन, प्रयाग, 1975, पृ. 110)।

एक राग है सोरठ। इसका सम्बन्ध सौराष्ट्र से होगा। इसका उल्लेख कबीर, नामदेव, सूरदास और तुलसीदास के पदों के साथ है (*कबीर ग्रन्थावली*, पृ. 132, 'राग सोरठि'; सन्त *नामदेव की हिन्दी पदावली*, पद संख्या 70; *सूरसागर*, पद संख्या 176; *तुलसी ग्रन्थावली*, दूसरा खण्ड, पृ. 269)। एक राग है मुलतानी। इसका सम्बन्ध मुल्तान से होगा। (सूरदास और मीराबाई की पदावली, पृ. 103)। बाहर से आकर भारत में बसनेवाले गुर्जर, आभीर आदि गणसमाजों के नाम पर कुछ रागों का चलन हुआ। राग गूजरी का उल्लेख चर्यापदों, विद्यापति, मीरा और सूरदास के पदों के साथ है। (*बौद्ध गान ओ दोहा*, पद संख्या 5; विद्यापति

पदावली, दूसरा भाग, पद संख्या 5; मीराँबाई की पदावली, पृ. 102; सूखसागर, पद संख्या 128)। विद्यापति का अहिरानी, शंकरदेव का अहिर, सूरदास का अहीरी–सब एक ही राग हैं। (*विद्यापति पदावली,* प्रथम भाग, पद संख्या 150; *महापुरुष शंकरदेव-ब्रजबुलि-पदावली,* पृ. 235; *सूरसागर,* पद संख्या 175)।

एक राग बहुत लोकप्रिय था–वराली। *संगीत चिन्तामणि* (प्रथम खण्ड) में आचार्य बृहस्पति ने बताया है कि खमाज ठाठ के स्वर उलट दिये जायें, अर्थात् रे, ग, ध कोमल हो जायें और कोमल म, नि तीव्र हो जायें तो वराली ठाठ बन जायेगा। (पृ. 255)। दक्षिण के पण्डित वेंकटमखी ने इसके पहले पन्तु अर्थात् पण्डित शब्द लगा दिया, यह जताने के लिए कि यह राग पण्डितों को प्रिय है। पर ये हिन्दू पण्डित नहीं, तुर्क पण्डित थे। आचार्य उसी ग्रन्थ में आगे कहते हैं : " 'पन्तु' शब्द 'पण्डित का अपभ्रंश है, मराठी और कुमायूँनी में यही शब्द 'पंत' है। 'पन्तु वराली' का अर्थ 'पण्डितों (मुस्लिम-पण्डितों) की वराली होता है। खमाज ठाठ को मुस्लिम-स्वरव्यत्यास-विधि से उलटकर पन्तु वराली की प्राप्ति होती है, इसीलिए वेंकटमखी ने पन्तु बराली को भी तुरुष्कप्रिय कहा है।" (उप. पृ. 258)। राग का उद्भव जो भी हो, उसकी लोकप्रियता दूर-दूर तक थी। चर्यापदों का 'राग वराड़ी' वराली है। (*बौद्ध गान ओ दोहा,* पद संख्या 21, 34 आदि)। *विद्यापति पदावली* (प्रथम भाग) में अनेक पद (यथा पद संख्या 212) वरली राग में हैं। पदावली के दूसरे भाग में वरली के अतिरिक्त वराली रूप भी है (पद संख्या 11); एक रूप बराडी है और इसके अनेक भेद हैं : राघवीय बराडी, देशीय बराडी, माधवीय बराडी (पद संख्या क्रमशः 1, 2, 3; पृ. 128 से आगे)। यह राग कवियों को प्रिय था और मुसलमानों को प्रिय था; सम्प्रदाय और धर्म की सीमाएँ लाँघकर वह मनुष्यों में नया रागात्मक सम्बन्ध कायम कर रहा था। वह उत्तर में तो लोकप्रिय था ही, दक्षिण में इसकी लोकप्रियता का अनुमान इससे होगा कि इस राग में प्रयुक्त होने के कारण तीव्र मध्यम का नाम ही वराली मध्यम पड़ गया। (*संगीत चिन्तामणि,* प्र.खण्ड., पृ. 266)।

यदि वराली के दूसरे नाम तोड़ी पर ध्यान दें तो उसकी लोकप्रियता का और भी अधिक विस्तार होता दिखायी देगा। "तोड़ी के उत्तर भारतीय रूप अर्थात् दाक्षिणात्य पन्तु वराली को वेंकटमखी ने तुरुष्कों को अतिप्रिय कहा है" (उप., पृ. 255), आचार्य बृहस्पति की इस उक्ति से ज्ञात होता है कि जो पन्तु वराली है, वही तोड़ी है। कबीर, सूरदास, तुलसीदास, मीरा और नामदेव के पद इस राग से जुड़े हैं (कबीर पदावली, पृ. 148; *सूरसागर,* पद संख्या 84; *तुलसी ग्रन्थावली,* दूसरा भाग, पृ. 250; *मीराँबाई की पदावली,* पृ. 129; *सन्त नामदेव की हिन्दी पदावली,* पद संख्या 1 और उससे आगे)। विभिन्न प्रदेशों की सूचना देनेवाले रागों के नाम, इनका तथा

अन्य रागों का दूर-दूर तक प्रसार, कवि-गायकों के पदों से उनके सम्बद्ध होने की परम्परा—ये सारे तथ्य ब्रिटिशपूर्व भारत की समृद्ध संगीत कला के प्रमाण हैं। विद्यापति के पदों के साथ मिश्रित रागों और एक ही राग के अनेक भेदों का जो उल्लेख है, उससे ज्ञात होता है, मिथिला संगीत का महत्त्वपूर्ण केन्द्र था। राजा सर सौरीन्द्र मोहन टैगोर ने विद्यापति के लिए लिखा है : "राधा और कृष्ण के प्रेम पर उनके मधुर पद आदर्श गेय पद (लिरिक सौंग्स) माने जाते हैं और बंगाल के कीर्तनों और जात्रा उत्सवों में उनका व्यापक उपयोग किया जाता है।" (*यूनिवर्सल हिस्ट्री ऑफ म्यूज़िक,* पृ. 77)। बंगाल के वैष्णव कवि अपनी मधुर पदावलियों के लिए प्रसिद्ध हैं। इन्हीं में एक थे चण्डीदास; हिन्दी जनता उनके नाम से खूब परिचित है। सौरीन्द्र मोहन ने कीर्तन को बंगाल का जातीय गीत कहा है। इन गीतों के रचनेवालों में सर्वोपरि नाम विद्यापति और चण्डीदास के हैं। लोकप्रिय संगीत की यह धारा उन्नीसवीं सदी तक प्रवाहित रही, यह जनसाधारण के संगीत-प्रेम से ही सम्भव हुआ। इसकी शुरुआत की थी पन्द्रहवीं सदी में चैतन्य महाप्रभु ने। लोग टोली बनाकर निकलते थे और मिलकर गाते थे।

9.10 भक्ति आन्दोलन और संगीत का राष्ट्रीय स्वरूप

सूरदास ने कुछ पदों में विशेष रागों के नाम लिए हैं। इससे ज्ञात होता है कि राग ताल का ध्यान रखते हुए वह स्वयं गाते थे। उनके पदों के साथ कुछ रागों के नाम यों ही नहीं जोड़ दिये गये। ग्राम मूर्च्छना सिद्धान्त से तानसेन परिचित थे तो दरबारों से बाहर रहनेवाले सूरदास भी उससे परिचित थे।

मुरलिया बाजत है बहु बान।
तीनि ग्राम इकईस मूर्छना, कोटि उनंचास तान ॥

(*सूरसागर,* पद संख्या 1971)।

इस सम्बन्ध में महत्त्वपूर्ण सूचनाएँ उषा गुप्ता की पुस्तक *हिन्दी के कृष्ण भक्तिकालीन साहित्य में संगीत* (लखनऊ विश्वविद्यालय, 1959) के चौथे अध्याय में संकलित हैं।

अधर धरि मुरली स्याम बजावत।
साँरग, गौड़ी, नटनारायन, गौरी सुरहिं
सुनावत।

(*सूरसागर,* पद संख्या 1838)।

पद में रागों के उल्लेख का यह एक उदाहरण है। सूरदास ध्रुवपद गायन-पद्धति से परिचित थे और यह भी जानते थे कि ध्रुवपद बहुत तरह के होते हैं :

छन्द ध्रुवनि के भेद अपार। नाचति कुँवरि मिले झपतार ॥

(*सूरसागर,* पद संख्या 1798)।

शास्त्र भावों और रसों की गिनती करके उनकी सीमाएँ निर्धारित करता है, तुलसीदास *भावभेद रसभेद अपारा कहकर* इन सीमाओं को तोड़ देते हैं। शास्त्र ध्रुवपद के प्रकार निश्चित करता है, सूरदास इस प्रकार के निर्धारण को भंग कर देते हैं : *छन्द ध्रुवनि के भेद अपार।* लोकवादी और रीतिवादी दृष्टियों में यही अन्तर है।

उषा गुप्ता ने नन्ददास के एक पद के ऊपर 'ध्रुवपद' शब्द के लिखे होने की बात कही है। वह ध्रुवपद यह है :

अनत रति मान आए हो जू मेरे ग्रह, अरसीले नैन, बैन तोत रात,
अंजन अधर धरे, पीक लीक सोहै आछी, काहे को लजात, झूठी सौंह खात।
पेंचहू सँवारत, पै पेचहू न आवत, एते पै तिरछी भौंह करि चितै गात,
नंददास प्रभु जो हिय में वसत प्यारो, ताही मैं भूलि नाम वाही कौ निकसि जात।

(*हिन्दी के कृष्ण भक्तिकालीन साहित्य* में संगीत में उद्धृत, पृ. 357)। अक्षर प्रधान छन्द है, पंक्तियों में अक्षर संख्या, 27, 28, 29, 30 इस प्रकार बढ़ती गयी है। अंजन अधर धरे, पीक लीक सोहै आछी—कवित्त के दो चरण बनते हैं; इनसे छन्द की गति पहचानी जा सकती है। अरुझी कुंडल लट, बेसरिसौं पीत पट आदि सूरदास का पद ध्रुवपद है, इस धारणा की पुष्टि नन्ददास के ध्रुवपद से हो जाती है।

रासलीला और ध्रुवपद, नृत्य और गायन, ये ब्रज में परस्पर सम्बद्ध थे। कृष्ण की उपासना का जहाँ जहाँ प्रसार हुआ, वहाँ गायन और नृत्य का साथ रहा। *वैष्णव संगीतशास्त्र* (चौखम्भा, 1982) की प्रस्तावना में दर्शना झवेरी ने लिखा है : "श्री चैतन्य (ई. 1458-1533) ने नाम कीर्तन का प्रवर्तन किया, जिसका ठाकुर नरोत्तम ने नये ढंग से विकास किया। श्री नरोत्तम ने आलाप, राग, ताल आदि का प्रयोग कर रास अथवा लीला कीर्तन का प्रवर्तन किया। उन्होंने बंगाल के लोगों में संगीत के प्रति नवजागरण की सृष्टि की। कहा जाता है कि उन्होंने स्वामी हरिदास गोस्वामी और श्री स्वरूप दामोदर के शिष्य श्री रघुनाथ गोस्वामी जैसे सन्त संगीतज्ञों से ध्रुवपद की शिक्षा ग्रहण की।" (पृ. 10)। रास अथवा लीला कीर्तन, संगीत के प्रति नवजागरण, सन्त संगीतज्ञ, ध्रुवपद की शिक्षा—ये बड़े सारगर्भित शब्द हैं। कुछ दृष्टिहीनों के लिए जो अन्धकारयुग है, वह दृष्टिवालों के लिए नवजागरण है। यह *संगीत* के प्रति नवजागरण है—गायन, वादन के साथ नृत्य अनिवार्य है। एक परम्परा सन्त संगीतज्ञों की भी है। इन संगीतज्ञों से दूर-दूर के लोगों ने ध्रुवपद की शिक्षा पायी। मानसिंह और अकबर दोनों के दरबारों से बाहर रहते हुए ध्रुवपद-गायन की यह परम्परा विकसित होती रही।

दर्शना झवेरी ने *वैष्णव संगीतशास्त्र* की प्रस्तावना में लिखा है : "ई. 18वीं शताब्दी के आरम्भ में सन्त संगीतज्ञ एवं संगीतशास्त्रज्ञ नरहरि चक्रवर्ती (घनश्याम

दास) का ग्रन्थ 'राग रत्नाकर' भारतीय संगीत के अध्ययन की दृष्टि से महत्त्वपूर्ण अवदान है।" (पृ. 11)। संगीतशास्त्रज्ञ सन्तों की यह परम्परा अठारहवीं सदी तक चली आयी है। दरबारों के बाहर मन्दिरों में नृत्य के आयोजन होते थे। "रूपराम के 'धर्म मंगल' और कल्हण की 'राजतरंगिणी' से पता चलता है कि नटियों और देवदासियों द्वारा शास्त्रीय नृत्य किया जाता था और उनका प्रदर्शन बंगाल के मन्दिरों में होता था।" (उप.)। कौन सा कोना बचा था भारत का, जहाँ नवजागरण का प्रकाश न फैला हो? "द्वारभंगा (दरभंगा), मिथिला, गौड़, कामरूप एवं कलिंग (उड़ीसा) शास्त्रीय संगीत एवं नृत्य के प्रमुख केन्द्र थे। गौड़ और मगध के ज़रिये नेपाल, कश्मीर एवं गान्धार को भी बंगाल से संगीत, वाद्य एवं नृत्य की प्रेरणा मिली।" (उप.)। निस्सन्देह संगीत के सहयोग से वैष्णव मत का प्रसार हुआ और वैष्णव मत की प्रेरणा से मणिपुर जैसे आर्येतर भाषा क्षेत्र में इस कला का विकास और प्रचार हुआ। आश्चर्य नहीं कि सन्त संगीतज्ञ नरहरि चक्रवर्ती के ग्रन्थ *राग रत्नाकर* की "पाण्डुलिपि मणिपुर में ही उपलब्ध है।" (उप.)। मणिपुरी नृत्य कला के विशेषज्ञ गुरु विपिन सिंह ने "वैष्णव संगीतशास्त्र, पदावलियों और साहित्य का संग्रह किया" तो यह स्वाभाविक ही था; और "30 वर्षों तक परम्परागत नृत्य, संगीत और शास्त्र के अध्ययन के बाद मणिपुरी नृत्य का प्राचीन नृत्य के साथ सम्बन्ध स्थापित किया," क्योंकि अंग्रेज़ी राज कायम होने पर यह सम्बन्ध टूट गया था। (उप., पृ. 147)।

विभिन्न प्रदेशों में लोकगीतों और लोकनृत्यों की अपनी परम्पराएँ रही हैं और ये निरन्तर एक दूसरे को प्रभावित करती रही हैं। *महापुरुष शंकरदेव-ब्रजबुलि-ग्रन्थावली* (हिन्दी साहित्य सम्मेलन, प्रयाग, 1974) के सम्पादक लक्ष्मीशंकर गुप्त ने ठीक लिखा है कि "पूर्वाञ्चल में वैष्णव धर्म के उन्नायक" शंकरदेव ने अपने नाटकों के लिए "तत्कालीन जन-समुदाय में प्रचलित नृत्य, गीत तथा मनोरंजन के साधनों को ढाँचे के रूप में ग्रहण किया और उनके साथ अनेक संस्कृत नाट्य नियमों का संयोजन करके अंकिया नाट का नवीन स्वरूप ढाला।" (पृ. 18)। प्रत्येक देश के नवजागरण में यही होता है : लोकसंस्कृति के तत्त्वों से नये साँचों का निर्माण, उनमें प्राचीन संस्कृति के तत्त्वों का समावेश। असम के इस नवजागरण से मिथिला का गहरा सम्बन्ध था। सोलहवीं सदी में "काशी, मिथिला, शान्तिपुर, नवद्वीप आदि विद्या के केन्द्र थे। मिथिला तो विशेष रूप से संगीत विद्या का केन्द्र बना हुआ था" (उप., पृ. 66)। कोई आश्चर्य नहीं, "महापुरुष शंकरदेव की ब्रजबुलि का आधार विद्यापति की पदावली की भाषा है" और "महापुरुष शंकरदेव ने अपने कीर्तन तथा अन्य काव्यों की रचना तो तत्कालीन असमी भाषा में की, किन्तु गीतों की रचना ब्रजबुलि में की।" (उप., पृ. 67)। इधर शंकरदेव, उधर गुजरात में नरसी मेहता : "उनके पद

भी रागरागिनीयुक्त हैं तथा कृष्णलीला से सम्बद्ध हैं।" (उप., पृ. 66)। इस प्रकार देश के एक छोर से दूसरे छोर तक वैष्णव मत के साथ संगीत का प्रसार हुआ। किन्तु गीत रचने और उन्हें राग विशेष में गाने की प्रथा का चलन वैष्णवों से आरम्भ न हुआ था। सिद्ध और योगी भी पद रचते थे और उन्हें गाते थे। चर्यापदों के साथ रागों का उल्लेख है और गोरखनाथ के पदों के साथ भी। लक्ष्मीशंकर गुप्त ने ठीक लिखा है : "वस्तुतः वज्रयानी सिद्ध तथा उनकी रचनाएँ भारत में कभी लोकप्रिय नहीं हुईं। वज्रयानियों से तो जनता सदैव आतंकित ही रहती थी।" (उप., पृ. 69)। कुछ तो योग का चमत्कार, कुछ अपभ्रंशमिश्रित भाषा का चमत्कार, सिद्धों और योगियों के काव्य की तरह उनके संगीत का दायरा सीमित ही रहा। भक्ति आन्दोलन ने इस दायरे की सीमाओं को छिन्न भिन्न कर दिया और लोकभाषाओं के माध्यम से काव्य और संगीत दोनों का व्यापक प्रसार किया।

भक्ति आन्दोलन वैष्णव मत को समेटे है, शैव मत को भी। निर्गुणपन्थी कहे जानेवाले कबीर जैसे भक्त भी वैष्णव हैं। भक्ति आन्दोलन का पुराना गढ़ तमिलनाडु था। काव्य रचना, संगीत साधना, समाज सुधार–ये तीनों लक्ष्य तमिलनाडु के भक्ति आन्दोलन में सिद्ध हुए थे। एम. शेषन ने *तमिल साहित्य : एक झाँकी* (मीनाक्षी प्रकाशन, मद्रास, 1989) में अपने प्रदेश के भक्ति आन्दोलन के बारे में कुछ बहुत अच्छी बातें कही हैं : "पाँचवीं-छठी शताब्दी से लेकर नौवीं शताब्दी तक के भक्तिकाल में वैष्णव भक्त आळवारों और शैव नायनमारों ने भक्ति का जो आन्दोलन चलाया उसके कारण वह जन आन्दोलन का रूप धारण कर विकसित हुआ...आळवारों के सदृश शैव सन्तों की भक्ति भी भावमूलक थी। उसमें कर्मकाण्ड और ज्ञान-मार्ग की कठिनता नहीं रही। इन भक्तों ने जनभाषा तमिल का सहारा लेकर जनहित के लिए अपनी विचारधारा का व्यापक प्रचार किया था...इन सन्तों की जीवनी से स्पष्ट है कि ये भक्त गायक भी थे और प्रत्येक मन्दिर में जाकर अर्चा मूर्ति के सम्मुख भक्तिपरक पद गाया करते थे...इन शैव सन्तों ने लोकगीत शैली को अपनाया... अत्यन्त प्राचीनकाल से ही इस प्रकार के लोकगीतों की परम्परा तमिल प्रदेश में चली आ रही थी...चाहे वैष्णव आळवार सन्त हों चाहे शैव नायनमार हों, इनमें सभी वर्णों के लोग थे और स्त्रियाँ भी थीं...इस प्रकार तमिल प्रदेश के भक्तों ने स्त्री-पुरुष, ऊँच-नीच, जाति-वर्ण भेद को मिटाकर सबको समान स्तर प्रदान किया।" (पृ. 25-26)।

एक हैं नटराज, दूसरे हैं नटनागर। नाट्यकला से पुराना सम्बन्ध नटराज ही का है। इनके भक्त स्वयं नाचते थे और उन्हें भी नचाते थे। आडुह आडुहवे–नाचो, नाचो; पेरियाळवार तिरुमोळि के एक पद में ग्यारह बन्द हैं, इनमें दस के अन्त में यही नाचने का आह्वान है। 'आलवारों की वाणियाँ' *दिव्य प्रबन्ध* नाम से

सम्पादित करके रामसिंह तोमर ने भक्ति आन्दोलन के विकास और प्रसार को समझने के लिए बहुमूल्य सामग्री प्रस्तुत की है। अनुवाद श्रीनिवास राघवन ने किया है और आठ खण्डों के इस ग्रन्थ को 1980 से 1989 के बीच हिन्दी भवन, विश्व भारती, शानितनिकेतन ने प्रकाशित किया है। नाचो नाचो का आह्वान पहले खण्ड के पृ. 28-34 पर है।

इसी क्रम में आगे चलकर कर्णाटक के पुरन्दरदास हुए। उनके गुरु व्यास राय ने "स्वयं कन्नड़ में कीर्तन लिखकर और अपने शिष्यों से लिखवाकर भगवान् के सामने उनको गाने की परिपाटी आरम्भ की...पुरन्दरदास की दास-श्रेष्ठ [अर्थात् भक्त श्रेष्ठ] के रूप में प्रशंसा थी। वे बड़े भक्त और बड़े गवैये थे...अब तक प्राप्त और प्रकाशित उनके कीर्तन एक हजार से कुछ ऊपर हैं। विषयानुसार उनके कीर्तन स्थूल रूप से नाम महिमा, हरि और गुरु का स्मरण और स्तुति, आत्मनिवेदन, कृष्णलीला, समाज-विचार और समाज-बोध इन विभागों में बाँटे जा सकते हैं।" (रं. श्री. मुगळि %*क्नड साहित्य* का इतिहास, साहित्य अकादेमी, नयी दिल्ली, 1971, पृ. 159-60)। कैसा महान् युग था वह! दक्षिण में पुरन्दरदास, उत्तर में सूरदास, पश्चिम में नरसी मेहता और पूर्व में शंकरदेव। और ये लोग खूब यात्रा करते थे। पुरन्दरदास ने तीन बार उत्तर भारत की यात्रा की, शंकरदेव बारह वर्ष भारत के विभिन्न प्रदेशों में घूमते रहे। इस तरह उन्होंने अपने प्रदेश की जातीय संस्कृति के साथ पूरे देश की राष्ट्रीय संस्कृति को अपने अनुभव से समृद्ध किया। और इस संस्कृति का एक महत्त्वपूर्ण अंग था संगीत।

9.11 लोकसंगीत और दरबार

यह सारा विकास राजदरबारों के बाहर हुआ। विद्यापति का सम्बन्ध अवश्य मिथिला के राजपरिवार से था पर वह जिस संस्कृति के प्रतिनिधि थे, वह उन्हें बंगाल के वैष्णव कवियों से जोड़नेवाली थी। इसलिए तेरहवीं सदी से दरबार के बाहर संगीत का जो विकास हुआ, उसमें उन्हें शामिल करना उचित है। उनकी स्थिति अमीर खुसरो की स्थिति से मिलती-जुलती है। दोनों ही दरबारों से जुड़े थे और दोनों ही अपनी-अपनी जनपदीय संस्कृतियों के प्रतिनिधि थे। दरबारों में ध्रुवपद-गायन जनपदों से पहुँचा था, वहाँ वह अपना उल्लासमय स्वर, शृंगार की उदात्त अभिव्यंजना बहुत दिनों तक कायम किये रहा। देश में जब तब युद्ध होते थे, दरबार बनते और बिगड़ते थे, फिर भी विभिन्न प्रदेशों के संगीतकार एक-दूसरे से मिलते रहे, संगीत का विकास होता रहा। उद्योग और व्यापार को किसी गम्भीर संकट का सामना नहीं करना पड़ा। लूट का धन बाहर भेजने का सिलसिला बहुत पहले खत्म हो चुका था और इसका नया सिलसिला बहुत दिन बाद शुरू होनेवाला

था। सोलहवीं सदी में भारत संसार के सभी देशों से आर्थिक प्रगति में आगे था। इसीलिए दुनिया का सोना भारतीय माल के विनिमय में चारों तरफ से सिमटकर भारत आ रहा था। देश स्वतन्त्र था, जनता का आत्मविश्वास दरबारी संगीत में भी झलकता है। संगीतकारों की रचनात्मक प्रतिभा नये कीर्तिमान स्थापित करने लगी। इस सम्बन्ध में आचार्य बृहस्पति ने *खुसरो, तानसेन तथा अन्य कलाकार* में जो महत्त्वपूर्ण बातें कही हैं, वे संक्षेप में इस प्रकार हैं।

ग्वालियर-नरेश मानसिंह तोमर के राज्यकाल (1486-1516) में बैजू ने मानसिंह के सहयोग से वह काम किया "जिसने उत्तर भारत में संगीत की धारा ही बदल दी" (पृ. 101) अर्थात् दरबारी संगीत की धारा बदल दी। उन्होंने ब्रज भाषा ध्रुवपदों की जिस शैली का निर्माण किया, उसने "एक ओर गुजराती सुलतानों और दूसरी ओर अकबर से लेकर मुहम्मद शाह रंगीले तक सभी मुगल सम्राटों को प्रभावित किया।" (पृ. 101)। बैजू ने बख्शू को संगीत सिखाया और बख्शू ने तानसेन को। (पृ. 106)। "शाहजहाँ के युग तक बख्शू का महत्त्व तानसेन से अधिक ही था। तानसेन ने बख्शू की रचनाओं की शैली में इतने अच्छे ध्रुवपद लिखे कि तानसेन के अनेक ध्रुवपद बख्शू के ध्रुवपदों से मिल गये।" (पृ. 108)। शाहजहाँ ने बहुत से गवैयों को इकट्ठा करके "बख्शूकृत दो सहस्र ध्रुवपदों का संग्रह किया।" (पृ. 108)। जिस युग के गवइयों को हज़ारों ध्रुवपद याद हों और स्वयं दिल्ली-सम्राट् उनका संग्रह करा रहा हो, उस युग के संगीत-वैभव का क्या कहना! शाहजहाँ ने उन दो हज़ार में एक हज़ार छाँटे और उन्हें *सहसरस* में संकलित किया। फ़ारसी भूमिका में बता दिया गया कि इनमें तानसेन के कुछ ध्रुवपद मिल गये हों, यह सम्भव है। (पृ. 108)।

"बख्शू के अनेक ध्रुवपद साक्षी हैं कि वे ग्राम मूर्च्छना सिद्धान्त से भली भाँति परिचित थे, स्वर प्रस्तार और मात्रा प्रस्तार उनके लिए हस्तामलक थे।" (पृ. 109)। *सहसरस* में जो राग प्रयुक्त हुए हैं, उनमें सबसे पहले आचार्य बृहस्पति ने भैरव का नाम लिया है। पुरन्दरदास ने इसी राग के ठाठ को अपनी संगीतव्यवस्था का आधार बनाया था। अन्य रागों में तोड़ी (उपनाम वराली), गौड़, कानरा, एमन उल्लेखनीय हैं। (पृ. 109)। "अकबरी दरबार में तानसेन छाये रहे, जिनमें अपने मार्गदर्शक बख्शू की प्रायः सभी विशेषताएँ थीं। जहाँगीर के दरबार में तानसेन के शिष्यों का बोलबाला रहा। शाहजहाँ के दरबार में तानसेन के पुत्र विलास खाँ का दामाद लाल खाँ था, जो तानसेन का भी शिष्य था और विलास खाँ तथा तानसेन के अन्य शिष्यों का भी।... उसके गाने से ऐसा प्रतीत होता है मानो उसने तानसेन से ही गाना सीखा हो। तानसेन के ध्रुवपदों को लाल खाँ जैसा अन्य कोई नहीं गा सकता। हमें शाहजहाँ का कृतज्ञ होना चाहिए कि उसने 'सहसरस' के रूप में बख्शू के ध्रुवपदों को सुरक्षित

रखा।" (पृ. 110)। बैजू से लाल खाँ तक संगीत की एक ही परम्परा अविच्छिन्न चली आयी है। बैजू के शिष्य बख्शू ग्राम मूर्च्छना सिद्धान्त से परिचित थे। बादशाहों के दरबार में इन्हीं की गायन परम्परा की धाक थी।

आचार्य बृहस्पति ने आचार्य भातखण्डे की इसलिए आलोचना की है कि एक ओर वह ध्रुवपद का शृंगार रस और तदनुकूल भावों से युक्त होना उचित मानते हैं, दूसरी ओर "उनकी सम्मति में ध्रुवपद-गान हिन्दुस्तान की मर्दाना और जोरदार गायकी है।" फिर कहते हैं, "शृंगार रस में 'मर्दानापन' और 'जोरदारी' की कल्पना कमरतोड़ है।" (*संगीत चिन्तामणि,* प्रथम खण्ड, पृ. 53)। शृंगार रस से नामर्दानेपन का कोई विशेष सम्बन्ध तो है नहीं, मर्द होगा तो शृंगार रस की अभिव्यक्ति में मर्दानापन अवश्य होगा। हिन्दी प्रदेश के भैया लोग बम्बई, कलकत्ता में अपने बलपौरुष के लिए विख्यात हैं। ध्रुवपद इन्हीं के पूर्वजों की गायकी है। शृंगार की अभिव्यक्ति अनेक स्तरों पर होती है। शृंगार की अभिव्यक्ति सूरदास में है और कविवर बिहारीलाल में भी। एक में उल्लास (अथवा शोक) की सहज अभिव्यंजना है, दूसरे में कौशल का प्रदर्शन है। सवाल मर्दानेपन और नामर्दानेपन का नहीं है, सवाल भावों की सहज अभिव्यक्ति और कौशल प्रदर्शन का है। दरबारी गायकी और सन्तों की गायकी में अन्तर था। यह अन्तर उनकी भाषाशैली से जाहिर हो जाता है। वह अन्तर इस तरह का है : "बख्शू और हरिदास जी की शैली एक है, परन्तु हरिदास जी के ध्रुवपदों की भाषा और शैली कहीं अधिक प्रांजल, उदात्त, सरस और मनोरम है।" (*खुसरो, तानसेन.,* पृ. 115)। यहाँ *उदात्त* शब्द ध्यान देने योग्य है। हरिदास ने "श्याम श्याम की अलौकिक निकुंज लीला" का वर्णन किया है (उप., पृ. 112), उनके पदों में शृंगार की सरस और उदात्त अभिव्यक्ति हुई। शृंगार और उदात्त में बैर नहीं है। जहाँ कवि कौशल और चमत्कार प्रदर्शन पर ज़ोर होगा, वहाँ सरसता कृत्रिम ढंग की होगी, उदात्त का दिवाला निकल जायेगा।

चमत्कार प्रदर्शन का एक रूप यह है : "ताल प्रधान ध्रुवपद गाने की प्रथा कब और किसके द्वारा आरम्भ हुई? यह ज्ञात नहीं। बड़े-बड़े राजाओं के दरबार में गायक और वादकों के दंगल होते थे...अनेक पखावजी तथा तबलिए ऐसी भावना रखते हैं कि जब हम बजाने के लिए बैठते हैं, तब हमारे सामने हिन्दुस्तान के एक भी गायक या तन्तकार की गाने बजाने की हिम्मत नहीं होती।" ये शब्द आचार्य भातखण्डे के हैं, *संगीत चिन्तामणि* (पृ. 60) में उन्हें उद्धृत किया गया है। यह स्थिति सामन्ती संस्कृति के ह्रास की सूचक है। उससे तुलनीय है रीतिवादी कवियों के छन्दों में अनुप्रासों की अतिशयता। दोनों एक ही परिवेश की उपज हैं। इसी परिवेश की उपज था नायिकाभेद। इसकी छाया काव्य, संगीत दोनों

पर है (और यहाँ नृत्य को संगीत के अन्तर्गत मानें)। "उस युग के गायक ब्रजभाषा साहित्य से भली भाँति परिचित और नायिकाभेद के मर्मज्ञ होते थे।" (उप., पृ. 76)। यह कोई प्रशंसा की बात नहीं है। इसी दौर में ध्रुवपद पीछे हटा और खयाल आगे बढ़ा। "शाहजहाँ के युग के पश्चात् ध्रुवपद की अवनति हुई और बख्शू की परम्परा तिरोहित हो गयी, आज स्थिति यह है कि ध्रुवपदों का पूर्ण रूप प्रस्तुत करने तथा उसके साहित्य पक्ष का अर्थ समझनेवाला ध्रुवपद गायक खोज के विषय हो गये हैं।" (*खुसरो, तानसेन,.,* पृ. 110)। यह स्थिति संगीत के ह्रास की सूचक है, विकास की नहीं।

मेल पद्धति या ठाठ पद्धति की खामियाँ बताते हुए बृहस्पति कहते हैं : "आज का गायक 'वैचित्र्य' के पीछे पड़ा हुआ है, तैयारी उसका लक्ष्य है, और वह अपनी तैयारी से श्रोताओं को आतंकित या चकित कर देना चाहता है।" (*संगीत चिन्तामणि, प्र.खण्ड.,* पृ. 400-01)। यह वैचित्र्य प्रदर्शन साहित्य में खूब देखने को मिलता है। इसीलिए संगीत में उसके प्रदर्शन के लिए ठाठ पद्धति को दोष देना व्यर्थ है। वह सामन्ती संस्कृति के ह्रास का चिह्न है और वह अन्य देशों के साहित्य तथा कलाओं में लक्ष्य किया जा सकता है।

9.12 लोकरुचि और शास्त्रकार

लोकरुचि से रागों का सम्बन्ध है, शास्त्रों का भी है। लोकसंगीत में यथेष्ट विविधता होती है, शास्त्रों की स्थापनाओं से भेद होना अस्वाभाविक नहीं है। व्याख्याकार हर चीज़ व्यवस्थित देखना चाहते हैं, जहाँ व्यवस्था नहीं होती, वहाँ उसे आरोपित कर देते हैं। आचार्य बृहस्पति ने ऐसा नहीं किया। उसी *संगीत चिन्तामणि* में प्रकाशित 'भारतीय संगीत के कुछ शास्त्रकार' में उन्होंने शास्त्रकारों की मतभिन्नता का स्पष्ट उल्लेख किया है।

एक शास्त्रकार थे आञ्जनेय। उन्होंने 'देशी' रागों की जो व्याख्या की है, वह ज्ञानवर्धक है। "आञ्जनेय का कथन है कि जिन रागों में श्रुति, स्वर, ग्राम, जाति इत्यादि का नियम नहीं होता और जिन पर विभिन्न लोक रुचियों का प्रभाव प्रधान होता है, वे 'देशी' राग हैं।" (पृ. 16)। कुछ राग नियमबद्ध हैं, अन्य राग नियमों से परे लोकरुचियों से प्रभावित हैं। लोकसंगीत में ऐसे ही देशी राग प्रचलित थे। भाषाविज्ञान में जैसे संसकृत, प्राकृत, अपभ्रंश से अलग एक कोटि 'देशी' शब्दों की है, वैसे ही संगीत में एक कोटि देशी रागों की है। जिन भाषाओं में 'देशी' शब्दों का व्यवहार होता था, वही वास्तव में लोकभाषाएँ थीं। जिस संगीत में देशी रागों का चलन था, वह निस्सन्देह लोकसंगीत था। काश्यप ने राग भाषा विभाग पर विचार करके "देशी रागों का विवेचन किया है।" (पृ. 17)। यह आचार्य भी शास्त्रों की परिधि से

बाहर निकलकर लोकसंगीत का अध्ययन कर रहे थे। "नान्यदेव का कथन है कि विशाखिल ने ध्रुवगीतों के उदाहरण भी दिये हैं।" (उप.)। ये ध्रुवगीत लोकभाषाओं में रचे गये होंगे। "शार्दूल ने सोलह भाषागीतियों को रागविशेष कहा है।" (उप.)। जो शास्त्रसम्मत राग थे, उनसे भिन्न ये रागविशेष हैं और इनका सम्बन्ध भाषागीतियों से है। "इनका काल चौथी या पाँचवीं शती ई. है।" (उप.)। बात सही हो तो मानना होगा कि चौथी या पाँचवीं सदी में कवि-गायक लोकभाषाओं में गीत रचते थे और संस्कृत में ग्रन्थ लिखनेवाले शास्त्रकार उनसे सम्बद्ध रागों पर ध्यान देते थे।

स्वयं आचार्य बृहस्पति कहते हैं : "कालान्तर में रुचिभेद से देश-देश में अनेक राग दृष्टिगोचर होने लगे, जो जात्याधारित होने पर भी शुद्ध जातियों के नियमों से बँधे न थे, परन्तु जातियों के विभिन्न रूपों में होनेवाली विकृतियाँ जिनकी जननी थीं। फलतः आचार्यों का ध्यान इस ओर गया एवं देशी रागों के लक्षणग्रन्थों की सृष्टि हुई।" (पृ. 15)। *संगीत चिन्तामणि* में भारतीय शास्त्रकारों की कुल संख्या 21 है। इनमें 'ब्रह्मा या स्वयम्भू', 'शंकर (शिव)', पार्वती, 'भगवान शंकर के शिष्य' नन्दिकेश्वर और 'प्रसिद्ध पाण्डव वीर' अर्जुन भी हैं। इन सबको शास्त्रकारों की सभा से बाहर रखें तो विशेष हानि न होगी। अनेक शास्त्रकार ऐसे हैं जिनके नाम ही सुने गये हैं, उनके शास्त्रों की जानकारी नहीं है। जिसे आचार्य बृहस्पति ने 'विकास युग' कहा है, उससे पहले वास्तविक शास्त्रकार एक ही हैं—भरत। *नाट्यशास्त्र* से उनके मत की विस्तृत जानकारी होती है। "'देशी' संगीत के कुछ प्रमुख आचार्य" (पृ. 15) विकास युग के हैं। वास्तविक शास्त्रकारों में इन्हीं की संख्या अधिक है। कह सकते हैं, भरत के बाद जो भी शास्त्रकार हुए उन्होंने लोकसंगीत को अपने विवेचन का आधार बनाया।

आचार्य बृहस्पति ने इस बात का उल्लेख बार-बार किया है कि मुसलमानों के शासनकाल में भरत का संगीत सिद्धान्त नष्ट हो गया तथा अरब-ईरानी पद्धति का चलन उत्तर और दक्षिण दोनों जगह हो गया। संक्षेप में अरब-ईरानी पद्धति यह है : "ईरानी संगीत में स्वरों की संख्या बारह है, जिन्हें 'नग़मा' कहा जाता है। सितार आदि वाद्यों पर इन बारह स्वरों को उत्पन्न करनेवाली सारिकाएँ 'पर्दा' कहलाती हैं। मध्ययुगीन उत्तर भारतीय ग्रन्थकारों ने 'मुकाम' शब्द का अनुवाद 'संस्थान' किया है। बारह स्वरों के मध्य-मध्य में स्वर स्थापना करने से ईरानी चौबीस 'शअबः' का जन्म होता है... कर्नाटक संगीत के ग्रन्थ 'संग्रह-चूड़ामणि' में भी आजकल श्रुतियाँ 'चौबीस' हैं, जो हमारे विनम्र विचार से ईरानी 'शअबः' से प्रभावित हैं, जिनकी संख्या चौबीस है। सारें बाईस हैं, सारिकान्तर भी बाईस हैं, कुल चौबीस सारिकाएँ हैं।" (पृ. 20-21)। भारत में संगीत की अनेक पद्धतियों का चलन था। ये सभी सात स्वरों और बाईस श्रुतियों का सिद्धान्त न मानती थीं। इनमें एक आञ्जनेय की पद्धति थी।

"प्रो. रामकृष्ण कवि के अनुसार 'हनुमन्मत' में अठारह श्रुतियाँ हैं।" (पृ. 16) आञ्जनेय का मत ही हनुमन्मत है। यहाँ बाईस श्रुतियों का नियम खण्डित हो गया है। इसी तरह सात स्वरों का नियम भी टूटा था। जो लोग देशी राग गाते थे, वे सात की जगह बारह स्वरों से काम लेते थे। इस सम्बन्ध में एक कथा है। "एक बार आञ्जनेय कदलीवन पहुँचे, वहाँ याष्टिक मुनि अपने दक्ष इत्यादि शिष्यों को संगीत विद्या की शिक्षा दे रहे थे। देशी रागों एवं उनके स्वरों की *श्रुतियों में शास्त्रवर्णित स्थिति से विरोध* देखकर दक्ष इत्यादि शिष्यों ने महर्षि याष्टिक से पूछा कि *सप्तस्वरों* में, *जिनकी संख्या विकृत रूपों को मिलाकर बारह हो जाती है,* एक स्वर की अधिक से अधिक चार श्रुतियाँ हैं, अधिक नहीं; परन्तु देशी रागों में एक श्रुति एवं सप्तश्रुति स्वर भी हैं। इनका शास्त्र से विरोध है, परन्तु इनका त्याग करें तो रागप्राप्ति नहीं होती। इस पर याष्टिक मुनि ने उनकी शंका का इस प्रकार समाधान किया कि शास्त्रविरोध न रहा और रागप्राप्ति हो गयी।" (पृ. 16)। (शब्दों पर ज़ोर मेरा है—रा. वि.)। यहाँ रागप्राप्ति पहले है, शास्त्र बाद में है। राग मधुर है, उसे छोड़ा नहीं जा सकता। शास्त्र की चिन्ता संगीत के पण्डित को है, गायक को नहीं। याष्टिक मुनि ने किसी चमत्कार से शास्त्रविरोधी राग को शास्त्रसम्मत बना दिया। वास्तविकता यह है कि 'जिन रागों में श्रुति, स्वर, ग्राम, जाति इत्यादि का नियम नहीं होता और जिन पर लोकरुचियों का प्रभाव होता है" (पृ. 16), उन्हें देशी राग कहकर शास्त्र उनसे पिण्ड छुड़ाता है। आञ्जनेय क्रान्तिकारी विचारक थे। उन्होंने लोकरुचियों से प्रभावित अशास्त्रीय रागों का अस्तित्व स्वीकार किया था।

आञ्जनेय ने तो स्वरों की संख्या बारह मानी है परन्तु काश्यप—"ये स्वरों की संख्या पन्द्रह मानते थे।" (पृ. 17)। इन्होंने देशी रागों का विवेचन किया था। अनेक शास्त्रकार और शास्त्रों के भाष्यकार इस विवेचन पद्धति का सम्मान करते थे। "मतंग, अभिनवगुप्त इत्यादि आचार्यों के काश्यप के मत की चर्चा आदरपूर्वक की है।" (पृ. 17)। वास्तव में शास्त्र एक नहीं था, अनेक थे। जो शास्त्र बाद में रचा गया, वह पहलेवाले शास्त्र का विकास भी हो सकता है। ऐसे एक शास्त्रकार मतंग थे। "मतंग ने स्वयं को भरत का शिष्य कहा है।" (पृ. 18)। परन्तु कुछ बातों में वह भरत से आगे बढ़ते हैं। उन्होंने अपने ग्रन्थ *बृहद्देशी* में "भरतोक्त सप्तस्वर मूर्च्छनाएँ मानी तो हैं, परन्तु *रागसिद्धि* में भी *मूर्च्छना को कारण मानकर उसका आकार विस्तृत करके उसे 'द्वादशस्वर' मानने पर बल दिया है,* जिसमें एक सप्तक के अतिरिक्त पाँच स्वर और सम्मिलित किये हैं। यह द्वादश स्वर-मूर्च्छनावादी नन्दिकेश्वर का कहा जाता है।" (पृ. 18; शब्दों पर ज़ोर मेरा है—रा.वि.)। नन्दिकेश्वर, आञ्जनेय, मतंग, ये सभी सात की जगह बारह स्वरों का सिद्धान्त मानते हैं। संगीत की परम्परा से इस सिद्धान्त का उतना ही गहरा सम्बन्ध है,

जितना सात स्वरों के सिद्धान्त का। रामकृष्ण कवि के अनुसार मतंग का समय "नवीं शती ई. का मध्यभाग" है, "जनश्रुति इनका काल छठी शती ई. बताती है," आचार्य बृहस्पति के अनुसार "मतंग एक प्राचीन मुनि हैं।" (पृ. 17)। अर्थात् अरब-ईरानी संगीत सिद्धान्त द्वारा उनके प्रभावित होने की कोई सम्भावना नहीं है। जितने द्वादश स्वरवादी आचार्य हैं, वे सब देशी रागों के विशेषज्ञ हैं। नवजागरणकाल में भारतीय संगीत का उत्कर्ष और विस्तार जिस नयी शक्ति से हुआ, उसका मूलाधार लोकसंगीत है। बारह स्वरों का सिद्धान्त मतंग से पुराना था।

"द्वादश स्वर-मूर्च्छनावाद के 'उद्भावक' मतंग नहीं हैं, अनुयायी हैं।" (पृ. 102)। उद्भावक हैं नन्दिकेश्वर। उनका कहना था : "जाति, भाषा आदि की सिद्धि के लिए तथा तार, मन्द्र इत्यादि की सिद्धि के लिए बुद्धिमानों को मूर्च्छना द्वादश स्वर सम्पन्न जानना चाहिए।" (उप.)। गायकों से यह सिद्धान्त वादकों ने सीखा। वादकों में उसका चलन पहले रहा हो, गायकों ने उनसे सीखा हो, तो भी परम्परा में उसकी बद्धमूलता और प्राचीनता में कोई फर्क नहीं पड़ता। कहते हैं : "वस्तुतः वीणावादकों ने अपनी सुविधा के लिए 'द्वादश स्वर-मूर्च्छनावाद' को जन्म दिया...द्वादश स्वर-मूर्च्छनावादी यदि अभीष्ट द्वादश स्वर समुदायों का नाम 'मूर्च्छना' न रखते, तो अधिक अच्छा होता। इस द्वादश स्वर समुदाय में 'मूर्च्छनात्व' की हानि होती है।" (पृ. 102-03)।

छूटता है यद्यपि अधिवास
किन्तु फिर भी न मुझे कुछ
त्रास–

निराला को अधिवासरूप ब्रह्म के छूटने से कष्ट न हुआ था, वैसे ही आचार्य बृहस्पति को मूर्च्छनात्व की हानि से कष्ट न होना चाहिए। वीणावादकों पर दया करनी चाहिए। उन्होंने *अपनी सुविधा के लिए* द्वादश स्वर सिद्धान्त को जन्म दिया था; ये द्वादश स्वर उन्हें अभीष्ट थे। (शब्दों पर ज़ोर मेरा है–रा.वि.)। कलाकार के अभीष्ट की सिद्धि में किसी आचार्य को बाधक न होना चाहिए।

9.13 श्रुतिविवेक और स्थान

द्वादश स्वरों की यह धारणा उत्पन्न कैसे हुई? स्पष्ट ही सप्तक के पाँच स्वरों की विकृतियों से। षड्ज और पंचम अपरिवर्तित रहे; ऋषभ, गान्धार, धैवत और निषाद के कोमल रूप और मध्यम का तीव्र रूप, इनसे बारह स्वर बने। मध्यम सात स्वरों के बीच में है, इसलिए वह मध्यम है। जब उसका तीव्र रूप भी होगा, तो उसका मध्यमत्व समाप्त हो जायेगा, बारह स्वरों के आविर्भाव से मूर्च्छनात्व की तरह। मूर्च्छना सिद्धान्त में स्वरों के कोमल-तीव्र रूपों की गुंजाइश नहीं है।

"कोमल ऋषभ, कोमल धैवत और तीव्र मध्यम-जैसे नाम अन्वर्थता की दृष्टि से असंगत हैं।

"मूर्च्छना की दृष्टि से विचार करने पर इन संज्ञाओं की आवश्यकता ही नहीं होती।" (पृ. 223)।

किन्तु गायकों और वादकों के अभ्यास ने उन्हें सिखा दिया कि एक ग्राम से दूसरे ग्राम में जाने के बदले कोमल-तीव्र का भेद करके एक ही ग्राम में बने रहना सुविधाजनक है। पहले षड्ज, मध्यम, गान्धार–ये तीन ग्राम थे। फिर गान्धार निरस्त हुआ और दो ही ग्राम रह गये। इन दो में मध्यम ग्राम तब निरस्त हुआ जब स्वरों के तीव्र और कोमल रूप स्वीकृत हुए। कर्णाटक पद्धति का हरिप्रिया मेल, आचार्य भातखण्डे का काफी ठाठ "मध्यम ग्राम की ऋषभादि साधारणी मूर्च्छना है।" (पृ. 253)। आप मध्यम ग्राम की ऋषभादि मूर्च्छना के अनुसार काफी राग गा-बजा सकते हैं। आप षड्जग्राम छोड़े बिना गान्धार निषाद के कोमल रूपों का व्यवहार करके भी वही काम कर सकते हैं। इस प्रकार :

मूर्च्छना के स्वर	: रे ग म प ध नि सा (रे)
ठाठ या मेल के स्वर	: सा रे ग म प ध नि सा
स्वरों के पारस्परिक अन्तराल श्रुतियों में	: 0 4 2 3 4 4 2 3

(पृ. 253)

श्रुतियाँ गिनें तो मूर्च्छना और ठाठ के स्वरों के अन्तराल में कोई फर्क नहीं पड़ता। गान्धार निषाद के कोमल रूप स्वीकारने पर मध्यम ग्राम से छुट्टी मिल जाती है। एक ही षड्जग्राम से काम चल जाता है। इससे रागों की विविधता में कोई फर्क नहीं पड़ता, संगीतकारों को सुविधा अवश्य हो जाती है। मध्यम शब्द को सार्थक रखने के लिए उन्हें इस सुविधा से वंचित करना उचित नहीं है। द्वादश स्वर सिद्धान्त अधिक सुविधाजनक था, इसीलिए उसका अखिल भारतीय प्रसार हुआ और तुर्कों के आक्रमण से बहुत पहले हुआ।

आचार्य बृहस्पति को 'मुकाम' की धारणा पर आपत्ति है। "ईरानी संगीत में इस शब्द का प्रयोग अष्टक या 'आक्टेव' के लिए होता है...भारतीय दृष्टि सप्तक को स्वरशास्त्र का आधार मानती है, जिसमें एक 'स्थान' एक सप्तक की व्याप्ति का स्थान होता है।" (पृ. 211)। लेकिन ईरानी मुक़ाम में कुल स्वर संख्या कितनी बनती है? "ईरानी संगीत में स्वरों की संख्या बारह है।" (पृ. 20)। लेकिन बारह स्वरों का आधार तो सप्तक ही हो सकता है, अष्टक नहीं। यदि भारतीय दृष्टि सप्तक को स्वरशास्त्र का आधार मानती है, तो उस आधार पर बने बारह स्वरों को भारतीय मानने में संकोच न होना चाहिए, विशेष रूप से इसलिए कि अनेक आचार्य उन्हें तुर्कों-मुगलों के आविर्भाव से बहुत पहले मान्यता दे चुके थे।

वास्तविकता यह है कि सप्तक आधारित बारह स्वर अरब-ईरान ने भारत से प्राप्त किये।

'मुक़ाम' शब्द की व्याख्या करते हुए आचार्य बृहस्पति ने कहीं-कहीं उलझनें पैदा की हैं। मुक़ाम माने अष्टक। फिर अष्टक के चौबीस खण्ड? "मुक़ाम में सप्तक की अपेक्षा एक स्वर अधिक होता है...बारह मुक़ामों के चौबीस खण्ड 'शोव' कहलाते हैं।" (पृ. 225)। यहाँ 'स्वरों' की जगह 'मुक़ामों' का प्रयोग हुआ है। चौबीस खण्ड बारह अष्टकों के नहीं, बारह स्वरों के होते हैं। अन्यत्र उन्होंने लिखा है : "बारह स्वरों के मध्य-मध्य में स्वर स्थापना करने से ईरानी चौबीस 'शअबः' का जन्म होता है।" (पृ. 20)। आशय स्पष्ट हुआ, बारह स्वरों के चौबीस खण्ड होते हैं। यह तभी सम्भव है जब प्रत्येक स्वर द्विश्रुतिक हो। *खुसरो, तानसेन,* में आचार्य ने बताया है : " 'स-रे', 'ग-म', 'प-ध', 'नि-स' जैसे द्विश्रुतिक अन्तरालों युक्त 'मुक़ाम' मुसलमान क़व्वालों द्वारा मालवा और गौड़" जैसे प्रदेशों में प्रचलित हुए (पृ. 99)। भारतीय मेल, ठाठ, सप्तक, इन सबसे मुक़ाम भिन्न है, ईरानी बारह स्वरों से भारतीय आचार्यों के बारह स्वर भिन्न हैं क्योंकि मुक़ाम 'द्विश्रुतिक अन्तरालों युक्त" हैं, हमारे यहाँ 4, 3, 2 वाला श्रुतिभेद सामान्य है, "दो स्वरों के पंचश्रुतिक अन्तराल भी प्रयुक्त हो गये।" (उप.)। और "देशी रागों में एकश्रुतिक एवं सप्तश्रुति स्वर भी हैं।" (*संगीत रत्नाकर,* प्र.खं., पृ. 16)। यदि सप्तक की जगह आठ स्वरों के ठाठ का चलन हो जाये तो भी यह ठाठ ईरानी मुक़ाम का पर्याय न होगा क्योंकि दोनों में स्वरों की श्रुति संख्या को लेकर मौलिक भेद है।

नाट्यशास्त्र के षड्जग्राम सम्बन्धी श्लोक की व्याख्या करते हुए आचार्य बृहस्पति ने लिखा है : "इस प्रकार हम देखते हैं कि भरत एवं दत्तिल हमें अष्टक का बोध कराते हैं।" (उप., पृ. 93)। यदि स्वयं भरत अष्टक का बोध करा गये हैं तो उसे, और उसके साथ मेल या ठाठ को, ईरान की देन मानना न्यायसंगत नहीं है। इसके विपरीत यह मानने का पर्याप्त कारण है कि ईरान और उसके बाद यूरुप के देशों ने ऑक्टेव की धारणा भारत से प्राप्त की। आचार्य बृहस्पति के अनुसार "जिन देशों पर एक या डेढ़ हज़ार वर्ष पूर्व तक भरपूर भारतीय प्रभाव रहा हो, ये आज भी भारतीय प्रभाव से सर्वथा अछूते नहीं हो सकते।" (उप., पृ. 211)। सप्तक हो या अष्टक, श्रुतियों की धारणा के बिना इनमें किसी का भी निर्माण नहीं हो सकता। अष्टक के लिए 'मुक़ाम' शब्द का व्यवहार में यह 'मुक़ाम' भारतीय 'स्थान' का अनुवाद है। "स्पेन के एक इतिहासकार काज़ी साइद उदलुस्मी ने 1070 ई. में लिखा है कि एक भारतीय संगीत-ग्रन्थ हम तक पहुँच चुका है, जिसमें रागों और स्वरों का वर्णन है।" (उप., पृ. 71)। इस समय अथवा उससे कुछ पहले *स्थान* की धारणा अरब पहुँची होगी।

स्थान संगीतशास्त्र और भाषाविज्ञान का पारिभाषिक शब्द है। इसका स्पष्ट उल्लेख *महाभाष्य* में है। ऋग्वेद (4.58.3) में प्रयुक्त *त्रिधाबद्धो* की व्याख्या पतंजलि ने यों की है : *त्रिषु* स्थानेषु बद्धः, उरसि कण्ठे शिरसीति। (1.1. 1) शब्द के तीन स्थान हैं—छाती, कण्ठ और सिर। आचार्य बृहस्पति कहते हैं : "नाद की उत्पत्ति के तीन स्थान मानव-शरीर में हैं—हृदय, कण्ठ और मूर्धा...हृदय, कण्ठ और मूर्धा को क्रमशः स्वरों की उत्पत्ति का मन्द्र, मध्य और तार स्थान कहा है।" (उप., पृ. 200)। स्थान की धारणा संगीतशास्त्र को भाषाविज्ञान की देन है परन्तु यह भाषाविज्ञान अपनी प्रारम्भिक अवस्था में संगीत के विकास से जुड़ा है। दोनों का आधार श्रुति सम्बन्धी चिन्तन है। मन्द्र, मध्य और तार स्थान मूलतः अनुदात्त, स्वरित और उदात्त हैं। ओ. गोस्वामी ने भारतीय संगीत पर अपनी पुस्तक *द स्टोरी ऑफ इण्डियन म्यूज़िक* (एशिया, 1957) में लिखा है : "स्वर के उतार को मृदुत्व कहा गया और चढ़ाव को तीक्ष्णत्व कहा गया। जब स्वरों के नये नाम रखे गये तब उदात्त, अनुदात्त और स्वरित, इन तीन पुराने नामों से स्वर के तीन स्थानों का बोध होने लगा। आगे चलकर वे मन्द्र, मध्य और उत्तम कहलाये। इनका अर्थ क्रमशः निम्न, मध्य और उच्च अष्टक हुआ।" (पृ. 10)। वास्तव में ये सप्तक थे और मन्द्र, मध्य और तार स्थानों से सम्बद्ध किये गये थे। संगीत के सप्तक स्थानों के लिए उदात्त, अनुदात्त और स्वरित शब्दों का प्रयोग क्यों किया गया, इसकी व्याख्या श्रुतिविज्ञान के आधार पर की जा सकती है। पहला त्रिक बना रे ग म (3,2,4)। इसी के अनुरूप दूसरा त्रिक बना : ध नि सा (3,2,4) इनके बीच में पंचम (4) की स्थापना के बाद सप्तक बना रे ग म प ध नि सा। यहाँ सा तारस्थानीय नहीं है; सातों स्वरों का *स्थान* एक है। फिर श्रुति संख्या क्रम में परिवर्तन करके त्रिक को अधिक सुविधाजनक बनाया गया : 3, 2, 4 के बदले 4, 3, 2 क्रम रखा गया। इसके लिए षड्ज नीचे लाया गया। पहले वह छह स्वरों से उत्पन्न था और यही उसका सही अर्थ था। अब उससे छह स्वर उत्पन्न होते जान पड़े और यह भ्रम था। इस तरह नये सप्तक सा रे ग म प ध नि का निर्माण हुआ। जब तार स्थान पर षड्ज की आवृत्ति हुई तो श्रुति संख्या 4 के अनुसार उसे उदात्त नाम दिया गया। और मन्द्र स्थान पर निषाद की आवृत्ति हुई तो स्वर संख्या 2 के अनुसार उसे स्वरित कहा गया। तार स्थान के प्रथम स्वर षड्ज के उदात्त नाम से उस स्थान का पूरा सप्तक जाना गया; इसी तरह मन्द्र स्थान के प्रथम स्वर निषाद के स्वरित नाम से उस स्थान का सप्तक जाना गया। बीच में रह गया अनुदात्त सप्तक। उसका स्थान मध्य हुआ। श्रुति संख्या क्रम 2, 3, 4 के अनुरूप यह सप्तकों का त्रिक बना। जो क्रम सा रे ग, और प ध नि में 4, 3, 2 का है, तार स्थान से नीचे आयें तो वही इन सप्तकों का है—4 (तार), 3 (मध्य), 2 (मन्द्र)।

जितने ठाठवादी आचार्य हैं, वे सब मन्द्र, मध्य, तार स्थानों का अस्तित्व स्वीकार करते हैं, अतः वे सप्तकों का अस्तित्व भी स्वीकार करते हैं। ठाठ की धारणा संगीत की शिक्षा को सुगम बनाने के लिए है, उससे सप्तक की धारणा निरस्त नहीं होती। मन्द्र, मध्य और तार स्थानों की धारणा ईरान-अरब पहुँची, वहाँ स्थान का अनुवाद मुक़ाम तो सही हुआ पर उसका व्यवहार भिन्न अर्थ में होने लगा। इस मुक़ाम से भारतीय संगीतकारों ने मेल या ठाठ की पद्धति सीखी, यह निराधार कल्पना है।

आचार्य बृहस्पति की एक उलझन श्रुति की धारणा को लेकर भी है। एक स्थिति यह है : "श्रुति संख्या निर्देश का प्रयोजन वस्तुतः पूर्ववर्ती स्वर की अपेक्षा परवर्ती स्वर की ऊँचाई बताना है।" (*संगीत चिन्तामणि,* प्र. खं., पृ. 92)। यहाँ दो स्वरों के बीच की ऊँचाई नापने का उपकरण है श्रुति। दूसरी स्थिति यह है : "ग्राम-मूर्च्छना-पद्धति में एक स्वर का क्षेत्र चार श्रुतियों से अधिक नहीं हो सकता था।" (*खुसरो, तानसेन,* पृ. 99)। यहाँ स्वर का एक क्षेत्र है, श्रुतियाँ उसके भीतर हैं, बाहर नहीं। स्वरों का अन्तराल और उनके क्षेत्रों का अन्तराल एक ही चीज़ नहीं है। वास्तव में अन्तराल स्वरों के बीच होता है, क्षेत्रों के बीच नहीं। क्षेत्रों के बाहर श्रुतियों का अस्तित्व नहीं है। षड्ज में चार श्रुतियाँ हैं। वह पहली श्रुति पर है या चौथी पर, इस प्रश्न से स्वर और क्षेत्र का अन्तर स्पष्ट हो जाता है। आचार्य बृहस्पति के गृहीत स के नीचे शून्य लिखें तो श्रुतियों का यह क्रम बनेगा :

गृहीत स			रे		ग				म	
०	१	२	३	४	५	६	७	८	९	इत्यादि

(*संगीत चिन्तामणि,* प्र. खं., पृ.93)।

ऋषभ तीसरी श्रुति पर है, गान्धार अपनी दूसरी और मध्यम अपनी चौथी श्रुति पर है। क्षेत्र की जो श्रुतियाँ छूटी हैं, उन्हीं से स्वरों के बीच का फासला नापा जाता है। षड्ज चाहे पहली श्रुति पर हो, चाहे चौथी पर, रहेगा वह षड्ज ही।

शास्त्र से अलग व्यवहार पर ध्यान देते हुए आचार्य बृहस्पति कहते हैं : "यह प्रयोगसिद्ध है कि 'नि' पर विश्रान्ति करने के पश्चात् जब 'सा' में मिलने की चेष्टा की जाती है, तब 'नि' अपने स्थान के एक 'प्रमाणश्रुति' चढ़ जाता है।" (पृ. 291)। नि का अपना स्थान उसकी पहली या दूसरी श्रुति पर होगा। एक प्रमाणश्रुति चढ़ने पर भी यदि वह निषाद ही बना रहता है, तो मानना चाहिए कि वह अपने क्षेत्र में ही यह कार्य सम्पन्न करता है। यदि उस क्षेत्र में गुंजाइश नहीं है तो वह दूसरे स्वर के क्षेत्र में प्रवेश करेगा और तब उसमें पड़ोसी स्वर का भाव आ जायेगा।

"'नि' अपने स्थान से"—यहाँ 'स्थान' शब्द से तुलनीय है 'मुक़ाम' शब्द का प्रयोग : "राग की स्थापना क्रमशः और शनैः शनैः होती है, इस स्थापना का आधार प्रत्येक राग के चार 'स्थान' या 'मुक़ाम' होते हैं, जिनके आधार पर 'बढ़त' की जाती है।" (उप., पृ. 80)। स्थान या मुक़ाम—यहाँ स्पष्ट हो जाता है कि स्थान का अनुवाद है मुक़ाम। किन्तु इस मुक़ाम का ठाठ से कोई सम्बन्ध नहीं हो सकता।

संगीतशास्त्र में श्रुति और स्वर का सम्बन्ध दिलचस्प है। आचार्य बृहस्पति ने ध्यान दिलाया है कि मतंग के समय तक श्रुतियों को स्वर का कारण माना जाने लगा था और "इस सम्बन्ध में आचार्य शार्ङ्गदेव ने मतंग का अनुगमन किया है।" (*संगीत चिन्तामणि,* प्र.खं., पृ. 154)। सम्भव है, शार्ङ्गदेव के चिन्तन में अन्तर्विरोध हो। *संगीत रत्नाकर* के प्रथम अध्याय के तृतीय प्रकरण में नाद के तीन स्थानों का उल्लेख करने के बाद उन्होंने श्रुति को नाद का ही एक भाग बताया है :

तस्य द्वाविंशतिर्भेदाः श्रवणाच्छ्रुतयो मताः। (3.8)।

नाद के 22 भेद हैं, सुने जाने से उन्हें श्रुति कहते हैं। इन 22 श्रुतियों को प्रत्यक्ष करने के लिए वह दो वीणाओं के प्रयोग की व्याख्या करते हैं। तन्त्रियाँ उत्तरोत्तर तीव्र ध्वनिवाली होनी चाहिए।

अधराधरतीव्रास्तास्तज्जो नादः श्रुतिर्मतः। (3.13)।

उन तन्त्रियों से जो नाद उत्पन्न होता है, वही श्रुति है। वास्तव में वीणा सम्बन्धी प्रयोग की सफलता इसी में है कि वह श्रुति का नादरूप प्रत्यक्ष कर देता है। किन्तु वह यह भी कहते हैं :

श्रुतिभ्यः स्युः स्वराः षड्जर्षभ गान्धार मध्यमाः। (3.23)।

षड्ज, ऋषभ आदि स्वर श्रुतियों से उत्पन्न होते हैं। यहाँ श्रुतियों का अस्तित्व पहले है, स्वर का अस्तित्व बाद को है। श्रुतियों को स्वर से अलग करने पर ही यह प्रश्न सामने आता है : "जब चौथी, सातवीं आदि श्रुतियाँ स्वर की उत्पत्ति के कारण हैं तो अन्य तीसरी आदि श्रुतियों को भी कारण कैसे माना जा सकता है?" उत्तर है : "पूर्व श्रुतियों की गणना से ही चौथी आदि का निर्धारण सम्भव हो सकता है, इसलिए पूर्व की श्रुतियाँ भी हेतु (स्वर का कारण) हैं।" (*संगीत रत्नाकर,* भाग 1, पृ. 32)। यहाँ श्रुतियाँ स्वर का हेतु मानी गयी हैं।

आचार्य बृहस्पति ने भरत के श्रुति निदर्शन (3, 2, 4) से उनके स्वर निदर्शन (सा, रे, ग = 4, 3, 2) का सामंजस्य स्थापित करने में शार्ङ्गदेव का तर्क दोहराया है : "ऊँचाई अथवा नीचाई सापेक्ष है, जब षड्ज की अपेक्षा पूर्ववर्ती किसी स्वर का अस्तित्व ही नहीं, तब किसकी अपेक्षा आदिम षड्ज की ऊँचाई बताई

जाए।" (*संगीत चिन्तामणि,* प्र.खं., पृ. 92-93)। यहाँ श्रुति को स्वर से अलग किया गया है, इसीलिए उसे स्वर की ऊँचाई नापने का साधन माना गया है। किन्तु शार्ङ्गदेव उसी प्रकरण में कहते हैं : "षड्ज-साधारण होने पर षड्ज की अन्तिम श्रुति को जब ऋषभ ग्रहण करता है तब यह चतुःश्रुति होता हुआ विकृत कहलाता है।" (*संगीत रत्नाकर,* भाग 1, पृ. 35)। षड्ज की अन्तिम श्रुति को ऋषभ ग्रहण करता है। षड्ज और ऋषभ से स्वतन्त्र कोई श्रुतियाँ नहीं हैं जिनसे उनके बीच का फासला नापा जा सके। और भी : "मध्यम स्वर के साधारण होने पर जब मध्यम की पहली श्रुति को गान्धार ग्रहण कर लेता है, तब वह त्रिश्रुति-विकृत और अन्तर होने पर चतुःश्रुति होता हुआ विकृत कहलाता है।" (उप.)। यहाँ भी मध्यम की श्रुति को गान्धार ग्रहण करता है। इस तरह श्रुति और स्वर की अभिन्नता प्रमाणित होती है।

यह सम्भव है, कर्णाटक और हिन्दुस्तानी संगीत का भेद मूलतः श्रुतिभेद के कारण हो। परांजपे ने लिखा है : "भरत के शुद्ध स्वरग्राम की श्रुति संख्या दक्षिण में मुखारी नामक मेल से सर्वथा विभिन्न है। दक्षिण के आदिम मेल मुखारी को भरत-परम्परा का प्रस्थापित रूप माना जाता है, तथा इसके श्रुत्यन्तर निम्नांकित हैं—षड्ज (चतुःश्रुतिक), ऋषभ (द्विश्रुतिक), गान्धार (चतुःश्रुतिक), मध्यम (चतुःश्रुतिक), पंचम (चतुःश्रुतिक), धैवत (द्विश्रुतिक), निषाद (चतुःश्रुतिक)।" (*भारतीय संगीत का इतिहास,* पृ. 296-97, पादटिप्पणी)। यह भेद कर्णाटक संगीत का विशिष्ट स्वरूप निर्धारित करे, यह स्वाभाविक है।

9.14. जातीयता की समस्या और अन्धकार युग

आचार्य बृहस्पति ने ठीक कहा है : "सामन्त युग के बन्धनों से आज 'काव्यकला' मुक्त हो गयी है।" (*संगीत चिन्तामणि,* प्र.खं., पृ. 385)। उसे मुक्त करने में मुख्य भूमिका कवियों की है, भारतेन्दु से लेकर मैथिलीशरण गुप्त और निराला तक। इसी तरह संगीत में पहल संगीतकारों को करनी है। आलोचकों की भूमिका गौण है, फिर भी महत्त्वपूर्ण है। सामन्त युग के बन्धनों में एक बन्धन शास्त्रीयता का भी है। आचार्य रामचन्द्र शुक्ल प्राचीन काव्यशास्त्र से अच्छी तरह परिचित थे। रस सिद्धान्त की नयी व्याख्या करके वह उसे यथार्थवाद के निकट ले आये। आचार्य बृहस्पति लोकसंगीत का महत्त्व जानते हैं। विदेश में लोकसंगीत सुनकर वह उससे भारतीय रागों का सम्बन्ध जोड़ते हैं। यह कार्य उन्हें अपने देश में भी करना चाहिए था। ध्रुवपद के विवेचन में उनकी निगाह या तो शास्त्र पर रहती है या दरबारी गवैयों पर। चमत्कार उत्पन्न करनेवाली अनेक सामन्ती रूढ़ियों से उनका विरोध है परन्तु नायिकाभेद के जाल से वह स्वयं को मुक्त नहीं कर पाये।

आविर्भाव और तिरोभाव की व्याख्या करते हुए कहते हैं : "रूठने, मचलने, इठलाने, शिकवा करने, मनने, मुँह फेरने, झूठमूठ आँसू बहाने, बेवजह तकरार करने, तरसने, तड़पने, निहारने, ताकने, भौंह तानने के अन्दाज अनोखे और बेशुमार होते हैं, इन्हें कोई गिन नहीं सकता। आविर्भाव, तिरोभाव की छवियाँ भी इसीलिए अन्त हैं।" (उप., पृ. 81)। अनन्त छवियों के बावजूद यह दुनिया बहुत संकुचित है। शुक्लजी उसके बाहर हैं, बृहस्पति उसके भीतर हैं। परन्तु आचार्य बृहस्पति में अनेक प्रगतिशील रुझान हैं, इसमें सन्देह नहीं। उन्हें इस बात का श्रेय है कि उन्होंने नटों, गायकों, वादकों की सामाजिक स्थिति पर ध्यान दिया है। " 'मनुस्मृति' में हम गीत, वाद्य और नृत्य का निषेध देखते हैं तथा यह व्यवस्था पाते हैं कि सवर्णों को गीत, वाद्य और नृत्य से आजीविका का उपार्जन नहीं करना चाहिए। 'मनुस्मृति' सूतों, मागधों और नटों को वर्णसंकरता का परिणाम बताती है...'नाट्यशास्त्र' के 'नटशाप' अध्याय में बताया गया है कि ऋषियों के शाप से भरतमुनि के पुत्रों का वंश शूद्राचार, अशौच एवं स्त्री-बालोपजीवी हो गया...अस्तु यह सिद्ध है कि संगीतजीवी ध्रुवपदकारों की परम्परा अत्यन्त प्राचीन है और वे अपनी लीक की रक्षा प्रतिकूल परिस्थितियों में भी करते चले आ रहे थे।" (उप., पृ. 49-50)। जिस समाज में नर्तकों, गायकों, अभिनेताओं को हीन स्थिति में रखा जाये, उसमें संगीतशास्त्र का विकास कैसे हो सकता है?

संगीत के इतिहास का विवेचन करते हुए आचार्य बृहस्पति ने कई उलझनें पैदा कीं पर कुछ महत्त्वपूर्ण बातें बहुत स्पष्ट हैं। भरत बहुत बड़े संगीतज्ञ थे, साहित्य के मर्मज्ञ तो थे ही। भरत के बाद एक परम्परा ऐसे आचार्यों की रही है जो शास्त्र से अधिक लोकरुचि पर ध्यान देते थे। 'मुसलमानों' का शासनकाल अन्धकार युग भले रहा हो, भारतीय संगीत का स्वर्ण युग वही है और वह खयाल-ठुमरी का युग नहीं, ध्रुवपद का युग था। अठारहवीं सदी में संगीत का ह्रासकाल आरम्भ होता है और वह अंग्रेज़ों के शासनकाल में तो बना ही रहता है। 'मुसलमानों' का शासनकाल और अंग्रेज़ों का शासनकाल—इनमें साहित्य की स्थिति; यह साहित्य के इतिहास की समस्या है इनमें संगीत की स्थिति—यह संगीत के इतिहास की समस्या है। दोनों के इतिहास से जो बात प्रमाणित होती है, वह यह कि बारहवीं सदी के बाद जो नवजागरणकाल आरम्भ हुआ, वह साहित्य और संगीत दोनों का नवजागरणकाल है। सोलहवीं-सत्रहवीं सदियाँ, साहित्य और संगीत दोनों का उत्कर्षकाल हैं। साहित्य और संगीत, दोनों के इतिहासकार इस उत्कर्षकाल को मध्यकाल कहते हैं। अंग्रेज़ी राज दोनों की सहज प्रगति में बाधक हुआ। उसे इतिहासकार आधुनिक युग कहते हैं!

ये इतिहासकार जातीयता की समस्या पर विचार नहीं करते–न हिन्दी साहित्य के सन्दर्भ में, न हिन्दुस्तानी संगीत के सन्दर्भ में। इनके लिए इतिहास के विवेचन में धर्म और सम्प्रदाय मुख्य हैं। मुसलमान शासक थे, हिन्दू गुलाम थे, इस धारणा के चलते किसी हिन्दी जाति की कल्पना सम्भव नहीं है। वे कहें चाहे न कहें, वे मानते यही हैं कि अंग्रेज़ी राज में हिन्दू सदियों की गुलामी से आज़ाद हुए। इसीलिए नवयुग उन्नीसवीं सदी से शुरू होता है और मुसलमान? उन्हें चाहिए कि हिन्दुओं से दबकर न रहें, अपना शासक वर्ग का दर्ज़ा फिर हासिल करें! भारत में जनतन्त्र चल नहीं सकता क्योंकि जनतन्त्र का अर्थ होगा मुसलमानों पर हिन्दुओं का शासन।

आचार्य बृहस्पति का मत है : 'पिछले एक सहस्र वर्षों में भारतीय कलाओं, विशेषतया संगीत के साथ जो कुछ हुआ, उसका कारण लोकरुचि नहीं, अपितु आक्रान्ता जाति का आग्रह मात्र था।" (*संगीत चिन्तामणि,* पृ. 367)।

आचार्य जयदेव सिंह का मत है : "10वीं शताब्दी से भारत पर विदेशी आक्रमण शुरू हो गये थे...हमारी सारी विद्याएँ और संस्कृति संस्कृत में प्रतिष्ठित थीं...विदेशियों ने संस्कृत को संरक्षण प्रदान करना बन्द कर दिया...विदेशी आक्रमण के बाद देश में जो अन्धकार फैला, उसके फलस्वरूप संगीतज्ञ भूल गये कि गमकों के संस्कृत नाम क्या हैं।" (*निबंध संगीत,* पृ. 48)।

आचार्य भातखण्डे ने कैप्टन डे का मत उद्धृत किया है : "मुसलमानों के आगमन के साथ ही संगीत पतनोन्मुख हो गया।" (*उत्तर भारतीय संगीत का संक्षिप्त इतिहास,* हाथरस, 1954, पृ. 5)। फिर उन्होंने कैप्टन विलर्ड की राय लिखी है : "मुसलमान विद्या के कोई बड़े संरक्षक नहीं थे और उनमें से जो अधिक कट्टर थे, वे केवल बड़े मूर्तिभंजक ही नहीं बल्कि देश की विद्या को अवरुद्ध करनेवाले हुए, एक बार फिर संगीतशास्त्र की प्रगति रुक गयी और शीघ्रता से उसका पतन होने लगा।" (उप., पृ. 12)। इसके बाद भातखण्डे ने अपनी बात कही है : "केवल भारतवर्ष ही नहीं, जहाँ मुसलमान आक्रमणकारियों ने संगीत के प्रति अपनी निर्ममता से कुख्याति प्राप्त की। फ़ारस में मुसलमानों की विजय के बाद फ़ारसी संगीत के इतिहास में भी हम ऐसी ही परिस्थितियों का प्रतिबिम्ब देखते हैं।" (उप.)। इसके तुरत बाद वह यह भी कहते हैं : "सुलतान अलाउद्दीन जिसने तेरहवीं शताब्दी के उत्तरार्द्ध में दिल्ली में राज्य किया, संगीत का बड़ा प्रेमी था और उसके द्वारा इस कला को बड़ा प्रोत्साहन मिला।" (उप., पृ. 13)।

आचार्य भातखण्डे ने तुर्कों और अरबों में भेद नहीं किया। सभ्य अरबों की अपेक्षा पिछड़े हुए तुर्क संगीतप्रेमी निकले। उन्होंने इस कला को प्रोत्साहन दिया। उनके बाद भी दिल्ली के बादशाह संगीत को प्रोत्साहन देते रहे।

मुसलमानों से सम्पर्क के कारण यदि हम ब्रिटिशपूर्व भारत के संगीत को त्याग दें तो हम अपने जातीय संगीत से हाथ धोयेंगे। भातखण्डे में अनुसार "उत्तर भारत का वर्तमान आदर्श उच्च संगीत वही है, जिसका प्रादुर्भाव और प्रचलन पेशेवर मुसलमान कलाकारों द्वारा पिछली पाँच शताब्दियों में हुआ।" (उप., पृ. 51½ *आदर्श उच्च संगीत*—इसके इतिहास को समझना हमारी जातीय संस्कृति के विकास के लिए आवश्यक है। यह अरब, ईरान, तुर्किस्तान का संगीत नहीं है, यह हिन्दुस्तान का संगीत है जिसे अन्य प्रदेशों ने भी अपनाया है। (हिन्दुस्तान सीमित अर्थ में हिन्दी प्रदेश है, व्यापक अर्थ में सारा देश है।)

हिन्दुस्तानी संगीत के आदर्श उच्च रूप के विकास के बाद अंग्रेज़ी राज में उसकी क्या दशा हुई? उसकी दशा "बिलकुल शोचनीय" हो गयी। कारण यह कि यूरुप के लोग संगीत को "एक अर्ध असभ्य कला के रूप में" देखते थे। देशी रियासतों में कुछ दिन तक इस कला को आश्रय मिला परन्तु जब राजा और नवाब अंग्रेज़ी शिक्षा से प्रभावित होकर आधुनिक बने, तब वहाँ भी उसे आश्रय मिलना बन्द हो गया। एक देशी रियासतों का भारत, दूसरा ब्रिटिश भारत। दोनों में थोड़ा फर्क था। हिन्दू-मुस्लिम दंगे देशी रियासतों में न होते थे; ब्रिटिश भारत में उनका ज़ोर था। संगीत को रियासतों में आश्रय मिला, ब्रिटिश भारत में लगभग उसका सफाया हो गया। अंग्रेज़ी राज का प्रतिक्रियावादी स्वरूप जितना संगीत के इतिहास से उजागर होता है, उतना साहित्य के इतिहास से नहीं। साहित्यकारों ने अपनी भाषाओं और संस्कृति पर अंग्रेज़ी और अंग्रेज़ियत के दबाव का जमकर मुकाबला किया। उनकी सिद्धि से यह भ्रम होने लगता है कि साहित्य का यह विकास अंग्रेज़ी राज की देन है। संगीतकारों को ऐसी ही सिद्धि नहीं मिली। सरकारी नौकरियों के उम्मीदवार मध्यवर्ग के शिक्षित जन संगीत के संरक्षक बन न सकते थे और गवर्नरों या वाइसराय के यहाँ भारतीय संगीत की पूछ न थी।

अंग्रेज़ी राज में संगीत की स्थिति के बारे में आचार्य भातखण्डे ने जो कुछ कहा है, उसे इतिहास के हर विद्यार्थी को खूब ध्यान से पढ़ना चाहिए। 1916 में बड़ौदा के संगीत सम्मेलन में उन्होंने कहा था : "ब्रिटिश काल के प्रारम्भ में अल्पाधिक रूप से संगीत *कुछ प्रमुख रियासती राजाओं के दरबार तक सीमित रहा।* योरुपवासियों ने इसे एक अर्ध असभ्य कला के रूप में देखा। मैं जानता हूँ सर विलियम जोन्स,. डा. ग्रिफिंक्स आदि कई प्राच्य विद्वानों ने इस विषय के अध्ययन का कुछ प्रयत्न किया, पर उनका कार्य केवल शुद्ध शास्त्रीय विवेचन और अल्प प्राचीन खोजों तक सीमित रहा। *ब्रिटिश* काल में भारतीय संगीत को कोई विशेष आश्रय नहीं मिला जिसके फलस्वरूप उसके गुण और परिमाण में निश्चित कमी हो गयी। लगभग बीस या तीस वर्ष पूर्व हिन्दुस्थानी संगीत की अवस्था

बिलकुल शोचनीय स्थिति पर पहुँच चुकी थी। जो रियासती राजा पहले इसकी ओर सहानुभूति और प्रेम रखते थे, नयी पद्धति की शिक्षा पाकर इसकी पूर्णतया उपेक्षा करने लगे, परिणामस्वरूप वंश परम्परा के श्रेष्ठ संगीतज्ञ अपने वंशजों और प्रतिनिधियों के पास अपनी श्रेष्ठतम कला को छोड़कर न जा सके। मेरा अनुमान है कि यह भी कारण है, क्यों *आज देश में प्रथम श्रेणी के कलाकार बिलकुल इनेगिने हैं।* मैं स्वीकार करता हूँ कि अब भी हमारे कुछ रियासती दरबारों में कई उत्कृष्ट कलाकार विद्यमान हैं, पर मैं निस्संकोच कह सकता हूँ कि उनकी संख्या आज बहुत थोड़ी है।" (उप., पृ. 43-44; शब्दों पर ज़ोर मेरा है—रा.वि.)।

देश में प्रथम श्रेणी के कलाकार इनेगिने हैं। जो हैं, वे भी रियासती दरबारों में हैं, ब्रिटिश भारत में नहीं। ब्रिटिश शासनकाल भारतीय संगीत के लिए अन्धकार युग है, इसमें किसी को सन्देह न होना चाहिए। भातखण्डे उन थोड़े से लोगों में हैं जिन्होंने इस अन्धकार युग में संगीत की दीपशिखा को जलाये रखने का प्रयत्न किया। संगीत के इतिहास का अनुसन्धान करते हुए उन्होंने कुछ रोचक तथ्य प्रस्तुत किये हैं। अकबर के एक समकालीन संगीतज्ञ पुण्डरीक विट्ठल थे। भातखण्डे ने इनके संस्कृत में रचे ग्रन्थ बीकानेर के राष्ट्रीय पुस्तकालय में देखे। तथ्य की रोचकता इस बात में है कि ग्रन्थ संस्कृत में है; उसकी रचना करानेवाले, विट्ठल पण्डित के आश्रयदाता, खानदेश के मुसलमान सामन्त बुरहान खाँ थे। इस सन्दर्भ के श्लोक उद्धृत करने के बाद भातखण्डे ने लिखा है : "इस प्रकार मैंने खोज निकाला कि पण्डित पुण्डरीक विट्ठल फारूकी वंश के अहमद खाँ के पौत्र ताज खाँ के बेटे बुरहान खाँ के पास नियुक्त थे।" (उप., पृ. 28)। विट्ठल पण्डित ने अपने आश्रयदाता को *संगीतादिकलाप्रपूर्णविमलः साहित्यतेजोमयः* कहा है (उप.), यह झूठी प्रशंसा नहीं है। आचार्य भातखण्डे के अनुसार "ऐसा भी आभासित होता है कि उनके काल में उत्तरी भारत का संगीत अव्यवस्थित हो रहा था और उनके संरक्षक राजा बुरहान खाँ ने उसे फिर से व्यवस्थित रूप देने की आज्ञा दी थी।" (उप., पृ. 29)। जो काम भातखण्डे बीसवीं सदी में कर रहे थे, वह काम चार सौ साल पहले बुरहान ख़ाँ की आज्ञा से विट्ठल पण्डित ने किया था, और अच्छा किया था क्योंकि "उनके रागलक्षण सचमुच बड़े सुन्दर शब्दों में सजे हुए हैं।" (उप.)।

विट्ठल पण्डित दक्षिण से उत्तर आये। उनके ग्रन्थ "'रागमाला' से यह स्पष्ट होता है कि ग्रन्थकार उत्तर भारत के संगीत और संगीतज्ञों से, सम्भवतः दिल्ली या आगरा के कलाकारों से परिचित थे।...मैं समझता हूँ कि पुण्डरीक ने इस ग्रन्थ की रचना सम्राट् की आज्ञा से अथवा उसके बिना ही उत्तर में आने के बाद की।" (उप., पृ. 31)। अकबर के कहने से ग्रन्थ रचा हो, चाहे स्वेच्छा से, संस्कृत में ग्रन्थ रचते समय शासन की ओर से उन्हें किसी बाधा का सामना नहीं करना

पड़ा। संस्कृत में भारतीय संगीत के बारे में जो कुछ लिखा जाता था, अपने पढ़ने के लिए मुस्लिम सामन्त अक्सर फ़ारसी में उसका अनुवाद कराते थे। दामोदर का संगीत दर्पण 1625 के आसपास लिखा गया; उसका "फ़ारसी अनुवाद 18वीं शताब्दी के उत्तरार्द्ध के पूर्व ही हो चुका था।" (उप., पृ. 32)। अहोबल के ग्रन्थ *संगीत पारिजात* का "फ़ारसी अनुवाद वसुदेव के पुत्र दीनानाथ के द्वारा सन् 1724 में हुआ।" (उप., पृ. 33-34)। और आगे चलकर "निज़ाम के महाराजा के पास नियुक्त विख्यात संगीत विद्वान पं. अप्पा तुलसी" ने *संगीतकल्पद्रुमाङ्कुर* रचा। वह "भारतीय संगीत के व्यवस्थाकार्य में" भातखण्डे के "एक योग्य सहयोगी रहे हैं।" (उप., पृ. 58)। इन्होंने "'रागचन्द्रिका सार' नामक हिन्दी में भी एक छोटी सी पुस्तक लिखी।" (उप., पृ. 60)।

मानसिंह तोमर की आज्ञा से संकलित *मान कुतूहल* का फ़ारसी अनुवाद *रागदर्पण* नाम से फ़करुल्लाह ने किया। उसकी एक प्रति राजा नवाब अली के पास थी। बड़ौदा संगीत सम्मेलन में आचार्य भातखण्डे ने घोषित किया : "आपको यह जानकर हर्ष होगा कि हमारे उदार मित्र और अधिवेशन के सभापति लखनऊ के ठाकुर नवाब अली खाँ को 'रागदर्पण' की एक प्रति प्राप्त हो सकी है और उन्होंने उसे अधिवेशन को उपहारस्वरूप प्रदान करने की स्वीकृति दी है।" (उप., पृ. 24)। और नवाब अली खाँ ने "उर्दू में मेरे ही विचारों के आधार पर 'मारिफुन्नग़मात' ग्रन्थ की रचना की है।" (उप., पृ. 62)। इस तथ्यों से यह प्रमाणित नहीं होता कि मुसलमान भारतीय संगीत के शत्रु थे।

उल्लेखनीय है कि संगीत के पुनरुत्थान के लिए भातखण्डे देशी रियासतों की ओर देखते हैं, ब्रिटिश भारत की ओर नहीं। गायकवाड़ महाराज ने "हम सब प्रतिनिधियों को इस गिरी हुई कला के पुनरुत्थान का महान कार्य सम्पन्न करने के लिए यहाँ एकत्रित होने का सुअवसर प्रदान किया। उन्होंने अग्रणी होकर संगीत शिक्षा के अत्यधिक महत्त्व को स्वीकार किया और मुझे बहुत आशा है कि उनके आदर्श के अनुसार देश के अन्यान्य रियासती शासक भी इसके महत्त्व को स्वीकार करेंगे और हमारे आन्दोलन में अपना पूर्ण सहयोग देंगे।" (उप., पृ. 64)।

9.15 स्वाधीनता और संगीत के विकास की दिशाएँ

भारत स्वाधीन हुआ। रियासतें खत्म हुईं। पुराने संगीतकारों के सामने रोटीरोज़ी की समम्या आ खड़ी हुई।

रामपुर के नवाब के यहाँ एक पखावजी अयोध्याप्रसाद थे। बीनकार उस्ताद दबीर खाँ ने अपनी 'बहू बेगम' श्रीमती सुलोचना बृहस्पति से कहा : "रामपुर दरबार के गयाप्रसाद जी के पखावज में बादल भी गरजते थे और रिमझिम भी होती

थी। बीन के साथ पखावज ऐसी होनी चाहिए जैसे फुहार पड़ रही हो। ऐसी पखावज तो रामपुर के अयोध्याप्रसाद बजाते हैं। हमारे और उनके बुजुर्गों की संगत सैकड़ों बरसों से रही है।" (*संगीत चिन्तामणि,* द्वितीय खण्ड, बृहस्पति पब्लिकेशन्स, दिल्ली, 1987; पृ. 250)। हमारे जातीय संगीत का विकास यों हुआ है।

भारत स्वाधीन हुआ। रियासतें खत्म हुईं। उस्ताद दबीर ख़ाँ ने कहा : "अब दरबार कहाँ हैं? ...किसे बताएँ बीन? कैसे रियाज़ करें? किससे अपनी मुसीबत कहें?...आज मुझे ट्यूशनें करनी पड़ती हैं, सितार की, गाने की ट्यूशनें। पेट भी तो है।" (उप.)। स्वाधीन भारत में संगीत का सामाजिक आधार और विस्तृत हुआ है पर संगीतकारों की आर्थिक समस्या अपनी जगह है। और यह समस्या पुराने संगीतकारों के ही नहीं, नये संगीतकारों के सामने भी है। अन्य क्षेत्रों में बेकारी हो तो संगीत की दुनिया उससे कैसे बची रह सकती है?

संगीत के वैज्ञानिक विकास की समस्या भी महत्त्वपूर्ण है। आचार्य बृहस्पति का कहना है : "संगीत के उत्कर्ष के लिए यह परमावश्यक है कि हम शास्त्रीय अर्थात् तर्कशुद्ध एवं वैज्ञानिक दृष्टिकोण का आश्रय लेकर अपने संगीत में पुनः प्राण-प्रतिष्ठा करें।" (*संगीत चिन्तामणि,* प्र.खं., पृ. 388)। इसके लिए सबसे पहले इतिहास के प्रति सही दृष्टिकोण आवश्यक है। यथासम्भव नवजागरणकाल के संगीत से नाता जोड़ना और ह्रासकालीन संगीत से नाता तोड़ना चाहिए। अबुल फ़ज़ल ने "ध्रुवपद को जनता के प्रत्येक वर्ग की प्रिय पद्धति" कहा था। (उप. पृ. 380)। यह नवजागरणकाल है। "लोगों में चमत्कारप्रियता बढ़ गई थी, वे कलाकारों की परस्पर नोंक-झोंक देखने के अभ्यस्त हो गए थे।" (उप.)। यह ह्रासकाल की विशेषता है। इस काल में "ध्रुवपद-गायक घुट-घुटकर जी रहे थे।" (उप.)। आचार्य बृहस्पति ने एक ज्ञान की बात यह कही है : "राग का स्वभाव भले ही गम्भीर हो, परन्तु उसे मार-मारकर द्रुत लय तक पहुँचा देना शान की बात थी।" (उप., पृ. 384)। रागों के स्वभाव को समझना, उनके स्वभाव के अनुरूप अपनी गायन-वादन विधि निश्चित करना, यान्त्रिक गायकी से रागों को मुक्त करना—यह प्रधान कार्य है।

भारतीय संगीत का सारा विकास उसे सुगम और मधुर बनाने की ओर रहा है। गान्धार ग्राम तो बहुत पहले निरस्त हो गया था, मध्यम ग्राम का निरसन संगीत के विकास की बहुत महत्त्वपूर्ण मंज़िल था। मध्यम ग्राम के निषाद की स्थिति अलग, षड्जग्राम के निषाद की स्थिति अलग, यह झमेला खत्म हुआ। निषाद की दोनों स्थितियाँ, कोमल-तीव्र रूपों में, एक ही षड्जग्राम के अन्तर्गत विद्यमान हुईं। मध्यम अपना पुराना रूप खोकर तीव्र-कोमल रूपों में प्रयुक्त हुआ। इस विकास का अनिवार्य परिणाम था सप्तक में पाँच स्वरों की वृद्धि। मूल स्वर

सात ही थे, पाँच विकृतियाँ थीं, इसलिए सप्तक नाम अब भी सार्थक था। विदेश में बारह स्वरों का व्यवहार होता है, वहाँ प्रत्येक स्वर क्षेत्र में श्रुति संख्या एक सी है, हमारे यहाँ एक सी नहीं है, यह मौलिक अन्तर है। यहाँ आधुनिक हिन्दुस्तानी संगीत और प्राचीन संगीत में कोई अन्तर नहीं है। आचार्य भातखण्डे कहते हैं : "इन श्रुतियों की संख्या के विषय में सौभाग्य से सब नये-पुराने ग्रन्थकारों का मतैक्य दिखायी देता है। एक षड्ज से उसके ऊपरवाले षड्ज तक के क्षेत्र में—एक सप्तक में—ऐसे संगीतोपयोगी नाद बाईस मानकर उन पर उनके शुद्ध व विकृत स्वरों की स्थापना करते थे। इतना ही नहीं, किन्तु और भी एक महत्त्वपूर्ण बात के बारे में उन शास्त्रकारों में मतैक्य होता था; वह यह कि वे सब अपनी उन 22 श्रुतियों को 7 शुद्ध स्वरों में बाँटते समय एक परम्परागत नियम बड़े आदर से स्वीकारते थे...षड्ज, मध्यम व पंचम, इन स्वरों की चार-चार श्रुतियाँ, गान्धार व निषाद की दो-दो श्रुतियाँ और ऋषभ-धैवत की तीन-तीन श्रुतियाँ हैं।" (*क्रमिक पुस्तक मालिका,* खण्ड 4, पृ. 17)। श्रुतियों की संख्या पहले से निश्चित करके उन्हें स्वरों में न बाँटा गया था पर यहाँ ध्यान देने की बात यह है कि स्वरों में श्रुति संख्या भेद पहले से चला आ रहा है और वह अब भी मान्य है।

पुराने शास्त्रीय संगीत से नया शास्त्रीय संगीत चाहे जितना भिन्न हो, यदि वह सुन्दर है तो उसे छोड़ा नहीं जा सकता। "अब मैं स्पष्ट आपसे पूछता हूँ कि क्या आप इस समय अपने प्रचलित संगीत को प्राचीन संगीत के पक्ष में त्याग देना चाहेंगे? मैं नहीं समझता कि आप इसके लिए राजी हैं।" (भातखण्डे : *उत्तर भारतीय संगीत का इतिहास,* पृ. 26)। बात सही है। पर त्यागने, न त्यागने की बात ही क्यों सोचें? दोनों का सहअस्तित्व क्यों न हो? कुछ केन्द्रों में प्राचीन संगीत को पुनर्जीवित करने का प्रयास हो, उसी के प्रशिक्षण की व्यवस्था हो। इंग्लैड की कुछ नाटक कम्पनियाँ शेक्सपियर के समय की नाट्यप्रथा के अनुसार नाटक खेलती हैं। अन्य कंपनियाँ आधुनिक नाटक दूसरे ढंग से खेलती हैं। इससे उनकी नाट्य संस्कृति का वैभव ही प्रदर्शित होता है। शास्त्रवादियों में यह प्रवृत्ति होती है कि वे एक ही शास्त्र को प्रतिष्ठित करना चाहते हैं। आचार्य भातखण्डे हिन्दुस्तानी संगीत को व्यवस्थित कर रहे थे। वह समस्त हिन्दुस्तानी संगीत को एक ही शास्त्र द्वारा अनुशासित देखना चाहते थे। उनकी शास्त्रीय व्यवस्था में हिन्दुस्तानी संगीत की विविधता कहीं न कहीं सीमित हुई। यह विविधता कितनी मनोरम है, यह आचार्य बृहस्पति और सुलोचना बृहस्पति की पुस्तक *राग-रहस्य* (प्रथम भाग, बृहस्पति पब्लिकेशन्स, नयी दिल्ली, 1986) को देखने से मालूम हो जाता है।

यह पुस्तक सदारंग-परम्परा की विशेषताओं से परिचय कराती है। इस परम्परा के दस ठाठों में सवाल जवाब, इसी परम्परा में कल्याण से अन्य ठाठों

की प्राप्ति के उपाय, ऐमन की लम्बे समय तक शिक्षा देने का विधान, जिस राग के नाम पर ठाठ का नामकरण हुआ हो, उसके व्यवहार में ठाठ से बाहर के किसी भी स्वर का निषेध आदि अनेक विशेषताओं का विवरण है। कुछ इतिहास सम्बन्धी दिलचस्प सूचनाएँ हैं। यथा–"रामपुर-परम्परा के गुणी जौनपुरी गाते ही नहीं और 'आसावरी' में केवल कोमल ऋषभ प्रयुक्त करते हैं" क्योंकि "जौनपुर के लोग 'कव्वाल-बच्चे' कहलाते थे...'कलावन्तों' का यह कथन सदैव रहा कि 'खयालियों' ने रागों का सत्यानाश कर दिया।" (पृ. 132-33)। और 'सदारंग'–यह नामकरण दक्षिण के वाग्गेयकार 'परिमलरंग' के अनुकरण पर हुआ था। (पृ. 133)। इस पुस्तक से समस्त हिन्दुस्तानी पद्धति का नहीं, एक संगीत परम्परा का परिचय मिल सकता है। इससे संगीत सम्बन्धी साहित्य समृद्ध होता है। उल्लेखनीय है कि यहाँ शास्त्र सम्बन्धी आग्रह सब एक ओर हटा दिये गये हैं। ठाठों की खूब चर्चा है, शुरुआत ऐमन से होती है, वहाँ तीव्र मध्यम का अस्तित्व तो है ही। बंदिशें ब्रज भाषा में हैं, और आचार्य बृहस्पति (अनँग रँग) की रची हुई हैं।

संगीत में यथार्थवाद के विकास की बहुत गुंजाइश है। वर्षा सम्बन्धी राग इस यथार्थवाद के उदाहरण हैं। इन रागों में बड़ी विविधता है, वर्षा के अनेक रूप इनमें देखे सुने जा सकते हैं। ऐन्द्रिय अनुभव का नाद में रूपान्तर–यह यथार्थवाद का एक रूप है। कौन सा राग किस समय गाया जाये–यह विधान प्राकृतिक परिवेश से नाद के सम्बन्ध की ओर संकेत करता है। अनेक रागों के आधार पर चित्र बनाये गये हैं–कोई प्राकृतिक दृश्य, उसके साथ कोई भावमग्न युवती। इसका अर्थ है, प्राकृतिक दृश्यों पर संगीत रचा जा सकता है, मानव समुदायों और उनके व्यापारों पर संगीत रचा जा सकता है। हिमालय, हिन्द महासागर, *महाभारत*, *रामायण*–इन सबसे सम्बन्धित मनुष्य का अनुभव नाद में रूपान्तरित हो सकता है। यह रूपान्तरण गायन में, गायन से अधिक वादन में सम्भव है।

साहित्यिक कृति में जैसे स्थापत्य का महत्त्व होता है, वैसे ही संगीत रचना में होना चाहिए : आरम्भ, विकास, परिणति; रचना में ऐन्द्रिय और भाव-सघनता का वितरण; ऐन्द्रिय और भाव-सघनता का सामंजस्य, इत्यादि। जैसे ईंट-पत्थरवाले स्थापत्य में बड़ी विविधता है, वैसे ही नाद के स्थापत्य में है। संगीत में यथार्थवाद के विकास के साथ इस नाद-स्थापत्य का विकास और परिष्कार सम्भव है।

शास्त्रीय संगीत का आदि स्रोत है लोकसंगीत। हमारे देश के लोकसंगीत में असामान्य विविधता है। उसके आधार पर अनेक दिशाओं में संगीत का विशद विकास सम्भव है। शरच्चन्द्र श्रीधर पराञ्जपे के अनुसार भारतीय रागों का सारा विकास लोकसंगीत के आधार पर हुआ। *भारतीय संगीत का इतिहास* (चौखम्बा,

1969) में उन्होंने बताया है कि *नाट्यशास्त्र* में जाति शब्द "परम्परागत स्वरावलियों अथवा धुनों के वर्गीकृत समूह की अभिव्यंजना करनेवाला है।" (पृ. 318-19)। रागों से पहले हैं जातियाँ। वे परम्परागत धुनों के वर्गीकृत समूह हैं। धुनें पहले से चली आ रही हैं, उनका वर्गीकरण बाद में हुआ है। आगे कहते हैं : "जातियों का मूलाधार यद्यपि प्रचलित जनसंगीत था, तथापि नियमों के संस्कार एवं परिष्कार से उन्होंने शिष्ट जनसम्मत संगीत का स्थान प्राप्त कर लिया था।" (पृ. 322)। इस तरह जनसंगीत शिष्ट संगीत बना और क्रमशः अपने मूलाधार से दूर होता गया। इस शिष्ट संगीत के नियमों का उल्लंघन करके आगे आया जाति-राग। "भरत के अनुसार स्वरसाधारण विषयक नियमोल्लंघन से जो परिणाम निकलता है, वह जाति न कहलाते हुए 'जातिराग' संज्ञा से संज्ञित होगा।" (पृ. 319-20)। इस तरह *नाट्यशास्त्र* के रचनाकाल में ही शास्त्र के नियम टूटने लगे थे। अभिजात से लोकसंगीत टकराया और विजय हुई लोकसंगीत की। "जाति शास्त्रीय नियमों से आबद्ध तथा सीमित है, जातिराग इन नियमों से परे देशरुचि तथा लोकरुचि पर अवलम्बित है। दूसरे शब्दों में जाति अभिजात समाज की वस्तु है तथा जातिराग लोकव्यवहार में नित्यशः प्रयुक्त होनेवाली वस्तु है।" (पृ. 320)।

शास्त्रीयता अभिजात वर्ग से जुड़कर जब रूढ़िबद्ध हो जाती है, तब उसका उल्लंघन आवश्यक हो जाता है। राग प्रणाली ने जाति पद्धति का स्थान इसी तरह लिया था। "'राग' शब्द पारिभाषिक संज्ञा के रूप में 'नाट्यशास्त्र' में अपेक्षाकृत न्यून मात्रा में पाया जाता है...भरत के परवर्ती कोहल, कश्यप, याष्टिक, दुर्गशक्ति आदि संगीतज्ञों के द्वारा जाति की अपेक्षा राग-प्रणाली का अधिक एवं सविस्तार विवेचन किया गया है।" (पृ. 319)। इस विवेचन का आधार लोकसंगीत था। भरत स्वयं कह गये हैं : नाट्यं लोकस्वभावजम् (अथवा नाट्यं लोकात्मकं त्विदम्; *नाट्यशास्त्र,* 25.123)। नाट्य लोकस्वभाव से उत्पन्न होता है। इस तरह भरत संगीत के भावी विकास की दिशा भी निर्धारित कर गये हैं।

आचार्य बृहस्पति का एक बहुत सुन्दर निबन्ध है—'धमार गायकी : एक रंगारंग परम्परा'। इसमें उन्होंने औरंगज़ेब के संगीत-प्रेम की चर्चा करने के बाद लिखा है : "धमार की धूमधाम केवल लोकजीवन अथवा वैष्णवों के मन्दिर में ही नहीं थी, अपितु मुगलों के—उनमें भी औरंगजेब तक के—दरबार और अन्तःपुर रंगीन धमारों से गूँजते थे।" (*निबन्ध संगीत,* हाथरस, 1978; पृ. 60)। धमार लोकजीवन की उपज था। वह धार्मिक संगीत नहीं था पर उसने मन्दिरों में प्रवेश किया। वह रीतिवादी संगीत नहीं था पर उसने दरबारों और अन्तःपुरों पर अधिकार किया। लोकसंगीत में ऐसी ही शक्ति होती है और यह शक्ति उसे लोकजीवन से प्राप्त होती है।

9.16 यूरुप का नवजागरण और संगीत

यूरुप के नवजागरण के संगीत से हम अपने यहाँ के उसी समय के संगीत की तुलना करें तो कुछ दिलचस्प बातें सामने आयेंगी।

जेराल्ड हेन्ड्री और दीना बार्शम ने अपनी पुस्तक *रिनैसेन्स म्यूज़िक* में यूरुप को ध्यान में रखते हुए नवजागरणकाल की अवधि 1425 से 1600 तक बतायी है, इंग्लैंड में यह अवधि कुछ अधिक, 1625 तक, चली आती है। वास्तव में यह यूरुप की जातियों के गठन का पहला दौर है। साहित्य तथा ललित कलाओं को यूनान की संस्कृति से प्रेरणा मिली, इसलिए इस युग को रिनैसेन्स, पुनर्जन्म अथवा पुनर्जागरण कहते हैं। वास्तव में यह जातीय निर्माण का नया युग था, इसलिए उसे नवजागरण काल कहना अधिक उचित है। यूनान के प्राचीन संगीत के बारे में जानकारी बहुत कम थी, इसलिए साहित्य की तुलना में यूनान की प्रेरणा संगीत में नगण्य थी; इसलिए भी संगीत के प्रसंग में पुनर्जागरण अधिक भ्रामक, नवजागरण अधिक सार्थक शब्द है। उक्त लेखकों ने उस युग को अद्‌भुत रूप से समृद्ध बताया है। यह समृद्धि जातीय संगीत के विकास का परिणाम थी। इस विकास के दो स्तर थे, एक अभिजात, दूसरा जनसाधारण का। संगीत की उच्च कला सुसंस्कृत अल्पसंख्यक अभिजातों तक सीमित थी। जनसाधारण की संगीत कला अधिक व्यापक थी, वह एक हद तक आशुरचित होती थी।

इटली, अन्य कलाओं के साथ, संगीत का भी गढ़ था। देश छोटे-छोटे राज्यों में बँटा हुआ था, फिर भी ब्रिटेन जैसे देशों से सांस्कृतिक विकास में आगे था। उसकी तुलना चोल आदि राजाओं के समय के तमिलनाडु से अथवा औरंगज़ेब के बाद के हिन्दी प्रदेश से की जा सकती है। अनेक छोटे बड़े सामन्तों से उसे संरक्षण मिला था। रिनैसेन्स के समानान्तर रिफौर्मेशन नाम के धार्मिक सुधार आन्दोलन का चलन भी हुआ। इस आन्दोलन के लिए संगीत का उपयोग धर्मप्रचार के लिए किया जा सकता था, पर भावों की अभिव्यक्ति, आनन्द और उल्लास से उसे सरोकार न था। उल्लेखनीय है, अधिकांश इटलीवासी रोमन कैथलिक थे, रिफौर्मेशन के प्रभाव से वे मुक्त थे और अपने संगीत से उत्तरी यूरुप को निरन्तर प्रभावित करते रहे थे। संगीतकारों ने अपने हितों की रक्षा के लिए अपने संघ बनाये थे। इनकी तुलना हिन्दुस्तानी संगीत के घरानों से की जा सकती है। यूरुप में संगीत को संकेतचिह्नों से लिपिबद्ध करने का चलन था। स्वरलिपि से संगीतकार को आंशिक सहायता ही मिल सकती थी। जो लोग भारत की गुरुशिष्य परम्परा से असन्तुष्ट हैं, उन्हें उक्त लेखकों के इस वाक्य पर ध्यान देना चाहिए : "इसमें स़न्देह नहीं कि सबसे अच्छी संगीत शिक्षा, रिनैसेन्स में जैसे कि अन्य किसी भी

युग में, उस समय के एक या एक से अधिक नामी संगीतकारों से व्यक्तिगत सम्पर्क द्वारा और उनके प्रशिक्षण द्वारा प्राप्त होती थी।" (पृ. 28)। छापे का चलन होने पर स्वरलिपियाँ मुद्रित होने लगीं पर गुरु-मुख से संगीत सीखने का महत्त्व अपनी जगह बना रहा।

यूरुप यदि कभी राष्ट्र की संज्ञा का हकदार बन रहा था तो वह इसी नवजागरणकाल में। भारत के लिए जो बात सामान्य और सनातन है, वह यूरुप के लिए नवीन और आश्चर्यजनक थी। हेन्ड्री और बार्शम का कहना है : "रिनैसेन्स में लोग स्पष्ट ही जिस आसानी और बेसरोकारी से समूचे यूरुप में यात्रा करते थे, उससे अधिक आश्चर्यजनक और कुछ नहीं है। इस दिशा में कलाकार विशेष सक्रिय थे। यह कहना सम्भवतः सच होगा कि संगीतकारों की जैसी अन्तरराष्ट्रीय बिरादरी उस युग में बनी, वैसी फिर नहीं बनी।" (पृ. 29)। जातियों के निर्माणकाल में जातीय संकीर्णता कम थी, पूँजीवाद के विकास के साथ वह बढ़ी। यह बात संगीत के लिए हितकर न थी। व्यापारिक पूँजीवाद के अभ्युदयकाल में चित्रकला, शिल्पकला, वास्तुकला की उपलब्धियाँ चमत्कारी थीं। मशीनी उद्योग के चलन से वस्तुओं का उत्पादन तो बढ़ा पर कलात्मक सुन्दर कृतियों का उत्पादन घट गया। उन्नीसवीं सदी के मध्य तक लोग अधिकतर समकालीन संगीत ही सुनते थे; उसके बाद जाज़ और पॉप संगीत छोड़कर लोग मृत कलाकारों का संगीत ही सुनते हैं। (पृ. 8)। संगीत के विकास को पहला धक्का लोहे कोयले वाली औद्योगिक क्रान्ति से लगा, दूसरा धक्का महाजनी पूँजीवाद के युग में विद्युत्संचालित प्रौद्योगिकी से लगा। इस प्रौद्योगिकी से एक ही लाभ हुआ, बड़े पैमाने पर पुराने संगीतकारों की रचनाएँ जनसाधारण को सुलभ हुईं, विशेष रूप से दूसरे महायुद्ध के बाद। इन पुराने संगीतकारों के अलावा और उनके साथ जिन आधुनिक कलाकारों की रचनाएँ सुनी जाती रही हैं, वे सोवियत संघ के थे। आधुनिक संगीत के नाम पर पूँजीवादी संसार जनता को जाज़ और पॉप संगीत ही दे सका है।

उत्पादन में विकास के साथ क्या उसी गति से कला में विकास होता है? कला अपने सामाजिक आधार से कभी विलग नहीं होती पर यह सम्बन्ध पेचीदा होता है। व्यापारिक पूँजीवाद ने सामन्ती अलगाव कम किया, जातीय चेतना जगायी और यह चेतना, ज्ञात तथा अज्ञात रूपों में, कलात्मक सृजनशीलता की महान् प्रेरणा बनी। औद्योगिक प्रगति के साथ वर्गसम्बन्ध कठोर हुए, सृजनशीलता की प्रेरणा क्षीण हुई। दोनों ही स्थितियों में सामाजिक आधार से कला का सम्बन्ध बना रहा, किन्तु परिणाम भिन्न थे। हेन्ड्री और बार्शम का कहना है : "उन्नीसवीं सदी से लगाकर बाद तक जैसे जैसे उच्च कोटि के पुराने संगीत का अधिकाधिक

पता चला, वैसे वैसे यह विश्वास करना कम सम्भव होता गया कि कला में विकास प्रक्रिया चालू है और समकालीन संगीत पहले के संगीत से अनिवार्यतः अच्छा है।" (पृ. 10)। भारत में पुरानी बंदिशें अब भी चालू हैं, इस पर किसी को आश्चर्य न होना चाहिए। संगीत को लिखने और छपाने की प्रक्रिया हमारे यहाँ बीसवीं सदी में आरम्भ हुई। यूरुप की अपेक्षा यहाँ संगीत शिक्षा की मौखिक परम्परा पर ज़्यादा ज़ोर रहा है। इसके सिवा पूर्वनिर्धारित रचना के बदले आशुरचना पर भी यहाँ ज़्यादा ज़ोर रहा है। भारत और यूरुप दोनों जगह पूजास्थान संगीत के प्रधान केन्द्र रहे हैं। यूरुप ने वाद्ययन्त्रों के संगीत में बहुत विकास किया है किन्तु यह विकास बहुत कुछ नया है। हेन्ड्री और बार्शम के अनुसार "रिनैसेन्स से पहले विशुद्ध वाद्य संगीत अपेक्षाकृत बहुत थोड़ा था।" (पृ. 24)। भारत में वाद्य संगीत की परम्परा अत्यन्त प्राचीन है। इस प्रसंग में वीणा का नाम लेना काफी होगा।

यूरुप में गम्भीर घोष के ऑर्गन का चलन था। इसके एक प्रसिद्ध वादक जर्मनी के बाख़ थे। इनका समय (1685-1750) लगभग वही है जो तमिलनाडु के त्यागराज का है। दोनों ही का सम्बन्ध धार्मिक संगीत से था किन्तु जर्मनी में चर्च ने बाख़ के साथ नौकर जैसा व्यवहार किया। चर्च के स्कूल में शिक्षक के रूप में काम के लिए उन्हें जिस अनुबन्धपत्र पर हस्ताक्षर करने पड़े, उसमें एक शर्त यह थी कि प्रमुख अधिकारी की अनुमति के बिना वह नगर से बाहर न जा सकते थे। (पृ. 73)। बँधुआ खेत मज़दूर जैसे मालिक की आज्ञा के बिना गाँव न छोड़ सकता था, लगभग वैसी ही स्थिति बाख़ की थी। "नौकरी से निकाले जाने के प्रश्न को बहुत ज़िद्दी ढंग से सामने लाने के कारण" उन्हें महीने भर जेल में रखा गया था। (पृ. 75)। बाख़ ने संगीत में नया युग आरम्भ किया परन्तु थोड़े से जानकारों को छोड़कर कम लोग उनकी कृतियों से परिचित थे। उनकी मृत्यु के लगभग अस्सी वर्ष बाद मेन्डेलसोने ने उनकी रचनाओं को पुनः प्रस्तुत करके उन्हें एक तरह से नया जीवन दिया। बाख़ की तरह त्यागराज को किसी चर्च के कठोर अनुशासन का सामना नहीं करना पड़ा, रचनाकार के रूप में वह पूर्ण स्वतन्त्र थे और उनकी परम्परा जीवन्त रूप में अब तक विद्यामान है।

औद्योगिक क्रान्ति के बाद वाद्ययन्त्रों में बहुत 'सुधार' हुआ। रिनैसेन्सकाल का एक लोकप्रिय तारवाद्य ल्यूट था। इसमें इतना सुधार हुआ कि उसका माधुर्य नष्ट हो गया और कलाकारों ने उसे बजाना बन्द कर दिया। (पृ. 84)। पिआनो का पूर्वाभास देनेवाला एक वाद्ययन्त्र हार्प्सीकॉर्ड था। इसमें भी 'सुधार' हुआ और नतीजा वही निकला; लोगों ने इसे बजाना बन्द कर दिया। बाख़ जिस तरह का ऑर्गन बजाते थे, उसे भी 'सुधारा' गया पर विशेषज्ञों ने ऊबकर पुराने ढंग के

ऑर्गन को फिर से चालू किया। (पृ. 85)। ढाका की मलमल जिन करघों पर तैयार की जाती थी, वे चाहे जितने पुरानपन्थी हों, मशीनों से बना कपड़ा उसका मुकाबला न कर सकता था। यह बात वाद्ययन्त्रों के लिए भी सच है।

9.17 कर्णाटक संगीत और तमिलनाडु

तमिलनाडु में काव्यकला के साथ ललित कलाओं का विकास भी हुआ, इस दृष्टि से तमिल नवजागरण की तुलना केवल इटली के पुनर्जागरण से की जा सकती है। दोनों में लगभग हज़ार साल का अन्तर है, वास्तव में तमिल नवजागरण रोमनकालीन इटली के प्रथम जागरण के अधिक निकट है। तमिलनाडु में नृत्यकला का विकास विशेष रूप से हुआ, वैसा विकास न तो इटली के प्रथम जागरण में हुआ, न उसके पुनर्जागरण में। कोई आश्चर्य नहीं कि दोनों तमिल काव्यों में नर्तकी माधवी और उसकी पुत्री मणिमेखलइ की भूमिका महत्त्वपूर्ण है।

शिलप्पदिकारम् के हिन्दी अनुवादकों ने अपनी भूमिका में बताया है कि इसमें काव्य, संगीत और नाटक, इन तीन साहित्यिक रूपों का समन्वय है। जहाँ तहाँ गेय पद हैं, वे संगीत हैं। बीच-बीच में गद्यात्मक अंश नाटक के अन्तर्गत हैं। नाटकीयता के लिए गद्य का प्रयोग अनिवार्य नहीं है। पद्य में पात्रों के भाषणों में यथेष्ट नाटकीयता है; मदुरइ की राजसभा में कण्णगी के भाषण से अधिक नाटकीय क्या हो सकता है? रामलीला में जैसे संचालक *रामचरितमानस* के वर्णनात्मक अंश पढ़े, अभिनेता सम्वाद बोलें तो काव्य और नाटक दोनों का आनन्द आता है, वैसे ही यहाँ भी सम्भव है। *रामायण* को गाकर सुनाना वाल्मीकि ने लव और कुश को सिखाया। वनवासी मुनियों ने *गायन्तौ तौ कुशीलवौ,* उन गायकों अथवा अभिनेताओं का गाना सुनकर उनकी प्रशंसा की। (बालकाण्ड, 4.17)। काव्य और संगीत का समन्वय तो यहाँ है ही, सम्भव है, लवकुश गाने के साथ अभिनय भी करते रहे हों। कुशीलव का अर्थ गायक और अभिनेता दोनों है। उल्लेखनीय है कि अयोध्या में वधू नाटक संघ है (उप., 5.12), स्त्रियाँ अभिनय करती हैं और उनकी नाटक मण्डलियाँ हैं। वाल्मीकि नाट्यकला से अवश्य परिचित थे।

शिलप्पदिकारम् में माधवी के एक गुरु उसे नृत्य की शिक्षा देते हैं। यहाँ अनेक नृत्यों और नृत्यविधियों का उल्लेख किया गया है। एक गुरु संगीत की शिक्षा देते हैं। वहाँ संगीतशास्त्र, वाद्ययन्त्रों, गायन वादन विधियों का वर्णन किया गया है। नाट्यशास्त्र का आचार्य नृत्य संगीत में प्रवीण होने के अतिरिक्त–

> **अन्य पण्डितों के सदोष वचनों को समझकर**
> **पूर्णतः निर्दोष रचना करनेवाला विद्वान् था।**

(पृ. 19)

अर्थात् कवि भी था। मृदंग, मुरली और वीणा के विशेषज्ञ वादक अलग-अलग हैं और इनके कौशल का विवरण भी दिया गया है। मद्रास की एशियन स्टडीज़ नाम की संस्था ने दस खण्डों में तमिल साहित्य के विश्वकोश के प्रकाशन की योजना बनायी है। इसका पहला खण्ड 1990 में प्रकाशित हो चुका है। इसमें तमिल संगीत पर डॉ. एस.एस. जयलक्ष्मी का लेख है। इसमें मुख्यतः *शिलप्पदिकारम्* के आधार पर तमिल संगीत का विवेचन किया गया है।

हिन्दुस्तानी संगीत की तरह तमिल संगीत में भी सात स्वर हैं; डॉ. जयलक्ष्मी के अनुसार षड्ज आदि के लिए कुरल् आदि उनके नाम भिन्न हैं। प्रत्येक स्वर में श्रुतियों की संख्या निश्चित होती है। "शार्ङ्गदेव का बाईस श्रुतियोंवाला सिद्धान्त सुपरिचित है।" (*एनसाइक्लोपीडिया,* पृ. 179)। श्रुति के लिए तमिल शब्द *अलगु* है। मूलाधारम् से शीर्ष तक श्वास को नियन्त्रित रखने से संगीत उत्पन्न किया जाता है। स्वर सरणी में ऊपर चढ़ने को *आरोचइ* अथवा *आरोहणम्* और उतरने को *अमरोचइ* अथवा *अवरोहणम्* कहते हैं। (उप., पृ. 183)। राग के लिए तमिल शब्द *पण्* है। हिन्दुस्तानी संगीत में जो राग बिलावल है, वह तमिल में चॅम्पालइ, कर्णाटक पद्धति में शंकराभरणम् है। डॉ. जयलक्ष्मी का कहना उचित है कि "भारतीय संगीत के मूल तत्त्व उत्तर और दक्षिण दोनों जगह, एक ही हैं।" (उप., पृ. 175)। उनके विचार से शैव और वैष्णव सन्तों का युग "तमिलनाडु में संगीत के लिए सबसे गौरवशाली युग था।" (उप., पृ. 185)। इसका अर्थ यह हुआ कि जिसे हम तमिल नवजागरण कहते हैं, वह साहित्य और संगीत दोनों का गौरवशाली युग है।

डॉ. जयलक्ष्मी का विचार है कि तमिल संगीत परम्परा अन्य द्रविड़ भाषा क्षेत्रों में फैली और उसे कर्णाटक संगीत कहा गया। किन्तु पन्द्रहवीं सदी में महान् कन्नड़ संगीतकार पुरन्दरदास का आविर्भाव हुआ। उन्होंने रागों को फिर से व्यवस्थित किया और इसलिए वह कर्णाटक संगीत के संस्थापक कहलाये। अठारहवीं सदी तमिलनाडु के लिए पुनर्जागरण (रिनैसेन्स) का युग थी। (उप., पृ. 185)। सन्तों का युग नवजागरण का पहला दौर, अठारहवीं सदी नवजागरण का दूसरा दौर। समाज निरन्तर प्रगति के मार्ग पर नहीं बढ़ता, पीछे भी हटता है, यह तथ्य तमिल संगीत के इतिहास से उजागर होता है। "शैव और वैष्णव सन्तों के गौरवशाली युग के बाद ईस्वी दसवीं और ग्यारहवीं सदियों में तमिल संगीत में पीछे हटने (ए सेटबैक) का दौर आया।" (उप., पृ. 184)। उसके बाद फिर आगे बढ़ने का दौर शुरू हुआ। "त्यागराज, दीक्षितर और श्याम शास्त्री—तमिलनाडु के संगीत की इस महान् बृहत्त्रयी ने सैकड़ों रागरूपों में अपना संगीत उँड़ेल दिया। तमिलनाडु की कला और संस्कृति के मर्मस्थल तन्जावूर जनपद ने, कावेरी के तट पर, इन सन्त गायकों को उत्पन्न किया। नर्तकों, नागस्वरम् वादकों और मन्दिरों में

गानेवाले ओदुवारों ने जिन पणों और रागों को सुरक्षित रखा था, उनकी समृद्ध परम्परा को उन्होंने सुदृढ़ किया। इन महान् गायकों की प्रतिभा, कृतियों के रूप में, ढेरों रागरूपों में पल्लवित हुई। अपने समय की व्यापक राजनीतिक-सामाजिक परिस्थितियों के अनुरूप उन्होंने तेलुगु और संस्कृत को माध्यम बनाना उपयुक्त समझा, फिर भी तमिल संगीत उनकी प्रेरणा का मूल स्रोत था।" (उप., पृ. 185)।

पुरन्दरदास कर्णाटक संगीत के संस्थापक कहलाये। उन्होंने वर्षों तक देशभ्रमण किया था, उत्तर भारत में रहे थे। कर्णाटक संगीत के कुछ नामों पर विचार करें तो विदित होगा कि वे अनेक प्रदेशों के संगीत तत्त्वों को अपने भीतर समेटे हुए हैं। मालव गौड़ा राग मालवा और बंगाल (गौड़) की लोकधुनों के मिश्रण से बना होगा। यह नाम विद्यापति और सूरदास के पदों के साथ भी मिलता है। इस प्रकार संगीत का अन्तरप्रादेशिक विकास हो रहा था। इस विकास में लोकसंगीत की भूमिका महत्त्वपूर्ण थी। स्वयं तमिलनाडु में नर्तकों, वादकों, मन्दिरों के गायकों ने जिस परम्परा को सुरक्षित रखा था, उसी को तमिलनाडु की बृहत्त्रयी ने विकसित किया था। उसने तेलुगु और संस्कृत को अपना माध्यम बनाया, तो इससे यह प्रमाणित होता है कि वे किसी क्षेत्र की सीमाओं से बँधे हुए न थे। आज उत्तर और दक्षिण भारत के सभी संगीतकार स रे ग म प ध नि, इन सात संकेताक्षरों का प्रयोग करते हैं। गान्धार, मध्यम, धैवत—इन तीन नामों में सघोष महाप्राण ध्वनि 'ध्' का व्यवहार हुआ है, संकेताक्षर ध में वही ध्वनि है। ऋषभ में भ् है। ऐसी ध्वनियों का व्यवहार द्रविड़ भाषाओं में नहीं होता, फिर भी कर्णाटक संगीत के आचार्यों ने उन नामों को अपनाया, यह राष्ट्रीय संस्कृति के निर्माण में उनका योगदान है।

शिलप्पदिकारम् में संगीत के साथ अनेक प्रकार के नृत्यों का वर्णन है। इन गीतों का सम्बन्ध शिव, दुर्गा, कुमार, विष्णु, लक्ष्मी, कृष्ण, कामदेव, इन्द्राणी आदि देवी-देवताओं के कृत्यों से है। (पृ. 55-7)। मृणालिनी साराभाई का कहना है : "उस समय नृत्य तमिल संस्कृति का महत्त्वपूर्ण अंग बन चुका था। पाणर (गायक) और कूत्तर (नर्तक) समाज के विशिष्ट सदस्य थे। कूत्तर अथवा नृत्य के शिक्षक अनेक कार्य करते थे। नृत्य के विभिन्न पक्षों के अलग-अलग नाम थे, वे शिक्षक इनमें प्रत्येक के विशेषज्ञ होते थे। अभिनय के शिक्षक अविनयर कहलाते थे। पॉरुनर संगीत रचना और चरित्र प्रसाधन में कुशल होते थे। नाट्यकर्म के विशेषज्ञ नटर, नाटकर और नृत्तर कहलाते थे; वे शिष्यों को भाव सिखाते थे।" (पृ. 136)। मृणालिनी साराभाई के अनुसार सम्भवतः छठी सदी से पुराने नाम बदलने लगे और भरत के *नाट्यशास्त्र* के पारिभाषिक शब्दों का व्यवहार होने लगा। भरतनाट्यम् प्राचीन तमिल नृत्यों से विकसित हुआ और अगली शताब्दियों में अन्य रूपों को आत्मसात् करके उसने अपनी विशेष शैली का निर्माण किया। (पृ. 137)।

उल्लेखनीय है कि *तोल्काप्पियम्* में मन और शरीर की जिन दशाओं को मॅयप्पाटु कहा गया है, वे *नाट्यशास्त्र* के रसों से मिलती-जुलती हैं। डॉ. जे. पार्थसारथी ने इनका यह क्रम बताया है : नकइ (हास्य), अळुकई (करुण), इळिवरल् (बीभत्स), मरुट्‌कइ (अद्‌भुत), अच्चम् (भयानक), पॅरुमितम् (वीर), वॅकुळि (रौद्र) और उवकइ (शृंगार)। यह समानता आश्चर्यजनक है।

शिलप्पदिकारम् और *मणिमेखलइ* के रचनाकाल तक वास्तुकला, शिल्पकला आदि अनेक कलाओं का यथेष्ट विकास हो चुका था।

खुले हुए अट्टाल,
बड़े बड़े सुसज्जित कक्ष,
मृग नयन गवाक्षों से युक्त
रंगमहल

(पृ. 37)।

इस तरह की पंक्तियों से वास्तुकला के विकास का अनुमान होता है। कण्णगी की मूर्ति बनवाने के लिए हिमालय से शिला लायी जाती है। इससे मूर्तिकला के विकास का बोध होता है। नृत्य और संगीत का विकास तो हुआ ही।

परिशिष्ट—1

रामविलास जी का संगीत प्रेम

हम लोगों ने जब से होश सँभाला, रामविलास जी को संगीत में गहरी रुचि लेते देखा। वह जिस समय संगीत सुन रहे होते थे, उनका पूरा ध्यान संगीत की ओर ही रहता था। वह उसमें डूब कर उसका आनन्द लेते थे।

जिस समय वह काम कर रहे होते, रेडियो बन्द रहता था। रेडियो सिर्फ समाचार या संगीत का विशेष कार्यक्रम सुनने के लिए लगाया जाता था। दोपहर और रात को, सोने से पहले, वह संगीत अवश्य सुनते थे। इसके अतिरिक्त अपने कुछ प्रिय संगीत कार्यक्रमों को सुनना वह कभी नहीं भूलते थे।

संगीत प्रेम के संस्कार उन्हें शायद बचपन में गाँव में अपने बाबा के साथ रहते हुए ही मिले थे। रात में सोने से पहले अपने बाबा से वह कवित्त, सवैये, कुण्डलियाँ तो सुनते ही थे, कभी-कभी बाबा से भजन गाकर सुनाने का आग्रह भी करते थे। और, बाबा जो कहानियाँ उन्हें सुनाते थे उनके पात्रों की बातचीत भी प्रायः पद्य में होती थी। सियार और लोखरी ('गीदड़ और लोमड़ी) की कहानी में लोखनी जो गाना गाती है, उसे बाबा भी गाकर सुनाते थे। बालक रामविलास जी इन कहानियों में इतना डूब जाते थे कि अपनी कल्पना में वह इन पात्रों को भी गाना गाते हुए देखते थे। एक लोखरी आरामतलब थी। रात में जाड़ा लगता, तो राग अलापने लगती...

कब भोर होय बिलु ख्वादी।
कब भोर होय बिलु ख्वादी।

"कब सबेरा हो और मैं अपने लिए बिल खोदने में जुटूँ।" लेकिन प्रातःकाल धूप निकलते ही वह धूप में पसर जाती। दिन भर गरमाहट का आनन्द लेती। पिछली रात का उसका संकल्प छू मन्तर हो जाता।...और अगली रात फिर वही : "कब भोरु होय बिलु ख्वादी...।" गाँव के गलियारे की तरफ आट की मिट्टी खोदने से एक गड्ढा बन गया था। रामविलास जी कल्पना में लोखरी को वहीं उक्त पंक्ति दोहराते देखते थे।

बाबा रात में सोने से पहले मौखिक गिनती और पहाड़े सिखाते थे। जो पहाड़ा रामविलास जी को सबसे आसानी से याद हो गया था, वह था पन्द्रह का पहाड़ा क्योंकि उसे तरन्नुम से पढ़ने में बड़ा मजा आता था : पन्द्रह दुना तीस, तियाँ पैंतल्ला, चौका साठ, पचे पाछत्तर, छक्का नब्बे, सते पिचोत्तर, अट्ठे बीसा, नौ पंतीसा, गुड़गुड़ दहम डेढ़ सौ!

एक कविता डमरू पर थी। सुनने पर रामविलास जी को लगता, खूब उछल-कूद हो रही है और डमरू बज रहा है :

डीम डीम डमरू डमक्कति हैं
घर ठाढ़े बैल डहक्कति हैं
जहाँ झट्ट की लट्ट छिटक्कि रहीं
जहाँ गंग के नीर झलक्कति हैं।
चलौ सखी देखि आयी ब्रन्दा की कुंज
गली
जहाँ कूंड़ी में सोंटा कुदक्कति हैं!

गाँव में आल्हा गाने वाले भी थे। आल्हा में दूसरी कहानियाँ भी जोड़ दी जाती थीं।—जैसे राणा बेनी माधव की, जो 1857 के संग्राम में अंग्रेजों से लड़े थे। उन पर किसी ने गीत भी बनाया था : अवध में राना भयो मरदाना...।

और पीछे लौटें, जो राम लक्ष्मण भी आल्हा में आ गये थे। सीता को खोजते हुए दोनों भाई राम-लक्ष्मण समुद्र तट पर जा पहुँचते हैं जहाँ कुंवर दोऊ ठाढ़े...।

समुद्र के उस पार लंका है। सीता वहाँ रावण की कैद में है। उन्हें नहीं मालूम कि राम लक्ष्मण उन्हें खोजते हुए समुद्र तट तक आ पहुँचे हैं। वह तो—

खड़ी बिसूरैं गढ़ लंका माँ मोरि सुधि छाँड़ि दीन्ह रघुवीर!

बड़ी भावुकता के साथ ये पंक्तियाँ गायी जाती थीं जिसका प्रभाव रामविलास जी के बाल-मन पर पड़ता ही था।

* * *

कुछ बड़े होने पर, पढ़ने के लिए रामविलास जी गाँव छोड़ कर अपने पिता जी के पास झाँसी आ गये थे। झाँसी में स्कूल, घर और पास-पड़ोस का वातावरण बड़ा सांस्कृतिक था। सरस्वती पाठशाला में, जहाँ रामविलास जी पढ़ते थे, एक चूरन बेचने वाला अक्सर पाठशाला के बाहर फाटक पर आ खड़ा होता था। नाम था मेवालाल। चूरन बेचते हुए वह नमकीन चने भी बेंचता था और नक्की सुर में गीत गाता था :

कानपुर कनकैया
जहाँ घाट बना सरसैया
नीचे बहती गंगा मैया
ऊपर चले रेल का पहिया
चना जोर गरम,
चना जोर गरम बाबू मैं लाया चना...!

चना जोर गरम के तर्ज़ पर आगे चल रामविलास जी ने भी गीत लिखे।

सरस्वती पाठशाला के दिनों में ही रामविलास जी ने भारतेन्दु का 'सत्य हरिश्चन्द्र' नाटक पढ़ा। यह नाटक उन्हें इतना अच्छा लगा था कि उन्होंने इसे बार-बार पढ़ा।

सरस्वती पाठशाला को, जो कि स्वतन्त्रता आन्दोलन के विचारों के प्रचार-प्रसार के उद्देश्य से चलायी जा रही थी, आर्थिक कारणों से बन्द कर देना पड़ा। रामविलास जी उस पाठशाला के अनेक अन्य छात्रों की तरह आगे की पढ़ाई जारी रखने के लिए अब मैकडॉनेल हाई स्कूल में आ गये थे। छात्र ही नहीं, कुछ अध्यापक भी जो देशभक्ति की भावना से प्रेरित होकर नाम मात्र के वेतन पर सरस्वती पाठशाला में पढ़ा रहे थे, इसी हाई स्कूल में पढ़ाने चले आये थे। इनमें एक अध्यापक ब्रजभूषण लाल त्रिपाठी थे जो 'निश्चल' उपनाम से कविताएँ भी लिखते थे। उन्होंने रामविलास जी को अयोध्या काण्ड पढ़ाया था। त्रिपाठी जी अयोध्या काण्ड पढ़ाते समय अत्यन्त भाव-विह्वल हो उठते थे, आँखें छलछला आती थीं, गला भर आता था...और रामविलास जी राम लक्ष्मण सीता के साथ वन में घूमने लगते थे।

संस्कृति के अध्यापक विष्णु शास्त्री 'हितोपदेश' पढ़ाते समय रामविलास जी को किसी दूसरी दुनिया में ले जाते थे—और कुछुआ, हिरन, बगुला आदि वन्यजीव सजीव हो उठते थे।

इसी स्कूल में फोनी मास्टर साहब क्लास में पढाते समय कभी-कभी अभिनय भी करने लगते थे। बनारस में रहे थे, बंगाली होते हुए भी बनारसी ढंग से हिन्दी बोलने लगते थे, लड़कों से बात करते-करते उसी भाषा में नाटक करने लगते थे। मैकडॉनेल हाई स्कूल में भरती होने से पहले एक बार रामविलास जी अपने बड़े भाई साहब के साथ एक नाटक देखने गये थे जिसमें फोनी मास्टर साहब 'शाइलॉक' के रूप में स्टेज पर एक तरफ खड़े थे; एक हाथ में डण्डा था, दूसरे में छुरा। वह बार-बार छुरे को डण्डे पर घिस रहे थे ताकि उसकी धार और तेज हो जाये।

झाँसी की काली बाड़ी में रहने वाले बंगाली दुर्गापूजा के अवसर पर नाटक भी करते थे। दो-तीन बांग्ला नाटक करने के बाद कम से कम एक नाटक हिन्दी में भी करते थे। ये नाटक 'शहर' में होते थे जो रामविलास जी के 'सदर बाज़ार'

में स्थित घर से काफी दूर था। किन्तु यह अपने बड़े भाई के साथ ये बांग्ला और हिन्दी नाटक देखने काली बाड़ी अवश्य जाते थे।

दुर्गापूजा के दिनों ही झांसी के सदर बाज़ार में रामलीला होती थी। इस रामलीला की स्क्रिप्ट मेरे बाबा जी ने लिखी थी। रामलीला में वह 'व्यास गद्दी' सँभालते थे। उन्हें लगभग पूरी रामायण कण्ठस्थ थी। वह नेपथ्य में बैठते थे; पोथी सामने खुली होती, पर निगाह अभिनेताओं पर रहती। जहाँ जैसी आवश्यकता होती, वह दोहा या चौपाई बोलते और उसी के अनुरूप मंच पर उपस्थित कलाकार अपने सम्वाद कहते और अभिनय करते। स्क्रिप्ट के अनुसार कभी-कभी अभिनेताओं को दोहे, चौपाई तथा अन्य छन्द गाकर भी बोलने पड़ते थे। बाबा की तैयार की हुई इस स्क्रिप्ट में गद्य बहुत कम है। उन्होंने अनेक पुस्तकों से छाँट-छाँट कर कवित्त, सवैये, दोहे तथा स्थान के उपयुक्त अन्य छन्द इसमें सम्मिलित किये हैं।

झाँसी की इस रामलीला में रामविलास जी के छोटे भाइयों में पहले मुन्शी जी ने फिर नरेश जी ने लक्ष्मण का पार्ट किया था। रामविलास जी के बड़े भाई साहब के सुपुत्र गिरिजा नन्दन ने भी एक बार यह पार्ट किया था। इन लोगों के झाँसी से लखनऊ आ जाने पर हमारे बाबा जी, 'व्यास गद्दी' सँभालने के अलावा, रामलीला में एकाध पात्र का अभिनय भी करने लगे थे—जैसे अंगद का।

झाँसी की रामलीला के अन्त में कलाकार एक-दो हिन्दी नाटक खेलते थे। इनमें से कुछ जाने-माने कलाकार रामविलास जी से ही 'विंग' में खड़े होकर 'प्रौम्पटिंग' करने का आग्रह करते; कारण यह कि अभिनय में ये कलाकार कभी-कभी इस कदर डूब जाते थे कि सम्वाद के शब्द भूल जाते। ऐसी स्थिति में पात्र की भावदशा के अनुरूप रामविलास जी तत्काल कोई सम्वाद गढ़ देते और धीरे-धीरे कलाकार को सहज-सामान्य स्थिति पर ले आते।

× × ×

झाँसी में एक सिनेमाघर था 'ला स्काला' जिसमें अंग्रेजी फिल्में दिखायी जाती थीं। उस समय बोलने वाले चित्रपट नहीं होते थे। अभिनेताओं के होंठ हिलते रहते थे; कोई आवाज न सुनायी देती थी। लेकिन मंच के नीचे ऑर्क्रेस्ट्रा रहता था। वायलिन, पियानो तथा दूसरे वाद्ययन्त्र बजते रहते थे। संगीत से चित्र का कितना गहरा सम्बन्ध है, यह रामविलास जी ने वहाँ अनुभव किया। रजतपट पर कोई आदमी पहाड़ पर चढ़ रहा हो, खतरे का सामना कर रहा हो, मृत्यु का भय सामने हो, इस सन्दर्भ के भाव को संगीत बहुत अच्छी तरह व्यंजित कर देता था। जंगल में खोज करने वालों की टोली चक्कर लगा रही है, पहाड़ी के

ऊपर पगडण्डी पर चलती हुई वह आगे बढ़ रही है, किसी का पैर फिसलता है—संगीत बता रहा है कि ये लोग बहुत खतरनाक स्थिति से गुज़र रहे हैं। चित्र का भाव-सौन्दर्य संगीत से और भी गहरा हो जाता है।

हाई स्कूल पास करने से पहले रामविलास जी ने राणा प्रताप पर एक नाटक लिखा था। जंगल में राणा प्रताप किस तरह मारे-मारे फिरे, अकबर की सेना का कैसे सामना किया, इस सब का उसमें वर्णन था। रामविलास जी ने यह नाटक अपने सहपाठियों को पढ़ कर सुनाया था और उन लोगों ने उसे पसन्द भी किया था। इण्टरमीडियट में आकर वह कविताएँ भी लिखने लगे थे जिन्हें वह अपने मित्रों को भी सुनाते थे। उन दिनों के उनके एक मित्र थे—मंगली। वह झाँसी के सीपरी बाजार मोहल्ले में रहते थे। पीरियड समाप्त होने के बाद रामविलास जी अक्सर उनके घर चले जाया करते थे। मंगली गाते बहुत अच्छा थे। हारमोनियम पर पूरी तन्मयता से वह प्रायः यह गीत गाते थे—

माँ! विदा हमें दो, जाते हैं हम
विजय केतु फहराने आज।
तेरी बलिवेदी पर चढ़ कर—
माँ! निज शीश कटाने आज।

रामविलास जी मंगली को भी अपनी कविताएँ सुनाते थे। मंगली की माता जी नाश्ता बहुत अच्छा बनाती थीं। रामविलास जी के मंगली के यहाँ जाने का शायद यह एक अतिरिक्त आकर्षण रहा होगा।

इस तरह के वातावरण में धीरे-धीरे शिक्षा प्राप्त करते तथा युवा अवस्था की ओर बढ़ते रामविलास ज़ी ने अपने विद्यार्थी काल में ही तय कर लिया था कि आगे चल कर उन्हें हिन्दी का एक लेखक बनना है। अपने बड़े भाई साहब को उन्होंने 29 अक्टूबर 1933 को लिखा : "मैंने सोचा है कि जीवन साहित्य को ही अर्पण कर दो। समाज और देश की थोड़ी-बहुत सेवा इसी मार्ग से कर सकूँगा, अन्यथा नहीं।"

कॉलेज में शिक्षा के बाद, जब वह आगे पढ़ाई के लिए झाँसी से लखनऊ आये, तो वहाँ रामविलास जी की निराला जी से मुलाकात हुई। निराला जी से मिलने के बाद उनका उक्त संकल्प और भी दृढ़ हो गया। 2 मई 1935 को उन्होंने अपने बड़े भाई साहब को फिर लिखा : "मैं यह छिपाना नहीं चाहता कि मेरे जीवन का ध्येय साहित्य की सेवा ही है। आज जब दूसरे प्रान्तों के लोग भारत के कोने-कोने में हिन्दी प्रचार का बीड़ा उठाते हैं तब क्या हमारे लिए लाज की बात नहीं कि हिन्दी में ऊँचे दर्जे की वे पुस्तकें नहीं जिनसे हिन्दी भाषा सीखने का अन्य प्रान्त वासियों को लोभ (या लाभ?) हो सके? होना तो यह चाहिए था

कि आज संसार के किसी भी भाषा के साहित्य के सामने हिन्दी को नीचा न देखना पड़ता, पर अपने ही देश की भाषाओं के सामने यह सिर नहीं उठा सकती। हिन्दुस्तान की उन्नति के लिए हिन्दी साहित्य की उन्नति अनिवार्य है।"

सन् 1933-35 से ही वह हिन्दी साहित्य की सेवा में दृढ़ता से जुटे रहे। युवा काल में उन्होंने उपन्यास लिखा, नाटक लिखे, कविताएँ लिखीं। नाटक और कविताएँ लिखने के काल में बचपन के सुर-ताल के संस्कार पुनः जागे। साहित्य के क्षेत्र में काम करने के साथ-साथ रामविलास जी में संगीत की विधिवत् शिक्षा लेने की लालसा तीव्र हुई और अपने बड़े भाई साहब से पूछे बिना वह लखनऊ के म्यूज़िक कॉलेज में भरती हो गये। जैसा कि ऊपर कहा जा चुका है, संगीत सीखने का एक कारण यह भी था कि वह नाटक लिखना चाहते थे और समझते थे कि नाटक के साथ संगीत होना जरूरी है।

संगीत सीखने के बारे में रामविलास जी ने अपने बड़े भाई साहब को 27.4.33 को एक पत्र लिखा था। उनको निरन्तर इस बात का ध्यान रहता था कि उन्हें खर्च के लिए पैसा बड़े भाई साहब भेजते हैं इसलिए किसी तरह की कोई फिजूलखर्ची न हो। पत्र में उन्होंने जो लिखा, उसमें यह भाव सब जगह झलकता है :

"म्यूजिक में मैं केवल सीखता हूँ, बाजा सीखने के लिए और समय और रुपये की आवश्यकता है। मैंने Music College आधे नवम्बर में ज्वाइन किया था, दिसम्बर में एक्समस की अधिकतम छुट्टियाँ रही। केवल जनवरी और फरवरी में मैंने ठीक से क्लास अटेण्ड किये थे। मार्च में मैं बिल्कुल एब्सेन्ट रहा। एप्रिल में उन्नीस से कॉलेज जाना शुरू किया। एप्रिल की फीस हमारे यहाँ नहीं ली जाती। मैंने भी नहीं दी। आप देखेंगे कि साल भर की पढ़ाई के लिए मैंने केवल दो मास खर्च किये। फिर गाना कैसे आ सकता है? पहले साल में वह नामाचार को गाना सिखाते हैं। केवल सुरज्ञान कराते हैं, पर सुरज्ञान उतना ही मुश्किल है जितना कि अंग्रेजी पढ़ने के आरम्भ में 'किंग रीडर'। गाना सीखने के लिए आरम्भ में कम से कम प्रबल अभ्यास की जरूरत है। परीक्षा हमारी अक्तूबर में होगी पर उसमें क्लास के दो-तीन (Out of some 20) लड़कों को छोड़ कर कोई और पास न होगा। सुरज्ञान सभी का मेरे जैसा कच्चा है, इन (आशय 'कुछ' से है) लोगों का फिर सुरज्ञान क्यों दुरुस्त है? वह इसलिए कि वे प्राइवेट ट्यूशन करके सीखते हैं। तीन के तीनों जिन्हें कुछ आता है, privately घर में अभ्यास करते हैं। आरम्भ में सिखाने वाले को कम से कम एक घण्टा प्रतिदिन प्रति विद्यार्थी लगाना चाहिए। यहाँ एक घण्टे में 20 विद्यार्थियों को निबटाना रहता है। अस्तु। मैंने तो यह तय कर लिया है मुझे

Music सीखना है। Music उतनी ही सुन्दर है जितनी कि कविता, शायद उससे भी सुन्दर। कविता के आनन्द का चाहे आप वर्णन कर दें और उस आनन्द के किन्हीं मुख्य कारणों को भी ढूँढ़ निकालें पर संगीत का आनन्द केवल हृदय से ही जाना जा सकता है। अभी तो मैंने सीखा ही क्या है, मेरी संगीत की तारीफ वैसी ही है जैसी कि एक 'किंग रीडर' पढ़ने वाले विद्यार्थी की जो 'A cat ran' पढ़ कर कहे कि Literature में बहुत आनन्द है। फिर भी मुझे Music में इतना आनन्द मिलता है कि अब उसे सीखना मैं छोड़ नहीं सकता। हमारे यहाँ 5 years का कोर्स है। पता नहीं 5 years में मैं कहाँ रहता हूँ क्या करता हूँ, पर यह मैं आपसे कहता हूँ कि मैं गाना सीख कर ही रहूँगा—परीक्षा के लिए यह तय किया है कि मैंने एक उस्ताद से ट्यूशन कर ली है। ट्यूशन का नाम सुन कर घबड़ाइयेगा नहीं क्योंकि ट्यूशन-फी केवल दो रुपये है। इस उस्ताद से मेरे क्लास का एक लड़का और तीन अन्य आदमी सीखते हैं। वह प्रत्येक के साथ एक घण्टा समय खर्च करता है और सबसे दो-दो रुपये लेता है। कहना न होगा कि कॉलेज से कहीं ज्यादा वह हमारे साथ मेहनत करता है, एक घण्टे तक न वह मुझे दम लेने देता है, न खुद दम लेता है। जो लड़का उससे सीखता है वही हमारे क्लास में फर्स्ट है। मैं ट्यूशन न करता पर मैंने सोचा कि बिना ट्यूशन के मैं पास नहीं हो सकता, और मुझे music सीखनी ही है इसलिए अपनी whole energy से सीखना चाहिए, आजकल उसने मोहर्रम की छुट्टियाँ ली हुई हैं, वह 7th May से फिर पढ़ाना शुरू करेगा।

"Music सीखने में मेरा खास ध्येय एक और है। बिना अच्छा संगीतज्ञ हुए मैं एक सफल नाटककार नहीं हो सकता, साहित्य में मैं किस ओर उन्नति करूँ, यह मैं अभी नहीं कह सकता, पर मेरा अपना झुकाव अभी नाटकों की ओर ही अधिक है इसलिए उसी की तैयारी में लगा हुआ हूँ।

"इस साल अपने कोर्स के सम्बन्ध में मुझे शेक्सपीयर के कई नाटक तथा उन पर ढेर सी समालोचना पढ़ने का अवसर मिला, पर सब पढ़ कर मुझे अपना नाटक (सूर्यास्त) एक Hopeless Work मालूम पड़ा। अब की बार मैंने सोचा है कि मैं नाटक ठीक से लिखूँगा।"

ऊपर के पत्र में एक सहपाठी के साथ उस्ताद जी से संगीत सीखने का जिक्र है। यह सहपाठी ईसाई मित्र शान्तवान मोरभट्ट थे जो उस समय कुर्ता पाजामा पहनते थे। उन्हें भी संगीत सीखने का शौक था और उन्होंने एक पुराने उस्ताद जी को संगीत सिखाने के लिए पकड़ा था, जो चौक में रहते थे। उस्ताद जी कभी-कभी रामविलास जी से पंजा भी लड़ाते थे और उँगलियाँ दुखने पर शिकायत भी करते थे।

मोरभट्ट जी ने कुछ दिनों बाद गाना सीखना छोड़ दिया, लेकिन उनके कई दोस्त थे जिन्होंने गाना सीखा और बाद में अच्छे गायक हो गये। इनमें से एक सुशील कुमार चौबे भी थे जो फैयाज खाँ के शिष्यों में थे।

संगीत शिक्षा में अपनी प्रगति के बारे में रामविलास जी ने अपने बड़े भाई साहब को 23.5.33 के पत्र में लिखा–

"मेरे संगीत की शिक्षा ठीक चल रही है और काफी तेजी से चल रही है। मैं तबला भी सीख रहा हूँ। मैं चाहता हूँ कि एम.ए. करने के बाद भी दो या तीन साल लखनऊ में रहूँ जिससे कि मैं संगीत का अध्ययन पूरा कर सकूँ। मेरे शिक्षक कहते हैं कि मैं चाहूँ तो उनसे सितार भी सीख सकता हूँ। उसके लिए वह फीस न लेंगे। लेकिन इस साल मैं संगीत को बहुत समय नहीं दे सकता। इस साल कोई थीसिस नहीं लिखना। केवल चार पर्चे होंगे। लेकिन काफी बड़े-बड़े...।"

समय और धन के अभाव में रामविलास जी को संगीत की विधिवत् शिक्षा लेना बन्द करना पड़ा। उन्होंने 12.9.35 के अपने पत्र में बड़े भाई साहब को लिखा :

"...Music सीखना आज से छोड़ दूँगा क्योंकि अब यह एक Luxury होगी। दूसरे, पाँच ही महीने इम्तहान के रह गये हैं। ट्यूशन की तलाश में हूँ..."

संगीत शिक्षा छूट जाने पर भी रामविलास जी ने संगीत के विद्यार्थियों से सम्पर्क कायम रखा। जब रामकृष्ण त्रिपाठी (निराला जी के पुत्र) मैरिस कॉलेज में संगीत सीखने लगे, तब रामविलास जी उनसे भी गाना सुनते थे। उनके साथ रामनारायण नाम के एक सज्जन थे (सारंगी वादक नहीं, गायक) वह भी संगीत सीख रहे थे। ये सब लोग साथ बैठ जाते थे, गाना सुनाते थे, बिना साज के बिना तबले के। उनकी गायी जयजयवन्ती रामविलास जी को विशेष रूप से प्रिय थी।

पढ़ीस जी के पुत्र बुद्धिभद्र दीक्षित बॉम्बे टॉकीज में रहे थे। लखनऊ में आकर बस गये थे। पहले पढ़ीस जी ऑल इण्डिया रेडियो में काम करते थे। बाद में बुद्धिभद्र दीक्षित भी वहाँ काम करने लगे थे। बुद्धिभद्र सरोद बजाते थे। वाद्ययन्त्रों में रामविलास जी को वायलिन बहुत अच्छा लगता था। बुद्धिभद्र ने रामविलास जी को एक वायलिन खरीदवा दिया था और कुछ दिनों तक उन्हें वायलिन बजाने की शिक्षा देते रहे थे। रामविलास जी और बुद्धिभद्र जी ने एक प्रयोग किया था। बुद्धिभद्र सरोद पर कोई राग बजाते और रामविलास जी से कहते इसका जो भावचित्र मन में बना हो उसे कागज़ पर लिख लो, फिर देखें मेरे मन का भावचित्र उससे मिलता है कि नहीं। भावचित्र कभी मिलते थे कभी नहीं; लेकिन संगीत सुन कर कल्पना में चित्र बनते हैं, यह अनुभव दोनों को हुआ।

बहुत जल्दी रामविलास जी समझने लगे कि साहित्य, संगीत, स्थापत्य आदि कलाओं में आपस में तालमेल है और ये एक-दूसरे को प्रभावित करती हैं। सन्त कवियों को संगीत का अच्छा ज्ञान था, इसलिए उनकी रचनाएँ इतनी गेय हैं। सूरदास और कबीरदास (या तुलसीदास?) ने अपने पदों के साथ रागों का नाम भी लिखा है। जाहिर है कि ये लोग अपने लिखे गीतों को गाते भी थे।

प्रसिद्ध है कि 'संगीत' शब्द से पहले गायन, वादन और नर्तन—इन तीन कलाओं का बोध होता था। नाट्यशास्त्र में इन तीनों का संयोग बना हुआ है। लोक संगीत की यह विशेषता सूरदास के पदों में विद्यमान है। "सप्त सुरन मुरली बाजालि, धुनि सुनि मोहे सुर नर गन्धर्व मन/नृत्य करत उघटत संगीत पर, निरखि सूर रीझत मन ही मन।" (*सूरदास*, पहला खण्ड, पृ. 651)

संगीत में रामविलास जी को लोग संगीत और शास्त्रीय संगीत विशेष प्रिय था। शास्त्रीय संगीत में भी उन्हें ध्रुपद और धमार की गायकी अधिक पसन्द थी। वह कहते थे कि धमार और ध्रुपद मुख्यतः लोक संगीत था जो गाँवों से सन्तों के पास पहुँचा। सन्त कवियों ने काफी ध्रुपद लिखे हैं, जैसे सूरदास ने। ध्रुपद की विशेषता यह है कि इसमें नृत्य होता है, मृदंग बजाया जाता है और लोग गाते भी हैं, यानी यह पूरा संगीत है। संगीत वह होता है जिसमें नृत्य, गायन, काव्य और वादन, ये चारों चीजें हों। ध्रुपद को आधार बना कर ही होली गायी जाती थी। रामविलास जी के अनुसार 15वीं शताब्दी में संगीत का जितना उत्थान हुआ हिन्दुस्तान में पहले कभी नहीं हुआ था। धमार और ध्रुपद की गायकी सन्तों के यहाँ से दरबार में पहुँची। पहले ग्वालियर के मानसिंह के यहाँ, फिर आगरा और वहाँ से दिल्ली दरबार में पहुँची। चाहे वह हिन्दू राजा हो या मुगल बादशाह, जागीरदार हो या जमींदार, सबके यहाँ धमार और ध्रुपद गाने वाले थे। शाहजहाँ ने ध्रुपद इकट्ठा करवाये थे, उनमें से एक हजार छन्दों का हिन्दी में प्रकाशन भी हुआ था।

इनमें से अधिकांश छन्द देवी-देवताओं पर लिखे गये थे और इन्हें मुसलमानों ने गाया था। होली और धमार-ध्रुपद की यह परम्परा रही थी कि आओ और प्रेम से एक-दूसरे के गले मिलो। यह परम्परा सन्तों की देन थी जिसके केन्द्र में संगीत था। संगीत आज भी अविभाजित है। संगीत को कोई विभाजित नहीं कर सकता। रामविलास जी कहते थे कि जब संगीत को कोई तोड़ नहीं सकता, तो भारत की सांस्कृतिक एकता को भी कोई तोड़ नहीं सकता। उन्हें गर्व था कि इस सांस्कृतिक एकता का आधार हिन्दी भाषी क्षेत्र था।

धमार-ध्रुपद की तुलना में ख़याल गायकी उन्हें अधिक पसन्द नहीं थी। उनके अनुसार ख़याल की गायकी जनता के बीच से नहीं आयी थी बल्कि

दरबारों में पैदा हुई थी। इसलिए इसे वह शास्त्रीय संगीत न कह कर नव शास्त्रीय संगीत कहते थे।

जो मापदण्ड रामविलास जी ने साहित्य की आलोचना करते समय अपनाया था, लगभग वही उन्होंने संगीत पसन्द करते समय अपनाया था। उन्हें ऐसा साहित्य और संगीत पसन्द था जो पढ़ने या सुनने वाले के मन में उदात्त भावनाओं का संचार करता हो। रीतिकालीन शृंगारिक साहित्य गायकी की अति-अलंकरण वाली मुरकियाँ उन्हें पसन्द नहीं थीं।

शास्त्रीय संगीत के अलावा उन्हें उप शास्त्रीय संगीत भी पसन्द था। विविध भारती से प्रातःकाल पन्द्रह मिनट का एक कार्यक्रम आता था, जिसमें किसी राग के बारे में बताया जाता था; उसके बाद उस राग पर आधारित कोई फिल्मी गाना या किसी वाद्य पर धुन सुनवायी जाती थी। उस कार्यक्रम को रामविलास जी नियमित रूप से सुनते थे।

इसके अलावा उन्हें संगीत सम्बन्धी वार्ताएँ बहुत पसन्द थीं। जब तक आचार्य बृहस्पति जीवित थे, आकाशवाणी दिल्ली नियमित रूप से उनकी संगीत सम्बन्धी कोई वार्ता प्रसारित करता था। इन वार्ताओं को वह नियमित रूप से सुनते थे। इसके अलावा संगीतकारों की आपस में बातचीत अथवा उनसे साक्षात्कार वह पूरी तन्मयता से सुनते थे।

इन कार्यक्रमों को सुनते समय वह अपनी डायरी साथ रखते थे और नोट्स लेते जाते थे। इन बातचीतों में से एक उन्हें विशेष रूप से प्रिय थी। यह थी सिद्धेश्वरी देवी और रसूलन बाई के बीच बातचीत। इनकी बातचीत में वह इन दोनों गायिकाओं के बीच सौहार्दपूर्ण पारस्परिक सम्बन्ध पर दूसरे लोगों का ध्यान आकर्षित करना न भूलते थे। इस बातचीत को उन्होंने रिकार्ड कर लिया था। और सुविधानुसार जब-तब सुनते रहते थे।

सिद्धेश्वरी देवी रामविलास जी की प्रिय गायिकाओं में से थीं। आचार्य बृहस्पति की शिष्या और सहभागिनी सुलोचना बृहस्पति का गायन भी उन्हें बहुत पसन्द था। पुराने गाने वालों में उन्हें उस्ताद फैयाज खाँ और बड़े गुलाम अली खाँ पसन्द थे। मल्लिकार्जुन मंसूर उन्हें बहुत प्रिय थे। रामविलास जी की अपनी विशेष पसन्द थी। वह अधिकांश प्रोग्राम रेडियो पर ही सुनते थे। बाद में, जब कभी दूरदर्शन पर ऐसा प्रोग्राम आता, तो उसे भी सुन लेते थे। एक बार रामविलास जी हम लोगों के साथ ऑडिटोरियम में भीमसेन जोशी का गायन सुनने भी गये थे और वह उन्हें पसन्द आया था।

संगीत का कार्यक्रम सुनते समय वह अपना दूसरा सारा काम बन्द कर देते थे। उनका पूरा ध्यान गायन सुनने पर रहता था।

हिन्दुस्तानी संगीत के साथ-साथ, उन्हें कर्नाटक शैली का गायन भी पसन्द था—खास तौर से बाल मुरलीकृष्ण का; उसमें भी : तिल्लाना।

अस्सी वर्ष की आयु में पन्त अस्पताल में आँतों का ऑपरेशन होने के बाद जब वह घर वापस आये, तो संगीत सुनने पर उनका बहुत ज़ोर था। इसमें कोई सन्देह नहीं कि बीमारी से उनके उबरने और स्वास्थ्य लाभ करने में संगीत का महती योगदान रहा था।

गायकी के अतिरिक्त, वाद्य संगीत में उन्हें वायलिन वादन पसन्द था। जब वह बनारस में थे, उन्होंने श्रीमती राजम का वायलिन वादन सुना था।

उन्हें वीणा वादन भी सुरुचिपूर्ण लगता था।

अली अकबर खाँ का सरोद वादन, रविशंकर का सितार वादन तथा बिस्मिल्लाह खाँ का शहनाई वादन भी उन्हें पसन्द था।

भारतीय संगीत के अलावा रामविलास जी की पाश्चात्य संगीत में भी रुचि थी—विशेषकर शास्त्रीय रचनाओं और सिम्फनी में। उन्हें एक सिंफनी खास तौर से पसन्द थी : समुद्र पर मेन्डेलेसन की संरचना। वह कहते थे कि इसे सुनते समय आँखें बन्द कर लो तो लगता है मानो समुद्र के किनारे बैठे हैं और लहरें आकर किनारे से टकरा रही हैं।

× × ×

स्पष्टतः, संगीत में रामविलास जी की गहरी रुचि थी और हर तरह का अच्छा संगीत उन्हें पसन्द था।

अपने विद्यार्थी जीवन के समय उन्होंने संगीत की विधिवत् शिक्षा लेने की कोशिश की थी, किन्तु समयाभाव तथा अर्थाभाव के कारण उनकी वह इच्छा पूरी नहीं हो सकी थी। तो भी, संगीत में गहरी दिलचस्पी जीवन भर बनी रही। साहित्य की तरह संगीत में भी उन्हें वही पसन्द था जो जनता के बीच से उभर कर आया हो, यथा लोक संगीत और धमार-ध्रुपद। ऐसा संगीत जो उदात्त भावनाओं का संचार करता हो, उन्हें विशेष रूप से प्रिय था। दरबारी, रीतिकालीन, अति-अलंकरणवादी कृतियाँ उन्हें उतनी पसन्द नहीं थीं।

संगीत अधिकतर वह रेडियो पर ही सुनते थे, तो भी रामविलास जी के पास कुछ कैसेट और सी.डी. इकट्ठा हो गये थे जिनकी आंशिक सूची नीचे प्रस्तुत है :

कैसेट

(अ) हिन्दुस्तानी संगीत

1. मल्लिकार्जुन मंसूर : राग देशकर और यमन कल्याण;

2. मल्लिकार्जुन मंसूर : राग सुघड़ाई कान्हड़ा, परज मालवी;
3. पण्डित डी.वी. पलुस्कर : राग ललित, विभास, बिलास खानी टोड़ी, आसावरी, गौड़, सारंग, हम्मीर, तिलक कामोद, श्री, मियां की मल्हार, मालकौस;
4. पण्डित डी.वी. पलुस्कर : राग कामोद, बागेश्वरी कान्हड़ा;
5. उस्ताद फैयाज खाँ : राग पूरिया, काफी, पूरबी, छाया;
6. उस्ताद फैयाज खाँ : राग भंकार ख़याल, देस, आलाप, होरी धमार;
7. उस्ताद बड़े गुलाम अली खाँ : राग भैरवी, ठुमरी, ललित, पहाड़ी, कलंगड़ा धुन;
8. उस्ताद बड़े गुलाम अली खाँ : राग तोड़ी, देसी तोड़ी, भीम पलासी, कामोद, पहाड़ी, केदार, जयजयवन्ती, दरबारी, अड़ाना, मालकौस, परज;
9. भीमसेन जोशी का गायन : रेडियो से रिकॉर्ड किया;
10. सिद्धेश्वरी देवी : ठुमरी मिश्र तैलंग, टप्पा भैरवी, दादरा गारा;
11. सुगम संगीत : मुहम्मद रफी का गायन;
12. सुगम संगीत : शमशाद बेगम का गायन;
13. किशोरी अमोनकर : राग गौड़ मल्हार;
14. मल्लिकार्जुन मंसूर : राग रामदासी मल्हार;
15. अलाउद्दीन खाँ : सरोद वादन (रेडियो से रिकार्ड किया हुआ);
16. बिस्मिल्लाह खाँ : शहनाई वादन में मिश्र मेल की मल्हार और कजरी;
17. रविशंकर : सितार वादन में राग मियाँ की मल्हार;
18. श्रीमती एन. राजम : वायलिन वादन में राग दरबारी कान्हड़ा, राग कलावती, राग भैरवी धुन;
19. बिस्मिल्लाह खाँ : शहनाई वादन में राग भीम पलासी, तिलक कामोद, जोगिया, कजरी, पूर्वी, चैती;
20. जुगलबन्दी : शहनाई वादन बिस्मिल्लाह खाँ का, वायलिन वादन वी. जी. जोग का।

(ब) कर्नाटक संगीत

1. एम. एस. सुबुलक्ष्मी : भज गोविन्दम, विष्णु सहस्रनाम;
2. एम. एस. सुबुलक्ष्मी : श्री वेंकटेश सुप्रभातम, भावयामी श्री रंगपुरा विहार;
3. मदुरै मणि अय्यर : राग रीति गौला, उमाभर्णम, काम्बोजी काफी नारायणी, गौड़ मल्हार, जौनपुरी नोट और मध्यम वती;
4. डॉ. एस. बाल मुरलीकृष्ण : तिल्लाना-जय राग मल्लिका, कड़ानाकुतूहलम्, वृन्दावनी, कुन्धालावारली, धीमना नाथ राग मालिका, द्विजवन्ती;
5. डॉ. एस. बाल मुरलीकृष्ण : पंचरत्न कृतियाँ राग नट्टाई, गौला, आरभि, वारलि, श्री;

6. डॉ. एस. बाल मुरलीकृष्ण : राग पूरिया कल्याणी, पूर्वी कल्याणी, वृन्दावनी सारंग;
7. डॉ. एस. बाल मुरलीकृष्ण : राग सुना दाविनोदिनी;
8. एस. बालचन्दर : वीणा वादन;
9. शेख चिन्ना मौलाना : नादस्वरम् में राग हंस ध्वनि, रीति गौल, भैरवम्, हेमवती, सिन्धुभैरवी, चक्रवाकम्;
10. कुन्नाकुड़ी वैद्यानाथन : वायलिन, गम्भीर नट्टई, सारामती, बिलाहारी सवेरी, अष्टपदी, मिश्र मोहना;
11. वीणा वादन, रेडियो से रिकॉर्ड किया हुआ।

(स) कम्पेक्ट डिस्क (सी.डी.)

1. डॉ. एस. बाल मुरलीकृष्ण : राग अमृत वर्षिनी, मोहनम्, कर्नाटक कपि, कड़ाना, कुतूहलम्, हम्मीर कल्याणी, माला मालवा गौला;
2. डॉ. एस. बाल मुरलीकृष्ण : राग बाल हंस, हिन्डोलम्, सिन्धुराम क्रिया, विहाग, अरभि, आनन्द भैरवी;
3. डॉ. एस. बाल मुरलीकृष्ण : राग हुसैनी, मालिका गीत काम्बोजी;
4. पण्डित कुमार गन्धर्व : राग तोड़ी, अहीर भैरव, अल्हैया बिलावल, देस, शुद्ध सारंग, गौड़ सारंग;
5. पण्डित भीमसेन जोशी : राग रामकली, शुद्ध कल्याण;
6. पण्डित जसराज : सघन बन फूले, गोवर्धन की शिखर लाल गोपाल दुलाल, भल मेरो मन, आखिर कर ले नाई, बाजन लागे, श्री गोवर्धन है, मृगनयनी को यार, खेतल खेलत पाण्डी;
7. त्यागराजा की अमर कृतियाँ :
   गायन : राग कपि (महाराजपु सन्थानम), राग कपि नारायणी (महाराजपुरम सन्थानम);
   वायलिन : राग पूर्वी कल्याणी (एम.एस. गोपालकृष्णन)
   वीणा : राग मोहना (आर.के. सूर्य नारायन)
   नादस्वरम् : राग काम्बोजी (शेख चिन्ना मौलाना)।

परिशिष्ट—2

रामविलास जी और उनके परिवार का नाटक प्रेम

अपने जीवन का पहला स्पर्श जो रामविलास जी को याद रहा, वह माँ का नहीं, अपने बाबा का था। बाबा उन्हें चारपाई पर अपने पास सुलाते थे, ताकि चारपाई से नीचे न गिर जाएँ या ग़लती से माँ के नीचे कुचल न जाएँ। औपचारिक पढ़ाई के लिए झाँसी जाने से पहले ही बाबा ने उन्हें साहित्य और लोक संस्कृति के समृद्ध संस्कार दे दिए थे। बाबा को अनेकों कहानियाँ, कविताएँ, सवैये, कुण्डलियाँ आदि याद थीं, जो वह बच्चों को बड़े चाव से सुनाते थे।

एक कहानी बालक रामविलास अपने बाबा से बार-बार सुनते थे। एक ऊँट और एक सियार में दोस्ती थी। एक दिन सियार ने ऊँट से कहा, मामा ख़रबूजा खाने चलोगे? ऊँट मामा राज़ी हो गए। दोनों खेत की ओर चले। रास्ते में नदी पड़ती थी। सियार को तैरना नहीं आता था। ऊँट मामा ने सियार को अपनी पीठ पर बैठा लिया और नदी पार कर ली। दोनों नदी पार करके खेत में पहुँचे और ख़रबूजे खाने लगे। थोड़ी देर में सियार बोला, मामा मेरा पेट भर गया, मुझे हुआस लगी है। ऊँट ने कहा नहीं बच्चा, अभी रुक जा, मुझे दो-चार ख़रबूजे और खा लेने दे। पर सियार न माना और खेत में एक तरफ़ जाकर हुआ-हुआ-हुक्कां-हुआ करने लगा। किसान जाग गया, लाठी लेकर दौड़ा। देखा सियार तो कहीं नहीं है, खेत के बीच में ऊँट खड़ा है। उसने ऊँट को लाठी से मारा, फिर गले में रस्सी बाँधकर अपने घर ले गया। अपनी घरवाली को जगाकर उसने कहा—जब यह बैठे, तब दो डंडे लगाना, जब यह उठे तब दो डण्डे लगाना, इसे खाने-पीने को कुछ मत देना। यह कहकर वह खेत पर काम करने चला गया।

उसकी घरवाली नींद में थी, इसलिए ठीक से सुन नहीं पाई कि किसान ने क्या कहा था। उसने ऊँट से पूछा तुम्हें याद है, क्या कह गए हैं? ऊँट बोला, वे कह गए हैं, जब बैठे तब दो रोटी खिलाना, जब उठे तब दो रोटी खिलाना। फिर पानी पिलाकर थोड़ा इधर-उधर घूमने को छोड़ देना। किसान की घरवाली ने

ऐसा ही किया। ऊँट ने पेटभर रोटी खाई, पानी पिया, दो-चार बार गली में घर के सामने से निकला, फिर भागकर जंगल में जा पहुँचा।

एक दिन वहाँ फिर सियार मिला, उसने फिर ख़रबूजे खाने की बात कही। दोनों नदी के किनारे पहुँचे और सियार फिर उसकी पीठ पर बैठ गया। बीच नदी में पहुँचकर ऊँट ने कहा, बच्चा अब तो मुझे लोटास लगी है। सियार ने कहा, नहीं मामा अभी लोटास रोके रहो, नहीं तो मैं डूब जाऊँगा। ऊँट बोला, जैसे तुम हुआस नहीं रोक पाए, वैसे ही मैं लोटास नहीं रोक पाता। यह कहकर ऊँद नदी में लोट गया। सियार बहा कण्डा जैसा, उसे अपने किए का फल मिल गया।

बालक रामविलास कल्पना करते थे कि गाँव के नाले में सियार कण्डे की तरह बहता हुआ जा रहा है। जिस खेत में ख़रबूजे लगे थे, वह उसी नीम के पास था जिस पर सवेरे सूरज निकलता था। जिस गली में ऊँट घूमा था, वह घर के सामने वाली गली थी। ऊँट वहीं बाँधा गया जहाँ दहलीज़ में बैल बाँधे जाते थे। ऊँट के खाने के लिए मोटी-मोटी रोटियाँ अम्मा ने बनाई थीं।

बैसवाड़े का सांस्कृतिक वातावरण ऐसा था कि हर गाँव में कथा कहने वाले और कहीं-कहीं खुद कविता करनेवाले मिल जाते थे। ऊँचगाँव सानी में कई ऐसे लोग थे जिनको बहुत-सी कविताएँ याद थीं, पुराने ढंग के कवित्त, सवैये याद थे।

बाबा का कहानी सुनाने का अन्दाज़ बड़ा रोचक था। उन्हें तमाम लोक कथाएँ याद थीं और उन्हें सुनते हुए बच्चों का मन न भरता था। बाबा जहाँ भी जाते थे, बालक रामविलास को साथ ले जाते थे। उनकी साधारण बातचीत भी कहानी की तरह रोचक होती थी। एक ही कहानी को बार-बार सुनकर भी बच्चे बोर नहीं होते थे। इसका एक कारण यह भी था कि वह पुरानी कहानियाँ सुनाते समय उनमें कुछ न कुछ नया जोड़ देते थे।

रामविलास जी उम्र में जब बड़े हो गए और बाबा के साथ लेटकर कहानी सुनने के अधिकारी नहीं रहे थे तो भी वह किसी छोटे भाई को फुसलाकर कहते, बाबा से कहो, कहानी सुनाएँ। बाबा छोटे भाई को कहानी सुनाने लगते और थोड़ी दूर पर बैठे हुए बालक रामविलास भी सुनते रहते।

गाँव में कुछ दिन के लिए बुआ की पुत्रवधू भी आकर रही थीं। वह बहुत अच्छी कहानियाँ सुनाती थीं। रामविलास जी ने नियम बना लिया था कि जब तक कहानी न सुन लेते थे, रात को रोटी न खाते थे। कहानियाँ रात को ही सुनाई जाती थीं। बुआ के पास कहानियों का अपना भण्डार था और उनके गाँव आने पर वह किसी और से कहानी सुनाने को नहीं कहते थे।

एक दो कहानियाँ रामविलास जी की अजिया को भी आती थीं। बच्चे जब तब उनसे भी कहानी सुनते। वह कहानी सुनाते समय ख़ूब हँसती थीं और बच्चों

को जितना मज़ा कहानी में आता था, उतना ही उनकी हँसी में आता था। गाँव से बाबा के दिए हुए संस्कार लेकर रामविलास जी छह-सात वर्ष की कच्ची आयु में औपचारिक पढ़ाई करने के लिए अपने पिताजी गयादीन शर्मा जिन्हें लोग दउआ कहते थे, के पास आ गए।

झाँसी में नाटक होते थे, रामलीला होती थी। स्कूल के एक अध्यापक फोनी मास्टर साहब क्लास में कभी-कभी पढ़ाते-पढ़ाते अभिनय करने लगते थे। बनारस में रहे थे, बनारसी ढंग से हिन्दी बोलते थे; लड़कों से बात करते-करते उसी भाषा में नाटक करने लगते थे। सरस्वती पाठशाला में पढ़ते समय रामवलिास जी अपने बड़े भाई के साथ मैकडॉनल्ड स्कूल में एक नाटक देखने गए थे। उस नाटक में फोनी मास्टर साहब ने 'शाइलॉक' का अभिनय किया था। स्टेज़ में एक तरफ़ धोती पहने खड़े थे, एक हाथ में डण्डा, दूसरे में छुरा था। डण्डे पर लगातार छुरा घिस रहे थे ताकि उसकी धार तेज हो जाए।

झाँसी के मुहल्ले कालीबाड़ी में बहुत-से बंगाली परिवार रहते थे। दुर्गापूजा के अवसर पर वे अवश्य नाटक करते थे। दो-तीन नाटक बांगला में करते थे, कम से कम एक नाटक हिन्दी में भी करते थे। यह मोहल्ला सदर बाज़ार से काफी दूर था जहाँ रामवलिास जी रहते थे। फिर भी वह बड़े भाई के साथ नाटक देखने वहाँ जाते थे। यह दोनों भाई कभी-कभी बांगला नाटक भी देखने जाते थे। नाटक समझ में तो नहीं आता था लेकिन अभिनय अच्छा लगता था। रामविलास जी के पिताजी स्वयं नाटकों में रुचि लेते थे, इसलिए वह इन लोगों के नाटक देखकर देर से घर लौटने पर कोई एतराज़ नहीं करते थे। सदर बाजार में भी अनेक कलाकार रहते थे और वे भी कभी-कभी नाटक करते थे।

दुर्गापूजा के दिनों में ही सदर बाज़ार में रामलीला होती थी। रामविलास जी कहते थे कि वैसी रामलीला उन्होंने कहीं और नहीं देखी। दिल्ली में भारतीय कला केन्द्र की रामलीला भी उन्होंने देखी थी, लेकिन झाँसी की रामलीला के सामने उन्हें वह फीकी लगी थी। झाँसी की रामलीला में सहयोग करने वाले फूलचन्द मास्टर साहब हारमोनियम तो बहुत अच्छा बजाते ही थे, वह अभिनय का निर्देशन भी करते थे। अभिनेता इतने कुशल थे कि उन्हें बहुत समझाने बुझाने की आवश्यकता नहीं होती थी। रामलीला में व्यास जी की गद्दी दउआ सम्भालते थे। उन्हें लगभग पूरी रामायण कण्ठस्थ थी। पोथी सामने खुली रहती थी, निग़ाहें अभिनेता पर रहती थीं, जहाँ जैसी ज़रूरत होती थी, दोहा चौपाई पढ़ देते थे, अभिनय उसी के अनुसार होता जाता था। अभिनेता भी सम्वाद में दोहे, चौपाई या दूसरे छन्द बोलते थे। दउआ ने रामलीला के लिए एक पूरा नाटक लिखा था। उसमें गद्य बहुत कम था। पात्र

अपने आप सोचकर गद्य बोलते थे, बाकी जो कवित्त, सवैये, दोहे आदि कहते थे, वे सब दउआ ने अनेक पुस्तकों में से छाँटकर नाटक में लिख लिए थे। उन अभिनेताओं में रामविलास जी के एक मित्र छुट्टू (छोटे लाल पाण्डे) लक्ष्मण का अभिनय करते थे। अभिनय करते समय वह राधेश्याम की रामायण से जोशीले उद्धरण देकर अपनी वक्तृता को बड़ा ओजस्वी बना देते थे। उनके सामने भरत-शत्रुघ्न सब फीके लगते थे। मंच पर लक्ष्मण ही सबसे ज़्यादा चमकते थे छुट्टू के बाद यह पार्ट रामविलास जी के छोटे-भाइयों-मुन्शी जी और नरेश जी–ने किया था। अपने अभिनय के लिए यह लोग इतनी तैयारी करते थे कि लगभग पचास वर्ष बाद भी लक्ष्मण के सम्वाद इन्हें याद हैं।

दउआ को भी नाटकों से बहुत लगाव था। रामलीला में बाद में वह भी अभिनय करने लगे थे और अंगद की भूमिका में उतरते थे। झाँसी में बाहर से कोई नाटक कम्पनी आती थी तो वह नाटक देखने जाते थे और अपने बच्चों को भी साथ ले जाते थे। इस तरह बालक रामविलास को दूसरे नाटकों के अलावा पारसी नाटक भी देखने का मौक़ा मिला। रामलीला के दौरान दो चार नाटक अवश्य होते थे। इनमें रामविलास जी के बड़े भाई भी अभिनय करते थे। प्रेमचन्द के 'प्रेमाश्रम' पर आधारित 'ग़रीब किसान' नाटक में रामविलास जी ने भी एक स्त्री का अभिनय किया था।

रामलीला में कॉमिक पार्ट करने के लिए श्याम लाल शहर से सदर बाज़ार आते थे। वह रामलीला में कॉमिक की गुंजाइश न होते हुए भी कुछ अपनी तरफ़ से जोड़कर सुना देते थे। शहर के धनी-मानी लोगों के नाम पर मज़ाक़िया कविताएँ लिखते थे और वहाँ सुनाते थे। छुट्टू के बड़े भाई चतरे (चतुर्भुज पाण्डे) दशरथ का अभिनय करते थे। उनकी भूमिका इतनी प्रभावी होती थी कि दशरथ-मरण वाले दृश्य को देखकर लोगों की आँखों में आँसू आ जाते थे। इसके लिए रामविलास जी ने एक गीत लिखा था जिसे बहुत दिनों तक वह स्टेज पर गाते रहे। उस गीत में दशरथ कैकेयी को उलाहना देते हुए कहते हैं, "दूर हो, दूर हो पापिनी कैकेयी"। नाटकों में वह आमतौर से हास्यरस के पात्रों का अभिनय करते थे। बद्रीनाथ भट्ट द्वारा लिखित एक नाटक में वह एक मारवाड़ी सेठ का अभिनय करते थे। पैण्ट पहनना चाहता है, पहन नहीं पाता। अफ़सरों से राजस्थानी मिली हिन्दी बोलता है।

चतरे पण्डित कभी-कभी अपनी तरफ़ से भी गढ़कर डायलॉग बोल देते थे। उन्हें मंच पर जो सूझता था वह बोलते जाते थे। इससे दूसरे अभिनेताओं को बड़ा कष्ट होता था। इससे बचने के लिए उन्होंने एक तरकीब निकाली थी। वह रामविलास जी को प्राम्पटिंग करने के लिए खड़ा कर लेते थे। पार्श्व में रामविलास जी किताब लेकर खड़े होते थे। चतरे पण्डित ने जहाँ अपना

डॉयलाग बोला, वहीं उसके अनुसार डॉयलाग गढ़कर रामविलास जी ने प्राम्प्ट किया; स्टेज पर अभिनेता उसी को दोहराता जाता था। देखनेवालों को पता भी नहीं चलता था कि कहाँ क्या छोड़ा गया है, क्या जोड़ा गया है।

चतरे पण्डित बिना मंच के भी नाटक कर लेते थे। नवें दर्जे में भूगोल के पर्चे में नक़ल करते हुए देखे जाने पर भी फोनी मास्टर साहब उन्हें पकड़ नहीं पाए। सारी बात जब उन्हें बाद में पता चली तो उन्होंने चतरे पण्डित से कहा, तुम सचमुच अच्छे एक्टर हो। झाँसी में एक सिनेमाघर था 'ला स्काला'। उसमें अंग्रेज़ी फिल्में दिखाई जाती थीं। उस समय बोलने वाले चित्रपट नहीं थे। एक्टरों के होंठ हिलते हुए दिखाई देते थे। आवाज़ नहीं सुनाई देती थी। मंच के नीचे आर्केस्ट्रा रहता था। वायलिन, पियानो और दूसरे वाद्य यन्त्र बजते रहते थे। अपने बड़े भाई के साथ रामविलास जी भी वहाँ सिनेमा देखने जाते थे।

झाँसी की सरस्वती पाठशाला के राष्ट्रीय पाठशाला बनने पर वहाँ के सांस्कृतिक कार्यक्रमों में कविता पाठ के साथ नाटक मंचन भी होने लगा था। स्वाधीनता आन्दोलन से जो नया वातावरण तैयार हुआ था, उसमें तब के प्रकाशित नाटक लोगों को रुचते न थे। तय हुआ कि राष्ट्रीय विचारधारा के अनुरूप नाटक लिखा जाए और स्कूल के छात्र और अध्यापक अभिनय करें। मास्टर ब्रजभूषण लाल त्रिपाठी ने 'वीर बालक' नाटक लिखा। उसमें एक गीत नशाबन्दी के बारे में था। बड़े भाई साहब घर में पूरी भाव भंगिमा के साथ वह गीत अक्सर गाते थे—

कैसी बद है शराब
करती हमको ख़राब
लेती इज़्ज़त और आब
करो बन्द, बन्द, बन्द

बड़े भाई साहब ने इस नाटक में विनायक राव मास्टर का पार्ट किया था। रामविलास जी नक़ली मूँछें लगाकर अध्यापक बने थे।

बड़े भाई साहब एक जोड़ी मूँछें घर भी ले आए थे। उन्हें बारी-बारी से लगाकर, बिना नाटक-मंच-पार्ट के दोनों भाई अभिनय करते थे।

झाँसी में पढ़ते हुए, हाई स्कूल पास करने से पहले, रामविलास जी ने राणा प्रताप पर एक नाटक लिखा था। वह जंगल में कैसे-कैसे मारे फिरे, अकबर की फ़ौज का कैसे सामना किया, इस सबका उस नाटक में वर्णन किया गया था। हाई स्कूल के सहपाठियों को उन्होंने वह नाटक सुनाया था और उन्होंने उसे पसन्द किया था।

झाँसी से जो नाटक प्रेम लेकर रामविलास जी लखनऊ पहुँचे तो उससे प्रेरित होकर उन्होंने नाटक लिखने के अलावा किसी नाटक कम्पनी में कुछ दिन

काम करने की बात भी सोची थी। अपने बड़े भाई को लिखे 30 मार्च 1933 के पत्र में उन्होंने लिखा था, "नाटक का नाम 'प्रेम की बेदी' और विषय समाज की दृष्टि से अनुचित प्रेम होगा। नाटक दुखान्त होगा। इस नाटक के बारे में एक साल से विचार कर रहा हूँ। अब फुर्सत होने पर उसे लिख अवश्य डालूँगा। यदि मैं किसी नाटक कम्पनी में कुछ दिन रह कर Stagecraft की और likes और जनता की dislikes भी, study भी कर सकता, तब तो क्या ही अच्छा होता।"

ज़ाहिर है कि रामविलास जी नाटक विधा को बड़ी गम्भीरता से लेते थे।

दउआ का नाटक प्रेम रामविलास जी के छोटे भाइयों में भी आया।

छोटे भाई रामस्वरूप शर्मा जिन्हें लोग 'चौबे' नाम से बुलाते थे, ने लखनऊ में एम. ए. फ़ाइनल में पढ़ते हुए अजातशत्रु का अभिनय किया था। यह प्रसाद जी का लिखा हुआ नाटक था, जिसके निर्देशकों में रामविलास जी भी थे। चौबे जी उन दिनों बॉडी बिल्डिंग करते थे और उन्हें उत्तर प्रदेश के सर्वोत्तम शरीर सौष्ठव का पुरस्कार मिला था। प्राचीन पहनावे के अनुसार नीचे धोती, फिर फेंटा, कवच, हाथों में भुजबन्द, गले में कण्ठ हार पहन कर नंगे बन्दन अजातशत्रु बहुत फब रहे थे। साज सज्जा के लिए बाज़ार से कार्ड बोर्ड लाकर लाल, नीली और सफ़ेद चमकदार बिन्दियों की मदद से उन्होंने कवच और भुजबन्द बनाए थे।

नाटक का मंचन अत्यन्त सफल रहा था। चौबे जी को पुरस्कारस्वरूप एक कप मिला था। विश्वविद्यालय के प्रोफ़ेसर डॉ. बड़थ्वाल ने अपनी पुस्तक 'दि निर्गुण स्कूल ऑफ़ हिन्दी पोएट्री' अजातशत्रु का सुन्दर अभिनय करने के उपलक्ष में, भेंट की, अपने दिए हुए सर्टिफ़िकेट में भी इसका उल्लेख किया।

इस नाटक की लोकप्रियता से यह भी सिद्ध हुआ कि प्रसाद जी के नाटकों का मंचन सफलतापूर्वक किया जा सकता है।

रामविलास जी के एक और छोटे भाई मुन्शी जी को भी नाटकों में पार्ट लेने का शौक़ था। झाँसी की रामलीला में वह लक्ष्मण का पार्ट कर चुके थे। लखनऊ आकर उन्होंने एक स्टूडेण्ट्स फेडरेशन की स्थापना की और गली मोहल्ले में सांस्कृतिक कार्यक्रम आयोजित किए। चार्ली चैपलिन और चार्ल्स लाफ्टन का उन पर विशेष प्रभाव था और अपनी गली के चबूतरे पर वह 'ग्रेट डिक्टेटर' और 'हन्थबैक ऑफ़ नौटरडम' नामक फ़िल्मों में इन मशहूर कलाकारों की नक़ल उतारते थे। इन प्रोग्रामों को देखने के लिए अक्सर एक छोटी-मोटी भीड़ जमा हो जाती थी। भीड़ को देखकर उनका जोश और भी बढ़ जाता था और वह ग्रेट डिक्टेटरवाला भाषण देते हुए पसीने-पसीने हो जाते थे तथा पर्दे की जगह खम्भे पर चढ़ जाते थे।

अभिनय के अगले चरण में उन्होंने एक भड्डरी (ज्योतिषी) बनकर अपनी माँ को ही उनका भूत और भविष्य बता डाला। यह भी कि उनके कितने बेटे हैं और क्या-क्या करते हैं। इसी प्रकार हंचबैक (कुबड़ा) बनकर उन्होंने मुहल्ले पड़ासेवालों को बहुत डराया। अन्त में घेर लिए जाने पर और एक औरत द्वारा एक बाल्टी पानी डाल दिए जाने पर तथा पिटाई होने के डर से नाटक समाप्त करना पड़ा।

लखनऊ में इन लोगों ने मिलकर अव्यवस्थित रूप से जो नाटक खेला, उसका नाम था 'पाप के पुजारी'। यह रामविलास जी का लिखा हुआ था। बाद में यह नाटक पुस्तक रूप में भी प्रकाशित हुआ। नाटक में उनके भाइयों के अलावा मुहल्ले के लोगों ने भी भाग लिया था। निर्देशन भी रामविलास जी ने ही किया था। ड्रामा छितवापुर के म्यूनिसिपल स्कूल के अहाते में खेला गया था। ड्रामे के अन्त में एक सीन आग लगने का था, जिसका, स्पेशल इफ़ेक्ट एक लाल रंग के बल्ब, टेबिल फ़ैन और बटर पेपर की पतली-पतली धज्जियों की मदद से उत्पन्न किया गया।

लखनऊ के जिस के सी डे लेन में ये लोग रहते थे, उसमें खेला गया पहला ड्रामा था 'वीर अभिमन्यु'। इसमें मुन्शी जी अर्जुन बने थे और अवस्थी जी बने थे जयद्रथ। गली के मकानों मे छज्जे थे, जिन पर महिलाएँ जम जाती थीं, बाक़ी जनता नीचे अपने लिए जगह बना लेती थी।

गली में इन लोगों द्वारा दूसरा ड्रामा द्विजेन्द्र लाल राय का लिखा हुआ 'चन्द्रगुप्त मौर्य' खेला गया। इसमें चाणक्य का पार्ट मुन्शी जी ने किया था। अवस्थी जी सेल्यूकस बने थे और नरेश जी एन्टीगोनस। चन्द्रगुप्त का पार्ट रामविलास जी के बड़े भाई के साले गिरजानन्दन ने किया था। नाटक में हेलन का पार्ट करने वाले सज्जन नरेश जी को 35 वर्ष बाद मिले। मिलने पर बोले, नरेश भैया नमस्ते। नरेश जी ने कहा, जी, मैंने पहचाना नहीं। वे बोले, अरे आपने पहचाना नहीं, मैं हेलन हूँ, हेलन।

ड्रामों के लिए ये लोग बड़ी मेहनत करते थे। 'सम्राट अशोक' पिक्चर के डायलॉग नोट करने के लिए इन लोगों ने कई बार वह पिक्चर देखी ताकि टॉर्च की मदद से डायलॉग लिखने का काम पूरा किया जा सके।

इन ड्रामों में प्राम्पटिंग का काम करते थे प्रयाग नारायण जी। ड्रामों की रिहर्सल कराते-कराते उन्हें सारी स्क्रिप्ट कण्ठस्थ हो जाती थी। एक बार इन लोगों को 'चन्द्रगुप्त' ड्रामा देखने के लिए डालीगंज बुलाया गया। वहाँ किसी कारण जो सज्जन चन्द्रगुप्त बनने वाले थे, नहीं आ सके थे। पब्लिक शोर मचाने लगी थी। ये लोग चूँकि चन्द्रगुप्त खेल चुके थे, इनके हीरो और प्राम्पटर दोनों उपस्थित थे।

यह तय हुआ कि अपने प्राम्पटर की मदद से उनके चन्द्रगुप्त उसमें पार्ट करें। और यही किया गया। सारा ड्रामा खत्म हो गया, लेकिन लोगों को पता नहीं चला कि हीरो का पार्ट करने वाले को अभी-अभी बाहर से पकड़कर लाया गया था।

चारबाग स्टेशन के रेलवे इन्स्टीट्यूट में टिकट लगाकर खेले जानेवाला ड्रामा था, 'वीर छत्रसाल'। इसमें गिरजानन्दन मुन्शी जी और अवस्थी जी के अलावा गली के अन्य लोगों ने भी भाग लिया था। इसमें दलपतराय का पार्ट अवस्थी जी ने किया था, विमल देव बने थे मुन्शी जी, छत्रसाल बने थे गिरजानन्दन जी। प्राम्पटिंग कराते-कराते अवस्थी जी को राणादूलह ख़ाँ का पार्ट भी याद हो गया था। ड्रामे के दौरान किसी कारण असली राणादूलह ख़ाँ ने पार्ट करने से मना कर दिया। बाक़ी पार्ट अवस्थी जी को करना पड़ा जो क़द काठी में पहले वाले राणादूलह ख़ाँ से काफ़ी अलग थे। ड्रामों के अन्दर ड्रामे तो होते ही रहते हैं!

आगरे में रामविलास जी जन नाट्य संघ की मदद करते थे। उनका लिखा हुआ एक एकांकी 'तुलसीदास' आगरा कॉलेज के मुख्य हॉल में तुलसी जयन्ती के अवसर पर खेला गया था। इसमें मुन्शी जी ने आचार्य केशवदास का पार्ट किया था। दुर्भाग्यवश इस नाटक की स्क्रिप्ट अब उपलब्ध नहीं है।

अवस्थी जी ने जियोलॉजिकल सर्वे ऑफ़ इण्डिया में नौकरी शुरू करने के बाद भी उनके रिक्रिएशन क्लब द्वारा खेले गए दो नाटकों में भाग लिया था। इनमें से एक नाटक 'रीढ़ की हड्डी' में उन्होंने एक महिला का पार्ट भी किया था।

स्टेज के अलावा अवस्थी जी ने ऑल इण्डिया रेडियो के लखनऊ स्टेशन से प्रसारित होनेवाले अनेक नाटकों में पार्ट लिया। रेडियो से प्रसारित होने वाला पहला नाटक जिसमें अवस्थी जी ने भाग लिया था, वह देहाती कार्यक्रम के अन्तर्गत था। उस समय अवस्थी जी की उम्र काफ़ी कम थी। पढ़ीस जी के पुत्र बुद्धिभद्र दीक्षित 'उच्यन' उन दिनों लखनऊ रेडियो स्टेशन के देहाती प्रोग्राम से सम्बद्ध थे। ड्रामे में पार्ट देने के लिए उन्होंने रामविलास जी से पूछा था, जिन्होंने अवस्थी जी का नाम सुझाया था। अवस्थी जी वैसे भी अक्सर देहाती प्रोग्राम देखने के लिए रेडियो स्टेशन जाया करते थे।

काफ़ी रिहर्सलों के बाद ड्रामे का दिन आया। थोड़ी बातचीत के बाद ड्रामा शुरू हो गया। जैसे वह रिहर्सल में करते थे, वैसे ही ड्रामे में बोल दिया। प्रोग्राम ख़त्म होने पर उच्यन बहुत खुश थे; उन्हें डर था कि कहीं पार्ट ख़राब न कर दें। ड्रामे में पार्ट लेने के लिए पाँच रुपये पारिश्रमिक स्वरूप मिले थे। यह उनकी रेडियो से पहली कमाई थी। रुपये लेकर वह पैदल घर की ओर आ रहे थे, कि देखा सामने से निराला जी आ रहे हैं। उन्होंने पूछा, कहाँ से आ रहे हो? अवस्थी जी ने कहा, रेडियो स्टेशन से, ड्रामे में पार्ट करके आ रहा हूँ। बोले, 'कुछ मिला'।

अवस्थी जी ने कहा, हाँ पाँच रुपये मिले हैं, कहने लगे, 'तुम्हारे यह पाँच रुपये डॉक्टर (रामविलास शर्मा) के पाँच सौ के बराबर हैं। सँभालकर रखना है।' यह कहकर वह चल दिए।

परिवार में जिन लोगों ने मंच पर नाटक किया है उनमें अनेक नाम हैं। इम्प्रोम्प्टु नाटक करना, तुरन्त डायलॉग गढ़ लेना, समय और हालात के मुताबिक़ उन्हें आगे बढ़ाते जाना एक ऐसी कला है जिसमें अक़्ल के अलावा और भी बहुत कुछ चाहिए। परिवार में जिन लोगों ने इस कला का समय-समय पर प्रदर्शन किया उसमें भुवन भाई और सेवा बहिन प्रमुख रहीं। भुवन भाई साहब ग्वालियर में पापे के नाम से मशहूर थे। उनके अनेक नाटकों की योजना अपने मित्रों के साथ बाथरूम में मिलने पर बनी थी।

आगरे में भुवन भाई साहब, शरद नागर और मुहल्ले के अन्य मित्रों की सहायता से एक सांस्कृतिक क्लब बनाया गया था जिसमें समय-समय पर प्रोग्राम भी होते थे। एक मन्दिर के अहाते में अपने-अपने घरों से लाकर समाचार-पत्र और पत्रिकाएँ रख देते थे, इस प्रकार बिना कोई ख़र्च किए हुए एक वाचनालय बन जाता था। ऐसे ही एक सांस्कृतिक कार्यक्रम में भुवन भाई साहब ने मदारी का खेल दिखाया था, उनका जमूरा बना था मैं।

जन्माष्टमी के दिन घरों में झाकियाँ सजाने का रिवाज़ था। हम लोगों ने जन नाट्य संघ द्वारा प्रस्तुत शैडो-प्ले देखा था। नाखूनों के आगे क़ाग़ज की पुंगियाँ बनाकर लगा ली गई थीं। क़ाग़ज की पट्टी काटकर जीभ में चिपका ली थी। जन्माष्टमी की झाँकी आगे थी, उसके पीछे परदा था, जो चादर तान कर बनाया गया था। मिट्टी के तले के लैम्प की रोशनी के आगे छायानृत्य किया जाता था जो परदे पर दिखाई देता था। बहनें शोभा, सेवा और स्वाति भी इसमें सहयोग करती थीं।

नाटक लिखने और अभिनय करने की परम्परा, जो हमारे परिवार में मज़बूती से जड़ जमाए हुए थी, वह और भी मज़बूत हुई अवस्थी जी के विवाह के बाद। अवस्थी जी की पत्नी रक्षा जी, सूत्रधार और कलाकार दोनों की भूमिकाएँ निभाती थीं। वह स्वयं अभिनय करती थीं और अभिनय के लिए दूसरों को प्रेरित करती थीं। खास बात यह थी कि स्त्री के अलावा वह पुरुषों की भूमिका में भी उतरती थीं।

शादी से पहले भोपाल में अपने मुहल्ले के गर्ल्स प्राइमरी स्कूल में रक्षा जी ने छात्राओं से सत्यवादी हरिश्चन्द्र और मंगलमन्दिर नाटक करवाए थे। टीचर्स ट्रेनिंग कोर्स पूरा करते समय उन्होंने डॉ. चोखेलाल हूक स्पेशलिस्ट का रोल किया था। हूक स्पेशलिस्ट बनने का रहस्य नाटक के लम्बे नाम से प्रकट हो जाता है—इक हूक-सी

दिल में उठती है। इक दर्द जिगर में होता है। रक्षा जी के भाई जिन्हें लोग मुन्ना नाम से बुलाते थे, बम्बई के वी जे टी आई से इन्जीनियरिंग पास करके भोपाल में नौकरी करते थे। जब वह कॉलेज में पढ़ते थे उसी समय से वह नाटक लिखने और अभिनय करने लगे थे। दुर्भाग्यवश, अल्पायु में ही असमय देहान्त हो जाने के कारण उनकी प्रतिभा पूरी तरह फलित नहीं हो पाई।

रक्षा जी की इन गतिविधियों को रामविलास जी बहुत प्रोत्साहन देते थे। इसकी बानगी निम्नलिखित पत्रों में देखी जा सकती है

काशी-221005
22.3.82

प्रिय रक्षा

तुम्हारा 27/2 का कार्ड यथासमय मिल गया था। तुम्हारा स्वास्थ्य ठीक है, यह जानकर प्रसन्नता हुई, और भी अधिक प्रसन्नता इस बात से हुई कि दादी माँ की भूमिका के लिए तुम्हें सर्वश्रेष्ठ अभिनय का पुरस्कार मिला। वैसे तो हमारे घर में अनेक अभिनेता और अभिनेत्रियाँ हैं पर सब निष्क्रिय हैं, इन सब में तुम्हीं अकेले सक्रिय हो, अब तुम नाटक भी लिखो, पहले ऐसा नाटक लिखो जिसमें निष्क्रिय लोग फिर सक्रिया हो जाएँ, विशेष रूप से आशु और अवस्थी, यदि कुछ लोग जादूगुड़ा और हरिनगर से शामिल हो जाएँ तो क्या कहना है। आशु का ब्याह कब हो रहा है। उस समय ऐसा आयोजन क्यों न हो?

सबको

स्नेह
रा.वि.

पुत्री मिनी और पुत्र आशु के जन्मदिन पर रक्षा जी ने कविता, गाने और सम्वाद के साथ नाटक का भी आयोजन किया था। स्कूल में ही यह बच्चे प्रोग्रामों में भाग लेने लगे थे और पुरस्कार पाने लगे थे। रामविलास जी की पुत्री शोभा और उनके बड़े भाई भगवानदीन जी की पुत्री प्रभा के विवाहों के अवसरों पर रक्षा जी ने बच्चों की सहायता से सांस्कृतिक कार्यक्रमों का आयोजन किया था।

आशु को नागपुर में 'जोंक', 'उल्टी गंगा' और 'इन्सान जाग उठा' नाटकों में सर्वोत्तम कलाकार का पुरस्कार मिला। रामविलास जी ने बाल कलाकार का उत्साह बढ़ाते हुए पत्र लिखा–

काशी
19.4.88

आशुनाटिका (बतर्ज आशु कविता)

(हर दृश्य स्वतन्त्र : अभिनेताओं को सम्वाद गढ़ने की छूट)

दृश्य एक: सूत्रधार (मुन्शी) नटी (धन्नो) के साथ मीटिंग करते हैं, नाटक हो या न हो, विचार विमर्श में मुकुल सोना का सहयोग।

दो : मुन्शी अंग्रेजी पढ़ते हैं–सी ए एन कैन, कैन माने सकना।

तीन : मुन्शी कुबड़े की भूमिका में, सहायक अवस्थी।

चार : मुन्शी ग्रेट डिक्टेटर की भूमिका में।

पाँच : अवस्थी राणा दूलह ख़ाँ की भूमिका में।

छह : मुन्शी–नरेश परशुराम सम्वाद।

सात : आशु–मद्रासी बाबू की भूमिका में।

आठ : रक्षा–दादी की भूमिका में।

प्रिय रक्षा,

मेरा ख़याल है, इस तरह का नाटक आसानी से हो सकता है, काफ़ी सामग्री घर की बात में है, नए दृश्य जोड़े जा सकते हैं यथा मुन्शी अवस्थी का सवेरे घूमने जाना, आँखें बन्द करके चलने का अभ्यास करना इत्यादि। नवम्बर दिसम्बर तक सम्बन्ध पक्का कर लो। तभी सब लोग इकट्ठा हों। हम 28 को दिल्ली जाने वाले थे, अब 29 को जाएँगे, विजय यहाँ 27 को आएँगे।

रा.वि.

परिशिष्ट—3

रामविलास जी का चित्रकला प्रेम

रामविलास जी के व्यक्तित्व के निर्माण में जिन लोगों ने महत्त्वपूर्ण भूमिका निभायी, उनमें परिवार के लोगों के अलावा, उनके स्कूल के अध्यापक थे। झाँसी में आरम्भिक शिक्षा के दिनों में रामविलास जी सरस्वती पाठशाला में पढ़ते थे। वहाँ के अध्यापकों में एक थे मास्टर रुद्रनारायण जिन्होंने रामविलास जी को बहुत प्रभावित किया।

मास्टर रुद्रनारायण जी कलाकार थे। वह चित्र बनाते थे। मिट्टी की मूर्तियाँ बनाते थे, साथ ही अपने छात्रों को पंजा लड़ाना सिखाते थे। मास्टर जी क्रान्तिकारियों के भी दोस्त थे और छात्रों को राष्ट्रीय भावना से प्रेरित करते थे। स्कूल के सामने की पहाड़ी पर छात्रों के साथ दौड़ कर चढ़ जाते थे; कहते थे—शिवाजी अपनी फौज को ऐसे ही ट्रेण्ड करते थे।

× × ×

मास्टर रुद्रनारायण ने रामविलास जी को पंजा लड़ाना, दौड़ना, कसरत करना, मिट्टी की मूर्तियाँ और ड्राइंग बनाना सिखाया। स्कूल में एक हॉल था जहाँ पर नेताओं के तमाम चित्र लगे हुए थे। ये सारे चित्र रंगीन थे और मास्टर रुद्रनारायण के ही बनाये हुए थे। इन नेताओं में गाँधी जी, गोपाल कृष्ण गोखले, मोहम्मद अली, शौकत अली और हकीम अजमल खाँ प्रमुख थे।

मास्टर जी वैसे तो दुबले-पतले थे, लेकिन उनके अन्दर बड़ी आग थी और वह पैदायशी कलाकार थे।

मास्टर जी को यह पता था कि झाँसी में मूर्तियाँ बनाने लायक अच्छी काली मिट्टी कहाँ मिलती है। झाँसी की अधिकतर ज़मीन पथरीली थी, इसलिए उन्होंने खोज कर उन जगहों का पता लगाया होगा जहाँ काली मिट्टी मिलती थी।

वह छात्रों को अपने साथ ले जाते थे और उनसे कहते थे—देखो, यहाँ पर काली मिट्टी है; इसे खोद कर ले जाओ। काली मिट्टी को वह छात्रों के सामने सानते और उससे मूर्ति बना कर दिखाते हुए कहते—देखो मूर्ति ऐसे बनानी चाहिए।

× × ×

एक बार मास्टर जी ने छात्रों के सामने अपना 'मास्क' यानी मुखौटा, भी बनाया था। उन्होंने काफी सारा मोम एक बर्तन में डाल कर गरम किया। पिघला हुआ मोम जब थोड़ा ठण्डा हो गया, तो उन्होंने अपना मुँह उसके अन्दर डाल दिया। मोम अभी तक तरल था, इसलिए कुछ गरम भी रहा होगा, पर मास्टर जी अपना मुँह उसमें डाले रहे। थोड़ी देर में उनके मुँह का साँचा मोम में बन गया। अब उन्होंने मुँह हटा लिया और साँचे में राँगा गला कर भर दिया। इस तरह से उन्होंने अपना 'मास्क' बनाया। उनके एक शिष्य थे कालीचरण, जो चित्रकला में विशेष निपुण थे। कहते हैं कि झाँसी की सुप्रसिद्ध रानी लक्ष्मीबाई की मूर्ति, मास्टर रुद्रनारायण के शिष्यों में से किसी एक ने बनायी थी।

सरस्वती पाठशाला में मास्टर रुद्रनारायण ने जिन लोगों को चित्रकला सिखायी, उनमें रामविलास जी के साथ उनके बड़े भाई भी थे। इन दोनों भाइयों ने जो कला मास्टर जी से सीखी उसमें किसी छपे चित्र की बड़ी आकृति बनाना भी शामिल था। इसके लिए चित्र को छोटे-छोटे वर्गाकार या आयताकार खानों में बाँट दिया जाता था। जिस काग़ज पर चित्र बनाना होता था, उस पर भी पेंसिल से (चित्र में बने खानों के अनुरूप किन्तु अनुपात में बड़े) खाने बना लिए जाते थे। अब चित्र को देख कर उसकी बड़ी आकृति बनाना आसान हो जाता था। चित्र पूरा हो जाने पर, पेंसिल के खानों के निशान मिटा दिए जाते थे।

अक्सर रामविलास जी और उनके बड़े भाई साथ बैठ कर चित्रकला का अभ्यास करते थे। दोनों के ड्राइंग पेपर अलग-अलग होते थे। मास्टर जी से पायी हुई शिक्षा और अपने सहज ज्ञान के आधार पर, बड़े भाई अपने छोटे भाई की मदद करते थे। ये चित्र पेंसिल से बनाये जाते थे। बड़े भाई को चित्रों में शेडिंग करके विशेष प्रभाव उत्पन्न करने की ट्रेनिंग भी मिली थी। इसमें पेंसिल से हल्की और गहरी कालिमा फैला कर फोटोग्राफ की तरह 'लाइट एण्ड शेड' का आभास दिया जाता था। पेंसिल से कुछ जगह काली करके उसे कागज से घिस दिया जाता था, फिर रबर से कम या ज्यादा मिटा कर 'लाइट एण्ड शेड' का मन चाहा प्रभाव उत्पन्न किया जाता था।

× × ×

बड़े भाई साहब ने एक बालक का चित्र बनाया था। उसमें लाइट-शेट की कारीगरी इतनी कुशलता से की गयी थी कि पूरा चित्र बहुत प्रभावकारी बन पड़ा था। रामविलास जी के बाबा इन लोगों की चित्रकला को बहुत प्रोत्साहित करते थे। उन्होंने बालक के इस चित्र को गाँव के अपने बैठके के बाहर वाले दरवाज़े पर बायीं तरफ चिपका दिया था, जो बहुत दिनों तक वहाँ लगा रहा।

× × ×

एम. ए. करने के बाद रामविलास जी शोध-कार्य करना चाहते थे। इस सन्दर्भ में वह अपने विभाग के अध्यक्ष सिद्धान्त साहब से मिले। सिद्धान्त साहब ने सलाह दी कि तुम कुछ विषय लिख लाओ उनमें से एक हम चुन लेंगे, उस पर तुम शोध करना। रामविलास जी ने आठ-दस विषय लिखे। उनमें एक विषय—'कीट्स एण्ड दि प्री-रफेलाइट्स'। यह सिद्धान्त साहब को पसन्द आया और उन्होंने इस विषय पर रामविलास जी से निबन्ध लिखने को कहा।

निबन्ध लिख लिया गया। सिद्धान्त साहब ने उसे पढ़ा और पसन्द किया। कहा—तुम इसी विषय पर काम करो।

रामविलास जी ने पूछा—काम कैसे करना चाहिए, क्या पढ़ना चाहिए? उन्होंने कहा—तुम कीट्स पर निबन्ध लिखो, कीट्स में जो चित्रमयता है, उसका विवेचन करो।

रामविलास जी ने महीने भर मेहनत करके कीट्स पर एक लम्बा निबन्ध लिखा।

सिद्धान्त साहब ने निबन्ध देखा। उसमें क्या जोड़ा जाए, क्या घटाया जाए, यह बताया। आगे के लिए उन्होंने कहा—तुन्हें प्री-रफेलाइट्स पर ही काम करना है; इसके लिए इटली के चित्रकारों के बारे में जानकारी प्राप्त करो। उन्होंने यह भी बताया कि इन लोगों ने अपना नाम प्री-रफेलाइट्स इसलिए रखा था कि ये लोग इटली के रफेल से पहले के चित्रकारों से प्रभावित थे।

रामविलास जी ने उसी तरह काम करना शुरू कर दिया। एक वर्ष तक वह इटली के चित्रकारों के बारे में पढ़ते रहे। जो पुस्तकें वहाँ उपलब्ध नहीं थीं और वह मँगाना चाहते थे, उनकी एक सूची बना कर उन्होंने सिद्धान्त साहब को दे दी। सिद्धान्त साहब ने वे पुस्तकें मँगवा दीं। किन्तु इनमें से एक भी पुस्तक रामविलास जी के हाथ न लगी। इन पुस्तकों में बहुत सुन्दर चित्र थे; पुस्तकें लाइब्रेरी में आयीं। रामविलास जी ने उन्हें वहाँ देखा भी था, लेकिन इससे पहले कि उनके नाम रजिस्टर पर चढ़ाये जाते, किसी ने सारी किताबें गायब कर दीं।

× × ×

खैर, उन पुस्तकों के बिना भी काफी सामग्री रामविलास जी को लाइब्रेरी में मिल गयी। इसी विषय पर अतिरिक्त जानकारी प्राप्त करने के लिए सिद्धान्त साहब ने रामविलास जी को लखनऊ के आर्ट्स कॉलेज के प्रिंसिपल असित कुमार हलधर के पास भेजा। उन्होंने हलधर साहब के नाम बंगला में एक परिचयात्मक पत्र लिख कर दिया। पत्र लेकर रामविलास जी हलधर साहब से मिले और उनसे यूरोप के चित्रकारों के बारे में जानकारी प्राप्त की।

इससे यह भी पता चलता है कि उस समय के गाइड्स अपने शोध छात्रों की किस तरह से मदद करते थे।

लखनऊ विश्वविद्यालय के पुस्तकालय में रफेल-पूर्व के चित्रकारों पर काफी सामग्री थी। इनमें एक चित्रकार थे विलियम हॉलमन हन्ट। उनकी लिखी हुई दो खण्डों में एक पुस्तक थी; जिसमें अच्छी सामग्री उपलब्ध थी। रोसेटी इत्यादि चित्रकार कवियों के ग्रन्थ भी वहाँ पर थे।

× × ×

इन तमाम पुस्तकों को पढ़ने, विशेष कर इटली के चित्रकारों के वृत्तान्त पढ़ने के बाद रामविलास जी इस निष्कर्ष पर पहुँचे कि इंग्लैण्ड के चित्रकारों ने अपना नाम प्री-रफेलाइट्स रख तो लिया था, लेकिन उन्हें इटली की चित्रकला के बारे में कोई विशेष जानकारी नहीं थी। रामविलास ने सिद्धान्त साहब को बताया कि जर्मनी में एक 'प्री-रफेलाइट ब्रदरहुड' थी। उसके नेता थे ओवरबेक और कोर्नेलियस। उनके बारे में रोसेटी ने सुन रखा था। नाम अच्छा लगा, उसने अपने साथियों के संघ का नाम 'प्री-रफेलाइट ब्रदरहुड' रख लिया। वास्तव में इन लोगों पर इटली के चित्रकारों का, खास तौर से रफेल से पहले के चित्रकारों का, कोई प्रभाव नहीं था। यह सुन कर सिद्धान्त साहब को बड़ा आश्चर्य हुआ। उन्होंने कहा—ठीक है! अब तुम यह देखो कि इन लोगों पर कीट्स का प्रभाव किस तरह का है।

साल भर की पढ़ाई से रामविलास जी को उनके थीसिस के काम में कोई मदद नहीं मिली, लेकिन इटली के चित्रकारों और उनकी चित्रकला के बारे में उन्हें काफी जानकारी प्राप्त हो गयी। रामविलास जी को इंग्लैण्ड के उन कवियों ने विशेष रूप से प्रभावित किया जो स्वयं चित्रकार थे, या कहिए जिन्हें चित्रकला के बारे में सचमुच जानकारी थी।

इनमें कवि चित्रकार डी.जी. रोसेटी प्रमुख थे। उन्होंने अपनी पत्नी की मृत्यु के बाद उनका एक भव्य चित्र बनाया था : लम्बे घने सुनहले बाल खोले, आँखें बन्द किये, स्वर्णिम आभा से मण्डित एलिज़ावेथ सिडल स्वर्गारोहण की मुद्रा में दिखायी गयी थीं।

चित्रकला में रामविलास जी के एक आचार्य और थे। वह थे—झाँसी के मैकडॉनेल हाई स्कूल के प्रफुल्ल कुमार चटर्जी मास्टर साहब। वहाँ पढ़ते समय रामविलास जी को मास्टर जी की इस प्रतिभा का पता नहीं चल पाया था; लेकिन झाँसी के गवर्नमेण्ट इण्टर कॉलेज में पढ़ते समय दो साल तक मास्टर जी से उनका सम्पर्क बना रहा—और इसी अवधि में रामविलास जी को उनकी चित्रकला की उपलब्धियों के बारे में जानकारी मिली। मास्टर जी ने अपने पढ़ने के कमरे में कुछ रंगीन चित्र लगा रखे थे। ये सब उनके ही बनाये हुए थे।

मास्टर जी में किसी आदमी को देखकर, कुछ क्षणों में उसका स्केच बना लेने की अद्‌भुत क्षमता थी। ऐसे स्केच मास्टर जी ने रामविलास को अपने घर पर दिखाये।

रामविलास जी के झाँसी छोड़ने के लगभग बीस साल बाद मास्टर जी ने उन्हें अपनी एक स्केच बुक भी दिखायी थी। यह एक जिल्द बँधी कॉपी थी, जिसमें उन्होंने कुछ चुने हुए स्केच चिपका रखे थे। इनमें से एक स्केच रामविलास जी के हाई स्कूल के एक अध्यापक–उल्फत राय–का भी था।

मास्टर जी ने बताया कि उल्फत राय का वह स्केच उन्होंने इनविजिलेशन ड्यूटी करते समय बनाया था। उस समय चटर्जी मास्टर साहब की जेब में किसी का भेजा हुआ एक पोस्टकार्ड पड़ा था। उन्होंने पोस्टकार्ड निकाल कर देखा तो पते वाली साइड में वह आधा ख़ाली था। चटर्जी मास्टर साहब ने बस उसी जगह मास्टर उल्फत राय का स्केच बना डाला : गले को ढँकती हुई दाढ़ी, आँखों पर चश्मा, चश्मे के पीछे बन्द आँखें। इनविजिलेशन के समय मास्टर उल्फत राय मज़े से झपकी ले रह थे।

चटर्जी मास्टर साहब को ड्रॉइंग की विशेष शिक्षा बनारस में मिली थी। छात्र रूप में उन्होंने जो भी सीखा हो, इसमें सन्देह नहीं कि मास्टर जी ने स्वयं अभ्यास करके अपनी इस कला का विकास किया था।

× × ×

इस पृष्ठभूमि में रामविलास जी का चित्रकला से लगाव होना स्वाभाविक था। सन् 1935 में उन्हें अचानक खयाल आया कि उनके बाबा का घर में कोई चित्र नहीं है। उन्होंने अपनी कल्पना के आधार पर अपने बाबा का चित्र बनाया। इस चित्र को बनाने के लिए वह स्मृति पर ज़ोर डाल कर काफी देर ध्यानमग्न बैठे रहे और तब वह चित्र बनाया। जिन लोगों ने बाबा को उनकी अन्तिम अवस्था में देखा था, उनके अनुसार वह चित्र बाबा से लगभग 60 से 70 प्रतिशत तक मिलता था। (चित्र 1)।

सन् 1939 में रामविलास ने नीली पेंसिल से अपने छोटे भाई मुन्शी जी का एक चित्र बनाया। इस चित्र को मुन्शी जी ने तो पहचान ही लिया था, आगे चलकर उनके बच्चों ने भी अपने पिता जी का चित्र पहचान लिया। यह बात ध्यान देने की है कि तब के मुन्शी जी की उम्र, इन पहचानने वाले बच्चों की उम्र से कम थी। इससे सहज ही अनुमान लगाया जा सकता है कि यह चित्र मुन्शी जी से कितना मिलता-जुलता होगा। (चित्र 2)।

लगभग उन्हीं दिनों रामविलास जी ने मेरे बड़े भाई साहब ललित मोहन शर्मा का स्केच भी बनाया था। यह स्केच चित्र 3 में दर्शाया गया है। जिन लोगों ने मेरे बड़े भाई साहब को कम उम्र में देखा है, वे सहज ही इनकी एकरूपता देख पायेंगे।

× × ×

सन् 1955 में मैं इण्टर के इम्तहान की तैयारी कर रहा था; साथ ही इन्जीनियरिंग

कॉलेज में दाखिले की तैयारी भी चल रही थी। एण्ट्रेन्स इम्तहान में एक पर्चा ड्रॉइंग का भी होता था। मैंने ड्रॉइंग में कोई विशेष ट्रेनिंग नहीं ली थी, इसलिए गर्मी की छुट्टियों में घर पर ही अभ्यास करता था। इसके लिए मैंने ड्रॉइंग की एक कॉपी खरीद रखी थी। छपे हुए चित्रों को देखकर मैं स्केच बनाने की कोशिश करता था। अन्य चित्रों के अलावा कुछ कवियों और लेखकों के चित्र भी मैंने बनाये थे। पिताजी की पुस्तक 'भारतेन्दु युग' उन्हीं दिनों छप कर आयी थी। उसके मुखपृष्ठ पर छपे चित्र को देखकर मैंने एक चित्र भारतेन्दु हरिश्चन्द्र का भी बनाया था।

अपना अभ्यास पूरा करने के बाद उस कॉपी को मैंने रद्दी कागज़ों में फेंक दिया था। पिताजी ने मेरी स्केच-बुक वहाँ से उठा ली और सहेज कर रख ली।

× × ×

(चित्र १)

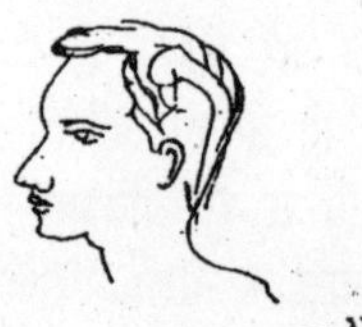

(चित्र २)

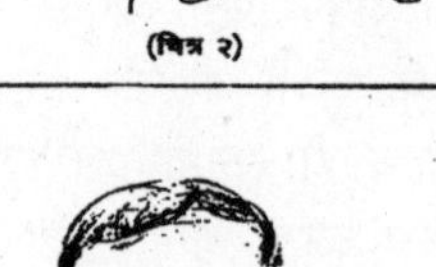

(चित्र ३)

स्वाति ने पेंसिल के स्केचों से शुरू करके उसने वाटर कलर, पेस्टिल और बाकायदा कैनवास पर ऑयल पेंटिंग्स बनायीं। चित्रकला में उसे प्रोत्साहित करने में विशेष सहयोग दिया रामविलास जी ने।

हमारे परिवार में चित्रकला को आगे बढ़ाया मेरी छोटी बहन स्वाति ने। एक बार अपने एक पत्र में उसने एक मेले का जिक्र किया था। उसमें एक बुड्ढे का हवाला था, जो एक हाथ में तलवार लेकर नाच रहा था।

स्वाति ने उस पत्र में उस बुड्ढे का एक स्केच भी बनाया था। रामविलास जी को वह स्केच इतना पसन्द आया था कि उन्होंने स्वाति से बड़े आकार में वही स्केच अपने कमरे की अलमारी के दरवाज़े पर भी बनवा लिया।

कहना न होगा रामविलास जी की अमानत के रूप में वह स्केच अभी तक उस अलमारी के दरवाजे पर विद्यमान है।

परिशिष्ट—4

साक्षात्कारों में पूछे गये संगीत सम्बन्धी प्रश्न और उनके उत्तर

अक्तूबर 1992 में, जब रामविलास जी अपने जीवन के अस्सीवें साल में प्रवेश कर रहे थे, पत्रकार सुरेश शर्मा ने उनका एक साक्षात्कार लिया था जो जनसत्ता में छपा था। इस साक्षात्कार में उन्होंने संगीत से सम्बन्धित कुछ प्रश्नों के उत्तर दिये थे।

रामविलास जी उन दिनों एक गम्भीर बीमारी से उबर रहे थे और अपने उपचार स्वरूप काफी समय संगीत सुनने में लगाते थे। सुरेश शर्मा से हुई बातचीत के संगीत सम्बन्धी अंश इस प्रकार हैं—

इधर संगीत में आपकी रुचि बढ़ी है। संगीत किस रूप में आपकी सोच या मनःस्थिति पर असर डालता है।

साहित्य में विचार, संवेदनशीलता, भाव, इन्द्रिय बोध होते हैं। संगीत में स्वर के स्तर पर विचार की गुंजाइश नहीं है। पर भाव वहाँ होते हैं, संवेदनशीलता होती है। यह साहित्य और संगीत की सामान्य भूमि है। कविता में संगीत तो होता ही है। पिछले दिनों संगीत में मेरी रुचि अधिक बढ़ी है। कारण यह है कि मुझे लगा कि अपने संगीत के इतिहास को जाने बिना हम हिन्दी साहित्य के इतिहास को समझ नहीं सकते। उसका प्रमाण हैं सूरदास, जिन्हें हम सिर्फ कवि रूप में जानते हैं पर वे बहुत बड़े गायक भी थे। मीरा भी गायिका थीं। सन्तों ने लोकसंगीत के आधार पर रागों की रचना की। त्यागराज की कृतियाँ लोग गाते हैं। वे अठाहरवीं सदी के सन्त थे। उनके संगीत से अनुमान लगाया जा सकता है कि सूरदास या दूसरे सन्तों का संगीत किस तरह का रहा होगा। सन्तों के साहित्य का पूरा अध्ययन करने के लिए संगीत से उनके सम्बन्ध को भी जानना चाहिए। मेरा एक लम्बा लेख है इस पर। 'हिन्दी जाति का साहित्य' के दूसरे संस्करण में भी मैंने इसे रेखांकित किया है। अंग्रेजी राज में हमारे संगीत की भी काफी दुर्दशा हुई है।

आप दस अक्टूबर को अस्सीवें साल में प्रवेश करेंगे। आत्म-समीक्षा करते हुए पिछले उन्यासी साल के जीवन को किस तरह देखते हैं?

आत्म-समीक्षा और पिछले जीवन का मूल्यांकन वह करेगा जिसके पास फालतू समय होगा। मेरा समय आयु के 79-80 गिने बिना वर्तमान और भावी लेखन को लेकर सोचने-बिचारने में जाता है। जो काम हाथ में होता है, उस पर ध्यान लगा रहता है। जितनी देर काम करते हैं, उतनी देर तो उसके बारे में सोचते ही हैं, बाकी समय आगे क्या लिखना है, किस तरह की तर्क संगति बिठानी है, यह सोचने में जाता है। मन को थकान से बचाने के लिए संगीत सुनता हूँ। वह दिनचर्या में शामिल है। संगीत सुनते समय आयु के 79-80 की बात कौन सोचता है।

हाल में आपने संगीत पर विस्तार से लिखा भी है।

मैंने एक काफी लम्बा निबन्ध लिखा है। उसका शीर्षक है : 'संगीत का इतिहास और भारतीय नवजागरण की समस्याएँ।'

नवजागणरण से भारतीय संगीत को आप किस तरह जोड़ते हैं?

साहित्य में नवजागरण का समय है 13वीं सदी के आरम्भ से अंग्रेजी राज कायम होने तक। संगीत का भी नवजागरण काल वही है। साहित्य के इतिहास को संगीत के इतिहास से अलग नहीं किया जा सकता। मूल समस्या वही है कि कहा जाता है कि मुसलमानों के शासनकाल में भारतीय संस्कृति का नाश हो गया। लेकिन साहित्य की श्रेष्ठ उपलब्धियाँ उसी समय की हैं। इसी तरह संगीत की श्रेष्ठ उपलब्धियाँ भी उसी समय की हैं। इन उपलब्धियों की व्याख्या हिन्दी जाति के निर्माण और विकास के सन्दर्भ में ही सम्भव है। लेकिन जहाँ केवल हिन्दू-मुसलमान हैं, वहाँ हिन्दी जाति का तो लोप हो जाता है। हिन्दुस्तानी प्रदेश के मुसलमान भी हिन्दी जाति के अंग हैं। जब तक लोग यह नहीं सोचेंगे कि कश्मीर के मुसलमान कश्मीरी जाति के और बंगाल के मुसलमान बंगाली जाति के हैं, तब तक धार्मिक पूर्वाग्रह के कारण वे अपने साहित्य और संगीत की सम्पदा को अस्वीकारते रहेंगे। संस्कृति का वास्तविक ह्रास होता है अंग्रेजी राज में। यह बात जितनी संगीत में उजागर है उतनी साहित्य में नहीं।

आपको किस तरह का संगीत पसन्द है?

पश्चिम के संगीतकारों में अच्छे गायक कम हुए हैं। वहाँ वाद्य संगीत का अधिक विकास हुआ है। जर्मनी और आस्ट्रिया इस संगीत के गढ़ रहे हैं। मुझे 'बाख' बहुत अच्छा लगता है। एक संगीतकार थे मेण्डलसौन जिन्होंने ब्रिटेन के उत्तर में समुद्र के किनारे बैठकर संगीत-रचना की थी। वह रचना मुझे बहुत अच्छी लगती है। भारत में वाद्यवृन्द वाले संगीत का विकास बहुत कम हुआ है। लेकिन कविता में जो 'लिरिक' का गुण होता है, वह यहाँ के वीणा वादन में खूब है।

कर्णाटक पद्धति के संगीतकार बहुत अच्छी वीणा बजाते हैं। उन्होंने वायलिन को अपना लिया है और मुझे लगता है कि वायलिन भी वे वीणा की तरह बजाते हैं। उनका वायलिन वादन भी मुझे अच्छा लगता है। इनके साथ मृदंग की संगति बहुत अच्छी लगती है। उत्तर भारत में ध्रुपद गायन के साथ मृदंग बजाने की रीति अभी भी चली आ रही है। ध्रुपद गायन मुझे अच्छा लगता है। खयाल गायकों में फैयाज खाँ मुझे बहुत अच्छे लगते हैं। कुछ राग ऐसे हैं कि कोई भी गाए मुझे अच्छे लगेंगे—इनमें एक है मालकौस। इसके सिवा बरसात के जितने राग हैं सब बहुत अच्छे हैं। संगीत में प्रकृति का चित्रण सम्भव है, यह मेघ राग और मल्हार के अनेक भेदों से भली भाँति प्रदर्शित हो जाता है।

संगीत यथार्थ से किस तरह जुड़ता है?

ऊपर मैंने मेण्डलसौन का नाम लिया। उन्होंने समुद्र पर रचना की है। बाद में मैंने वर्षा के रागों का नाम लिया। वर्षा का राग सुनकर कल्पना में ग्रीष्म का दृश्य तो उपस्थित नहीं होता। इसलिए यह प्रकृति सम्बन्धी यथार्थवाद है। बहुत से पुराने चित्रों में किसी युवती को किसी विशेष मुद्रा में दिखाया गया है और नीचे किसी राग का नाम लिखा है इसका अर्थ यह कि राग सुनकर चित्रकार के मन में किसी विशेष भाव में डूबी हुई युवती का चित्र सामने आया। यह मानव सम्बन्धी यथार्थवाद है। यह आवश्यक नहीं कि संगीतकार और चित्रकार कल्पना में युवतियाँ ही देखें। वे मनुष्य के जीवन के अनेक रूपों के दर्शन कर सकते हैं, करा सकते हैं। मैं कल्पना करता हूँ किसी जनपद के लोक संगीत को आधार बनाकर उस जनपद का पूरा चित्र प्रस्तुत किया जा सकता है।

क्या संगीत विचारधारा का हिस्सा है?

संगीत विचारधारा तो कम है लेकिन इन्द्रियबोध और भाव अधिक है। विचार के लिए हमेशा भाषा आवश्यक होती है। जहाँ सौन्दर्य का आधार मुख्य रूप से नाद होगा, वहाँ इन्द्रियबोध का महत्त्व सबसे ऊपर होगा। शास्त्रीय विवेचन में रस और भावों की चर्चा बहुत की गई है। लेकिन संगीत का जो ऐन्द्रिय पक्ष है, उस पर अधिक ध्यान देना उचित होगा। हर कला का अपना माध्यम होता है। हर कला का अपना स्थापत्य होता है, अपनी चित्रमय व्यंजना होती है। संगीत का माध्यम नाद है। नाद ऐसी संवेदनाओं को जगा सकता है जिन तक अन्य कलाओं की पहुँच मुश्किल है।

इसी सन्दर्भ में श्री **हरि नारायण मिश्र** ने उनसे बातचीत करते हुए उनकी संगीत में रुचि और इतिहास, भाषा विज्ञान, संगीत और दर्शन आदि में अन्तःसम्बन्ध के बारे में पूछा था। प्रश्न इस प्रकार था—

लेखन और चिन्तन की अपनी किन अपेक्षाओं की पूर्ति के लिए आप संगीत, फिर दर्शन पर शोध कार्य रहे हैं। इतिहास, भाषा विज्ञान, संगीत और दर्शन के पारस्परिक योगसूत्र के सन्धान का मूल तात्पर्य भारतीय जीवन एवं संस्कृति को समझने की दृष्टि को सम्पूर्णता में विकसित करने से है, इतना तो समझ रहा हूँ। आप इसे कृपापूर्वक विस्तार दें।

संगीत से मेरी दिलचस्पी बहुत पुरानी है और प्रतिदिन तीन-चार घण्टे संगीत सुनने में व्यतीत होते हैं। इसलिए उसके इतिहास से दिलचस्पी होना स्वाभविक है। भारतीय संगीत की दोनों पद्धतियाँ मुझे प्रिय हैं। गायन के अतिरिक्त वीणा-वादन मुझे बहुत अच्छा लगता है। संगीत के वैज्ञानिक विश्लेषण में वीणा वादन की भूमिका महत्त्वपूर्ण है। भारतीय संगीत के अतिरिक्त, यूरोप का क्लासिकल संगीत भी मुझे अच्छा लगता है। जैसे यूरोप और भारत की भाषाओं में बहुत-से तत्त्व सामान्य हैं, वैसे ही भारत और यूरोप के संगीत में भी। जैसे यूरोप की भाषाओं का अध्ययन भारत की भाषाओं को छोड़कर नहीं हो सकता, वैसे ही यूरोप के संगीत का अध्ययन भारत के संगीत को छोड़ कर नहीं हो सकता। ऐतिहासिक भाषाविज्ञान के क्षेत्र में मैंने जो कुछ लिखा, उसकी पुष्टि संगीत के इन सामान्य तथ्यों से होती है। साहित्य से अलग हटकर जैसे भाषाओं का अध्ययन मेरे लिए आवश्यक रहा है, वैसे ही संगीत के इतिहास का अध्ययन भी मेरे लिए आवश्यक है।

और दर्शन?

जहाँ तक दर्शन का सम्बन्ध है, उसके बिना समाजशास्त्र, राजनीति, अर्थशास्त्र, विशेष रूप से साहित्य का अध्ययन अधूरा रहेगा। जितनी गहराई से यहाँ दार्शनिक धाराएँ साहित्य में प्रवाहित हैं, उतनी गहराई से वे यूरोप के साहित्य में प्रवाहित नहीं हुईं। सौन्दर्य बोध में यूनान के कुछ कवि हमारे कवियों से आगे हो सकते हैं, किन्तु चिन्तन की गहराई के विचार से वे हम से बहुत पीछे हैं। साहित्य के विवेचक को दर्शन का अध्ययन करना ही चाहिए, इसके सिवा जो भी मार्क्सवाद का अध्ययन करता है, उसे भी केवल यूरोप के दर्शन का नहीं, भारत के दर्शन का भी समुचित ज्ञान होना चाहिए। यहाँ प्रचलित मान्यताओं को दुहराने से काम नहीं चलता, चाहे मान्यताएँ भारतीय विद्वानों की हों, चाहे पाश्चात्य विद्वानों की! जैसे ऐतिहासिक भाषाविज्ञान की अधिकांश प्रचलित मान्यताएँ मुझे अवैज्ञानिक प्रतीत होती हैं, कुछ-कुछ उसी तरह दर्शन सम्बन्धी अनेक मान्यताएँ भी मुझे अवैज्ञानिक लगती हैं। पुनर्मूल्यांकन में विशेष ध्यान देना है दर्शनशास्त्र के विकास की सामाजिक पृष्ठभूमि पर और दार्शनिक चिन्तन के सामाजिक परिणामों पर। वैसे तो दर्शनशास्त्र को धर्मशास्त्र से मिला देने की प्रवृत्ति हमारे यहाँ भी है, किन्तु यह प्रवृत्ति जितनी व्यापक और शक्तिशाली यूरोप में है, उतनी हमारे

यहाँ नहीं है। यूरोप में चर्च का प्रभाव अब भी इतना अधिक है कि वह वैज्ञानिक चिन्तन में बाधक बनता है। यहाँ प्रश्न कुछ वैज्ञानिकों के चिन्तन का नहीं वरन् शिक्षित जनता में फैले अवैज्ञानिक विचारों के प्रसार का है। भारत की वर्तमान परिस्थितियों में अपने दार्शनिक चिन्तन की उपलब्धियों को प्रस्तुत करना, पुराणपन्थी अन्धविश्वासों से संघर्ष करने का एक साधन है।

प्रभात खबर की दीपावली 1993 अंक में प्रकाशित, **संजीव क्षितिज** से बातचीत करते हुए रामविलास जी ने कुछ प्रश्नों के उत्तर इस प्रकार दिये थे—

एक राजनीतिक पार्टी, जो धार्मिक मुद्दों पर राजनीति करने के लिए प्रसिद्ध है, हाल ही के वर्षों में खासकर हिन्दी प्रदेशों में मिले अपने समर्थन को सांस्कृतिक जागरण कहकर प्रचारित कर रही है, क्या यह वास्तव में सांस्कृतिक जागरण है?

नहीं, यह सांस्कृतिक जागरण नहीं है। धर्म एक चीज है, संस्कृति एक चीज और सम्प्रदायवाद एक चीज। हमारे देश में दर्शनशास्त्र का विशद विकास हुआ है। अन्य देशों में, जहाँ धर्म की स्थापना हुई, उन धर्मों के अभ्युदय से पहले दर्शनशास्त्र का विशद विकास नहीं देखा जाता। इसलिए हमारे यहाँ कोई भी सांस्कृतिक जागरण हो, उसमें दार्शनिक विचारधाराओं का प्रचार-प्रसार बहुत आवश्यक है। दूसरे, संसार को समझने के प्रयत्न में दर्शनशास्त्र का विकास हुआ, अब उसका स्थान प्रयोगशील विज्ञान ले रहा है। जो सांस्कृतिक जागरण होगा, उसमें वैज्ञानिक विचारधारा का प्रसार भी अत्यन्त आवश्यक है। अन्धविश्वासों को जगाना कोई सांस्कृतिक जागरण नहीं है।

यह बात अलग है कि कभी-कभी जब सांस्कृतिक जागरण होते हैं, उसी समय इस तरह के आन्दोलन भी चलते हैं। जैसे सोलहवीं-सत्रहवीं सदी में यूरोप में जो रिनेसांस हुआ, जिसे पुनर्जागरण कहते हैं, उसके साथ 'रिफॉर्मेशन' नाम का एक धार्मिक आन्दोलन भी जुड़ा था। उसमें बहुत से अन्धविश्वासों को फिर से जगाया गया था। हमारे यहाँ सतीप्रथा का बहुत लोग विरोध करते हैं और ठीक ही विरोध करते हैं। लेकिन यूरोप के लोग इस तरह आक्षेप करते हैं, मानो सतीप्रथा जैसी कुरीति केवल भारत में रही हो। वास्तविकता यह है कि जितनी स्त्रियों को जीवित यूरोप और ब्रिटेन में जलाया गया है उतनी सतियाँ हमारे यहाँ न हुई होंगी। लेकिन हम तो यूरोप से अलग रहना चाहते हैं, कहते हैं कि हमारा रास्ता अलग है। उनके यहाँ जब अन्धविश्वासों को जागरण की संज्ञा दी गई, तो तुम वैसा क्यों करते हो?

फिर व्यवहार में क्या देखा जाता है? जो अपने को हिन्दू कहते हैं, वे मुसलमानों के शत्रु हो जाते हैं और जो अपने को मुसमलान कहते हैं, वे हिन्दुओं

के शत्रु हो जाते हैं। इस शत्रु भाव को जगाना सांस्कृतिक जागरण कैसे कहला सकता है?

इस कथित सांस्कृतिक जागरण का क्या हिन्दी प्रदेशों के पिछड़ेपन से कोई सम्बन्ध है?

मेरी मान्यता एक और है। भारतीय संस्कृति यहाँ की जातीय संस्कृतियों से अलग हटकर कोई चीज नहीं है। जैसे यहाँ बंगाल है, जहाँ बांग्ला-भाषी लोग रहते हैं, बंगाली जाति रहती है। इस बंगाली जाति को आप भारतीय संस्कृति से निकाल दीजिए तो एक हिस्सा उसका खाली हो जाएगा। ऐसे ही तमिलनाडु है जहाँ तमिल-भाषी जनता रहती है। तमिल जाति को संस्कृति से निकाल दें तो भारतीय संस्कृति में एक जगह और खाली हो जाएगी।

हम लोग जो हिन्दी बोलते हैं, उनमें जातीय चेतना कम है। बंगाल या महाराष्ट्र या तमिलनाडु की अपेक्षा हमारे हिन्दी-भाषी क्षेत्र में जातीय चेतना कम है। इसका यह अर्थ नहीं है कि हम बहुत ज्यादा राष्ट्रीय भावना की तरफ बढ़ रहे हैं। वास्तविकता यह है कि हमारे यहाँ का आदमी जात-बिरादरियों से बँधा हुआ है। वह ब्राह्मण के प्रश्न पर, या ठाकुरों या शूद्रों या अगड़ी-पिछड़ी जातियों के प्रश्न पर एक होने का प्रयत्न करता है। उसके बाद वह सम्प्रदाय के प्रश्न पर एक होने का प्रयत्न करता है। बहुत प्रगतिशील हुआ तो कहेगा, मैं भोजपुरिया हूँ, मैं अवध का, मैं हरियाणे का हूँ। ये जो जनपद हैं उनसे उसका लगाव है।

जिसे हम जातीय चेतना कहते हैं और जिसके बिना किसी संस्कृति का अस्तित्व नहीं, उसका विकास हमारे यहाँ कम हुआ है। जब तक जातीय चेतना की कड़ी को नहीं पकड़ा जाएगा, हिन्दी जाति को संगठित नहीं किया जाएगा, हिन्दी भाषा के सारे जनपदों को मिलाकर एक बड़ा राज्य नहीं बनाया जाएगा, तब तक यहाँ जातीय विकास नहीं हो सकता। जातीय संस्कृति के विकास के लिए बहुत जरूरी है कि इस संस्कृति के जो भी संवाहक हैं, वे सब एक राज्य के अन्तर्गत संगठित हों। एक हमारा राष्ट्र है, जिसमें ये जातियाँ रहती हैं, उस राष्ट्र को संगठित होना चाहिए। इसी तरह इस राष्ट्र में रहने वाली जातियों को संगठित होना चाहिए। जो बंगाली जाति, मराठी जाति, तमिल जाति हैं, उनमें इस तरह के आन्दोलन चले हैं, इन्होंने अपने संगठन बनाए हैं, अपना एक राज्य कायम किया है। दुर्भाग्य से हमारे हिन्दी प्रदेश में इस तरह का कोई आन्दोलन नहीं चला।

बम्बई प्रेसीडेन्सी या मद्रास प्रेसीडेन्सी नाम की जो इकाइयाँ थीं, उनकी अपनी कोई संस्कृति नहीं थी। इसलिए कांग्रेस ने अपनी जो कमेटियाँ बनाईं, उनमें बम्बई प्रेसीडेन्सी या मद्रास प्रेसीडेन्सी की कोई कमेटी नहीं थी। वहाँ महाराष्ट्र की कमेटी थी, आन्ध्र की कमेटी थी। लेकिन वहाँ भी हिन्दी प्रदेश की कोई कमेटी

नहीं थी। अंग्रेजों ने राज्यों का जो बँटवारा किया था, उसी के हिसाब से सेण्ट्रल प्रोविन्सेज की कमेटी थी, यूनाइटेड प्रोविसेन्ज की कमेटी थी, बिहार की कमेटी थी। इन सूबों के बने रहने से हिन्दी राज्य तो विभाजित हुआ ही, जनपद भी विभाजित हो गए। जैसे भोजपुरी क्षेत्र आधा बिहार में है, आधा उत्तर प्रदेश में। इसी तरह आधा बुन्देलखण्ड उत्तर प्रदेश में है, आधा मध्यप्रदेश में। इसके पीछे कौन-सा तर्क है, मेरी समझ में नहीं आता। जनपद को ही हम लें तो जनपदीय चेतना का भी हमारे यहाँ सही ढंग से विकास नहीं हुआ है।

इस दृष्टि से हिन्दी जाति भारत की सबसे बड़ी पिछड़ी जाति है। जातीय चेतना के बिना, मेरी समझ में, सांस्कृतिक चेतना का विकास नहीं हो सकता। इस चीज को तो कोई पकड़ता नहीं, बल्कि एक सिद्धान्त यह लेकर सामने आते हैं कि जितना ही छोटा राज्य होगा, उतनी ही प्रगति होगी। उत्तर प्रदेश और मध्य प्रदेश को मिलाने की बात तो दूर, वे उत्तर प्रदेश को देखकर कहते हैं कि अरे, बहुत बड़ा है, इसके और खण्ड-खण्ड करना चाहिए। जितने हिन्दी-विरोधी हैं वे कभी नहीं चाहते कि हिन्दी-भाषी राज्य संगठित हो जाएँ। जनसंख्या की दृष्टि से हिन्दी जाति भारत की सबसे बड़ी जाति है। इसलिए हिन्दी जाति की एकता के लिए जो प्रयत्न नहीं करता, वह सांस्कृतिक जागरण का अग्रदूत कभी हो ही नहीं सकता।

लेकिन, जैसा कि आप कह रहे हैं, अगर सारे हिन्दी प्रदेशों को एक बना दिया जाए, तो प्रशासनिक दृष्टि से उसका प्रबन्ध करना क्या और कठिन नहीं हो जाएगा?

जैसे भारत का प्रबन्ध करते हैं, और राज्यों को अधिकार देते हैं, उसी तरह, सारे हिन्दी-भाषी राज्यों को मिलाकर एक राज्य हो, वहाँ केन्द्र में जो सत्ता होगी, वह सामान्य नीति निर्धारित करेगी। जो हमारे यहाँ कमिश्नरियाँ हैं, ये किस मर्ज की दवा हैं? कमिश्नरियों को जनपदों के आधार पर पुनर्गठित कीजिए। जितने जनपद हैं—जैसे अवधी, भोजपुरी, बुन्देली, मैथली—इनको बुनियादी प्रशासनिक इकाइयाँ बनाइए। अगर यहाँ पंचायती राज कायम हो, पंचायतों के हाथ में वास्तविक अधिकार हों, तो यह विकेन्द्रीकरण का अच्छा नमूना हो सकता है। इस तरह, एक तो सभी हिन्दी-भाषी राज्यों को मिलाकर एक राज्य होना चाहिए। उसकी एक विधानसभा होनी चाहिए। दूसरी तरफ, अभी जहाँ शासन से जनता दूर है, वह दूरी कम हो जाएगी, जब जनता का आदमी सीधे आकर पंचायतों के द्वारा प्रशासन में भाग लेगा।

अभी आपने हिन्दुओं और मुसलमानों के बीच शत्रु भाव जगाने की कोशिशों का जिक्र किया। क्या दोनों में कोई परम्परागत द्वेष-ग्रन्थि रही है?

हिन्दू और मुसलमान दो सम्प्रदाय हैं और हमारे यहाँ सम्प्रदायवाद का विरोध करने वाले बहुत-से लोग हैं। जो सम्प्रदायवादी हैं, वे भी कहते हैं सम्प्रदायवाद को जाना चाहिए। लेकिन मेरा पूछना यह है कि सम्प्रदाय को हटाकर तुम किस आधार पर लोगों को संगठित करोगे? दो ही आधार हैं : या तो वर्ग के आधार पर उन्हें संगठित कीजिए—सब किसान-किसान एक, मजदूर-मजदूर एक, मध्यवर्ग के लोग एक, या फिर जातीयता के आधार पर संगठित कीजिए। जैसे कलकत्ता के हिन्दू-मुसमलान हैं, वे सब बंगाली हैं, वे बंगाली जातीयता के आधार पर एक हैं। इसी तरह, हिन्दी प्रदेश में जो आगरा-लखनऊ के हिन्दू-मुसलमान हैं, वे हिन्दी जातीयता के आधार पर एक हैं।

यह बात सही है कि तुर्कों के जमाने में बहुत-से मन्दिर तोड़े गए, बहुत-सा अत्याचार हुआ। लेकिन अगर आप सही ऐतिहासिक परिप्रेक्ष्य में देखें तो यूरोप में जितने रोमन कैथोलिकों ने प्रोटेस्टेण्टों को और प्रोटेस्टेण्टों ने रोमन कैथोलिकों को जिन्दा जलाया, उसके मुकाबले में हमारे यहाँ धार्मिक अत्याचार बहुत कम हुआ। वह सामन्तवाद ही क्या, जिसमें धार्मिक विद्वेष न हो और धार्मिक अत्याचार न होते हों?

दूसरा तथ्य हमें बराबर ध्यान में रखना चाहिए कि तुर्कों ने यूनान पर आक्रमण किया, लेकिन तुर्क अलग रहे, यूनानी अलग रहे। उनकी भाषा समाप्त नहीं हुई। साइप्रस द्वीप में तुर्क और यूनानी आज भी आमने-सामने खड़े हैं, इनकी जातीयता अलग, उनकी जातीयता अलग। यह प्रश्न करना चाहिए कि जिन्होंने हम पर आक्रमण किया, वे मुसलमान किस कौम के थे। वे अधिकतर तुर्क थे, तुर्की भाषा बोलते थे। बाबर ने अपनी आत्मकथा तुर्की भाषा में लिखी। यूनान की तुलना में या बल्गारिया की तुलना में भारत का एक कोना बता दीजिए, जिसमें कहीं भी तुर्की भाषा आज बोली जाती हो। आज की बात तो अलग है, अमीर खुसरो के जमाने में जो स्वयं तुर्क थे, कहाँ तुर्की भाषा बोली जाती थी?

हिन्दी प्रदेश में यह विशेषता है कि यहाँ जो आया, वह यहाँ की जातीयता में घुल-मिल गया। तुर्कों की तुर्क जातीयता यहाँ खत्म हो गई। तुर्कीपन खत्म होने के बाद वे मुसलमान बने रहे, लेकिन जातीयता के लिहाज से वे वैसे ही हिन्दुस्तानी थे जैसे कि दूसरे थे। साहित्य में अमीर खुसरो, रसखान, रहीम, आलम तमाम लोग थे, जिन्होंने हमारे साहित्य में योगदान किया। अगर दरबार में साहित्य रचा गया तो उसमें हिन्दू-मुसलमान दोनों थे, अगर भक्ति आन्दोलन चला तो उसमें भी हिन्दू-मुसलमान दोनों एक साथ थे।

हिन्दू-मुसलमानों की जो सबसे बड़ी जातीय एकता दिखाई देती है वह संगीत के क्षेत्र में है। ऐसा कौन-सा राग है जिसे हिन्दू गाते हैं और मुसलमान नहीं गाते और ऐसा कौन-सा राग है जिसे केवल मुसलमान गाते हैं और हिन्दू नहीं गाते? आज के जो धुरन्धर गायक हैं, उनमें से ज्यादतार के गुरु मुसलमान उस्ताद हैं, जिनसे

इन्होंने हिन्दुस्तानी संगीत की शिक्षा पाई। यह हिन्दुस्तानी शब्द बहुत अच्छा है संगीत के लिए कर्णाटक संगीत शब्द उतना ही अच्छा नहीं है, क्योंकि यह उस संगीत को कर्णाटक तक सीमित कर देता है। जबकि वास्तव में उस संगीत को तमिलनाडु की देन बहुत अधिक है और आन्ध्र प्रदेश की तो उससे भी ज्यादा। त्यागराज तमिलनाडु के रहनेवाले थे और वह अपने पद रचते थे तेलुगू में। इतना जबरदस्त जातीय भाईचारा था इनमें कि तमिलनाडु का आदमी तेलुगू में पद रचता था और उसे कर्णाटक संगीत कहा जाता था। हमारे यहाँ जो संगीत रचा गया उसे हिन्दुस्तानी संगीत कहते हैं। धर्म या जनपद के नाम पर उसका नामकरण नहीं है; जिसे हिन्दुस्तानी संगीत कहते हैं, वह हमारी हिन्दुस्तानी जाति का है जिसे मैं हिन्दी जाति कहता हूँ, तो संगीत में हिन्दू-मुसलमान एक हैं।

अगर हमारी संस्कृति ऐसी है जिसमें हिन्दू-मुसलमान एक हैं, तो हम उसको तोड़ने वाले होते कौन हैं? जितने सम्प्रदायवादी हैं, चाहे हिन्दू राष्ट्रवादी हों या मुस्लिम पृथकूतावादी हों, इनकी शक्ति तभी तक है, जब तक वाम पक्ष के लोग अपनी शक्ति नहीं पहचानते, जब तक वे हिन्दी जाति की शक्ति का अध्ययन नहीं करते। हिन्दी जाति की शक्ति से हमारा वामपन्थ बहुत-कुछ विमुख है। काऊबेल्ट तो उसे कहते हैं, हिंदी हार्टलैण्ड भी उसे कहते हैं लेकिन हिन्दी हार्टलैण्ड में कौन-सी जाति रहती है, उसके बारे में चुप हैं। सम्प्रदायवाद की बहुत जबरदस्त काट हिन्दी जाति की संस्कृति है। वहाँ देखो हिन्दू-मुसलमान बराबर तीन सौ सालों से कैसे रहते आए हैं।

लेकिन न सिर्फ वामपन्थी, इन हिन्दी प्रदेशों की नयी पीढ़ी भी क्या इस समृद्ध परम्परा से अनजान नहीं है?

बिल्कुल, यही मैं कह रहा हूँ। इसके बारे में जब बताते हैं, तो या तो कहते हैं कि ये हिन्दी अन्धराष्ट्रवादी हैं—मुझ पर अन्धराष्ट्रवाद का दोषारोपण करते हैं—या फिर कहते हैं कि पुनरुत्थानवादी हैं। अगर हम अपनी संस्कृति को जगाते हैं, तो वह पुनरुत्थानवाद कैसे हुआ? जो संस्कृति के गर्हित तत्त्व हैं, जैसे वर्णाश्रम, जात-बिरादरी की प्रथा, हिन्दू-मुसमलान सम्प्रदायवाद, जो इसको भड़काते हैं, उनको तो पुनरुत्थानवादी नहीं कहते हैं। इसके विरोध में जो धारा जाती है, मैं हमेशा उस संस्कृति का समर्थन करता हूँ। जब तुम जनता का विकास करना चाहते हो तो पहले जितना विकास हो चुका है, उसको तो समझ लो। कविता में बहुत बड़ी क्रान्ति करना चाहते हो, निराला ने जो कविता लिखी, पहले उसको समझ लो। इसी तरह दर्शनशास्त्र का बहुत बड़ा विकास करना चाहते हो, भारत में जो दर्शन रचा गया उसको समझ लो। मैं यह काम करने का प्रयत्न करता हूँ। मैं समझता हूँ कि जो भी वैज्ञानिक दृष्टि से पुरानी संस्कृति का अध्ययन करेगा, वह भारत की सांस्कृतिक एकता को मजबूत करेगा, हिन्दी जाति की सांस्कृतिक एकता को मजबूत करेगा, सम्प्रदायवाद का नाश करेगा।

परिशिष्ट–5

डॉ. रामविलास शर्मा के 95वें जन्म-दिवस के उपलक्ष्य में आयोजित संगीत समारोह की रिपोर्ट

डॉ. रामविलास शर्मा का जन्म-दिवस वास्तव में अक्टूबर माह की 10 तारीख का है और तदनुसार उनका 95वाँ जन्म-दिवस 10 अक्टूबर 2007 को था। किन्तु कुछ विशेष कारणोंवश वह 2007 में नहीं मनाया जा सका। इन कारणों में प्रमुख कारण यह था कि 'डॉ. रामविलास शर्मा फाउंडेशन' के, जिसके तत्वावधान में सार्वजनिक रूप से अब तक जन्म-दिवस समारोह का आयोजन किया जाता रहा था, सर्वाधिक सक्रिय कर्ताधर्ता डॉ. विजय मोहन शर्मा उन दिनों भारत में नहीं थे।

अतएव विजय जी के भारत लौट आने पर परिवार के सदस्यों से पारस्परिक विचार-विनिमय के बाद 95वें जन्म-दिवस के उपलक्ष्य में 3 फरवरी 2008 को पूर्ववत् त्रिवेणी कला संगम के सभागार में समारोह आयोजित करने का निर्णय लिया गया।

इस बार समारोह का केन्द्रीय विषय 'डॉ. रामविलास शर्मा के संगीत सम्बन्धी विचार' रखने का भी निर्णय किया गया। उसी सन्दर्भ में रामविलास जी की एक प्रिय गायिका स्व. सिद्धेश्वरी देवी की सुपुत्री विदुषी सविता देवी से समारोह में अपना गायन प्रस्तुत कर कार्यक्रम को सफल बनाने का अनुरोध किया गया, जो उन्होंने सहर्ष स्वीकार कर लिया। जैसा कि पाठक जानते हैं, सविता देवी जी अब स्वयं एक ख्यातिप्राप्त गायिका हैं।

× × ×

इसे संयोग ही मानना चाहिए कि 3 फरवरी को त्रिवेणी सभागार में यदि डॉ. रामविलास शर्मा के संगीत सम्बन्धी विचारों पर चर्चा होनी थी, तो 2 फरवरी को इण्डिया इण्टरनेशनल सेण्टर के मुख्य सभागार में डॉ. रामविलास शर्मा के जीवन पर हिन्दी अकादेमी की ओर से श्री उदय प्रकाश द्वारा बनाई गई फिल्म दिखाई जानी थी। ऐसा ही हुआ भी।

दरअसल भारतीय सांस्कृतिक सम्बन्ध परिषद, साहित्य अकादेमी एवं उत्तर प्रदेश भाषा संस्थान के सहयोग से, 'अक्षरम्' नामक संस्था की ओर से 1, 2 और 3 फरवरी को इण्डिया इण्टरनेशनल सेण्टर के हिन्दी भवन में 'छठा अन्तर्राष्ट्रीय हिन्दी उत्सव' आयोजित किया गया था जिसमें भाग लेने के लिए अमेरिका, ब्रिटेन, मॉरिशस आदि देशों से भी हिन्दी लेखक आये थे। इसी में 2 फरवरी को अपराह्न दो बजे 'रचनाओं और रचनाकारों पर बनी फिल्में' कार्यक्रम के अन्तर्गत दो फिल्मों के प्रदर्शन का आयोजन किया गया था। इनमें पहली फिल्म थी : 'कालजयी मनीषा'—स्व. डॉ. रामविलास शर्मा के जीवन पर आधारित फिल्म; दूसरी थी : 'कगार पर आग'—कथाकार हिमांशु जोशी के उपन्यास 'कगार पर आग' पर आधारित फिल्म।

'कालजयी मनीषा' पर बोलने के लिए डॉ. रामविलास शार्म के अनुज रामशरण शर्मा 'मुंशी' को आमन्त्रित किया गया था। इस अवसर पर मुंशी जी के परिवार के लोगों के अतिरिक्त डॉ. रामविलास शर्मा के सुपुत्र डॉ. विजय मोहन शर्मा तथा उनकी पत्नी श्रीमती सन्तोष शर्मा, रामविलास जी के पौत्र श्री तन्मय शर्मा और पौत्रवधू श्रीमती प्रिया शर्मा एवं प्रपौत्र ईशान शर्मा भी उपस्थित थे। अगले दिन के दैनिक 'हिन्दुस्तान' ने जैसा कि लिखा गया, "इस दौरान डॉ. रामविलास शर्मा के अनुज (गलती से 'अनुज' के स्थान पर 'सुपुत्र' छप गया था—सं.) श्री रामशरण शर्मा मुंशी ने अपना मार्मिक संस्मरण सुनाया जबकि हिमांशु जोशी ने साहित्यिक रचनाओं पर बनी फिल्मों पर प्रकाश डाला।...

इस तरह, कहा जा सकता है, डॉ. रामविलास शर्मा के जीवन व कृतित्व से सम्बन्धित कार्यक्रमों का आयोजन फरवरी माह की दो तारीख से ही शुरू हो गया था।

× × ×

दिल्ली में, अन्य महानगरों की अपेक्षा, वैसे भी जाड़ा ज्यादा पड़ता है, लेकिन इस बार 3 फरवरी को तो संध्या समय वर्षा के भी कुछ लक्षण दिखाई दे रहे थे। आशंका थी कि शायद कम ही लोग ऐसे मौसम में घरों से निकलना पसंद करेंगे। तो भी, धीरे-धीरे लोग इकट्ठा होने लगे। सभागार के बाहर, जलपान का कार्यक्रम समाप्त होते-होते अच्छी-खासी उपस्थिति हो गई थी।

मुख्य कार्यक्रम अपने पूर्वनिश्चित समय पर आरम्भ हुआ। हॉल भर जाने पर भी लोगों का आना जारी था। मंच पर, सामने दाहिने कोने पर, डॉ. रामविलास शर्मा की आवक्ष प्रतिमा सुशोभित थी। बायें कोने पर सामने, सभा को सम्बोधित करने वाले वक्ता के लिए माइक्रोफोन से लैस यथोचित ऊँचाई का डेस्क (जिसे आप

पोडियम भी कह सकते हैं) था। मंच पर पीछे, धुर ऊँचाई पर, बीचोंबीच आज के आयोजन से सम्बन्धित 'डॉक्टर रामविलास शर्मा फाउण्डेशन' का बैनर था। देखते ही देखते, डॉ. विजय मोहन शर्मा मंच पर आये। उन्होंने कहना शुरू किया—

'डॉ. रामविलास शर्मा फाउण्डेशन' की ओर से उनके 95वें जन्म-दिवस पर आयोजित इस कार्यक्रम में आपका स्वागत है। दिल्ली में यातायात की जो व्यवस्था है—या यों कहिये कि जो अव्यवस्था है—उसमें कहीं भी आना-जाना कष्टप्रद होता है। फिर भी, छुट्टी के दिन, इस 'बे-वक्त की ठंड' के माहौल में, आप सब समय निकाल कर यहाँ आये, इसलिए आपका और भी स्वागत है।

इस प्रोग्राम के लिए कुछ लोग भारत के बाहर से भी आये हैं। परिवार के इन लोगों (तन्मय, प्रिया और ईशान—सं.) का विशेष स्वागत है। आज के प्रोग्राम के लिए अति विशेष स्वागत है सविता देवी जी का, जिन्होंने अपने व्यस्त कार्यक्रम में से समय निकाला और आज यहाँ हम लोगों के बीच उपस्थित हैं। आपका, और आपके परिवार के अन्य जनों का विशेष स्वागत है।

किसी भी गायन के कार्यक्रम में, खासतौर से शास्त्रीय संगीत के गायन में, साथ देनेवालों का विशेष महत्त्व होता है। जो साजिंदे आपके साथ वाद्य-यन्त्र बजाएँगे उनका भी 'फाउण्डेशन' की ओर से स्वागत है।

मैं अपने परिवार के वरिष्ठतम सदस्य और 'डॉ. रामविलास शर्मा फाउण्डेशन' के सलाहकार स्तम्भ, कवि, पत्रकार, सम्पादक, मुंशी जी से अनुरोध करता हूँ कि वे सभी लोगों का औपचारिक रूप से स्वागत करें और आज के कार्यक्रम के बारे में बताएँ।

मुंशी जी ने कहना शुरू किया :

अपने परिवार के हम छः भाइयों में से इस समय दो भाई ही रह गये हैं। इन दोनों भाइयों में भी मैं बड़ा हूँ, इस नाते मुझे यह दायित्व सौंपा गया है कि मैं परिवार की ओर से आप सबका स्वागत करूँ—यानी, परिवार के 'बुजुर्ग' की हैसियत से; हालाँकि मैं अपने को बुजुर्ग नहीं मानता हूँ और आप लोग भी मुझे क्षमा करेंगे यदि मैं कहूँ कि मैं इतना 'बुजुर्ग' नहीं हूँ—कम-से-कम दिल से तो नहीं ही हूँ। तो इस मौसम में, जब सूर्यदेव थोड़े-से नाराज मालूम होते हैं, धूप भी नहीं निकली, बूँदा-बाँदी और यह सर्दी है, इतने लोग यहाँ आये, तो मैं समझता हूँ, कोई चीज है जो लोगों को खींच कर यहाँ ले आई है।

"रामविलास शर्मा के जन्म-दिवस के अवसर पर", ऐसा आमन्त्रण कार्ड में छपा है। मैं एक बात स्पष्ट कर दूँ। यह कार्यक्रम जन्म-दिवस के 'अवसर पर' नहीं है, जन्म-दिवस के 'उपलक्ष' में है। उनका 95वाँ जन्म-दिवस 10 अक्टूबर, 2007 को था। डॉ. रामविलास शर्मा के सुपुत्र डॉ. विजय मोहन शर्मा, जो कि 'डॉ. रामविलास शर्मा फाउण्डेशन' के मुख्य कर्ता-धर्ता हैं, उन दिनों यहाँ उपस्थित नहीं

थे, भारत में उपस्थित नहीं थे। वह जब भारत आ गये, तब बातचीत करके यह तय किया गया कि डॉ. रामविलास शर्मा के 95वें जन्म-दिवस के उपलक्ष में प्रोग्राम 3 फरवरी, 2008 को रविवार के दिन रखा जाए। यह पहली बात है जो मैं आपके सामने स्पष्ट कर देना चाहता था।

दूसरी बात यह है कि डॉ. रामविलास शर्मा का जन्म-दिन हम लोग तब भी मनाते थे, जब वह जीवित थे। घर में मनाते थे। उनके विषय में पत्र-पत्रिकाएँ लिखती थीं; हम लोगों को भी अच्छा लगता था। उनके न रहने पर, 'डॉ. रामविलास शर्मा फाउण्डेशन' की स्थापना हुई। उसके बाद से हम लोगों ने उनका जन्म-दिन कुछ व्यापक रूप से मनाना शुरू किया।

पिछले वर्ष का कार्यक्रम डॉ. रामविलास शर्मा के भाषा-विज्ञान के क्षेत्र में योगदान पर आधारित था। इस कार्यक्रम में, प्रमुख वक्ता के रूप में, भगवान सिंह जी ने अपने विचार प्रस्तुत किए थे। कार्यक्रम की अध्यक्षता कर रहे श्री कृष्ण दत्त शर्मा जी ने भी अपने विचार पेश किए थे। प्रश्नोत्तर भी हुए थे। उससे पिछले वर्ष, हिन्दी में पत्र-साहित्य विषय पर चर्चा हुई थी। उसमें रामविलास शर्मा द्वारा लिखे गये पत्रों और रामविलास शर्मा को अन्य प्रसिद्ध कवियों, लेखकों, द्वारा लिखे पत्रों—पुराने कवियों-लेखकों के पत्रों—जैसे निराला जी के पत्रों, पंत जी के पत्रों, मैथिलीशरण गुप्त जी के पत्रों आदि—की चर्चा हुई थी। इसके अलावा, ऐसे कवियों जिन्हें आप आधुनिक कह सकते हैं—जैसे शमशेर बहादुर सिंह, केदारनाथ अग्रवाल, नागार्जुन आदि जैसे कवियों—के साथ रामविलास शर्मा के पत्र-व्यवहार पर भी चर्चा हुई थी।

इसी तरह, उससे भी पहले के वर्षों में एक-एक विषय को लेकर डॉ. राम विलास शर्मा के योगदान पर चर्चा होती रही है। चूँकि उन्होंने कई विषयों पर काम किया है, हम लोग इस तरह की चर्चाएँ आयोजित करते रहे हैं।

इसी बीच हमें लगा कि उन्होंने साहित्य से थोड़ा आगे बढ़ कर, जिसे हम संस्कृति कहते हैं, उस क्षेत्र में भी काम किया है। उन्होंने संगीत पर भी लिखा है। मैं समझता था कि वह संगीत सिर्फ सुनते हैं और उसका आनन्द लेते हैं। लेकिन मैंने जब संगीत पर उनका लिखा हुआ पढ़ा, तो मुझे लगा कि यह तो छान-बीन का मामला है; यह तो 'विशेषज्ञता' जैसी चीज है।

इसीलिए सोचा गया कि मात्र साहित्य से थोड़ा-सा हट कर, हम लोग संगीत पर एक कार्यक्रम रखें। और यह बड़ी प्रसन्नता की बात है कि आज हमारे बीच बहुत अच्छी, सुप्रसिद्ध, गायिका सविता देवी जी उपस्थित हैं। उनका संगीत हम सब सुनेंगे। सबसे पहले मैं उनका हार्दिक स्वागत करता हूँ।

एक बात और मैं इस सिलसिले में कहना चाहता हूँ। डॉ. रामविलास शर्मा के निधन के बाद, अनेक पत्र-पत्रिकाओं ने उनको अपने श्रद्धा-सुमन अर्पित करते

हुए साहित्य में उनके योगदान के बारे में काफी कुछ लिखा। लेकिन मुझे याद आ रहा है 31 मई, 2000 के 'हिन्दुस्तान' में उनको श्रद्धांजलि अर्पित करते हुए जो लिखा गया था। उसके अन्तिम पैराग्राफ के प्रारम्भिक शब्द हैं—अब हमारे बीच "डॉ. रामविलास शर्मा नहीं हैं। क्रिकेट कमेण्ट्री और गिरिजा देवी-सिद्धेश्वरी देवी के गायन के दीवाने रामविलास शर्मा", ये शब्द अक्षरक्षः वही हैं जो 'हिन्दुस्तान' के उस अंक में लिखे गये थे। तो मैं पुनः कह दूँ, यह हम सब लोगों के लिए बड़ी प्रसन्नता की बात है कि इस अवसर पर सिद्धेश्वरी देवी की सुपुत्री सविता देवी जी यहाँ उपस्थित हैं और हम सब उनका गायन सुनेंगे।

जहाँ तक कार्यक्रम की बात है, हमारे बीच श्याम बैनर्जी जी उपस्थित हैं, जो संगीत के बारे में काफी-कुछ जानते हैं, और वह डॉ. रामविलास शर्मा के संगीत सम्बन्धी सोच की चर्चा करेंगे और उस पर अपने विचार प्रस्तुत करेंगे।

एक छोटी-सी पुस्तिका का विमोचन भी होगा जिसमें दो लेख हैं। पहला, डॉ. रामविलास शर्मा के सुपुत्र डॉ. विजय मोहन शर्मा द्वारा लिखा एक संस्मरणात्मक लेख है : 'पिता जी का संगीत प्रेम।' दूसरा, स्वयं डॉ. रामविलास शर्मा लिखित लेख है : 'संगीत का इतिहास और भारतीय नवजागरण की समस्याएँ।'

हमारे बीच प्रो. विश्वनाथ त्रिपाठी यहाँ मौजूद हैं। वह उस पुस्तिका का विमोचन करेंगे। उसके बाद संगीत का आज का मुख्य कार्यक्रम, सविता देवी जी का गायन होगा।

तदुपरान्त हमारे देश के दो प्रसिद्ध गायकों के गायन की हम लोग छोटी-मोटी फिल्में देखेंगे।

प्रोग्राम के बारे में इस भूमिका की आवश्यकता इसलिए पड़ी क्योंकि प्रश्न उठ सकता था : रामविलास शर्मा तो साहित्यकार थे; साहित्य से अलग हट कर संगीत का यह कार्यक्रम क्यों? वास्तव में, साहित्य और संस्कृति में कोई अलगाव नहीं है। हमारा साहित्य, हमारा संगीत, हमारा ज्ञान-विज्ञान, हमारा स्थापत्य, हमारा दर्शनशास्त्र ये सब हमारी संस्कृति के अंग हैं।

अन्त में, डॉ. रामविलास शर्मा के 95वें जन्म-दिवस के उपलक्ष में आयोजित इस समारोह में भाग लेने के लिए आप सबका—मौसम तथा कठिनाइयों के बावजूद—यहाँ उपस्थित होने के लिए मैं एक बार फिर पूरे परिवार की ओर से हार्दिक स्वागत करता हूँ। खासतौर से मैं स्वागत करता हूँ आज की प्रमुख गायिका सविता देवी जी का और उनके अन्य सहयोगियों का।

आपका और समय न लेते हुए, मैं श्री श्याम बैनर्जी जी से प्रार्थना करूँगा कि वह मंच पर आकर अपना वक्तव्य प्रस्तुत करें।

× × ×

श्याम बैनर्जी जी ने कहना शुरू किया—मैं बहुत शुक्रगुजार हूँ, 'डॉ. रामविलास शर्मा फाउण्डेशन', मुंशी जी और विजय मोहन शर्मा का कि उन्होंने मुझे इस बात का मौका दिया कि मैं एक इतनी बड़ी शख्सियत को थोड़ा सा जान सकूँ। हम जब ऐसी शख्सियत को जानने की कोशिश करते हैं, जो इतना बड़ा ज्ञान का भंडार है, तो अगर उस ज्ञान-भंडार में थोड़ा-सा भी गोता लग जाए, तो जिन्दगी सफल हो जाती है।

वैसे, जब मैं रामविलास जी को जानने लगा, तो मुझे लगा कि मेरा और उनका रिश्ता—Spiritual level पर देखा जाए तो—127 साल पुराना है। आप पूछेंगे—कैसे?...ऐसे कि झांसी में यह जिस स्कूल के छात्र थे, उस स्कूल की स्थापना मेरे बड़े बाबा ने की थी। आज वह 'बिपिन बिहारी डिग्री कॉलेज' के नाम से जाना जाता है।

वास्तव में मैं अपने-आपको रामविलास जी के बहुत नजदीक महसूस कर रहा हूँ।

मैं आज भाषा के बन्धन में नहीं बधूँगा। रामविलास जी की मशहूर लाइनें हैं :

'सीमा के बन्धन तोड़ रही है,
सागर की प्रत्येक लहर।'

जो खुद किसी बन्धन में नहीं बँधते थे, और जो हिन्दी और अंग्रेजी दोनों भाषाओं पर तगड़ी गिरफ्त बनाए हुए थे, उनके बारे में बोलने के लिए किसी बधन में बँधने की आवश्यकता नहीं है। मैं समझता हूँ, अपनी बात मैं रखूँगा अंग्रेजी में और उनकी बात, जिस पुस्तिका की बात आपने की, वह हिन्दी में।

As I said, it is very difficult to measure such a big man. In the small booklet which is to be released here, the article which was mentioned by Munshi ji, if you look at it in one way, is just an article. But for me this article was a lesson–para by para–on how we can take the knowledge and love for classical music to today's youngsters. Whatever we do with music, whatever we do with any classical art, literature or any other fine art, we must keep in mind that it must procreate and reach out to the young minds. And this is where this man...Shri Ram Vilas Sharma...and his writings stand out.

When we come to music, the first and foremost thing that we are told to have is 'love for music'. But love for music cannot flower in unmusical surroundings. This is one of the first things that we learn from Shri Ram Vilas Sharma's early live—संगीत को पनपने के लिए संगीतमय परिवेश चाहिए। It is the duty of the parents, it is the duty of the elder generation, to provide this environment to the youngsters. It is very easy to pass the blame on today's youngsters that "they are not taking to classical music..."

Dr. Ram Vilas Sharma was very lucky in this regard. Right from his childhood, in his village, he got a beautiful musical environment. In the night he used to hear stories from his Baba. These stories invariably had music 'in them'; and in the small child, a musician started growing. For example, when little Ram Vilas ji uset to hear the tales of the Hitopadesh...these references are given beautifully in Vijai Mohan ji's write. Up on his father...he used to start travelling in his mind with all the animals in the story. This he could do, because even at very yound age he was a person with tremendous power to imagine...When we see this ability we reaise that the writer in Ram Vilas ji was actually shaped on the anvil on music. That's how it happened. यहाँ तक कि पहाड़े, जब वह सीखते हैं, कहते हैं कि 15 का पहाड़ा सबसे जल्दी याद हो जाता था...Each example of these early days of Shri Ram Vilas Sharma's life is a lesson on how we can reach to today's youngsters with the most serious subjects.

Of course, after that phase Ram Vilas ji moves to Jhansi for studies in school. There he studies first in Saraswati Pathshala and when the Pathshala closed down for different reasons, he joined Macdonnel High School...where I find my spiritual linkage with him. It was this school which, after independence, was named after its founder, my great-grandfather, Shri Bipin Bihari Banerji.

One of the plays which affected Ram Vilas ji's thinking deeply during his school days...he used to read it again and again...was Bhartendu Harishchandra's Satya Harish Chandra. He read it time and again. It was a stage in his life when the writer and musician in him were merging and a new form of expression was getting shaped. In a way Ram Vilas ji was very lucky that he went to Macdonnel High School. In school when he used to listen to the Ayodhya-Kand of *Ramayana* being taught by Brij Bhushan Lal Tripathy 'Nishchal', he used to imagine that he is also roaming in the jungles along with Ram, Sita and Laxman. And all this travel in the mind was never de-linked from the sense of music. Adding to this was a teacher like Master Phoney Bhushan, who used to teach by enacting plays in the class. He also saw Phoney Master play Shylock on the stage.

So, we see that the attraction for the theatre is growing in his young mind. Around this time, Shri Ram Vilas Sharma also wrote a play called Rana Pratap. Looking back, we see the playwright getting shaped on the anvil of music. Durga Pooja in Jhansi was, again, a great opportunity to get very close to music and theatre. Besides that, the Ramlila was almost a family tradition. Shri Ram Vilas Sharma's father used to sit on the Vyas Gadi in the Ramlila. None of these art forms were de-linked from music.

Another influencing factor in Jhansi was a cinema hall called La Scala that used to show English films. These English films in those days were essentially silent films; the Orchesta used to sit in a pit near the screen in the hall. And the musicians used to provide live music to the scenes that were being depicted on the screen. It is then that Ram Vilas ji realized the intricate connection between words and visuals. What he always felt, now sank home as a creative truth with tremendous potential.

It was this realization that was driving him to write plays and to learn music when he went to Lucknow for further studies. In one of his letters to his elder brother (Shri Bhagwandeen Sharma), he writes.

"...One more reason why I want to learn music is that without being a good musician, I cannot be a good playwrite."

I have put many things together here for the presentation, but please allow me to jump lines as I am getting involved emotionally. Ram Vilas ji writes to his brother :

"मैंने तो तय कर लिया है कि मुझे music सीखना है, music उतना ही सुन्दर है जितनी कि कविता, शायद उससे भी सुन्दर। कविता के आनन्द का चाहे आप वर्णन कर दें और उस आनन्द के किन्हीं मुख्य कारणों को भी ढूँढ़ निकालें, पर संगीत का आनन्द केवल हृदय से ही जाना जा सकता है।"

So he had developed this deep love for music at a very very early age; he writes in another letter to him.

"Music सीखने में मेरा खास ध्येय एक और है। बिना अच्छा संगीतज्ञ हुए मैं एक सफल नाटककार नहीं हो सकता, साहित्य में मैं किस ओर अधिक उन्नति करूँ। यह मैं अभी नहीं कह सकता पर मुझे अपना झुकाव अभी नाटकों की ओर ही अधिक दीखता है, इसलिए उसी की तैयारी में लगा हुआ हूँ।

So he started learing music formally. He writes again.

"मेरे संगीत की शिक्षा ठीक चल रही है और काफी तेजी से चल रही है। मैं चाहता हूँ कि एम.ए. करने के बाद भी दो या तीन साल लखनऊ में रहूँ जिससे कि मैं संगीत का अध्ययन कर सकूँ।"

I must add that, he learnt not just vocal music, but Tabla too.

By the year 1933, for several reasons, he had decided that he would dedicate his life to Hindi Literature and so he gave up learning music formally. However having come this far, the musician in him had taken birth, and once the musician takes birth, he always lives in a person in some form of the other. And this is excatly what happened in his life. He went deeper and deeper into music.

Buddhibhadra Dixit came to Lucknow from Bombay Talkies. He was a Sarod player there. He and Ram Vilas ji used to have these wonderful sessions, when Buddibhadra would at the spur of the moment say, "मैं सरोद पर कुछ बजाता हूँ और उसे सुनकर तुम्हारे मन में जो भावचित्र बनता हो उसे कागज पर लिख लो।" Today we see many functions in which somebody is playing on some musical instrument or singing, and some famous artist is drawing; but this was much, much, much before that and does for a deeper sense of self-exploration and not for show.

This way, the honing of the musician in Ram Vilas ji continued to take place.

So, the first thing that you learn from his life, is that : If you get the right environment, if you get it from early childhood, it does help to create the artist in you. Ram Vilas ji was lucky that he got that environment.

Another thing that we learn from his life and his writings is the relationship between respect and love for music. Again this is very relevant in today's context. To have love and respect, we must project the rich heritage of our music. Otherwise how will we respect the music? And here again, Ram Vilas ji has such a deep understanding of the heritage of Indian music. When you read his analysis and his writings on music, believe me, he coms out as much more knowledgeable than many of today's so called 'great' musicians. We can say that without an iota of doubt. Once you read his writings on music, I am sure you will also come to the same conclusion. For example, in his article, at one place he is talking about *Raga Maalavagauda* which medieval saint musician Purandardas institutionalised as a foundational raga of the Carnatic system. In doing so we see how analytical his mind was. He went deep into anything that came to his way. We never see him accepting anything at its face value...whether it was a big name, a big artiste...nothing, not even friends and people that he admired...people like Acharya Brihaspati. Ram Vilas ji used to weigh even his words and views and go deep into their context. I am sure Acharya Brihaspati also must have gained from the remarkable insight of Ram Vilas ji. For example, we have Ram Vilas ji analysing what Acharya Brihaspati says about *Maalav* and *Gaud,* the two components of Raga Malavagaula; and in doing so brings in the region...at this point, I will once again read from ram Vilas ji's writings, because his thoughts are best expressed in his words. He says "मालवा और गौड़ एक दूसरे से काफी दूर,

भारत के दो पश्चिमी और पूर्वी भाग हैं। इनके नामों का एक ही ठाठ में जुड़ना इतिहास की महत्त्वपूर्ण घटना है। ग्यारहवीं सदी से समाज के लिए भारत में आवश्यक वस्तुओं के विनिमय का विकास तेजी से हो रहा था।"

We see that Ram Vilas ji's knowledge of history is helping him understand this Raga in its right context. After reading his statement, the stature of Maalavgaula, became even bigger in my mind. Ram Vilas ji says,

"नगरों के रूप में बड़ी-बड़ी व्यापारिक मंडियाँ कायम हो रही थीं। वास्तव में तुर्क आक्रमण इन मंडियों में संचित धन को लूटने के लिए ही हुए थे। लूटमार के बावजूद विनिमय क्रम जारी रहा; कारीगरों को पगार दी जाती थी, अतः संपत्ति का पुनरुत्पादन अबाध गति से चलता रहा। लूटमार से जो क्षति हुई, उसकी पूर्ति शीघ्र हो गई। बिकाऊ माल के उत्पादन और दूर-दूर के प्रदेशों के बीच उसके विनिमय से व्यापारिक सम्बन्ध सुदृढ़ हुए। इस प्रक्रिया का एक परिणाम यह हुआ कि विभिन्न प्रदेशों के बीच सांस्कृतिक विनिमय बढ़ा और इस विनिमय में संगीत के तत्त्व भी थे। यदि भैरव ठाठ उत्तर से दक्षिण पहुँचा तो कान्हरा (कानड़ा, कानरा) नाम का राग भी दक्षिण से उत्तर में आया। जो राग जिस प्रदेश से आता था, अक्सर उसे उसी प्रदेश का नाम दे दिया जाता था। कर्नाट का तद्भव कन्नड़ और कन्नड़ का तद्भव कान्हरा! इसी तरह मालवा और गौड़ से प्राप्त रागों को मालव गौड़ कहा गया।"

This is the kind of knowledge which is to be taken to the youngsters. I think we should all try to use this 'Foundation' as a platform. Ram Vilas ji's works, put in the modern context, in modern terminology, can make a real impact and a real dent on today's young minds. I look forward to working on that with you.

What we see is that Ram Vilas ji's thinking is free and unfettered. Not just that. Even the knowledge he had, was always free and unfettered. What we also see is that he had a very deep understanding of all aspects of modern culture. That is why he was able to appreciate music so wonderfully. He never took anything at its face value...I told you that.

Now, for example, he is analysing line by line what Acharya Brihaspati says...and this is very interesting...I will read a small portion of this. He takes one line of Acharya Brihaspati's writings : *"Sant purandaradas ko aajkal Carnatic Sangeet ka aadiguru kaha jata hai."* Ram Vilas ji Counter-comments, *"Uchit hi to kaha jaata hai." Again he quotes Acharya Brilhaspati's statement about Purandaradasa that : "Unke dwara prayukt Raga,, Tala aur Gaan Shailimadhyayug ki hai."* On this statement, now Ram Vilas ji comments : about *"भरत और आचार्य बृहस्पति के युगों के बीच कहीं पुरन्दरदास का युग है, इस विचार से हम भले*

उन्हें मध्ययुग का गायक मान लें। वर्ना वह हैं तो आधुनिक युग के वैतालिक। मध्यकालीनता से जो अज्ञान और पिछड़ेपन का भाव जुड़ा है, उसके प्रतिनिधि पुरन्दरदास नहीं हैं।" Thus, he is debating and then accepting or not accepting each and every point, every information that is coming his way; only after putting them in their proper perspective, did Ram Vilas ji come to his conclusions.

Another very important aspect of his love for music is that he believed—which was the biggest thing in the context of those times...in the Essential Unity of all Music. This is something which is there in all his creative work; even in his approach to other art forms, because he had the ability to see everything in totality. To him literature was never de-linked from architecture, or painting, or music, or any other form of art of artistic expression.

He refers to the talk about 'Hindu music' and 'Muslim Music', Questioning this divide...and we see that he is so clear in his understanding and so forthright in putting forward his views on such matters...he says,

"ब्रिटिश भारत में मुस्लिम पानी और हिन्दू पानी जैसा भेद हर क्षेत्र में था, वह संगीत में भी पैदा हुआ।...साम्प्रदायिक आधार पर संगीत का विभाजन भारत को छोड़ कर और कहीं नहीं किया गया। इटली के संगीत का एक एंशेंट पीरियड, दूसरा मॉडर्न पीरियड है। लेकिन भारत के संगीत का एक हिन्दू पीरियड, दूसरा मोडमडन पीरियड और तीसरा ब्रिटिश पीरियड है।...

"आचार्य बृहस्पति के परदादा 'महापण्डित दत्तराम' रामपुर के नवाब यूसुफ अली खाँ और नवाब कल्वे अली ख़ाँ की सभा में 'अत्यन्त सम्मानपूर्वक रहे।' इनका शिवालय रामपुर में प्रसिद्ध है, उसकी 'आधारशिला अत्यन्त भक्तिपूर्वक नवाब यूसुफ अली खाँ ने रखी थी।' उनके पुत्र नवाब मुश्ताक अली ख़ाँ के पण्डित रहे। 'उनके पुत्र पं. गोविन्द राम जी हामिद अली ख़ाँ के आश्रय में रहे।' उनके पुत्र आचार्य बृहस्पति को 'नवाब रज़ा अली ख़ाँ का स्नेह और अनुग्रह प्राप्त हुआ। अतः उसका कृतित्व भी रामपुर-परम्परा के ही अन्तर्गत है।' संगीतशास्त्र का इनसे बड़ा जानकार तो उत्तर भारत में है नहीं और उनका कृतित्व भी रामपुर-परम्परा के अन्तर्गत है। तब हिन्दू संगीत और मुसलमान संगीत का अलग-अलग इतिहास कैसे लिखा जायेगा?"

Ram Vilas ji really believed that Acharya Brihaspati was the ultimate as far as the knowledge of music was concerned; yet he used to weigh and only then accept his views. Therfore he says : "तब हिन्दू संगीत और मुसलमान संगीत का अलग-अलग इतिहास कैसे लिखा जाएगा?"

He draws attention to the same thing when he is talking about Carnatic Music and North Indian Classical Music. He again says that since they were both developing at the same time, how correct it was to differentiate between the two? He felt they were both part of an exchange process.

Another aspect of his love for music was that he liked the music that emanated from the people. That is one reason why he was so fond of *Dhrupad* and *Dhamar.* He felt that this form had its roots in folk music. And he was not so fond of *khayal Gayiki.* He used to admire it of course, but not so much because he felt it had evolved from court music traditions. He thus felt closer to folk music and the tradition of *Dhrupad* and *Dhamar.*

I can go on and on about Ram Vilas ji, because there is so much to talk about such a big person. One thing I would like to add here : only a person like him, who really understood Indian classical music, could have gone to so much depth and understanding and explain things in such a simple and beautiful manner...I am going to quote just one paragraph here. Before that I must say that perhaps one of the most intricate aspects of Indian classical music...which we certainly don't expect to be discussed by a 'writer'...is the concept of *'SHRUTI'*. We generally believe that it is something very sacrosanct, which common musicians cannot even try to address. But here we see Ram Vilas ji talking about *'SHRUTI'* He is trying to define *'SHRUTI'* and he does it so beautifully taking-off from other writings.

Ram Vilas ji writes..."श्रुति के प्रसंग में राजा सर सुरीन्द्र मोहन टैगोर ने भारवि के 'शिशुपाल वध' (1, 10) से नारद की वीणा से सम्बन्धित अंश पर मल्लिनाथ की टीका से यह वाक्य उद्धृत किया है : *श्रुतिर्नाम स्वरारंभकावयः शब्द विशेष :* और उसका अनुवाद किया है–*The sound which lies at the beginning of the note and forms its body as it were is called Shruti.*" (Addenda page 13 at the end of the book).

Now Ram Vilas ji starts to discuss 'SHRUTI' I have read about 'Shruti' at many places, but the best definition and explanation is given by Ram Vilas ji. Coming from him, well, he was an expert in putting knowledge across. He writes :

"स्वर के आरम्भ में आने वाली ध्वनि श्रुति है और वह मानो स्वर का अवयव होती है। मेरी समझ में यह बहुत अच्छी व्याख्या है। श्रुति स्वयं ध्वनिखण्ड है, वह अशरीरी नहीं है, वह स्वर का अंश है। इसलिए वह स्वर से अलग नहीं की जा सकती। बृहस्पति ने उन विद्वानों की उचित आलोचना की है, 'जो श्रुतियों को स्वरों का कारण मानते और स्वरों के प्रतिपादन से पूर्व श्रुतियों का विवेचन करते थे।' श्रुतियाँ स्वरों के भीतर हैं, उनके बाहर नहीं; इसीलिए स्वरों के

प्रतिपादन से पहले श्रुतियों का विवेचन नहीं किया जा सकता। यदि कहा जाए कि श्रुति समय नापने का एक घटक है तो भी उसे स्वर से अलग नहीं किया जा सकता। पदार्थ की गति से ही समय की माप होती है।"

Now the writer in him is coming out. Only a writer can put it so explicitly:

"कालमापक घटक को पदार्थ से अलग नहीं किया जा सकता; वैसे ही श्रुति को स्वर से अलग नहीं किया जा सकता। धातु को शब्द से अलग नहीं किया जा सकता, परमाणु की तरह वह शब्द का लघुतम अटूट अंश है। भारत का संगीतशास्त्र और उसका भाषाशास्त्र एक ही वैज्ञानिक विश्लेषण पद्धति का परिणाम है। इस पद्धति को न समझने से अनेक भ्रान्तियाँ उत्पन्न होती हैं।"

Isn't it beautiful and isn't it put in such a beautiful context !

Well, one more thing, the last thing and the greatest thing that you learn from his love for music is something that we have forgotten these days. It is the Art of Listening to Music.

हम लोग संगीत सुनना भूल गए हैं। हम आजकल संगीत चलते-फिरते, उठते-बैठते, गाड़ी में सी.डी. लगाकर सुनते हैं। खाते भी हम वैसे ही हैं आजकल—टी. वी. देखते-देखते। सुनना हमें रामविलास जी से सीखना चाहिए। जब वह संगीत सुनते थे, तो सिर्फ संगीत सुनते थे। You could not distrub him at that time, and all his five senses were focussed on listening to music...Because he has listened to music like that, he had been able to develop true understanding of music. So to be a music lover, it it essential that you have to 'listen'...to music. The only way to listen to music is the way he used to listen with total concentration ! If we forget everything else and learn just one thing from this great man, Shri Ram Vilas Sharma i.e. how to listen to music, I think we would have achieved a lot.

Ram Vilas ji listened to all kinds of music. That is also very interesting, the range spreads from Ustad Bade Ghulam Ali Khan and Mallikarjun Mansur to Mohammad Rafi. In female voices we have Siddheshwari Devi on one side and Shamshad Begam on the other. So again, if I may say as to why I took the liberty of speaking in English and not the language chosen by him, it is because he himself never believed in boundaries. He listened to Western Classical Music too. one of his favourite compositions was an overture by Mendelson about a sea journey.

There is a long list of Ram Vilas ji's collection of music at the end of the booklet which is shortly to be released here. It you go through it, you can very easily understand what kind of a man he was.

That is why मुंशी जी ने उनके बारे में 'हिन्दुस्तान' से जो वर्णन दिया—'रामविलास जी नहीं रहे, क्रिकेट कमेण्ट्री और गिरिजा देवी-सिद्धेश्वरी देवी के गायन के दीवाने रामविलास शर्मा नहीं रहे...' etc., is so appropriate.

He was a man of many dimensions and his love for music also had many dimensions. I am no one to measure his achievements in literature. But I would rate him as a great authority of Music. Had he stuck to music and taken up music as a profession, he would perhaps have been one of the greatest musicologists or performers of this country.

हमें हमारे संगीत को समझने की जरूरत है। अगर हम थोड़ा सा भी सीख लें रामविलास जी से, तो मेरे ख़याल से हम बहुत बड़ी सेवा करेंगे भारतीय संस्कृति की।

आज जब मैं इस बारे में सोच रहा था, तो मुझे एक कविता याद आ रही थी।

वात्स्यायन जी की एक कविता है किसी और परिप्रेक्ष्य में जिसे में बीच से पकड़ रहा हूँ। इस कविता को सुन कर मुझे लगा कि यह हमारा संगीत है जो हमसे कह रहा है—आओ मुझ तक, मेरा हाथ तो पकड़ो,

"दूर दूर दूर...मैं वहाँ हूँ—
यह नहीं कि मैं भागता हूँ :
मैं सेतु हूँ
जो है और जो होगा, दोनों को मिलाता हूँ—
पर सेतु हूँ इसलिए
दूर दूर दूर...मैं वहाँ हूँ।

किन्तु मैं वहाँ हूँ
तो ऐसा नहीं कि मैं यहाँ नहीं हूँ।
मैं दूर हूँ, जो है और जो होगा उसके बीच सेतु हूँ

तो ऐसा नहीं है कि जो है उसे मैंने स्वीकार कर लिया है
मैं आस्था हूँ
तो मैं निरन्तर उठतेरहने की शक्ति हूँ;
मैं व्यथा हूँ
तो मैं मुक्ति का श्वास हूँ;
मैं गाथा हूँ
तो मैं मानव का अलिखित इतिहास हूँ,
मैं साधना हूँ
तो मैं प्रयत्न में कभी शिथिल न होने का निश्चय हूँ,

मैं संघर्ष हूँ, जिसे विश्राम नहीं
जो है मैं उसे बदलता हूँ,
जो होगा, उसे मुझे ही तो लाना है।
जो मेरा कर्म है, उसमें मुझे संशय का नाम नहीं,
वह मेरा अपनी साँस सा पहचाना है;
लेकिन घृणा–घुणा से मुझे काम नहीं

Our music is very very open. Ram Vilas ji's music was very open and from there comes this power to appreciate music.

लेकिन घृणा–घृणा से मुझे काम नहीं
क्योंकि मैंने डर नहीं जाना है।

Even our music is not afriad of any other music. It is just that we are not able to reach to that.

क्योंकि मैंने डर नहीं जाना है,
मैं अभय हूँ
मैं भक्ति हूँ
मैं जय हूँ।
दूर दूर दूर...मैं सेतु हूँ
किन्तु शून्य से शून्य तक का सतरंगी सेतु नहीं,
वह सेतु
जो मानव से मानव का हाथ मिलने से बनता है।

Ram Vilas ji talks of that music which comes from the people.

जो हृदय से हृदय को
श्रम की शिखा से श्रम की शिखा को
कल्पना के पंख से कल्पना के पंख को
विवेक की किरण से विवेक की किरण को,
अनुभव के स्तम्भ से अनुभव के स्तम्भ को मिलाता है,
जो मानव को एक करता है,
समूह का अनुभव जिसकी मेहराबें हैं,
और जन-जीवन की अजस्र प्रवाहमयी नदी जिसके
नीचे से बहती है,
मुड़ती, बल खाती
नए मार्ग फोड़ती
नए करारे तोड़ती
चिर परिवर्तनशीला, सागर की ओर जाती, जाती, जाती...

मैं वहाँ हूँ दूर, दूर, दूर!

और यहाँ पर आकर यह कविता मिलती है, आज के कवि की इन पंक्तियों से, सागर पर आकर मिलता है यह संगीतकार उन्हें; कहते हैं,

आगे सागर का जल अथाह,
ऊपर हैं नीर-भरे बादर,
बढ़ता है फिर भी जन समूह
जल की इस जड़ता के ऊपर
बैठा है कौन किनारे पर...(यह किनारे बैठने का समय नहीं)
जब गरज रहा है जन सागर?
पीछे हट कर, सिर धुन-धुन कर
आगे बढ़ती है लहर लहर
दुख के इस हहर हहर में भी
ऊँची उठता है जय का स्वर;
सीमा के बन्धन तोड़ रही है
सागर की प्रत्येक लहर।

हमें सीमाओं के इन बन्धनों को तोड़ना है, और उनसे प्रेरणा लेकर भारतीय संगीत को आगे ले जाना है।

बहुत बहुत शुक्रिया।

× × ×

विजय मोहन शर्मा ने श्री श्याम बैनर्जी को उनके वक्तव्य के लिए धन्यवाद देते हुए कहा : धन्यवाद, श्याम बैनर्जी जी। मैं नहीं समझता कि इससे अधिक सुन्दर शब्दों में रामविलास जी के संगीत सम्बन्धी विचारों को प्रस्तुत किया जा सकता है।

आपने उचित ही कहा कि वे लोक-संगीत को बहुत महत्त्व देते थे और कहते थे, शास्त्रीय संगीत का जन्म लोक-संगीत से ही होता है। वह संगीत, साहित्य, चित्रकला, नाटक, स्थापत्य आदि सभी कलाओं में आपसी सामंजस्य देखते थे; वह यह भी मानते थे कि ये सब कलाएँ एक-दूसरे को प्रभावित करती हैं। इसी सन्दर्भ में एक बात वह अक्सर कहते थे—यह अकारण नहीं है कि तुलसीदास, ताजमहल और तानसेन एक ही समय में—लगभग एक ही समय में हुए थे, हालांकि ये तीनों अलग-अलग विधाओं के उत्कृष्ट प्रतीक थे : एक काव्यकला का, एक स्थापत्य कला का, एक संगीत कला का।

जिस पुस्तिका का आपने उल्लेख किया है, उसमें अभी दो ही लेख हैं; कुछ और लेख हैं जो उसमें जाने हैं। और यह अपने अन्तिम रूप में वाणी प्रकाशन से प्रकाशित होगी।

पुस्तक—अपने अन्तिम स्वरूप में—कुछ इस प्रकार होगी : आपने जिस लेख का जिक्र किया है, रामविलास जी के संगीत प्रेम के बारे में, वह होगा—इसी प्रकार के दो और लेख उनके नाटक-प्रेम और चित्रकला-प्रेम पर मैंने लिखे हैं। ये तीनों लेख उसमें परिशिष्ट के रूप में जाएँगे। पुस्तक का मुख्य भाग रामविलास जी के ऋग्वेद सम्बन्धी एक लेख 'ऋग्वेद में चित्रकला और नृत्य संगीत' से आरम्भ होगा। उसके बाद, भाषा-विज्ञान और लोक-संगीत पर उन्होंने जो लिखा है और उसकी मिसालें दी हैं—रूस की, हंगरी आदि की; रवीन्द्रनाथ टैगोर और हिन्दुस्तानी संगीत पर जो लिखा है; जातीय भाषा के प्रसार में लोक-संगीत और लोक-संस्कृति का क्या महत्त्व है, इस पर जो लिखा है—यह सब होगा। साहित्य और संगीत पर उन्होंने अपने एक साक्षात्कार में काफी विस्तार से चर्चा की है, वह साक्षात्कार भी होगा। इन सबके अलावा वह लम्बा लेख, जिसका आपने जिक्र किया है अर्थात् 'संगीत का इतिहास और भारतीय नवजागरण की समस्याएँ', वह तो होगा ही। इन सारे लेखों को मिला कर, सम्पादित करके, एक भूमिका के साथ एक पुस्तक का रूप दिया जाएगा।

इस काम में अभी दो-तीन महीने का समय लगेगा। जैसाकि मैंने कहा है, यह पुस्तक वाणी प्रकाशन से प्रकाशित होगी।

अब मैं प्रो. विश्वनाथ त्रिपाठी जी से आग्रह करता हूँ कि वे मंच पर आएँ और इस छोटी-सी पुस्तिका का विमोचन करें, साथ ही कुछ शब्द भी कहें।

विश्वनाथ त्रिपाठी जी ने पुस्तिका का विमोचन किया।

उसकी प्रतियाँ खोल कर, सब ओर दिखा कर, उन्होंने कहना आरम्भ किया :

बहुत अच्छा भाषण सुना मैंने। वक्ता की खास बात यह थी कि अपने-आप को भूल कर बोल रहे थे वह। लगभग संगीत सुनने जैसा था आपका भाषण (वह कविता वाला अंश छोड़ कर)।

मैं समझता हूँ कि यह किताब अभी पूरी होनी है। तो जब यह किताब पूरी हो जाएगी, उस अवसर पर मैं काफी बातें कहूँगा यानी—अगर मुझसे कहने के लिए कहा जाएगा तो।

रामविलास जी ने हिन्दी आलोचना में नाद और ध्वनि तरंगों पर बहुत विचार किया है। मैं समझता हूँ कि किसी और आलोचक ने कविता में ध्वनि पर और नाद पर इतना विचार नहीं किया। निराला पर उन्होंने जो पहला लेख लिखा था, उसमें भी यह बात दिखलाई देती है।

तुलसीदास जी पर आचार्य शुक्ल ने बहुत अच्छी आलोचना लिखी है; सबसे अच्छी आलोचना है वह। लेकिन अजीब बात है कि तुलसीदास की जो नाद योजना है, तुलसीदास की कविता में जो ध्वनि तरंगें हैं, उन पर जितना ध्यान रामविलास जी ने दिया है, उतना ध्यान और किसी ने नहीं दिया।

रामविलास जी बातचीत करते समय भी जब संगीत की कोई बात आती, तो बहुत अच्छी-अच्छी बातें कहते थे—सुनकर एकदम जैसे प्रकाश मिल जाता था। एक बार वह जब तुलसीदास पर बोल रहे थे, तो पता नहीं क्यों और किस बात पर, उन्होंने अपने आप ही कहना शुरू किया—

कबिहिं अरथ आखर बल सांचा,
अनुहर ताल गतिहि नट नाचा।

बहुत अर्थ गर्भित पंक्तियाँ हैं ये। इन पर विचार करेंगे तो बहुत समय लगेगा।

इसी प्रकार आप देखेंगे कि निराला की ध्वनि तरंगों पर, उनकी नाद योजना पर, रामविलास जी ने जैसा काम किया है वैसा किसी और ने नहीं किया है।

तमाम ललित कलाएँ आपस में जुड़ी हुई, एक-दूसरे से गुँथी हुई हैं--'जुड़ी हुई' शब्द अपर्याप्त हैं। वे एक-दूसरे से अन्तर्बिद्ध हैं। बात ऐसी है कि हर कला अपना आकार ग्रहण करती है दूसरी कलाओं से मिल कर। कविता को समझने में, स्थापत्य को समझने में, संगीत को समझने में, और अन्य कलाओं को समझने में—रामविलास जी को पढ़कर ऐसा लगता है कि हिन्दी में इतना 'लैस' आलोचक शायद ही कोई दूसरा हो। इसलिए जितनी बातें रामविलास जी की लिखी हुई हैं, उन्हें प्रकाश में आना ही चाहिए।

मुझे लगता है, बहुत दिनों तक रामविलास जी पर बहुत सारी ऐसी चर्चाएँ होंगी, जो हमारे लिए बहुत उपयोगी होंगी।

संगीत के बारे में उन्होंने कहा कि हिन्दू संगीत, मुस्लिम संगीत नहीं होता, और संगीत को तोड़ा नहीं जा सकता। जिस दृढ़ता की बात आप कर रहे थे, उस दृढ़ता को देखिए : संगीत को नहीं तोड़ा जा सकता तो भारत को नहीं तोड़ा जा सकता और भारतीय संस्कृति को नहीं तोड़ा जा सकता। और, हमें इस बात का गर्व है कि यह जो सांस्कृतिक आधार है, यह हिन्दी क्षेत्र में है। रामविलास जी की जो मान्यताएँ साहित्य में हैं, उनकी जो मान्यताएँ भाषा के सम्बन्ध में हैं, वे मान्यताएँ उनकी हर जगह दिखलाई पड़ती हैं। उन्हीं मान्यताओं के आधार पर वह कलाओं का मूल्यांकन करते हैं।

और ये सारी चीज़ें ग्लोबलाइजेशन के समय में! भूमण्डलीकरण के समय में!

अगर आप यह दिमाग में रखें कि गांधी जी कहते थे : किसी देश की चेतना कैसी है, किसी देश का मन कैसा है, कोई देश कैसा है, इसका सबसे बड़ा

प्रमाण इस बात से मिलता है कि वह देश म्यूजिक पसन्द करता है, संगीत कैसा पसन्द करता है।

इस पर विचार करेंगे तो नसें बड़ी मोटी हो जाएँगी, बड़े परेशान हो जाएँगे आप। लेकिन रामविलास जी उन लोगों में से थे जो कहते थे : जितना परेशान होगे, जितना क्षुब्ध होगे, उतनी ही आवश्यकता है सन्तुलित होकर काम करने की।

बस, धन्यवाद

× × ×

प्रो. त्रिपाठी को धन्यवाद देते हुए विजय ने कहा : धन्यवाद, त्रिपाठी जी। आपने संक्षेप में कई महत्त्वपूर्ण बातें कह दी हैं।

अब आगे का कार्यक्रम।

सविता देवी जी हम लोगों के बीच आ ही चुकी हैं; उनका परिचय देने की कोई आवश्यकता नहीं; वह एक जानी-मानी हस्ती हैं। फिर भी, औपचारिकता के नाते, संक्षेप में इतना बता देना चाहूँगा कि :

बनारस के एक सुप्रसिद्ध संगीत घराने से सम्बन्धित, विदुषी सविता देवी देश की जानी-मानी गायिका हैं। स्वर्गीया सिद्धेश्वरी देवी जी की सुपुत्री सविता देवी जी ने, संगीत विरासत में पाया; बल्कि यह कहना गलत न होगा कि उन्होंने कोख में ही संगीत सीखना शुरू कर दिया था।

आरम्भिक दिनों में, आपने अपनी माँ से संगीत सीखा और बनारस घराने की—या, जिसे 'पूर्वी अंग की' भी कहते हैं—ठुमरी, दादरा, चैती, कजरी और टप्पा आदि गाने में विशेष योग्यता प्राप्त की। इन्होंने ख़याल गायिकी अपने गुरुओं पं. मणी प्रसाद और दिलीप चन्द्र वेदी से सीखी और इस प्रकार ख़याल गायिकी के लिए किराना घराने को अपनाया।

बी.ए. करने के बाद, सविता देवी जी ने बनारस हिन्दू विश्वविद्यालय, वाराणसी, से संगीत में Post graduation किया और पूना से 'संगीत अलंकार'।

यूँ तो सविता देवी जी के संगीत के खजाने में बड़ी विविधता है, उसमें शास्त्रीय संगीत के सभी रंग हैं, लेकिन शुद्ध गायन उनकी अपनी विशेषता है।

शुद्ध गायन से मतलब है, ठुमरी अलग है, और ख़याल अलग है। दोनों की अपनी-अपनी जगह है। गाते समय ठुमरी ख़याल में overflow नहीं कर जाती।

दिल्ली विश्वविद्यालय के दौलत राम कॉलेज में आप संगीत विभाग की अध्यक्ष भी रह चुकी हैं। कम ही लोग जानते हैं कि सविता देवी ने सितार बजाने की भी विधिवत् शिक्षा प्राप्त की है। वह पं. रविशंकर के Institution 'किन्नर' से भारत सरकार की एक छात्रवृत्ति पर सितार बजाना सीख चुकी हैं।

श्रृंगार बसन्ती बनायो—

ऋतु बसन्त में रंग बसन्ती
चले बसन्ती बयार
पीत पुष्प से श्याम को
कियो बसन्ती श्रृंगार

श्यामा-श्याम सलोनी सूरत को
श्रृंगार बसन्ती है...
अजी श्रृंगार बसन्ती है...
अरे श्रृंगार बसन्ती है...' आदि।

इसके बाद सविता देवी जी ने एक होली गाई। कहा कि "पता नहीं फिर कब आप लोगों से मुलाकात होगी।"—बोल थे :

'हरि होरी मचाई या ब्रज में
होरी मचाई रे,
इतते आवति कुंअरि राधिका,
उतते कुँवर कन्हाई...' आदि।

इसके बाद उन्होंने एक और होली गायी,

'उड़त गुलाल,
लाल भये बादर
मनवा उठै उमंग
बच के कान्ह कहाँ जाओगे
रंग खेलूँ तो संग,
रंग डारूँगी, रंग डारूँगी, रंग डारूँगी, रंग डारूँगी
अपने लाला पै, नन्द के लाला पै, नन्द के लालन पै
रंग डारूँगी,
अपने कान्हा पै, अपने साँवरे पै
रंग डारूँगी...' इत्यादि।

इसके बाद देर तक जारी करतल ध्वनि द्वारा अभिव्यक्त सराहना को स्वीकार करके हुए उन्होंने कहा : "धन्यवाद।"

विजय मोहन शर्मा ने सविता देवी और उनके सहयोगियों को धन्यवाद देते हुए कहा : "अच्छा संगीत बहुत दिनों तक आन्दोलित करता रहता है, 'हॉन्ट' करता रहता है। ऐसा ही कुछ इस बार भी होनेवाला है।"

इसके बाद कुछ लघु फिल्मों के प्रदर्शन का आयोजन हुआ।

फिल्मों के प्रदर्शन की तैयारी का उपक्रम आरम्भ होते ही सविता देवी जी तथा उनके साथ के कलाकारों को सादर मंच पर से ले आया गया। सबसे अगली पंक्ति में सविता देवी के अपना स्थानग्रहण कर लेने पर, 'फाउण्डेशन' की ओर से उनका सम्मान करते हुए मुंशी जी ने सविता देवी को एक शॉल ओढ़ाया तथा परिवार की ओर से प्रतीक-स्वरूप एक छोटा-सा उपहार भेंट किया।

सविता देवी जी से बातचीत के दौरान मुंशी जी ने उनसे कहा, "डॉ. रामविलास शर्मा ने अपनी पुस्तक *घर की बात* की भूमिका में लिखा है : '...गायिकी का ही घराना नहीं होता, गद्य लेखन का भी होता है।' तो, आपको 'सचेतक' का एक अंक तो मिल ही चुका है। उसमें हमारे घर के लोगों के गद्य लेखन की कुछ बानगी मौजूद है।" इस पर सविता देवी ने कहा, "अगला अंक भी भेजिएगा।"

"जरूर भेजूँगा"—मुंशी जी ने कहा।

× × ×

अब फिल्म प्रदर्शन शुरू हुआ।

ये लघु फिल्में मल्लिकार्जुन मंसूर और एम.एस. सुब्बलक्ष्मी पर थीं, जो रामविलास जी के प्रिय संगीतकार थे। इनके प्रदर्शन की व्यवस्था श्रीमती कमलिनी दत्त जी द्वारा की गई थी।

सबसे पहले मल्लिकार्जुन मंसूर का गायन था। बोल थे :

1. बाजो रे...
2. झन-झन-झन पायल मोरी बाजे
   जागे मोरी सास ननदिया... इत्यादि।

इसके बाद एम.एस. सुब्बलक्ष्मी के भजन थे। इनके बोल थे :

1. हरि, तुम हरो जन को पीर,
   द्रौपदी की लाज राखी,
   तुम बढ़ायो चीर...
2. नाम जपन क्यों छोड़ दिया,
   क्रोध न छोड़ा, झूठ न छोड़ा,
   सत्य वचन क्यों छोड़ दिया...
3. अँखियाँ हरि दर्शन की प्यासी
   देखो चाहत कमलनयन को
   निस दिन रहत उदासी... इत्यादि।

फिल्मों के प्रदर्शन के समाप्त होने के साथ ही यह कार्यक्रम सम्पन्न हुआ।

अन्त में, धन्यवाद ज्ञापन करते हुए मुकुल शर्मा ने कहा :

रामविलास ताऊ जी के 95वें जन्म-दिवस के उपलक्ष में आज जो कार्यक्रम हुआ है, उसमें माननीया सविता देवी जी, माननीच गोस्वामी जी, माननीय अख्तर साहब, माननीय वारसी साहब, बहन मुखर्जी, बहन अंजना और बहन मीनाक्षी ने मिल कर जो कार्यक्रम प्रस्तुत किया, वह हमारे लिए अविस्मरणीय रहेगा और आपने ताऊ जी को जिस रूप में श्रद्धा-सुमन अर्पित किए हैं, उसे हम कभी नहीं भूलेंगे। हम आशा करते हैं, आप लोग हमेशा हमारे साथ बन रहेंगे। यह कार्यक्रम, जो 'डॉ. रामविलास शर्मा फाउण्डेशन' की ओर से प्रस्तुत किया गया, जैसा विजय भाई साहब ने कहा, हमें लम्बे समय तक आन्दोलित करता रहेगा; हमें स्पन्दित करता रहेगा। साथ ही, हम माननीय कमलिनी जी के प्रति, जिनसे हम परिचित तो थे—उनका परिचय हमें मिलता रहा है श्री कुबेर दत्त जी के 'सचेतक' में छपे लेखों से—आज यहाँ आने और दो महान संगीतकारों मल्लिकार्जुन मंसूर और एम. एस. सुब्बलक्ष्मी के फिल्मों के प्रदर्शन की व्यवस्था करने के लिए अपना आभार व्यक्त करते हैं और उन्हें धन्यवाद देते हैं।

श्याम बैनर्जी जी ने रामविलास ताऊ जी के संगीत सम्बन्धी विचारों को जिस गहराई और स्पष्टता के साथ प्रस्तुत किया है, वह हमारे लिए एक अनूठा अनुभव रहेगा। उसे हम कभी नहीं भूल सकेंगे। उनके प्रति हम हृदय से आभार प्रकट करते हैं।

आप जानते ही हैं कि इस कार्यक्रम के लिए लोग दिल्ली के बाहर से तो आये ही हैं, कुछ भारत के बाहर से भी आये हैं। मैं उनको भी धन्यवाद देना चाहूँगा कि वे आये और कार्यक्रम को सफल बनाया है। अन्त में मैं विजय भाई साहब को धन्यवाद देना चाहूँगा जिन्होंने इतने अच्छे कार्यक्रम का आयोजन किया। मैं 'डॉ. रामविलास शर्मा फाउण्डेशन' को भी धन्यवाद देना चाहूँगा कि जिसने ताऊ जी की याद को इस रूप में जीवन्त बनाए रखा है।

× × ×

इस तरह, डॉ. रामविलास शर्मा के 95वें जन्म-दिवस के उपलक्ष में आयोजित यह अविस्मरणीय संगीत समारोह बड़े आत्मीयतापूर्ण वातावरण में समाप्त हुआ। उल्लेखनीय है कि विदुषी सविता देवी कार्यक्रम के पूर्ण समापन तक सभागार में उपस्थित रहीं और त्रिवेणी कला संगम के सभागार से उनके विदा होने के समय तक कितने ही श्रोता उनके पास जा-जाकर उनके गायन की भूरि-भूरि प्रशंसा करते रहे।

❑❑❑